The Natural Explorer

日常を探検に変える

ナチュラル・エクスプローラーのすすめ

トリスタン・グーリー
Tristan Gooley

屋代通子 訳

紀伊國屋書店

THE NATURAL EXPLORER

Understanding Your Landscape

by Tristan Gooley

現在、過去、そして未来のグーリー一族の人たちに

ブックデザイン
櫻井 久　中川あゆみ
装画
三上数馬

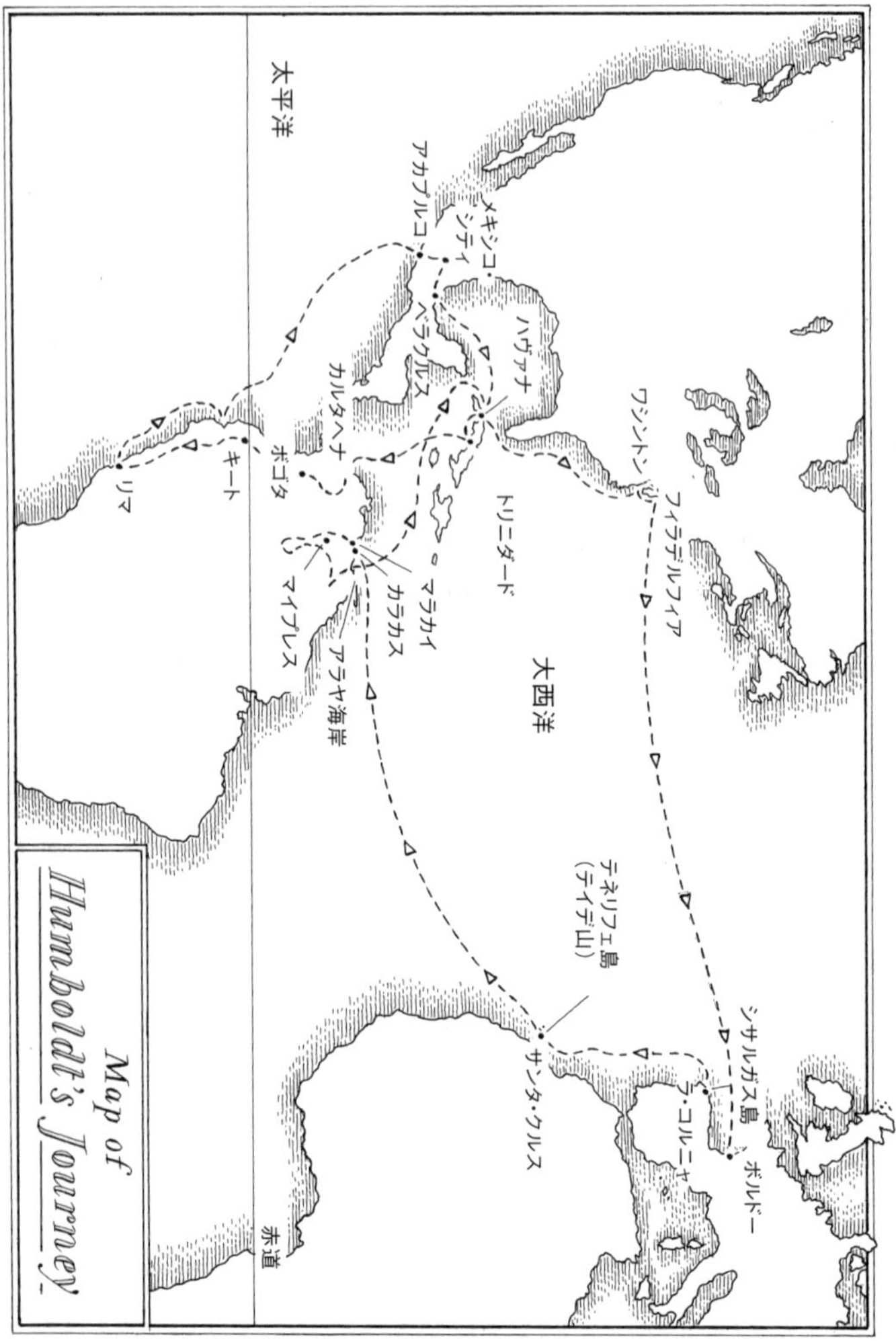

アレクサンダー・フォン・フンボルトによる南米探検
1799-1804年

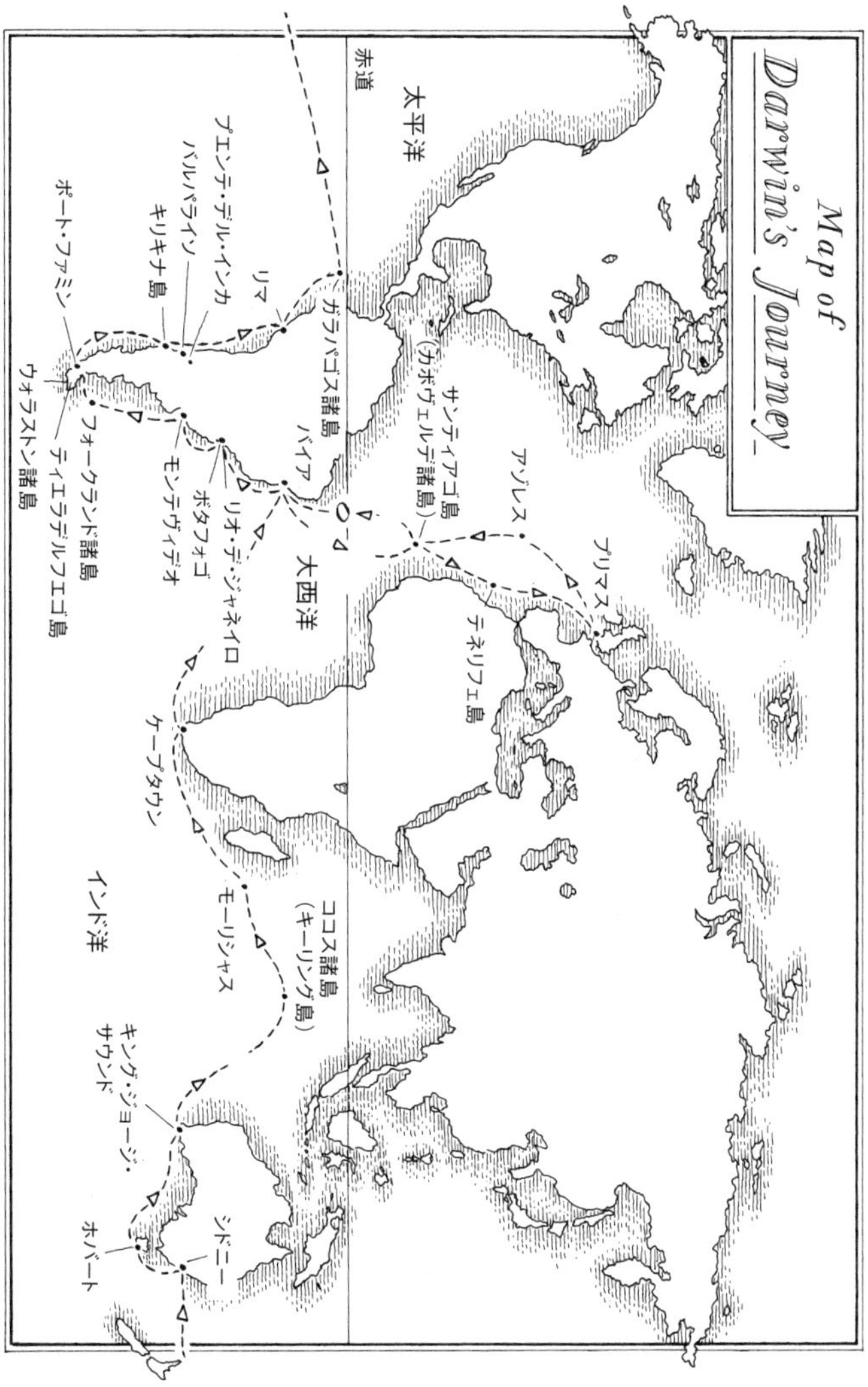

チャールズ・ダーウィンのビーグル号の航海
1831-36年

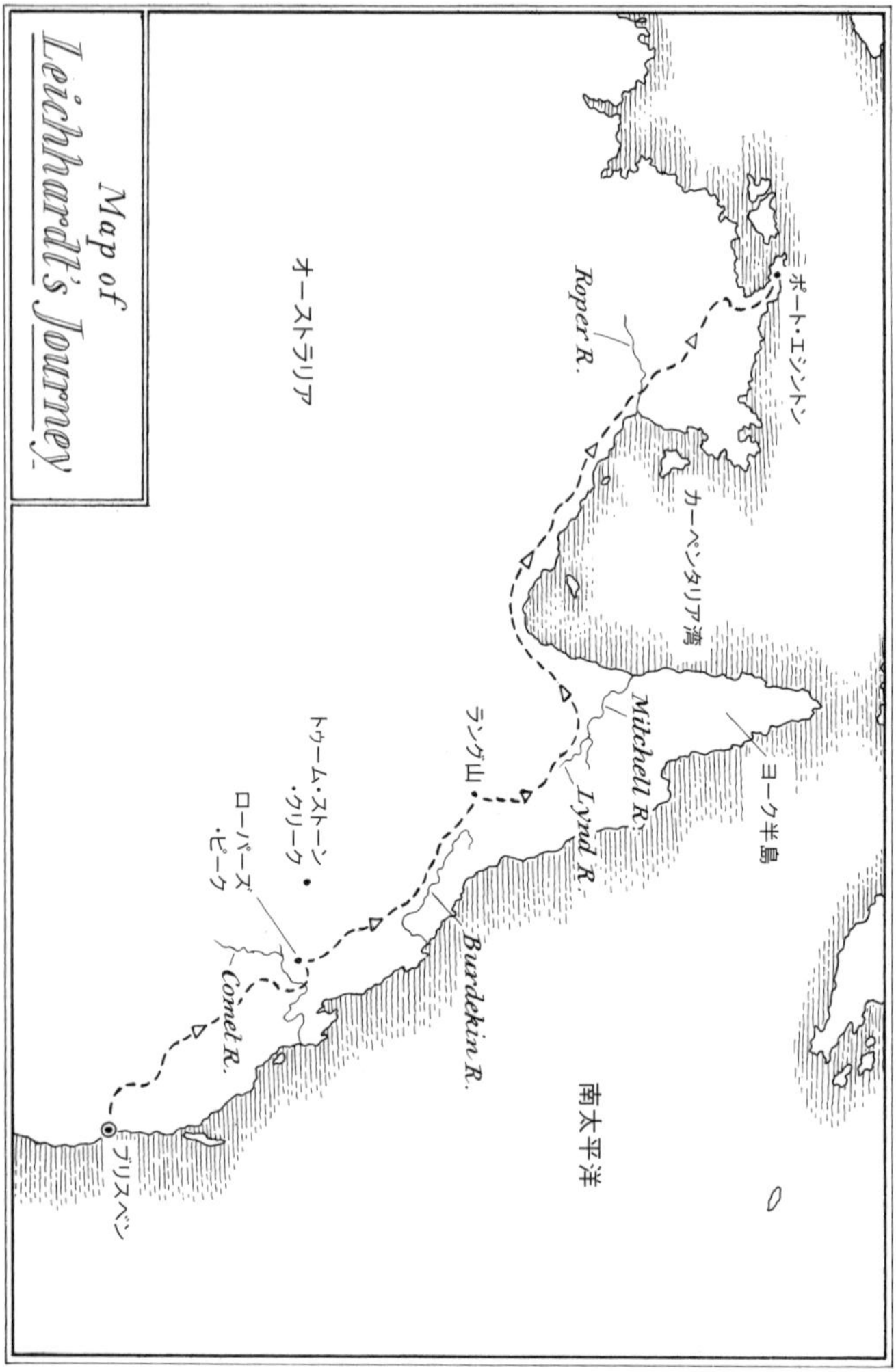

ルートヴィッヒ・ライヒハートによるオーストラリア探検
1844-45年

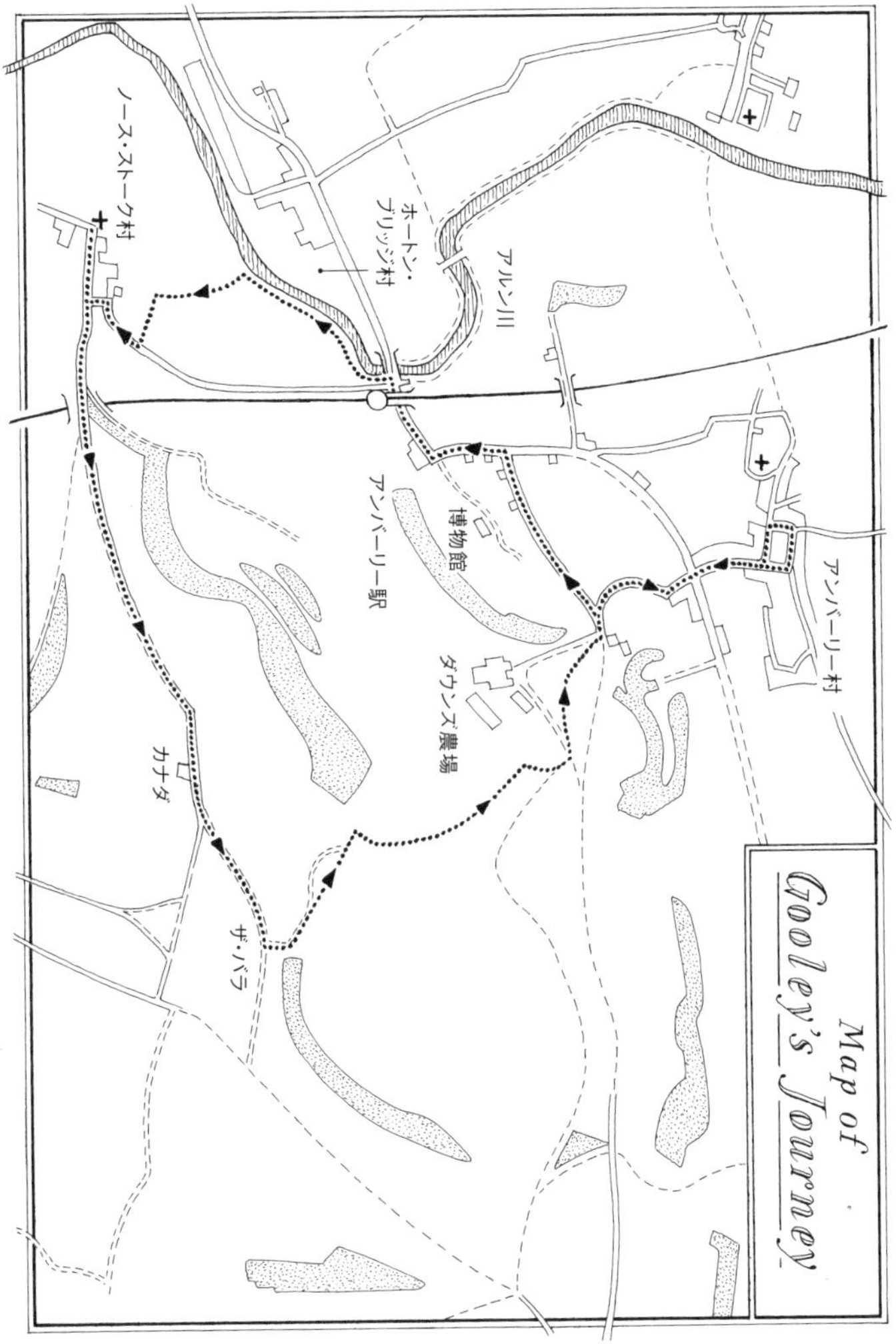

トリスタン・グーリーによる英サセックス州の旅
2011年8月6日

日常を探検に変える

——ナチュラル・エクスプローラーのすすめ

プロローグ

失われた探検家《エクスプローラー》

そしてこれが、ひと言で言えば、南極について言えるすべてだ。そこに到達する。ほかに言うべきことはほとんどない。到達するための苦心が肝心なのだ。わたしたちは極点をあとにし、まっしぐらに故郷を目指した。[1]

――リチャード・バード

その探検家《エクスプローラー》は、曲がるべき角をどこかで誤った。

アイルランドの国立美術館に、長身で黒い肌の、がっしりした男性の肖像画がある。彼は裾《すそ》を引くローブとターバンを身につけている。本人が自ら選んだとは考えにくい服装だ。肖像画を描いたのはサー・ジョシュア・レノルズで、この絵は二〇〇一年に約一〇三〇万ポンドという破格の値で購入された。

肖像画の人物は世界の反対側からやってきて、一七七四年の秋にロンドン社交界の真ん中に到着した。その時は、白いサテンの裏地とレースのひだ飾りがついたマンチェスター・ヴェルヴェットのスーツに身を包み、優美な刀剣を腰に差した、見ほれるような風貌だった。彼の出現は大きな反響を呼び、そのニュースはまたたく間に街に広まって、彼はすぐさま当時のお偉方たちと引き合わされた。異国からの訪問者は、英国に足を踏み入れた三日後には、国王ジョージ三世にお目見えしていた。

彼、オマイは、ロンドンに来た最初のポリネシア人で、ジェームズ・クック艦長の第二回航海（一七七二‐七五年）に赴いた英国軍艦二隻のうち、アドヴェンチャー号によって来訪したのだった。彼が探検隊に同行してきたのには良い理由も良からぬ理由もあったのだが、とはいえ強制されたわけではなかった。その後の出来事はオマイのあずかり知らぬことだ。

「高貴なる未開人」なるあだ名を献上されたオマイを熱心に後見したのが、サー・ジョーゼフ・バンクスだった。バンクスはクックの第一回航海（一七六八‐七一年）に、アマチュアの植物学者として自費で同行しており、この時オマイの故郷タヒチで彼に会っていた。利にさといバンクスは、クックの初回の大航海の成功にあやかるのもすばやかった。クックらが航海を終えた数ヵ月後には、大衆の好奇心を満たす中心人物となっていたバンクスは、参加する予定だった第二回航海には出発前に自ら背を向けている。というのも、申し分なく設計された船の上部に、自分専用の船室を増築させようとして、船が航海に耐えない危険なものになると断られたことにへそを曲げたのだ。

バンクスとオマイ、それにクック。住む世界から何からまったく違うこの三人が、探検の歴史の黄金時代がどんなものであったか、ひいてはそもそも探検家とは何かを、思い描く契機をわたしたちに与えてくれる。

バンクスが自らの富を拡大するのに抜け目なかったとはいえ、ひとかどの博物学者であったのは間違いない。発見が彼の商売で、三万におよぶ植物を外地から持ち帰り、そのうちの一四〇〇がそれまで知られていなかった種であり、西洋社会に知られる植物の数を二五パーセントも増やすことなった。彼は一方では知の前線を推し進める放浪の英雄、また一方では名声の亡者を地でいく人物だった。機に応じて英雄にも亡者にもなれたが、タヒチに次いでロンドンでふたたびオマイと遭遇したとき、目覚めたのは亡者としての資質だった。

バンクスには大衆の飛びつきそうなものを見分ける先見の明があり、それを巧みに投げ与える手段と自信もあった。バンクスはオマイを自らの庇護下において、英国大衆の——もっというなら、彼の眼鏡にかなう大衆、すなわち上流社会の関心を引くためのキャンペーンに乗り出した。

オマイが耳目の集まる中心に押し出されたのは、バンクスの利益のためではあった。だが彼自身も故国の安寧を離れ、苛酷な船旅を経て世界の反対側までやってきたあとには、世間の関心を集めることを楽しむ人間に——それもいささか過剰なほどに——なっていた。オマイは有名人となった。彼の訪問はどこででも歓迎されたわけではなく、放蕩に明け暮れる仲間に加わって、カードに興じたり貴婦人のハンカチに口づけをしたりしたことには批判もあった。

科学者や発見者、航海者、征服者、英雄、著名人……探検家はさまざまな面を被る。だがすべての面の背後にある原理はごく単純だ。探検家であるからにはしなければならないことがふたつある——発見すること、そしてその発見を人々に伝えることだ。

オマイはその後、クックの第三回航海（一七七六-八〇年）に喜んで同乗し、太平洋での生活に戻った。故郷に落ち着いたあと、オマイがどんな人生を送ったかは残念ながらほとんど知られていない。ロンドンの住人や暮らしぶりを、あるいは世界の反対側で発見したさまざまな事柄を物語って、さぞかし島の人々を楽しませたことだろう。その意味でオマイは、クックやバンクスに比肩する探検家であったし、さらには、既知とされる世界の、政治や文化の中心を自任する土地でさえ、「発見」することが可能であると知らしめてくれた点で、後世のわれわれに大いなる貢献をしてくれたのだ。オマイは故郷に戻って二年半後に、おそらくはイングランドでかかった病気がもとで死亡した。

　この三人組が手を携えて知識の蓄積にひと役買い、われわれの想像力に火をつけた日々から二世紀以上の時が流れた。探検家が被る面の種類は当時と大きく変わってはいないものの、歳月を経て、そのうちの特にふたつが脚光を浴びるようになってきている。英雄と著名人の面だ。ゆっくりとした変化ではあったが、そうなっていくさまを間近に観察できる機会は幾たびかある。

　一九世紀の前半には、探検家のなかでも誠実な人々の良心に、自らの存在意義への不安が忍び入るようになっていた。オーストラリアを探検したプロイセン［訳注・現在のドイツ北東部］のルートヴィッヒ・ライヒハートは、自分の被る面のうちのいずれを人々が見ようとするのかと、息苦しいほどに長い一文で煩悶《はんもん》している。

> 　またある人々は、わたしの行いをきわめて危険で……狂気であるとさえ考え、科学への深い熱意によるものであれ、はたまたむやみに名声を追い求めているのであれ、結局は闇雲な情熱の所産であるとみなすし、一方で、単なる自殺行為に乗り出そうとしているとしか考えられない人間を支援するなど、とうてい言い訳が立たないと感じる人々もいる。[2]

ライヒハートの探検行からほぼ一世紀ののち、この傾向が加速するようになるのだが、その転換をまざまざと描いてみせたのが、アイルランドはキルデア郡出身の一青年だ。一九一二年三月七日、タスマニアのホバートから電信が届いた。それはノルウェー人のロアール・アムンセンが兄に、ひいては世界に対し、南極点に到達したことを伝える電報だった。

その四日後に［前年の一二月一四日に］「ニューヨーク・タイムズ」紙が報じた記事で、アムンセンの勝利宣言を分析したのが、アイルランド出身の探検家サー・アーネスト・シャックルトンである。言葉の選び方からして、彼がライバルの成功に敬意を表しつつも、嫉妬を隠しえないでいるのは明らかだった。短い記事のなかで、シャックルトンはアムンセンが都合四回も幸運に恵まれたと述べている。[3] とはいえ、記事に見られる苦渋は、ひとりの探検家の成功というううらやましい出来事より、はるかに大きな問題からきていたのは間違いないと思われる。

南極点は、すでに何世紀ものあいだ探検家のみならず一般の人々の想像力を刺激してやまない偉大な目標だったし、一九〇九年に北極点が征服されたといわれてからは、残された最後の砦《とりで》となっていた（アメリカ人のロバート・ピアリーが、一九〇九年四月六日に地理的北極点に到達したと発表した。当時からかなりあとまでピアリーが最初の北極点到達者としての栄誉を与えられていたが、現在では反対意見も多く、彼が北極点に到達していたか否かの論争はまだ続いている）。それがアムンセンの成功によって、南北の両極点はともに蹂躙《じゅうりん》され、極地探検家が目指すべき最高の目標という座を滑り落ちてしまったわけだ。シャックルトンは大いなる探検の市場価値にさといたちであったから、極点到達の知らせには南極の嵐に吹かれたほどに身震いさせられたことだろう。

シャックルトンは、探検という事業には細心のバランスと巧みな商品化が必要であることを痛切に感じていた。南極点到達競争に終止符が打たれたいま、目標の軽さを冒険の規模と、それに伴う危険の大きさで補わなければならない。極地探検への関心は、そうやって高めつづけるしかあるまいと予言するかのように、一年前の一九一一年三月一一日の「デイリー・メール」紙で、シャックルトンは自らの生涯を賭けた事業を続けていかなければならないことを説明しようとこう書いていた。嘆願したといってもいい。

やがて南極点が発見されてもそれで終わりではありません。次なる課題は南極点を通過して、対岸まで南極大陸を横断することです。[4]

そこにこそ困難がある。以前はともあれ、いまや、これこそが目標となったのだ。人類が南極に到達する以前は、極点に何があるかを人類は知る必要がある、と主張するだけでよかった。だが地理的な極点といっても、周囲の氷原と見たところなんの違いもないことが知れてしまった。もちろんそれが一般に知られるには、アムンセンのような探検家がそこに行って、情報を持ち帰ってくれることが必要だったのだが。

いまからすれば笑い話だが、当時は極地が、黄金の壷《つぼ》が眠っていたり、氷のドラゴンが守っていたりする場所などではないと、現に証明することなど誰にもできなかった。わずかでも疑いがあるならば、当たり前のことを確かめるだけでも、地理学的には、アフリカのザンベジ川に轟音《ごうおん》をとどろかせ、水煙を上げて落ちるヴィクトリアの滝を発見するのと同等の価値がある。

　ところがシャックルトンが唱えた南極大陸横断行では、探検の目的が変質していた。新たな発見をすることではなく、肉体的にも精神的にも技術的にも、人間の能力の限界を突きつめることが焦点になったのだ。それはすばらしい冒険記になるだろう。だがわたしたちが住む世界について新しく何かを教えてくれるものではない。英国の地理学者で探検家のサー・クレメンツ・マーカムは、「シャックルトンの計画のばかばかしさに面食らった」と書き、さらにこの計画は「ひとえに自己宣伝のために企てられたもの」[5]と付け加えている。マーカムがシャックルトン・シンパでなかったのは明らかだが、疑義を唱えたのは何も彼ひとりではなかった。計画に対する「タイムズ」紙の論評はかなり前向きだったが、そこでさえも、シャックルトンの目的は大英帝国を極地探検の先頭に返り咲かせることで、英国の威信を取り戻すこと、としていた。そう、目的は威信であって発見ではなかった。王立地理学会はシャックルトンへの財政支援を、申し訳程度の一〇〇〇ポンドにとどめたが、のちにその程度であれ支援したこと自体に遺憾の意を示した。

　そもそもの計画と偶然とが重なって、いまや知らぬ者のないエンデュアランス号の冒険（一九一四―一七年）、正式には「帝国南極横断探検」は、途方もない叙事詩となった。エンデュアランス号は南極圏の氷に阻《はば》まれてやがて押しつぶされ、その後の行程は計画から完全にかけ離れていった。隊員たちを守るべく、シャックルトンは氷原を進み、不毛の地エレファント島に上陸、そこから海を越えてサウスジョージア島へ、そして捕鯨基地にたどり着いた。

　行程のひとつひとつが新たな苦難の幕開けであり、そこここで示された指導力や勇気、犠牲や航法技術、幸運と不運とは、探検の歴史のなかでも空前絶後のものだった。シャックルトンの物語は幾度となく語られているのだが、ここで問題にしたいのは、この生還劇が、大衆の心に、ひいては探検家たち自身の心にも、探検家たる者のイメージを植えつけるのに大きな影響を及ぼしているということだ。

探検隊の出発前にウィンストン・チャーチルがシャックルトンを「探検家」ではなく「山師」と呼んでいたことは意味深長である。南極横断は、予定が狂う前から発見を目的とする旅とは考えられていなかった。やがて隊員たちが苦難の旅から奇跡の生還を果たすと、発見という要素は大衆の描く探検家像からきれいさっぱり消えてなくなっていた。自然の冷酷な仕打ちを克服する人間ドラマが目の前で展開されているのに、このうえさらに科学的洞察までも求めるのはいささか欲張りすぎというものだろう。

南極横断は「見せ金」として、大衆やマスコミ、資金提供者の関心を引く恰好の素材として計画された。これら三者の関心は、かつては探検の背景に過ぎなかったが、ここへきて完全に舞台の表にまわってきたのだった。科学は、冒険のような大衆への訴求力には乏しく、出し抜かれて背景に引っこむことになった。

探検の主眼が、われわれが旅する大地の新たな面を発見することから、艱難辛苦《かんなんしんく》や探検家個人の栄光へと移り変わったのは、何もひとりシャックルトンのせいではない。ただ彼はこの変化の象徴であって、彼自身精力的に変化を推し進めたのだ。

この傾向は、悲しいかな二〇世紀を通じて現在までずっと継続し、二一世紀も一〇年代になったいま、「探検家」なる言葉に居場所を見つけることすら難しく感じられる時代になってしまったようだ。「探検」という言葉も同じくらい死語に近く、もっぱら企業が石油や金、稀少金属を探す際に使われるくらいだ。

探検の、物理的な意味での目標地点は次々と着実に征服されてきた。したがって、この分野でさらに刻苦勉励しても、人類が得られる報いが先細りしつつあるのは明白になってきている。人間の可能性を、精神的にも肉体的にもどれだけ突きつめられるかを知ることはできるという議論もあるが、いまひとつ説得力に乏しい。一〇〇年前、シャックルトンがエンデュアランス号で成し遂げた偉業以来、極限状態で人類がどこまでできるかを、あの旅以上によく教えてくれるような冒険行はほとんどなかった。

古いタイプの探検家がこの手の議論の際に、あからさまには言わないまでもにおわすのは、極限状態での冒険行からわたしたちが知ることができるのは、彼ら探検家個人が――人類としてではなく――どこまでやれるかである。そうした冒険行は結果として文句なく感動を呼ぶけれども、それによって報いを得られるのは、種としての人類ではなく、むしろ個人のほうではないだろうか。

こうした考えが主流となる以前には、探検の黄金時代があった。実のところ黄金時代は一度ではなかった。しかもそれは、白人には未踏の地を歩いたから黄金だったのではなく、探検がいまだ、発見とその発見を他と共有することを意味していたから、という意味で黄金時代だった。このところのわたしたちはどうやら、探検が探検として意味をなすには、踏み入られる地は処女地でなければならず、探検家は物質的な極限状態で自らの命を危険にさらさねばならないという陥穽《かんせい》に陥ってしまっているようだ。これはどちらも正しくない。

このような陥穽にはまりこんでしまった責任は、わたしたちすべてが負わなければならない。だからこそ、そろそろこうした陥穽から抜け出し、かつて探検家の気概を持っていた多くの人々、そしていまもなお昔日の探検家の思いを持ちつづける少数の人々にならいつつ、新たな探検家像を作り出すべきときだ。

新しい探検の時代が輝きを放つには、探検は——その規模によらず——発見し、それを社会に伝えて分かち合うことを目的とするという初心に立ち返る必要があるだろう。わたしたちの知識は以前の黄金時代より飛躍的に拡大しているからこそ、かつてさまざまな地へと赴いた好奇心旺盛な先人たちからヒントを得て、さらなる深みへと到達することもできるだろう。旺盛な知識欲が、かつてないほどに深く、広く、周囲の世界とつながれるいまという時代と結びつけば、そこには多くの喜びが生まれてくるはずだ。

誰もめったに踏みこまないような場所で自分を苛《いじ》める斬新な方法を見つけた人よりも、一本の野草がこの宇宙でどんな役割を果たしていて、わたしたちの思考や感情にいかなる作用を及ぼしているのかを理解するすべを教えてくれる人のほうが、人類に資するところは大きい。将来的に探検家はこのふたつのタイプのどちらかとなると思われるが、知りえたことを地道に伝え、分かち合うことに喜びを見出すのは、一方のタイプだけだろう。

南アメリカを踏査したドイツの偉大な探検家アレクサンダー・フォン・フンボルトは、二世紀前、自然の世界との交歓に喜びを見出した人物で、新たな探検家像にひとつの光明を与えてくれる。当時はとりわけ探求の精神が重要視されていて、その時代にあってフンボルトは人々を鼓舞する存在だった。チャールズ・ダーウィンは、フンボルトの旅行記『新大陸赤道地方紀行』を座右の書にして航海にも携えていき、一行一行暗記するほどだったという。わたしたちが進むべき道に、フンボルトが参考になるとしても驚くにはあたらないのだ。

探検家を探検家たらしめ（単なる旅行者とは一線を画す）るのは、発見をし、その成果を世界に伝えるところにある。伝えるという部分に関して、次世代の探検家たちにはすばらしい可能性が開けている。自分の探検について記すとき、フンボルトの言葉は彼が感じたに違いない自然の驚異に満ち満ちていて、自分の発見を語ることに、探検そのものと同じほどの熱意や信念を傾けていただろうことがうかがえる。彼のペンは人を惹きつけてやまず、読む者を探検の渦中へと引きずりこむ。フンボルトが、バルザックやユーゴー、シャトーブリアン、フロベールといったフランスの文豪たちから賞賛を浴びたのはなんら不思議ではない。シラーをはじめ、ドイツのロマン主義運動の担い手たちとも親交があり、ゲーテなどはフンボルトの伝記作者に「彼はたいした人物だ。知り合って長いが、それでも会うたびに感心させられる」[6]と語っている。

創造の力を駆使して、発見の喜びを他者と分かち合える機会は誰もがもっている。それは人間らしさの現われでもあるのだ。わけても、創造し、発信する技術が格段に成長した時代に生きているわたしたちはとりわけ幸運だ。

人類はいつだって、新奇なものに目を輝かせてきた。だが同時に、過去から連綿と続いて現在に姿を見せているものにも、愛着を覚えることは少なくない。何度も人が足を踏み入れてきた場所で何らかの発見をし、それを創造的手段を使って人々に知らせること、この難題を探検と位置づけるならば、探検とは伝統と新奇とを結婚させることだともいえる。

雪の降り積む真っ白な丘の斜面を鹿がたどっていく。鹿の上に舞い散る雪片《せっぺん》が複雑な格子模様を描き、そこに反射した弱い太陽の光が美しい虹を作るとき、感覚を研ぎすまして見たならば、それは一幅の絵画と映るだろう。でなければ詩に、文章に、歌や彫刻にだって表わすことができるかもしれない。そのわずか数秒の経験は――あるいは数年間におよぶ探検行であっても――デジタル時代の恩恵で、またたく間に世界中に発信できる。鹿を目にした誰かは、その途上のどこかで探検家に変貌する。新しい探検の黄金時代の可能性はすぐそこにあるのだ。

氷原でそりを走らせるにも、たった一滴の水がないばかりに渇死《かっし》する危険を冒すにも、勇気は大いに必要だ。そしてまた、すでに知りつくされた世界で何らかの発見をして、何らかの表現手段を用いてその発見を世に知らしめることにも、それとは異なる勇気が必要であろう。これがナチュラル・エクスプローラーの試練なのである。

第1章　五感

大地はしかし、親切で優しく、寛大にして、常に人の欲求の僕《しもべ》であり、乞われて恵みをもたらすこともあれば、自ら進んで気前よく与えることもある。ああ、この香り、味わい、ほとばしる精気、この手触り、そして、なんという色彩であろうか！[1]

――大プリニウス

わたしはカナダに車をとめた。カナダという国ではない。測量地図に「カナダ」と記された場所にだ。カナダというのはどうやら、英ウェスト・サセックスのノース・ストークの村から東に延びる、未舗装の長い田舎道が尽きるあたりにその昔建てられた、古い農家の建物につけられた名のようだ。この田舎道は公道で、地図上では黄色で示されているが、この先で行き止まりになっていて、ほとんど人通りもない。こんな道に用があるのは、農夫か探検家、そのどちらかくらいだろう。

靴の紐《ひも》を結ぶのに、わたしは必要以上の時間をかけた。理由はわからない。だが靴紐を指にしっかりと巻きつけ、ことさらに長い時間をかけてから、やっと手を放した。ランド・ローヴァーの後ろのバンパーにかけていた足が滑った。気負っていたのかもしれない。これから、いまだかつて経験したことのないような探検に赴こうとしていたのだから。

わたしはトランクにそれだけ入れておいた小さな軽いリュックサックを引っ張りだし、ドアを閉めて車をロックした。

わずか四歩歩いたところでわたしは足をとめた。さして高くない農家の壊れた煙突のてっぺんに、ハトがとまっているのが目に入ったからだ。偉そうに周囲を睥睨《へいげい》していたハトが、わたしに気づくなりすばやく頭を縮めた。だがこちらを取るに足らない相手と見定めたらしく、すぐにふんぞり返って物見を再開した。

ゲートがあったためにわたしは轍《わだち》の際《きわ》に寄るはめになり、目が自然と道路脇に向いた。紫色のアザミの花が頭を垂れて揺れていた。イバラに袖《そで》がひっかかる。棘《とげ》に気をつけながら手を伸ばして充分に熟れたブラックベリーの実を摘み、口に放りこんだ。すぐには噛まずに舌の先で転がし、いびつな球体の形をなぞってみたが、やがて歯をたてると、口の中に果汁が吹き出した。

目の前に延びていく道には、さまざまな色合いがある。基調になっているのは砂埃《すなぼこり》の淡い色だが、もっと濃い色の部分もあった。道が窪《くぼ》んでいるあたりは二日前の雨が渇ききらずに、さらに色が濃くなっている。

わたしは視線を彼方へと向け、はるかな海へと続く緑や黄金、紫や茶色の農地を眺めた。暑い日によくなるように、海は空に溶けかけていたが、かすんだ水平線と暗い森の色に挟まれて、かろうじて見分けられた。なだらかに連なる丘の合間に、アランデル城が、灰色の石塔を空に突き出している。

さらに数歩進んだところで、わたしはまた足をとめた。耳に入ってきた音に目を上げてみると、曳航機《えいこうき》がグライダーを浮かせようと奮闘しているのが見えた。この音のほかにも、風が木々や丈《たけ》の高い草を吹きすぎる音、時折遠くでイヌがほえたてる声が聞こえていた。それらすべての伴奏のように、心地よく響いているのがコオロギの鳴き声で、どこかしら暖かな場所にいる気持ちにさせてくれる。わたしが歩き出すと、そうした音は、靴が石灰岩と燧石《ひうちいし》を踏みつける乾いた音にまぎれてしまった。

分かれ道を北へ進むと、思いがけなく野の花の群生に迎えられた。空色のチコリがまず草の間から現われ、タンポポモドキの輝くような黄色と、バジルの藤色がそれに続く。ゆったりした歩みをとめて、わたしは道をはずれ、身をかがめて公衆便所を思わせるブタクサのにおいを吸いこんだ。それから、キバナカワラマツバの干草のような甘いにおいを思いきり吸いこんで、その埋め合わせをした。オオアワガエリの柔らかでこそばゆい茎《くき》に指を滑らせ、ふくらはぎを温める太陽や、うなじを冷やしてくれる風の心地よさを存分に味わうと、わたしは草の上に座りたくなった。とてもうきうきしていて、同時にびくびくしていた。ここまでやっと三〇〇メートルほど歩いてきた。

＊

一九一一年八月二九日の朝、食肉処理場の職人たちはイヌが競うようにほえる声に眠りを破られた。イヌが何にそれほど興奮しているのかと外に出てみて、職人たちは目に映ったものに仰天した。彼らは地元の保安官J・B・ウェバーに電話をかけ、オロヴィルの町から来てくれるよう依頼した。保安官が部下を数名連れ、変事に備え武器を携行してやってきてみると、そこにいたのは飢えかけて、古びたキャンバス地をポンチョのように体に巻きつけた男だった。ポンチョの下は丸裸で、髪は焼け焦げて短くなっていた。彼らの前にいたのは、カリフォルニアで最後のインディアンだった。やつれはてた男はヤヒ族の出で、ヤヒはカリフォルニア州北部に住むヤナ族のうち南のほうの支族だ。一八六〇年代に金鉱を探す探鉱者や鉱夫たちに次々と容赦なく殺戮《さつりく》されていくまでヤナ族の人口は三〇〇〇人にのぼったが、大量虐殺を免れたのはわずか五〇人ばかりで、その人々も周辺地域の細流のほとりに隠れ住むことを余儀なくされていた。

イシという名で知られるようになったこのヤヒ族最後のひとりは、オロヴィルの保安官に身を委ねる三年前にも、隠れていた村から追い立てられたことがあった。作業現場に戻る途中のエンジニアふたりが、その村に迷いこんできたからだ。イシと妹と父親はその場から逃げ出した。寝たきりになっていた母親は、毛布の下に隠しておいてこざるをえなかった。イシが一方へ、妹と父親は反対の方向へ走った。

もう危険は去ったと納得できたころ、イシは母親の様子を見に戻った。妹と父親の消息は、その後まったくわからない。ふたりとも急流にのまれたか、クマに襲われたかして命を落としたのだろうとイシは思った。ほどなくして母親も息を引き取り、イシは生き残ったヤナ族の最後のひとりになった。イシが感情を殺し、それでいてよくよく考えたうえで、その八月の朝、食肉処理場の畜舎へと足を踏み入れるまで、彼はたったひとりで暮らしていた。

その瞬間から、イシの運命は好転した。もちろん時には脅えもしたし、混乱もしたことだろう。とはいえイシは手当てを受け、その後カリフォルニア大学の人類学者に雇われることになった。以降イシは足かけ五年、学者たちがヤナ族の生き方に理解を深めるのに手を貸した。

ヤナ族は狩猟採集の民で、この方法で生き延びるには、獲物がこちらの存在を感知する前にこちらが獲物に気づいていなければならないことを、イシは口で説明したあと、新しい友人たちに実際にやってみせた。視力も聴力も嗅覚も、最大限に効果的に駆使する必要があるのだ。身を隠すものがない場所では、まず自分が風下にいることを確認する。獲物にはこちらのにおいを嗅ぎつけられないように、一方こちらは、獲物がウサギのように小さな動物であっても、そのにおいを嗅ぎとれるように。指を二本、唇に当て、苦しがっているウサギが立てるチュチュという音を真似て、獲物のウサギが充分に近づいたなら、弓矢で射止める。彼はウサギだけでなく、ウズラやリス、ガンなどさまざまな獲物の鳴きまねができた。

イシはまた、狩猟の前には清浄を保つ必要があることも説明した。鹿狩りの前にする禊《みそぎ》では、性交を慎み、魚を食べるのをやめ、禁煙する期間が数日におよぶ場合もある。狩りの朝、イシは食べ物をいっさい口にせず、汗を流す。喫煙者とは一緒に狩りに行かない。時には獣の世界に没頭するのがこうじて、鹿の頭を被り、岩の間から覗かせて好奇心に負けた生き物をおびきよせることもあった。

小型動物を感知し、環境に五官を研ぎすませつづけるイシの能力は、先天的なものというわけではない。とりたてて生物学的優位があるとか、未知の力に恵まれているわけでもない。生活の必要性から鍛えられた、文化的かつ人類学的な特性だ。イシにできることは、ほとんどの人が力としては持っていて、生まれてからずっと都会で暮らしていたとしても、もしも全精力を傾けて知覚を意識し、それを駆使する訓練をすれば、その力を発揮することは可能なのだ。

イシはそれまで、一九世紀末であってもすでにカリフォルニアに住む大半の人がさらされていた、近代社会が作り出す人工的な刺激の数々を浴びることなく生きてきた。イシの敏感さは免疫系にまで及んでいて、しかもそれは悲しいことに、都会ではごく当たり前の病気に触れたためしがなかった。イシはサンフランシスコに着いてものの二、三週間のうちに、生まれてはじめての風邪を引き、その年の冬には肺炎を患った。一九一四年一二月からはしつこい咳に悩まされるようになり、死ぬまで快癒しなかった。彼が結核で生涯を閉じたのは一九一六年三月二五日、享年は推定で四九歳だった。[2]

イシの場合、感覚のすべてを磨いておくことにいわば生死がかかっていたわけだが、状況が許すならば、五感のうちで最も上位にくるのは視覚だろう。ルートヴィッヒ・ライヒハートはともに旅するオーストラリア先住民が、行く手や周囲のどんなに小さなものでも見落とさないことに感服し、何かしら目立たないものを見つけ出すことにかけて自分には決して勝ち目がないと感じていた。

新月はいつも、迷信に近いような信心ぶりで歓迎される。肌の黒い友人たちは競うようにしてごく細い三日月を探し、太陽が沈んだばかりのまだまばゆい空に、細い月のかすかな光をぼんやりくらなわたしの目が見つけられないでいると、怒りだしかねない。[3]

ライヒハートの目は、新月を見つけるには視力が足りないというわけではなく、単に訓練が足りないのだろう。英国の探検家ウィルフレッド・セシジャーもアラブの砂漠で似たような経験をしている。[4]ベドウィン［中東・北アフリカの砂漠に住む遊牧民］が地平線を行くラクダを指し示しても、セシジャーには見つけられない。セシジャーが懸命に目を凝らしている傍らで、ベドウィンたちはそれが

「授乳中」のラクダかどうかを議論しているという具合で、セシジャーのような熟練した砂漠の旅行者ですらほんの点にしか見えないところを、乳首の張り具合まで見分けてしまうほど、ベドウィンの目は鍛えられていたのだ。セシジャーはこのあと、遠くの［ウシ科の］オリックスを見落としてベドウィンにたしなめられたという。あそこにオリックスがいる、とベドウィンたちから教えられたとき、セシジャーは白っぽい点を見分けることはできたが、言われるまで自分では見えていなかった。目が弱いことではなく、意識すべきことを充分に意識していなかったことで叱責されたのだ。「もしあの点がアラブ人で、気づかないままにずっとここにいたら、そのうちに近づいてきたやつらに寝首をかかれるぞ」[5]と。

　訓練すれば意識は高まる。だが意識は一種の精神状態で、細部を記憶する必要性や欲求があって高まるものだ。周囲の何かに気づいたとき、わたしたちはどれくらい念入りにその何かのことを考え、記憶にとどめるかを判断しなければならない。意識して記憶することでわたしたちの自覚的な経験は成り立っていて、どちらも知覚することから始まるが、意識と記憶を研ぎすますかどうかは、わたしたち自身の選択によっている。ライヒハートはオーストラリアの先住民が大地を知るさまに、意識と記憶がともにあるのを見て取った。

　　彼らの網膜に映る像は、どうやらもともと、ヨーロッパ人の場合よりも鮮明だとしか思えない。彼らの記憶はおそろしく正確で、ごくわずかな細部までもはっきりしている。奇妙な形の木だとか、目立つ木々だとか、折れた枝だとか、地面のかすかな隆起だとか、ヨーロッパ人ならばおよそ限界近くまで集中して見てはじめて気づくような事柄がいくつも、あたかも銀板に写しとったかのごとく記憶に刻まれ、彼らはどの細部も意のままに思い起こせるのだ。[6]

意識が高められた状態というのは、対象に精通しているということではない。対象を選ばない習性なのである。アフリカ南部のカラハリ砂漠のある村で、英国のローレンス・ヴァン・デル・ポストは、飛行機がやってくるたびに村に住むヨーロッパ人たちが集まってきて目を凝らすのだが、毎回現地の村人に出し抜かれてしまうことを知った。村人たちは、飛び方の癖からその日のパイロットを当ててしまい、一度として間違ったためしがない。

目というのは恐るべき器官で、一五〇から二〇〇もの色を識別できる。頭部の前方に目があるのは捕食者の特徴で、そのおかげでわたしたちは、同時にふたつの目で対象に焦点を当てられ、くっきりと像を結べる。暗い星や雲、遠く離れた物体などは、片目をつぶると背景にまぎれて見えなくなることがあって、パイロットなど視覚に頼る職種の者は、このような目の付き方による特性をよくよく頭に叩きこんでおくよう教えられる。

筋肉は、わたしたちの関心の対象となる位置からくる光が、感覚細胞が密に集まっている唯一の場所である網膜の中心窩《ちゅうしんか》に当たるように眼球を動かす。これによって像が焦点を結ぶ。たとえば本を目の前にかざすとそこに記されている文字を読むことができるが、本をわずかでもずらし、目、つまり網膜の中心窩でそれを追わないと、文字はぼやけてしまう。視神経が眼球に入る部分には像を結ぶために必要な細胞がなく、そのために盲点もできる。通常は両眼が補い合うが、片方の目だけでは決して見えない点があるのだ。

屋外で何かを見ているとき、それは完全に焦点の合っている像と周辺視野の像、盲点との合成だ。パイロットはほかの機影を探して周辺空域を見る際、視線を流すのではなく、ひとつの地点から次の地点へと小刻みに焦点を移していくようにも教わる。わたしたちも外界を眺めるときにこの技術を使える。そうすれば異なる地点ごとに明確に焦点が合い、漫然と視線を流していたら見過ごしていたかもしれない何かを発見できる可能性が出てくる。わたしたちの目は特定の物にひきつけられがちだ。たとえば建物とか目立つ樹木、特徴的で珍しい風景など。たとえ興味を引かれそうなものでも、そうした目を引く事物の間に挟まれて目立たないと、目立つ場所に焦点を合わせて満足してしまう大半の人々には気づかれずに終わってしまうだろう。

屋外を見るときには、本を読むのとは逆向きに視線を動かしていくのも有効だ。われわれ西洋人の場合、世界を左から右へと見ていくと、どうしても、ひとつの場所から次に意味をなす「言葉」なり物体なりへと目が飛んでしまう。逆に右から左へ見ていくと、自然と注意ぶかくなる。

色も、最新の研究によると、誰もが同じように見ているわけではないらしい。厳密にいうと、見え方が同じでないのは緑や赤だ。青や黄色を見る感覚は全員に同じように組みこまれているのだが、これはまだ海の中にいたわれわれの遠い祖先が、自分のいる深度を保つために青や黄色を見分ける必要があったからだ。ところがサルのなかには緑と赤を識別できないものがいることが実験的に確かめられており、緑と赤を知覚するようになるのは進化のうえではかなり新しい段階であると考えられる。これは、育ちや文化が、緑や赤の識別に影響することを意味する。

自分の盲点を見つける．
左の目を閉じてこのページを右目から 20 センチほど離す．＋を見つめ，本をゆっくり前後に動かしてみて，右側の●が消えるところが盲点である．

色の識別に文化がどれほど関わっているか、最も端的に示してくれるのが言語だ。色名の語彙《ごい》が少ない言語を母語として育った人は、色の違いにあまり敏感ではない。ナミビア北部の遊牧民、ヒンバ族の人々は、目にするすべての色を表わすのに、たった五つしか単語を持たない。「ブロウ(burou)」という語で表わされる色は、緑、青、紫で、実験によると、ヒンバ族の人々は、緑と、さまざまな色合いの青とをほとんど区別しない。このように言語と認知の結びつく例は世界中で見られる。状況はまったく別だが、これと同じ事情で、ピンクと茶色を表わす単語はウェールズ語にはもともとなく、移入されたものと考えられる。

視力を失うことが大きな損失とみなされるのも、目の持つ力がいかに重視されているかの裏返しだ。アテナの水浴姿を見てしまったギリシャ神話のティレシアスも、ペルシャのアッバース王に政敵とみなされた者も、罰として視力を奪われた。ルイス・ブニュエルとサルバドール・ダリの映画『アンダルシアの犬』(一九二九年)では、ヒロインの眼球を剃刀の刃で切り刻むのを見せつけて、観客に恐怖を植えつける。視力は、備わっている者にとってはありがたい資質だが、支配的な力でもある。知覚というものを生態系になぞらえて考えてみると、視力はいわば頂点の捕食者で、ほかの感覚を全部押さえつけて情報源のすべてを食いつくしてしまう。

ルネッサンス期以降、視覚は知覚のうちで最も上位とみなされてきたが、これに拍車をかけているのが近年の技術革新の方向性だ。テレビの視聴時間も、写真を撮る枚数も、インターネットを見る時間も、とめどもなく増えている。こうした傾向はまったく無害だとはいえない。「現代の根幹をなす出来事は、世界が図として把握されたことである」[7]というハイデガーの言葉は、視覚以外の感覚の力を重んじる人々にとっては、宣戦布告にも聞こえることだろう。ここで目を向けるべき人物が、ジェイムズ・ホルマンだ。

ジェイムズ・ホルマンは一七八六年に生まれ、一八五七年に亡くなった英国の冒険家で、「盲目の旅人」といわれた。薬剤師の息子で、海軍に入隊したものの病気になって、二五歳にして体が不自由になり、視力も失った。その時以来彼は、まったく無名の存在から、世界一周旅行をはじめとする冒険行の数々を通じて有名人になり、やがては忘れられ、七〇というまずまずの年齢まで生きて世を去るという波乱の生涯を送ることになったのだった。彼がこの世に遺したものといえば、ダーウィンや英国の探検家サー・リチャード・バートンをはじめ多くの人を感化したことがあるが、おそらくは、視力を失って、そのほかの感覚を駆使しようとする人々の励みとなりつづけていることに、さらに大きな意義がある。

> わたしが始終尋ねられることがあります。いまここで、これを限りに一度だけ、その問いにお答えしようと思います。見ることができない者が旅をして何になるのか、ということです。……たしかに自然の絵画的な美しさというものからは遮断されていますし、芸術作品もわたしにとっては美の単なる外形に過ぎず、手触りで感じられるだけです。けれどもおそらくはそうした事情が好奇心を駆りたてる強力な刺激剤となり、表面を一瞥《いちべつ》しただけで満足できてしまう旅行者にはない近しさと細かさで、細部にわたって対象を調べてみずにはいられなくなるのでしょう。[8]

ホルマンの伝記を書いたジェイソン・ロバーツは、ホルマンや盲目の人たちがその困難を克服しようとするやり方を、美しいたとえで表現している。真っ暗な森で閃光《せんこう》が走ると、目の見える人はその刹那《せつな》、周囲の様子をつかむことができるかもしれない。目の見えない人の場合は、白杖が地面に当たる金属的な音によって、周囲の反響を「周辺空間の圧縮された形として」[9]解釈する機会を得るというのだ。ホルマンは詳細な像を作るため、音をとことん利用するすべを身につけた。近づいてくる馬車と荷車の音を聞き分けたし、靴の種類によって異なる足音を識別し、そこからその人の身分や職業まで推し量り、通りですれ違う足音によって、挨拶したりしなかったりした。

ホルマンはまた、声で女性の美貌を判断していた。彼は女性に好かれたが、盲目はその妨げにもならなかったし、盲目だから好かれるというわけでもなかった。ただある意味、盲目である結果といえる部分もあった。目が見えないためホルマンの目つきにはがつがつしたいやらしさがなく、時として中性的に見せていたうえ、ホルマンはハンサムで、目の見えるおおかたの男性よりも女性とふたりきりで過ごす時間が長くなった。そんなわけで女性と触れ合う機会がたくさんあったことに加え、ともにいる人の立てる音、動きや声の抑揚にホルマンが実に熱心に耳をそばだてる様子が、女性には新鮮でとても好もしく映ったようだ。ホルマンは探検家としてだけでなく、求婚者としても見習うべきお手本のような人物だったわけだ。

ナチュラル・エクスプローラーは鼻に従う。嗅覚の細胞は約五〇〇〇万もあって、一万もの異なるにおいを識別できる。においはわたしたちを、あっという間に別の場所、別の時間へ運んでくれる。

饐《す》えたような悪臭に昔の学校時代を思い出し、ちゃんと手を洗ったかどうか確かめずにはいられなくなったり、冷えていく大気に濃く香るジャスミンに、スペインで過ごした黄昏時がよみがえったり、という具合に。においは原初的であるといわれ、ほかの感覚ではつかみとれない感情を嗅ぎとることができる。「恐怖にはにおいがある。愛ににおいがあるように」と、カナダの作家マーガレット・アトウッドも指摘するとおりだ。嗅覚は探り当てる力を秘めていて、隠したいことを嗅ぎつける比喩表現にもにおいがよく用いられる。たとえばわたしたちは、欺かれていると感じると「ネズミを嗅ぎつける（smell a rat）」し、相手が少しでも弱みを見せると「血祭りにあげるチャンスを感じる（smell blood）」

においには善も悪もないが、においの振れ幅は大きく、自然が提供する香りのカクテルは偏りなく多様だ。嬉しくなるにおいがあれば、ショックを受けるにおいもあり、それがしばしば記憶と結びつく。においを記憶するとき、わたしたちは必ずといっていいほどそのにおいを何かと関連づけるので、わたしたちのなかには、驚きや郷愁、秘密などと結びついたにおいの織り上げる、複雑きわまりないタペストリーができあがる。

何千となくある個々の香りが単独で現われることはめったにないし、仮にそうであっても、すぐにほかのにおいと混じり合ってしまう。わたしたちが嗅ぎ分ける香りは、個々のにおいの集合体で、それをわたしたちは、これは薄荷のにおい、こっちは花の香り、洋ナシ、ムスク、樟脳《しょうのう》、腐りかけのにおい、すっぱいにおいといった具合に大まかに分類している。すごく気に入った香りや衝撃的だったにおいはなかなか忘れられず、突出してわたしたちの注意を引くことになる。ただ旅に最高の元気を与えてくれるのは、強烈な香り——刈ったばかりの草のにおい、排泄物や腐った植物や腐肉のにおい、花や海のにおい、人の体の放つにおい——の陰に潜むにおい、つまり強烈な香りにまぎれてしまうようなにおいだ。ライヒハートは、火にくべたマツの脂から立ちのぼる甘い香りに高揚したというが、もっと平凡な、雨や土のにおいにも喜びを見出すことはできる。

フンボルトは、雨の上がったあとの土のムスク臭は、ジャガーやカピバラ、クロコンドルやクサリヘビの発するにおいに通じるものがあると信じていた。このにおいは虫の死骸を含む肥沃《ひよく》な土から発散されるものと彼は考えたのだ。当たらずといえども遠からずで、雨のあとの土のにおいは有機物による。ただしフンボルトが思っていたよりずっと小さい微生物、泥の中のバクテリアがにおいのもとで、温かく湿った土で増殖する放線菌の仲間が、土が乾くと胞子を出し、雨に打たれるとこれが空中に広がって、かび臭いようなにおいを漂わせるわけだ。

雨はたいてい、それ自体やや酸性を帯びている。特に都市とその周辺はその傾向が強く、したがって雨水が土中の化学物質や地面、建物などに触れると化学反応が起きる。雨は植物や樹木の出す油脂や樹脂にも反応し、反応前とは異なる魅力的な香りを生み出すし、また、路面にこぼれたガソリンに降りそそいでそのにおいを強めたりもする。一方、郊外ともなると、雨が降ったあと豊穣な香りや珍妙な香りがそれこそあふれるほどに生まれることもある。

土地には土地のにおいがあり、そのにおいが土地を心につなぎとめる。だから作家は、においという寡黙な装置を利用して、読者を場面設定へと引きずりこむ。プルーストなら、一緒に菩提樹の花のお茶を楽しめるし、東地中海レバントの風に香るアラビアのかび臭さを吸いこんだ英国の小説家ロレンス・ダレルと、ベッドで物思いに沈むこともできる。アメリカの小説家ゴア・ヴィダルは、モンゴル人はマトンの脂のにおいがするというが、実際にはモンゴル人はほとんど体臭を感じない。もっともロシア人はモンゴル人が体を洗わないと文句を言うらしい。体臭は人によって異なるが、これは体毛の量が遺伝子で、したがって地域ごとに違っているからだ。汗は体毛に絡んで、そこでバクテリアを養うので、体毛の濃い人はせっせと体を洗わないかぎりにおうことになる。遺伝的な違いに加えて、習慣や文化の違いというものも影響する。ナポレオンがある時、妻ジョゼフィーヌに、次に会うまで二週間、風呂に入らないでほしいと頼んだというのは有名な話だ。

ジェイムズ・ホルマンは、活火山に登るという企てに心惹かれ、一八二一年六月、熱い溶岩の道をたどってイタリアのヴェスヴィオ山の山頂を目指した。ラバに乗ることを勧められても、「足でのほうがよく見えるのです」[11]と断っている。ホルマンは頂上に到達したが、それは五官のいずれも失っていない人でも難しいことだとされる。

なるほど素足で歩くと、感触や温度、体温が奪われる様子などから、歩いている面の性質を知ることができる。冷たい大理石の床は、たとえ温度が同じでも、木の床とはまったく違って感じられる。血液の温かみが皮膚を通して、容赦なく石に吸いとられるからだ。わたしたちが靴なしで過ごす時間は、普通は大人になってからよりも子ども時代のほうがずっと長い。だから、裸足で歩くと無邪気な時分の感覚がよみがえり、靴とともに、大人としての責任も脱ぎ捨てられてしまう。時にはもう一度靴を履かなければいけないのが癪《しゃく》にさわるほどだ。靴を履くというのは選び取った行為である。非常に理にかなった選択ではあるけれども、選択には違いない。履く履かないを選択できることを、多くの先住民族に混じって大いに知らしめてくれたのが、ヘレン・ウォーカーだろう。「歩く人《ウォーカー》」の名に恥じず、ウォーカー嬢は一八世紀前半、スコットランドからロンドンまで素足で歩きとおした。これは現代社会では数あるチャリティ・ウォークの先駆けで、ヘレンはアーガイル公爵に、赤ん坊を殺したかどで処刑されかけていた姉の命乞いをしようとしていたのだった。足をまめだらけにしてロンドンにたどり着いたヘレンに報いて恩赦《おんしゃ》が認められ、姉の命は救われた。「触れる」という行為を通じて、自然界との間に、見る・聞くなどほかの感覚では得られない関係ができる。川床《かわどこ》や浜辺にある小石は、いくら表面が滑らかに見え、波にもまれて石の間を軽やかかそうに転がってはいても、手のひらにとって撫《な》でてみてはじめて、滑らかとはこういうことだとわかるのだ。

触れることで確かめることもできる。微動だにせず横たわる人を前にすると、救命法を心得た人はまず触ってみる。脈が触れれば、最も肝心な問題、生死の判別はつくだろう。もうひとつの大きな問題の答えを見つける方法は、カラヴァッジョの「聖トマスの懐疑」（一六〇一―〇二年）にも描かれている。イエスのわき腹の傷は疑り屋トマスにも見えているはずなのに、それでもイエスはトマスの手をとって傷口に導き、すでにその目で見ている傷が実際にあることを、手に触れさせて確かめさせねばならなかった。そこまでして、傷があるかないかという問題にやっとけりがつく。

オークの樹皮の手触りは、見た目と同じなのだろうか。プラタナスの枝にぶら下がる苔玉《こけだま》のような実は、触ってみる価値があるだろうか。暑い日、街中の広場の噴水を通りかかりながら、目で見て水音を聞いただけで通りすぎてしまうのはもったいない、足をとめ、手を水に浸せば、そこだけ冷たくなった指先に、電気が走るような感覚を味わえる。水はしずくとなって地面にこぼれ落ちるけれど、指先は脈打ち、わずかなこそばゆさとともに、拳《こぶし》は次第にぬくもっていく。

視覚ははるか遠くにまで届くが、触感は近しいものだ。実際のところ、手の届く範囲でなければ確かめられない。また、触れてはならないものに触れるスリルは格別だ。ジェイムズ・ホルマンがバチカンでそばにいた観光客に、警備兵が背を向けたら教えてほしいと頼んだとき、感じたのもそういうスリルだっただろうか。ホルマンは触れてはいけないとされている彫刻に、どうしても触ってみたかったのだ。

一方で味覚は普段、嗅覚の出来の悪い弟分でしかなく、その地位を抜け出して堂々たる五感のひとつに昇格するのは、何か食べている間くらいのものだ。ただその時でも、塩辛い、酸っぱい、苦い、甘い以外の味わいになると、嗅覚がしゃしゃり出てくる。味覚は蜜やレモン、塩や苦いルッコラなどを相手にするのは得意だが、旅をする間はおおむね、視覚や聴覚、嗅覚、触覚に脇へ追いやられ、取り残されてしまう。わたしたちが舌で何かに触れるときになってようやく、普段はおとなしい味蕾《みらい》が前面に出てくるのだ。

味覚は五感のうち、対象との距離が最も近い。視覚は何マイルも離れた対象をとらえられるし、聴覚は遠い地平線にとどろく嵐を拾う。嗅覚は対象が溶けこんでいる空気にやや近づかねばならず、触覚も対象との距離を大幅に縮める必要があるが、味覚を使うには、対象を、わたしたちの体でも最も敏感な部分に入れなければならない。フンボルトが出会った先住民は、噛んでみることで木の種類を判別した。これは先住民の味覚が研ぎすまされていることと、彼らの生活を支えている森との関係がとても近しいことの両方を物語る事例だろう。
そこから考えると、ある場所にいて五感にほとんど刺激を受けなかったとしたら、それは場所に問題があるというよりは、わたしたちの感受性の問題なのかもしれない。そんな時は、ウェールズの詩人ディラン・トマスの意見に耳を傾けてみよう。

ランゴレン［北ウェールズの町］では何もかもがありふれている。何もかもが素敵に退屈だ——夏の日の風や鳥の羽毛、木々の葉や小川の流れを除いては——ランゴレンには何もない。耳を閉ざし、目を閉ざし、口を閉ざし、冷えきったプディングみたいな心の持ち主には、とりたてて話題にしたいものも、驚くようなものも、何もない。[12]

第2章　植物

壁の割れ目に咲く花よ
汝《なんじ》を割れ目から摘み取る――
根からすべてを、わが手に
汝、小さき花よ――なれどもし我が汝を
知ることができたならば、根からすべてを、全体を
さすれば我は知るだろう、神と人とが何であるかを[1]

――アルフレッド・テニスン卿

路傍には、沸き立つように草が生えていた。海の魔物セイレーンに惑わされる船乗りさながら、わたしは引き寄せられる。花がまだ盛りのヒナゲシや、すでに花の終わった草が道の脇を縁取《ふちど》っていた。ヒナゲシの赤い花びらが風にあおられ、花はしぼられたようにすぼまるけれど、風がやめばまた元通りになる。とめてきた車はもう、木の陰に隠れて見えなくなっていた。わたしは分かれ道を左へ進む。その道は、バラと呼ばれる地所の脇をゆるやかに上っていく。やがて北へ向かって谷が開けている場所にきた。小高い場所にハリエニシダがつつましく茂っている。花は終わっていて、がっかりした。わたしはココナッツを思わせるハリエニシダの花の香りが大好きなのだ。吹きさらしで岩や石の目立つ、あまり植物向きでな

い場所を選んで生えるハリエニシダにはいつも感心させられる。

　道がささやかな谷へと降りていた。やがてストーク・ヘイゼル・ウッドの森へと続く谷で、土壌が深く豊かになるにつれて優位の植物が変わっていく。最も低い場所には、アルテミシアの学名を持つヨモギの目立つ三角地帯があった。ヨモギは光が当たると葉の裏が銀色に反射するのですぐにわかる。葉裏の銀色のために、この草は月を、そして女性を連想させることになった。アルテミスはギリシャ神話の月の女神だ。ヨモギの精油は、不妊や女性生殖器のさまざまな不調に効くとされ、ハーブ療法に用いられてきた。

　道は踏み固められてはっきりしていたが、両脇は放射状に広がったオオバコの葉にびっしり覆われている。オオバコはすぐに群生するし、固い地面もものともしない。隣人たちより辛抱強くて、たまに重たいタイヤや長靴に踏みしだかれても平然としている。ハリエニシダと並んで、オオバコも逆境を耐え抜く植物だ。ヨモギの三角地帯まで降り、ゲートを通ると、とりどりの草花が密生していて、わたしは息をのんだ。セント・ジョーンズ・ワートとシベナガムラサキ、それにニンジン、オレガノ、パースニップ……わたしはミントの小枝をちぎって水筒に入れた。爽《さわ》やかな香りで人工的なプラスティック臭を追い払ってもらおうと思ったのだ。

＊

　アフリカ協会がロンドンに設立されたのは一七八八年で、その目的はアフリカ「内陸部の発見を促進する」ことだった。一七九〇年、協会は退役軍人のダニエル・ホートンを、ガンビア川を遡ってトンブクトゥ［現在のマリ共和国のオアシス都市］を目指す旅に派遣した。ホートンは一年と持たなかった。協会の会員だったサー・ジョーゼフ・バンクスが、ホートンの後継者として医師の訓練を受けているうえ、名前もうってつけなスコットランドの植物学者マンゴー・パークを推挙すると、パークは指名を受諾し、一七九五年五月にガンビアに向けて出発した。彼が求められたのは、ニジェール川流域について、できるかぎりの情報を集めてくることだった。

翌年の八月、パークは、たまたま同じ方向に行く羊飼いふたりを道連れに、クーミに向かっていた。羊飼いたちはどんどん先へ行き、パークは岩だらけの急な道に馬が難渋して遅れをとった。やがて前方で騒ぎが起こり、羊飼いがライオンに襲われたかと心配したパークは、「何が起こったのかよく見ようと」[2]先を急いだ。すると羊飼いのひとりが倒れていて、死んでいるのかと思われたがまだ息はあり、パークに向かってやっとのことで、襲われたとささやいた。逃げなければと思う間もなく、パークは不意打ちをくらい、すぐに解放されたかと思うと、同じ賊にもう一度襲われた。気まぐれで、たいそう剣呑《けんのん》なやつだったに違いない。山賊は武装していて、まずパークのベストの金属製のボタンを切り落とし、ベストを剝いだ。その下に着ていたもう一枚のベストも脱がされ、パークはしまいに身ぐるみはがれて丸裸になってしまった。すると山賊は、帽子とくたびれたシャツとズボンだけを投げてよこし、唖然としているパークを残して逃げ去った。パークはしばらくはそこに座り、驚きと恐怖を抱えてただあたりを見回すほかなかった。

どちらを向いても危険と困難があるようにしか見えなかった。広大な原野の只中で、雨季の真っ最中、たったひとりで身ぐるみをはがれ、あたりにいるものといえば、獰猛《どうもう》な獣か、もっと凶暴な人間だけだ。最も近いヨーロッパの居留地からも五〇〇マイル（約八〇五キロ）も離れていた。……白状すると、気力が萎えかけていた。自分の運命は決まった、このまま倒れて死ぬしかない、と考えていた。

彼自身の手になる回想をこうして読めるということは、どうにかしてパークの心境が変わった証拠だ。どん底まで気分が落ちこむなかで、彼は何かしら、先へ進む強さの源になるものを発見したのだ。

この瞬間、自分の痛切な思いとは裏腹に、実をつけた小さな苔《こけ》の美しさがいやでも目に入ってきた。これを記すのは、どんなに取るに足らないことからも、人の心は慰めを見出せると伝えたいからだ。苔は全体でもわたしの指先ほどの大きさなのだが、その小さななかに偽根があり、葉があり、蒴《さく》がある巧みな造形に、感嘆の思いを禁じえなかった。[3]

繊細な苔を目にしたことでパークは目的意識を新たにし、歩きつづけてとうとう村を見つけ、ひどく驚いている羊飼いたちに迎えられた。パークは神がかり的な不思議を体験し、世界の片隅のこんなにちっぽけな植物にまで「完璧な造形」をなさしめた神が自分を気遣ってくださらないわけはないと、気持ちを奮い立たせたのだった。

植物に見られる命の美しさは、もどかしくも、何かしら深遠なるものをほのめかしている。カール・ユングはかつて、植物を見つめるのは、玩具やら装飾品やらを作り出すのに熱中する創造主の手元を、肩越しに覗きこむのにも似ているとたとえた。人間など動物に比べると植物は生命体としては単純だが、それでいて、単なる化学反応にとどまらない驚異を感じさせてくれる。高山植物が茎《くき》の毛羽立ったところに空気をためて断熱し温かさを蓄えるとか、高濃度の塩分を作り出して凍結を防ぐとか、あるいはまた、熱を発して周辺の雪を溶かしてしまうといった仕組みを、進化論で説明できたとして、それが何だというのだろう。いかに散文的な理論をもってしても、驚異はいささかも失せないのだ。科学者のなかには、そうした理屈が成り立つことにこそ驚異を感じる者もいれば、どんなに解説されようとそれでも驚異のほうに目をみはる者もいる。ただ、そうした説明によって植物の美が損なわれると考える者がいたら、その人々こそ哀れだ。それではまるで、絵の具の成分を説明されたらその絵の美が失われると断じるようなものだ。

たしかに中枢神経系のない植物の構造は動物より単純だが、その魅力は決して劣らない。植物は、大脳がなくてもどうかしてとてつもない行為をやってのけ、しかもその行為には、これといった動機も、後ろめたさもなんら伴わない。植物には、わたしたちにはない、そしてわたしたちが日ごろ求めてやまない純粋さがある。植物は光に向かって成長するが、その仕組みについて自ら考えたりはしない。といっても、植物がまったく受身の傍観者であるわけでもない。苔は岩をも侵食するし、ニワウルシの若木は歩道の割れ目をなぶって顔を出し、固いアスファルトを柔らかな緑で覆ってしまう。マンサクは種子を弾丸のように地面に撒き散らし、沼地のモウセンゴケは昆虫を貪《むさぼ》り食う。そのいずれをも、明確な意図なくやってのけるのだ。

旅の途上で出会う植物を研究するのは文句なく楽しいが、厄介なのはどこから手をつけるかということだ。たとえばランの仲間だけでも二万五〇〇〇種以上もあって、ランひと筋に研究に打ちこんでさえも、明らかにできないことが山ほど残る。

たとえばケシの花をとってみれば、植物が人間の生活に細かく広く絡んでいることがよくわかる。油が調理に使われるのはいたって直接的な例だが、この花の持つ意味合いには、はるかに多様な面があることにも気づく。ケシといってまず連想するのはアヘン戦争であり、ヘロインやアフガニスタンであるかもしれないが、モネが描いたフランスのジヴェルニーの風景が浮かぶ人もあろう。ケシの種は発芽するのに光が必要で、耕作地でよく育つ。第一次世界大戦中には、穴ぼこだらけの土の象徴であり、だからその後、ヒナゲシは戦傷者への追悼の気持ちを象徴する花となった。だがそれよりずっと前には、眠りと死を象徴していたという。チベットに咲く金色とすみれ色をした小さなケシは、英国の植物学者のフランク・キングトン＝ウォードには高度計で、彼はこの種のケシが、標高一万五〇〇〇〜一万七〇〇〇フィート（およそ四五七二〜五一八二メートル）の間でしか咲かないことを発見した。

複雑に絡まり合った緑の王国の多様性には、これに圧倒される前に、いっそ負けを認めてしまいたくもなる。そういう気持ちになるのは、全体を知りたいという欲求のせいだ。支配欲といってもいい。支配したいという望みは、こうじれば管理の行き届いた庭園を生み出しもするが、そうした欲求は、大自然の巨大な全体像のなかではさして役に立たない。探検の旅はわたしたちを未知の領域に連れ出すし、むしろそれこそが探検する意味なのだから、そこでは、すべてを知りたいという欲求は、細かな部分にまで目をとめて、それぞれをつなぎ合わせていく喜びで埋め合わせていけばいい。

大きな絵画を見るときのように、最初はまず、大まかな輪郭に目をとめよう。植物であれば、それぞれに理想的な生育環境や限界高度がある。生育環境は気候に関連し、気候は土地の起伏や太陽に対する地球の位置によって決まる。

フンボルトは、ベファリアが緯度が高くなるほど低地でも育つと記した。「赤道からの距離が遠くなるのに比例して、平原に下りてくる」[4]というわけだ。地域ごとに、その土地特有の植物がある。たとえばフンボルトにとって、アメリカ西海岸はサボテンが生えていることによって特徴づけられる場所だった。彼はまた、同じような気候の土地で、植生が必ずしも一致しないことにも気づいていた。「メキシコのマツはペルーのアンデス地方にはない。標高は同じでも、ヌエバ・グラナダで多く見られるオークはカラカスのシリャ山を覆うほどではない」[5]。まるでジグソーパズルだ。ひとつひとつの発見はささやかでも、気候や地勢、地理をも視野に入れ、その土地で旺盛な植物が何かを見抜く目を持っていれば、植物を個別に調べるよりも大きな全体像を描きだすことができるはずだ。植物が友となり、植物と親しむ恩恵も受けられる。その土地では異質な植物があれば注意を引かれるだろうし、慣れ親しんだ植物が目に入れば、異郷にあっても心が慰められるだろう。英国の植物学者サー・ジョセフ・ダルトン・フッカーは、ヒマラヤの高地で見つけた「L・ゲオグラフィクス（L. geographicus）」という苔を見て、スコットランドのハイランドを思い出したという。

全体像がはっきりしてきたら、部分部分を詳細に見て、そこで見つけた植物の振る舞いをその土地に関連づけて考えることが可能になる。土・水・火・空気を四大元素とする古典的な考え方は古くさく思えるかもしれないが、植物の生育環境を理解するうえではいまもって役に立つ。火を太陽と考えるなら、これがあらゆる植物にとって決定的な環境要因だからだ。太陽と土と水と空気が植物の生育を決定づけるのであり、植物はそれぞれに、これら四つについて、わたしたちに何がしかを語りかけようとしているのだ。

春と夏には、明るい色の草が並んで生えているところを探すと、小川を見つけられる。冬でも水があるのは草には有利で、それというのも水が気温を和らげるからだ。イグサも水のありかや、土の柔らかさの手がかりになるのだが、植物と土壌の関係はきわめて緊密で、植物そのもので土の質を言い当てることもできる。パトリック・ホワイトフィールドは、著書『生きている地形（*The Living Landscape*）』で、英国に見られる植物のタイプ別の土壌一覧表を示した。ツツジが生えるのは酸性土壌といったよく知られるものから、コシカギクが見られるのは、道端や出入り口周辺の踏み固められた土というささかわかりにくいものまで、幅広い。キンミズヒキが育つのは水はけのいい土、キンポウゲが生えていれば湿った土。ハコベは肥えた土壌で、スイバは痩せた土地。土壌によって繁茂する植物が決まってくるように、次第に植物のほうがそこの土壌を知り、土地の豊かさを読む決め手になっていった。イングランドとウェールズにある古い言い回しにそれが端的に表わされているのを、ホワイトフィールドは紹介している。

ワラビの下には黄金が、

ハリエニシダの下には銀が
そしてヒースの下には飢饉が埋まっている。

植物は土壌だけでなく、その土地の空気についてもヒントを与えてくれる。地衣類は科学者に空気の質を測るのに使われるほど大気の汚染に敏感で、地衣類がびっしりついていたなら、どんなに深呼吸しても安心だ。木の幹では普通、根元近くよりも高いほうに多くつく。重い汚染物質は地面の近くに溜まるからだ。だから切り倒されたばかりの樹木は、地衣類が繁茂する様子を調べるのに恰好の素材になる。

植物はまた、塩分や塩分を含む風にも敏感で、海辺から内陸部に向かっていくと、塩分耐性の高いものから低いものへと植物が移り変わっていくのが見て取れる。たいていはまず草が見られ、それから潅木《かんぼく》、樹木へと変わっていく。

そうした植物はすべて、一日単位で太陽に反応していて、屈光性や向日性といった現象では、植物ホルモンがその動きや成長を定める。アルペンバターカップ（キンポウゲ）は一日中太陽を追いかけるし、多くの植物は太陽の当たるほうの側がよけいに成長する。樹木では、日向になる枝のほうが、日陰になる枝に比べ、地面と水平に伸びていく。

植物は途方もない旅行家でもある。小さな種は、何百万となく風に運ばれて遠くまで行き、大きな種のなかには、ココヤシの実のように、波間に浮かんで大海を渡るものもある。マングローヴの種はカヌーよろしく水平に漂い、浜辺に沿って生え広がっていく。また、植物の旅には、人間の旅行者がひと役買う例も少なくない。開拓者と植物の移植には、切っても切れない縁があるのだ。

　サトウキビはベネズエラでは自生しないため、そのプランテーションはフンボルトの目を引いた。農場を訪れるうちに、葉の色の違いで見分けることのできる三種のサトウキビの出どころを知ったのだが、一種は西インド諸島から、一種はフランス人探検家ブーガンヴィルやジェームズ・クック、ウィリアム・ブライ船長らがもたらし、そしてもう一種はジャワ島から持ちこまれていた。また、北アメリカの牧草は、ほとんどがヨーロッパ原産だ。家畜が食むには、固有種より具合がよかったのだ。そこで先住民たちは、オオバコに「白人の足あと《ホワイトマンズ・フットプリント》」草とあだ名をつけた。[6]

　イネ科の草は、人間の手を借りて、地上の植物のなかでもとりわけ繁栄している。思い思いに波打って、さまざまな色合いの緑でアメリカ大陸を彩っている。背の高いヒメアブラススキは湿潤な東部に、やや西へ行き、少しばかり乾燥してくるとシバムギとなり、さらに西へ行くと、もっと乾燥に強いグラマグラスやバッファローグラスといった丈《たけ》の高いものが全盛となる。

　植物はしかし地面の上では無害に見えるものの、地面の下ではなかなかすさまじい。ある実験がそのことをよく表わしている。土を二立方フィート（約〇・〇五七立方メートル）取り出し、秋蒔きのライ麦を植えて四ヵ月にわたって栽培したところ、地面の上に出た部分は二〇インチ（約五一センチ）に成長したが、根を掘り返して測ってみると、主根部分だけで三七八マイル（およそ六〇八キロ）、ひげ根をあわせると六〇〇〇マイルにもなっていたという。根は平均して一日に三マイル伸びた計算になる。

　ある時、オーストラリアのクイーンズランド南部で、ルートヴィッヒ・ライヒハートは豊かに茂る草の眺めを楽しんだ。色鮮やかな赤いマメ科の草や黄色いキク科の草がこれでもかとばかりに生い茂り、あたりの家畜はどれもたくましすぎるほど健康そうだった。草の生える土地は、ヨーロッパとアジアではステップ、アルゼンチンではパンパ、アメリカではプレーリーと多くの名を持つことからもわかるように、生き生きとした草が大量にたなびく光景は、家畜にとってはもちろんのこと、雑食性の人間にとっても嬉しい眺めなのだ。

植物は、古くから単なる栄養源以上のものであるとも信じられてきた。生殖を通じて命を次世代につなぎ、生命を保つ力のある植物が、単なる食べ物にとどまらず、わたしたちの文化に、医療に、生活全般に、根をはってきたことはむしろ必然といえるだろう。

古代ケルトでは、オークの木にヤドリギがつくと、手のこんだ儀式を行った。六日目の月の晩、ケルトの祭司ドルイドたちが月に向かって「すべてを癒す」という意味の言葉を唱えると、白い僧衣をまとったひとりが金の鎌を手にオークに登ってヤドリギを刈り、そのあと、白い牡牛が二頭生《いけ》贄《にえ》として木の下に連れてこられる。人々は、この時切り落とされたヤドリギを浸した飲み物が、不妊を解消し、あらゆる毒の解毒剤ともなると信じていた。

わたしたちの成長の過程——生命の誕生から死にいたる循環——には、そのひと区切りごとに密接に結びつけられてきた植物があった。古代ローマの博物学者プリニウスによると、古代の女性は「肉体美」を保ち、「輝かしい性的魅力」[7]を発散させるためにヘレニウムを用いたという。苔は、クレソンと塩水で女性器のただれを治すのに使われた。男性の不調に薬草を用いることにはプリニウスはさほど熱心ではなく——バイアグラのご先祖のごときものはふんだんにあったのだが——ジュニパー油をペニスに塗ると避妊できるという説には懐疑的だった。こんな古いジョークに、プリニウスならわが意を得たりと膝《ひざ》を打ったかもしれない。「避妊しようとペニスにジュニパー油を塗るやつをなんと呼ぶ？」「おやじ」

急を要する場面になると、植物はおおむね動物に遅れをとる。たとえばウサギがわたしたちの前にひょっこり頭を出したら、わたしたちは「見て、早く！」とささやくだろう。それも当然で、わたしたちが大騒ぎして近づいていったら、小さな生き物は一目散に逃げてしまい、その姿を拝めなくなるからだ。しかし植物を愛でるにも、気をつけるにこしたことはない。のんびりしているととんだ罰を受けるはめになる。マダケは割合にありふれたタケの一種だが、一二〇年に一度しか開花せず、それも世界中で同じ時に咲いて、枯れる。最後に開花したのは一九七〇年ごろだったから、いま生きているわたしたちがこのあと花を見る機会は、まずないといっていい。わたしたちの生涯には次の開花期はこない。だがわたしたちでも間に合う花もまだたくさんある。バハマでは、セレニセレウス属のサボテンが一年にひと晩だけ花をつけ、受粉して、ことが終われば、まるで親の目を忍ぶティーンエイジャーみたいに、次の朝にはもういなくなっている。イネ科の植物は生涯一時間しか開花しないし、麦にいたってはほんの一五分だ。

キノコの愛好家も、時間との勝負だ。日照りが続いたあとの雨上がりには、森へ駆けつけなければならないからだ。地上に顔を出すキノコは氷山の一角で、ごく短時間現われたら、あとはほとんどが地下にもぐってしまう。そこでキノコは、地球上で最も長い有機体をなしている。言い伝えによればキノコは雷に誘われて出てくるという。植物を楽しめる時間は稲光の閃《ひらめ》く間より少しは長いけれども、雷がまったく同じ場所に二度落ちることはまずないように、植物は必ずしも、いつも同じ場所で同じように咲いてはくれないのだ。

第3章　変化する山

荒れ野は謎めいた舌をもっている
恐ろしい疑念を伝えるかと思えば、信念をかくも穏やかに、
また厳格にして清明に伝え、自然へのかくたる信心なくしても、人間はただ従うのみ。
偉大なる山よ、汝《なんじ》の声は、大いなる欺瞞《ぎまん》や悲しみを打ち消す。
誰もが理解はせずとも、賢人や偉人、善人には
解釈され、感じられ、深く味わわれることだろう。[1]

――パーシー・ビッシュ・シェリー

わたしは谷から上りはじめ、地図に「バラ」と記されている野をあとにする。どの方向にも視界が開けた。南のほうには、ダウンズの丘のふもと、アランデル城やバーファム村の向こうに、平らな海岸平野が見えてきた。東と西は、見渡すかぎり丘陵《きゅうりょう》が連なり、土地は北へと下っていく。

北西方向はるか遠くに、横にとても長い丘が見えたが、真ん中あたりがちょうど、巨大なショベルカーでえぐりとられたような形をしていた。そこはイングランド南東部、ウィールド地方の一部で、岩が堆積して高地を形成している。岩石は種類によって磨耗《まもう》の仕方が異なる。中央の柔らかな粘土質は水を通さないために流水によって押し流され、両端のもっと堅い多孔質《たこうしつ》の砂岩《さがん》は残った。中央の窪《くぼ》みはファーンハーストの谷と呼ばれている。

ファーンハーストの谷

道は険しくはなく、わたしが歩いている範囲の標高差は数百フィート程度だが、それでも自然は、そのわずかな変化も敏感に伝えてくる。谷間にはハリエニシダは生えていないし、ちょっとした高みに過ぎない丘でも、頂上に樹木はほとんど見られない。谷間で感じた風は弱々しくてぬるかったが、頂上部では爽《さわ》やかな風になぶられた。

＊

ローマの南には、モンテ・テスタッチョと呼ばれる丘がある。高い丘ではなく、ほんの三五メートルほど、てっぺんまで登っても息も切れない。小さなこぶのような丘の周りを一周して、とりたててなんの感想も抱かないことも充分ありうる。

ところがモンテ・テスタッチョの表層から中を覗いてみると、ここで初めてわたしたちは感銘を受けることになる。これは人造の丘で、アンフォーラのかけらだけを積み上げて作られたものなのだ。丘を作り上げているアンフォーラとは、その昔、古代ローマ帝国の都に、オリーブオイルを運ぶために使われた両手付きの瓶だ。つまりモンテ・テスタッチョは巨大なごみの山で、昔はもっと大きかったのかもしれない。そうと知るとこの小さな丘が気にかかるようになる。興味ぶかく、それでいていささか不快な存在として。

人造の丘モンテ・テスタッチョが秘密を隠しているのと同じように、自然の丘や山々も、その美の多くをうちに秘め、わたしたちの好奇心をそそってくる。一九世紀から二〇世紀にかけて多くの著作を残した英国の地理学者ヴォーン・コーニッシュは、山々の内部を知ろうとしなければならないとの信念をもっていた。というのも、「山の組成を知ることこそ、その美を嘆賞する役に立つから」[2]だ。コーニッシュは、山の美を解きほぐしていく過程を、システィナ礼拝堂のすばらしさを知ることになぞらえた。それは、骨組みを研究した者にこそ理解可能であると考えたのだ。

一九四三年二月二〇日の晩、メキシコのミチョアカン州で農夫の一家がトウモロコシ畑を耕していたところ、地面から煙が立ちのぼっているのに気がついた。ほどなくあたりに硫黄のようなにおいが立ちこめ、やがてそこから石や灰が吹き出した。一週間後トウモロコシ畑には小さな火山が出現しており、三〇メートルあまりの高さになっていた。

火山は成長しつづけ、農夫の一家が最初に煙を見つけてから一年も経つと、高さは三〇〇メートルを超えるまでになった。火山はゆっくりとだがなおも大きくなり、一九五二年に活動を休止したときには、標高は四二四メートルに達し、近隣の村ふたつをのみこんでいた。住民たちは賢明にも、とっくに避難したあとだった。このパリクティン山の噴火は研究者にとっては、火山活動の一部始終を――ゆるやかな誕生から、穏やかではあったものの活動が休止するまでをひとわたり観察する初めての機会となった。

活火山は、山が造られていく過程を見ることのできる唯一の場所で、火山活動は大きな損害をもたらしもするが、自然界を語るうえでは欠くことができない。火口から吹き出す蒸気は、地上の水分の供給源でもあるのだ。

火山の噴火はそれぞれに切羽詰まった状況で起こるが、あるものは激しく、またあるものはパリクティン山のように比較的ゆったりと進む。火山活動の速度は、それに伴ってできる山の形を決める。活動が激しければ、山は急峻になる。エクアドルの活火山サンガイ山は激しい噴火活動を物語って険しい山容を見せているが、一方ハワイの山々はなだらかで、溶岩がゆるやかに流れ出たことをうかがわせる。

ハワイ島の最高地点はマウナ・ケアの山頂で、この山は島の陸地のほぼ四分の一を占める休火山だ。海上に突き出している姿もすばらしいが、この火山が海面下六〇〇〇メートルから立ち上がっていると知って眺めると、新たな感慨がある。海底からの高さをとると一万メートル以上になり、マウナ・ケアはエヴェレストをしのいで世界最高峰となるのだ。

山には一生がある。誕生し、やがて少しずつ侵食されてついには無に帰す。火山活動によって融解した岩が造る地形は特徴的で、若い火山の場合は急な円錐形を見せ、古い火山はすり減って丸いドーム型をしている。年代を重ねていく過程は仮借なく、時として劇的なものだ。一九世紀の終わり、英国の政治家ジョン・ラボックがイタリアのヴェスヴィオ山を二度目に訪れたとき、山頂が二〇〇フィート（約六一メートル）ばかりなくなっていた。美しいカルデラ湖は、噴火によって山頂がきれいに吹き飛ばされたあとに残されたいわば傷あとだ。

裾野《すその》が広く、美しいすり鉢状の山容で、日本を代表する山として日本人の心のうちに刻まれているのが富士山だ。日本人は一七〇七年以来沈黙しているこの美しい友を愛でてやまず、北斎の「富嶽《ふがく》百景」から寺院の屋根の形にまで、日本の方々でこの形を模した事物のあれこれを見ることができる。

こうした円錐形の山は火山活動でおおむね説明できるが、それ以外の山の多くには、また別の歴史がある。ダーウィンは、南米アンデスの標高一万三〇〇〇フィートの地点で、岩の中に化石を見つけた。化石が含まれているということは堆積岩であると考えられ、つまりダーウィンは、いまでは海面からおよそ二マイル半（約四〇二三メートル）も上にある沈殿物を見ていたことになる。[3] それは、ここが遠い昔に上へと押し上げられたしるしだ。

地殻《ちかく》のプレートがぶつかると、窓際に置いたりんごの皮に皺《しわ》がよって盛り上がるように、巨大な山脈が形成される。プレートが離れると、巨大な溝となる。バターや牛乳にパン粉を溶かしたブレッドソースを放置すると膜ができる。ソースが乾燥して固まってくると、その膜も引っ張られて表面にひび割れができるだろう。そのようにしてグランドキャニオンも発達した。

隆起や裂け目をもたらすプレートの変動は、地表からはるか深いところのマグマの対流による。プレートは、ぶつかるにせよ離れるにせよ、非常にゆったりとした動き（爪の伸びるくらいの速度、と考えてみるといい）で、出会いがしらのドラマを生み出している。山や溝が何らかの秩序をもってゆったりと形成されないとしたら、地表は恐ろしいことになるだろう。

［一八三五年のこと］チリでダーウィンは、牝牛の群れが丘の斜面を海へと転がり落ちた話を聞いた。キリキナ島の執事によると、彼は乗っていた馬もろとも地面を転がって、はじめて地震に気づいたという。ダーウィンは本震のあとに何度も続いた余震や、被害を広げた大きな揺れについても聞かされた。チリの海沿いの町コキンボでは、住民は揺れる大地の恐ろしさを知り抜いていて、ダーウィンが、ある用心深いドイツ人の話を教えられたのもここでだった。

［一八二二年］、このドイツ人はチリ中部のバルパライソで仲間とカードに興じながら、自分は以前チリの大地震で危うく命を落としかけたから屋内でドアを閉めきっていると落ち着かなくなるんだといい、席を立ってドアを開けに行った。するとなんとその刹那《せつな》に大きな揺れがきた。「また来たぞ！」ドイツ人は叫び、カード仲間がドイツ人の開けたドアから逃げ出すのを待っていたように建物が倒壊した。みんなが助かったのは、用心深いドイツ人のおかげだと評判になったのだった。[4]

　だが、プレートテクトニクス（プレート理論）は、何も目下地殻の変動が盛んなこのあたりだけに適用されるものではない。世界中どこでも、地殻は何十億年という単位で動きつづけていて、漂う陸塊《りくかい》の衝突で地形が形成されない場所などない。五億年前、ブリテン島の北西部と南東部は、現在の英国とアメリカよりも離れていた。ネス湖はグレート・グレン断層に沿う湖で、現在でも微細な振動が絶えず起こっている。イタリアの地質学者ルイジ・ピカルディは、古くは七世紀から目撃談のあるネッシーが、姿を現わすときにも、見えなくなるときにも、いずれも地面の揺れを伴っていることから、何らかの地震活動と関係する現象なのではないかと推論している。

静止したままの山はない。山は誕生したその瞬間から消滅に向かっているのだ。水が表土を襲って流し、内部で凍っては岩にひびを入れて砕く。種子を含んだ土が割れ目にもぐりこんで根を伸ばし、虫は巣を作る。苔《こけ》が地面を覆い、風は細かに砕かれた破片を飛ばす。山は少しずつ縮みはじめる。紙やすりをかけると表面のでこぼこやでっぱりが次第にとれていくように、山肌から突出した部分は侵食の力にさらされる。侵食には表面をならす働きがあり、ウラル山脈といった高齢の山々には、比較的若い山々特有の荒々しい険がない。若い山の代表格であるヒマラヤ山脈などは、「鋭く攻撃的な峰々の、とんがった若者」[5]なのだ。だがゆったり進んでいた侵食も、いったん氷河が峰を舐《な》めると激しく猛々《たけだけ》しいものになる。壮大な氷の隊列の前には、岩もひとたまりもない。

比較的柔らかい岩がそぎ取られたあとに残るのは、最も頑強なものたちだ。その時どんな形ができあがっているかは、さまざまな種類の岩石がどのように分布しているかによる。なだらかなテーブル台地になるものもあれば、米ニューメキシコ州のシップロックのごとく、不気味な形ができあがることもある。

スペインはカナリア諸島ランサローテ島の陰影に富んだ景観を嘆賞した覚えのある人ならば、若々しく鋭い火山性の地形の妙味を見たといえるだろう。スコットランド北東部のケアンゴーム山地も同じくらい強い印象を与えるが、様相はまるで異なる。途方もない時間――この山地が形成されたのは四〇〇〇万年前になる――が費やされても、山々は完全にすり減らされはしなかったものの、なだらかなテーブル台地となるまでに削られた。ケアンゴームもかつてはヒマラヤ顔負けに荒々しかったのだろうが、いまや低く丸くうずくまり、あたかも老いた貴婦人だ。

山は、さまざまなレベルで権威をふるう。標高によって気候も異なり、山の存在そのものが気象を左右する。標高が三〇〇メートル、つまり一〇〇〇フィート上がるごとに気温は平均して摂氏二度下がる。このように、高さに従って気温に少しずつ違いがあるために、雪に覆われる線の下限がゆるやかに波打っている、おなじみの風景が生じるわけだ。

標高差による気温の勾配がその地域の気候と組み合わさると、周辺環境にも驚くほどの差異がもたらされる。エヴェレストはフロリダ南部とほぼ同緯度で、同じだけの太陽エネルギーを受け取っているが、標高の違いと、地形が与える影響のために、両者の気候はとてつもなく異なる。また、カナリア諸島のテネリフェ島は、サハラ砂漠の一部と同緯度にありながら、島にはテイデという火山が君臨し、これが暖かく湿った熱帯の大気を突いて立ち上がり、大西洋最高点に達する三七一八メートルの山頂に雪を戴いている。テイデ山がテネリフェ島の気象に与える影響は強烈で、観光の中心地が南側の暑くて乾燥した一帯にあるのも、ゆえないことではない。このあたりの海岸はいまでこそ日焼けオイルの香りが立ちこめ、グラスを合わせる音に包まれているが、そんなリゾート地になるはるか以前、フンボルトはすでに島の気候の多様な魅力に気づいていた。

ギリシャやイタリアといった美しい気候の国に住む人々が、テネリフェ島の西側に「恵みの島」を見つけたと考えたのも無理はない。東のサンタ・クルス側はまったくの不毛の地だからだ。[6]

今日の旅行者ならば衛星画像を通してはじめて気づくような——宇宙からテネリフェ島を見ると、北西部は緑が濃く、南東部は渇いた茶色をしている——地面の様子を見抜いてしまうところが、いかにもフンボルトらしい。

フンボルトにも使えた空からの視点というのがひとつあって、それはダーウィンをはじめ、あとに続く旅行者も大いに参考にしたものだが、フンボルトはテイデ山に登って、頂上から眼下に広がる風景の対比を堪能したのだった。テイデ山の活動は数々の痕跡をしるしていて、噴火で吹き飛ばされた巨石に行き当たったフンボルトは、「ここから上、島はわずかな樹木に取り巻かれた広大な焼け跡だ」[7]と記している。

登るにしたがってフンボルトが目にした変化は、単なる火山活動の痕跡よりもはるかに興味ぶかいものだ。というのは、これが火山性かどうかを問わず、一定以上の規模の山ならばどこでもゆるやかに生じる変化だからだ。フンボルトはまず、ノイバラやゲッケイジュ、たくさんの花をつけたエリカの茂るなかを登っていったが、それがやがてシダになり、その上は、嵐に吹きなぶられたジュニパーとマツの林になった。これは標高とともに変わる植生の典型で、まずは草、それから落葉樹、お花畑ときて雪線「万年雪の下線を結んだ線」にいたる。だがジュニパーとマツの林を抜けたフンボルトを出迎えたのは軽石と黒曜石が散らばった広場で、高山植物のお花畑を期待していた彼はいたくがっかりしたものだ。彼は書いている。ヤギとウサギが少々いるだけで、ほかには生き物の影もなかった——「ここにあるすべてが深い孤独を示している」[8]

標高が山の植生に与える影響は、積雪に限界線があるのと同様の限界線を作り出す。これが森林限界で、そこより上は主に低温のせいで、また気圧や乾燥の影響もあって樹木が生えない。赤道付近は高緯度地帯よりも概して気温が高いため、ほかの条件がすべて一緒なら、植物それぞれの森林限界は、赤道から離れるにつれて低くなっていく。テネリフェ島のあと南米大陸を訪れた際に、フンボルトはほかにもこの作用を受ける植物があるのを知って、「ツツジとベファリアが限界に達するほど高いという言い回し」[9]に触れているが、緯度による修整をほどこさなければならないにせよ、標高を表わすのになんとも風雅な言い方ではないか。

気温に勾配があるということは、山の斜面のどこかが、農業にとって最適地になりうるということだ。土壌が悪くなければ、意志の固い農夫なら急斜面に鍬《くわ》を入れ、棚田を作る。ネパールがそのいい例で、東南アジアに広がる水田の風景は、気候の恩恵だけでなく、高地から川にのって運ばれてくる水とミネラルの恵みも受けている。

山を走る水が天然の用水になることは、アルメニアを旅したマルコ・ポーロが記している。そこはノアの箱舟が流れ着いた場所ともいわれ、マルコ・ポーロは斜面に、箱舟の終着の地とされる黒ずんだ一画があるのを見せられた。そのアララト山のふもとが、みずみずしい緑に豊かに覆われているのにマルコ・ポーロは目をとめた。山頂付近からくる雪解け水のおかげだ。動物もこれに目をつけて、夏にはこの斜面に集まる。[10]捕食者を逃れて高地にとどまるアルプスアイベックスのようなヤギの仲間も、ほんのときたま、草をむしりに下界に下りてくる。

しかし山の最も高い部分では、植物も動物も足がかりを失ってしまい、伝説が渦を巻く。一三世紀イタリアの修道士で年代記を著わしたパルマのサリンベーネによると、アラゴン王国［現スペインのアラゴン州」のペドロ三世は、ピレネー山脈のカタルーニャ側にあるカニグー山の山頂でドラゴンと出くわしたという。[11] のちの時代の、もっと世俗的な思考回路の学者たちをもってしても超自然の力の前にはいたって無力だったとみえ、啓蒙時代初期のスイスの博物学者にして、数学と物理学の教授、草本学《アグロストロジー》なる植物学研究の草分けともなる論文までものした、ヨハン・ショイヒツァーも、スイスの各県での幾多のドラゴン目撃談を幅広く収集していた。[12]

山の成り立ちを知っていることは、すばらしい防御壁になる。移ろいがちな視線をとどめさせ、先へ進む前にもう一度立ち止まってよく考えてみることが必要だと思い出させてくれるだろう。山の生涯を理解すると、その表土の内部まで覗けるようにもなるが、知識それ自体の最大の役割は、立ち止まり、考えることを促してくれるところにある。考えるきっかけになるものは何であれ貴重だ。考えることで、山々の峰とわたしたちとの関係がようやくほんとうの意味で始まるからだ。

山の上のドラゴンはもはや論争の種にもならないが、山を崇拝の対象とするかどうかは意見が分かれるだろう。英国の登山家ジョージ・マロリーが「なぜエヴェレストに登るのですか？」と訊かれて「そこにそれがあるから」と答えたというのは有名な話だ。マロリーの答えは西洋登山界では一種の伝説と化しているが、伝統的な東洋の考え方からすると、彼の言葉はいささか無作法で軽薄に響くのではないだろうか。

他を睥睨《へいげい》する峰は昔から信仰の対象だった。日本の富士山や中国の泰山、オーストラリアのウルル（エアーズ・ロック）などは聖なる山とされ、それぞれの風土できわめて重要な位置を占めてきた。

山に対する信仰は世界中で見られるものの、その形は多様だ。マルコ・ポーロは、急峻なセイロン〔現スリランカ〕の高峰〔アダムスピーク〕がアダム生誕の地として神聖視されているが、サラセン人〔西アジアのイスラーム教徒を指すヨーロッパ人の呼称〕はこれに異を唱え、ここがアダムの墓であると主張していると伝えている。一方「偶像崇拝者」たちは、ここが仏教のシャカムニ・ブルハン（釈迦牟尼仏《しゃかむにぶつ》）の聖地であるとする。確実にいえることはただひとつ、この山が宗教的にとても重要な場所だということだ。

日本の禅研究者、鈴木大拙《だいせつ》は、「山を征服する」という西洋の言い回しは冒涜的《ぼうとくてき》であると指摘している。

> われわれ東洋人は自然を敵対力といふ形で考へたことはこれまでなかった。反対に、自然は自分達には不断の友人・伴侶であり、この国土には縷々《るる》地震を見舞はせたが、尚ほ絶対に信頼するに足るとしてきた。征服といふ観念は忌はしい。登山に成功したら「山と仲よしになった」と何故云はないのか[13]（北川桃雄訳、以下引用同）。

鈴木の自然観は二〇一一年三月、痛ましい形で試されることとなった。日本をかの国史上、最大規模の地震が襲ったのだ。だが深遠なる信念は、あれほどの衝撃にもかかわらず生きつづける。

これに対する西洋的自然観が形成されたのは、宗教が欠如していたからではなく、人間中心的な自然観が宗教のもとにあったためだ。鈴木大拙の感慨を、一九世紀英国の軍人政治家で探検家でもあったフランシス・ボンド・ヘッドと比べてみよう。アンデス山脈のサン・ペドロ・ノラスコ山の山頂に立った彼は、鈴木とはまったく異なる自然観を披瀝《ひれき》している。

われわれの周りは、どの方向を見ても草木の気配がまったくなく、あたかも荒涼を絵に描いたかのような光景であった。それはどこか畏《おそ》れ多くすら感じられるほどの規模で広がっており、この大量の雪が、一見したところいかにも陰気であるにもかかわらず、人類の用に供し、安楽や幸福、さらには奢侈《しゃし》にまで役立つこと、くめども尽きぬ水源となって平原を潤していることを知るにつけ、森羅万象には「不要」と名づけられていいものなどひとつとしてないことを、あらためて感じ入るのである。ただ自然の側が、その住人の用に供する意図など持ち合わせていない場合は多々あるのであるが。[14]

「東洋」や「西洋」なるレッテルは、人間と、力強い大地との関係の奥深さを、必要以上に単純化し、あやふやなものにしてしまう。山を神聖視し、謙虚に見つめる眼差しは世界のあらゆる場所にあり、それは東洋だけのものではない。ただ、どちらかといえば、山の恐ろしさをじかに味わい、山の恩恵を知る人々の間に、山を崇《あが》める思いがより広く浸透しているとはいえるだろう。英国の登山家サー・エドモンド・ヒラリーとともにエヴェレストに登頂したシェルパのテンジン・ノルゲイは、エヴェレストの山頂付近にささやかな雪洞《せつどう》を掘り、この山に住むチョモランマ［チベット語で「大地の母神」］に食物を供えた。ヒラリーも、そこに小さな十字架を立てている。

山を神と崇めずとも、あるいは山頂を極めなくても、山との固い絆を感じられる人も多い。スコットランドの作家ナン・シェパードは、「山は、とりたてて登ろうとしていないとき、ことさらに行こうとしていないとき、ただ一緒にいるためだけに友人のところへ行くように、ぶらりと足を踏み入れたときにこそ、いちばん打ち解けてくれる」[15]と感じていた。鈴木大拙とナン・シェパードが一緒に山歩きすれば、さぞや気が合うことだろう。

オーストラリアはクイーンズランドのローパーズ・ピークにほど近い小川のほとりで、ルートヴィッヒ・ライヒハートは自分の動きにつれて山が姿を変えていくのを見守った。山々は、フランスのオーヴェルニュの山々を思わせる円錐形から、テント型へと変化した。ヘンリー・デイヴィッド・ソローはアメリカの偉大な自然哲学者だが、彼も山の輪郭が歩を進めるごとに変わっていくと記している。一七世紀のはじめ、誉《ほま》れ高き武士の伊達政宗もまた、富士山を見て同じ思いを抱いた。

見るたびに
景色ぞかはる
富士の山
はじめて向ふ
心地こそすれ
見ぬ人の問はば

如何にと語るらん
いくたび変る
富士の景色を[16]

視点の置き方が山の見え方を変える。だが山のほうも、わたしたちの視点に内的な変化をもたらす。体の奥深くに反応が起きてしまうのは、空気のせいなのか、孤高のせいか、あるいは目に映る光景の荘厳さ、それともその三者が混沌と入り混じるからなのか。山に行くとなぜ感情の変化を味わうのか、そうやすやすと客観的に分析できるとは思えない。ただそうした変化が実体のないものだとばかりはいえない。山は、肉体的にやる気まんまんの人間や、宗教的願望を持った者たちの独《どく》擅場《せんじょう》などではなく、誰しもの大脳の只中に入りこんで想像力に火をつけてくれるのだ。

ウィリアム・ワーズワースは一七九〇年、ケンブリッジ大学の試験から逃げ出すために自暴自棄な旅に出かけ、友人のロバート・ジョーンズとフランスを縦断してアルプスを目指した。これがワーズワースの人生の転機になったことは、思索的な「序曲（プレリュード）」という詩からうかがえる。賢明なる大学生からロマン派詩人へと変貌を遂げられた喜びと、目をみはるような山々の自然を堪能できた自分には、すばらしい自由と自然を詠う許可状が得られたと感じて、有頂天になっている彼の感謝の思いを、そこに味わうことができるだろう。

わたしの人生を満たす祝福——賜わったのは汝、

おお、風よ、とどろく滝よ！　そは汝、
おお、山よ！　そは汝のもの。おお、自然よ！　汝こそ
わが高邁《こうまい》なる思索に資し、汝のうちに、
我らの不安な心も、
決して裏切られることのない喜びと
純粋の上にも純粋な情熱を見出すのだ。[17]

ここに至ってわたしたちは、山が単なる芸術の素材でもなければ、創造の世界と切り離された存在でもないことに気づかされる。英詩人キーツはスコットランド高地の山々を逍遥《しょうよう》して過ごす時間のほうが、家にいて本を読んでいるよりも、「読むのがホメロスであってさえも」[18]、よほど詩作の役に立つと感じていた。環境保護の立場から政治的な評論も行うアメリカのレベッカ・ソルニットは、ロマン派詩人の出現によって登山が文化的な活動としての位置を確立したと指摘している。[19]

山は、わたしたちの視点に変化をもたらし、世界への思いを揺るがす力をもつ。わたしたちが芸術に求めるのが、まさにそういう考える力だ。最初はただ、岩の凹凸を見極めようしていただけだったとしても、深い思索へと行きつくこともある。いらいらしがちな人に、山は精神安定剤になる。山と出会えば人は、平地をただ歩くだけの平凡な人生から、向こう見ずで愉快で、創造にあふれた奔放な毎日へと踏み出せるのだ。

第4章　海岸

水に映る姿は、本物の空より美しかった。宝石よりも明るくきらめく紫色の波が、果てしもなく砂浜に打ち寄せ、溶けていく。夕間暮れ、［フランスの］カレーの港の入り口に立てられた木製の堡塁《ほうるい》は、その輪郭しか定かには見えないけれど、白日のもとで見るよりもなおいっそうくっきりと際立ち、あたかも黒檀《こくたん》の列柱の上に据えられたかのよう。柱のまにまに海は思いつくかぎりで最もあでやかな色をたたえている。どんな小説に描かれるものも、美しさはこの半分にも及ばない。[1]

——ドロシー・ワーズワース

振り返ると、海岸がくっきりと視界に入った。靄《もや》を透かして、アランデル城の彼方で海は波打ち、黒っぽく固まった海浜の町、リトルハンプトンの向こうに広がっていた。散歩していて眼前に海原が開けてきたあと、前と変わらぬペースで歩きつづけることなどとてもできないと思うのは、何もわたしひとりではないだろう。足は先へ進みたがっているのに、体のどこか奥深くから、本能的なブレーキがかかる。

なぜなのだろう。わたしは自問した。これは何か原始的な感覚で、わたしの脳が、進化の残滓《ざんし》を嗅ぎつけ、海が帰ってこいと呼びかける声を聞きとっているのだろうか。もしそうならば、ほかの生き物も同じように反応するのだろうか。わたしは周囲を見回した。遠くに見えるウシは、そんな物思いにとらわれているようには思えなかった。

海岸線は恥ずかしそうに、やたらに靄に隠れたがっていたものの、まだはっきりとしていた。だが、夜ともなれば羞恥心などどこへやら、海辺の町明かりとワインよりも暗く沈んだ海の対比はうるさいほどになる。

この時も——そして思い出せるかぎりいつも——海はわたしの歩みをとめた。この先の行程にも気持ちははやったが、海の誘惑が大きすぎた。わたしは立ち止まり、つかの間静かにじっとたたずんで海のにおいをたどった。臭跡をつかんだ気がした。気のせいか。いや、違う。わたしはたしかに何かを嗅ぎつけた。

＊

ベネズエラのアラヤ海岸の北部で、フンボルトの一行は現地の人から、海岸の砂の中で見つけたという小さな石をたびたび受け取った。石は片面が平らで片面が丸くなっていた。これは「ピエドラス・デ・ロス・オホス（目の石）」といって、特別な力がある、目の病気を何でも治せるのだ、とフンボルトらは熱心に教えられた。現地の人々は、石の効能を実証するために砂を目に擦りこんでみてはどうかとフンボルトに勧めた。親切心からの申し出ではあったが、フンボルトは丁重に断った。

目の石はおそらく石灰質で、現地の人々はこれが石であると同時に生き物であるとも信じて、いたく執心していた。生き物であるのを証明するのに、石を平らな皿に置いてレモン汁をたらしてみる。すると石はたちどころに息を吹き返し、皿の上をのたうちまわるのだ。フンボルトはこの実験にたいへんそそられるものを感じたけれども、夢想家の帽子はひとまず脇へおき、科学者の帽子を被って、生き物説とは別の説明を試みた。

わたしたちは早いうちに、この「石」なるものが実は多孔質《たこうしつ》の薄い一枚貝であることに気づいていた。……石灰質の表面がレモン果汁に触れて泡立ち、炭酸が生成されて動き出す。目に当てると、小さくて丸い真珠や種の粒と同じような働きをし、アメリカ先住民は涙の分泌を促すのに用いている。[2]

フンボルトの解説にベネズエラの友人たちは肯《がえ》んじなかったが、フンボルトは、その理由もまたとくと考えた。

人間にとって、自然は謎が深ければ深いだけ壮大に感じられるようだ。そして人間の生理は単純な説明を受けつけたがらない。[3]

フンボルトの目の前で、皿の上を駆けまわり、泡立ってみせた貝殻は、幾多の海岸線で荒々しく繰り広げられる生と死の物語に登場するあまたの有機体のひとつだ。海辺への旅の思い出を飾るきれいな砂浜は、波とともに生きそして死んだ、岩や生物の広漠たる墓場でもある。波は海岸沿いの岩を砕き、ついには波間に漂えるほど小さな石くれになるまで削っていく。

砂浜の砂は、国ごとに、また浜辺ごとに異なる。温暖な地域の砂浜は石英や長石の粒が多くを占め、熱帯の砂浜では海生生物の死骸の割合が高くなる。粒子が大きくて淡い色の砂は花崗岩《かこうがん》の粒、白い砂はサンゴ礁、黒っぽい砂浜は、たいてい火山に近く、火成岩でできている。

波がこうした細かな粒を海岸に運び、寄せたり返したりしているうちに、風向きや海岸線の形などが相まって砂が堆積する場所を決めていく。波が浜辺を洗う方向を決めるのは風の向きだが、海水が戻っていく直線方向を誘導するのは重力だ。このように行きと帰りが非対称なせいで、波間の砂や小石、岩などは海岸線に沿って横方向に動かされる。これを沿岸漂移という。

波のさまざまな動きは、浜辺に独特の爪あとを残す。引き波が小石を拾い上げ、打ち寄せてふたたび浜辺に撒き散らすと、美しい模様ができる。この模様は決して行き当たりばったりにできるのではなく、波の速度と拾い上げられる小石の大きさの相互作用が作り上げるものだ。引き波の速度は主として浜辺の斜度によって決まるので、傾斜が変わらないかぎり模様は一定だ。通常砂の描く模様は、浅い浜辺で目のつまった交差模様、浜辺の傾斜がややきつくなると皺《しわ》のよったオレンジの皮のようになり、さらに傾斜が増すと、魚の鱗《うろこ》のように山型が重なり合う。ほかにも、根っこまで備えた木の幹のような模様や、永遠に連なる山脈を思わせる模様など、風変わりで美しい模様ができることもある。この模様はすべて、寄せ波の影響も受けるわけで、どの浜辺にも波によって絶え間なく創られては壊されていく、それぞれの砂の芸術がある。

波の動きで作られる模様は無機的だが、ゴカイの仲間が作るあとはまるで趣が違う。ゴカイの仲間は浜辺の砂の下に住み、砂を吸いこんではそこから栄養分をとり、残りを浜辺に戻すので、砂浜によく見かけるあとができる。また、目に見えるほどの穴もできるが、これはゴカイが砂を飲みこむときに、頭部で穿《うが》つものだ。ゴカイはミヤコドリやカモメの腹を満たし、釣り師の釣り針の先で身をくねらせることもある虫である。

砂地には、貝殻を重ね合わせた形の、二枚貝も多く見られる。二枚貝は軟体動物で、よく名前を耳にするザルガイもこの仲間だが、満潮時には貝の口をぱっくり開けて栄養たっぷりの海水を取りこみ、潮が引くと口を閉ざす。砂地には、寄せる波をただ漉《こ》しているだけではない、もっと活動的な住人もいる。夜になるとカニがちょこまかと横に走り、ヒトデは身を潜め、貝やゴカイを体の中心にある胃袋に引っ張りこんでやろうと狙っている。ヒトデは貝を消化すると、貝殻は吐き出して打ち寄せる波のうちに放り出す。それがまた、砂浜を再建する材料になるわけだ。

波が岩を洗う場所には、世界中で子どもたちが夢中になるミクロの世界がある。潮溜まりは無数の生命を宿し、車で移動しているときなどはすぐ退屈してしまう子どもでも、見違えるほど辛抱強く水中の生物圏を覗きこみ、網をしっかり握って、油断したカニが這《は》い出てくるのを待ちかまえるものだ。

潮溜まりはもちろん、子どもだけの楽しみではない。若き日のダーウィンは、エディンバラ大学の学生時代、潮溜まりで小さな生き物を釣るのを楽しんだ。彼はよく、解剖学者のロバート・エドモンド・グラントに同行した。後年、ダーウィンの進化論がグラントの信奉する学説を一蹴することになるのだから、皮肉なものだ。グラントはラマルク派で、生存環境に適応した生物は、新たに獲得した形質を子孫に伝えるものと信じていたのだった。ダーウィンの理論は、環境に適応した生物が生き残って子孫を作るのであって、適応しなかった生物は子孫を残せないだけだと説いた。

岩も潮溜まりも、気まぐれに変わる潮位に対抗しなければならない。二週間おきに干満の差がすこぶる大きくなる大潮では、干満にそれほど差の出ない小潮の時より、広い範囲が海水に浸かり、また広い範囲の地面があらわになる。そのため、著しく多様な生息環境が作られる。一番高いところにできるのは、波のしぶきは浴びるけれども、大潮の満潮時でも海水に浸かってしまわない岩場で、飛まつ帯ともいう。ここは色とりどりの苔《こけ》が見られ、最も高いところの苔は黄色、その下がオレンジ色、さらに下がると黒っぽい色になっていることが多い。飛まつ帯の下は、大潮では海水を被るものの、それ以外のときにはむき出しになる部分、そのすぐ下は、満潮時には水を被るが、干潮時には干上がる場所、最後が大潮の干潮時にしか露出しない場所だ。こうした生息環境は、波が岩場を洗っている海岸なら世界中どこでもできる。干満の差には地域ごとに違いがあって、たとえばイギリス海峡のチャネル諸島ではその差が一〇メートルあまりになるし、それほどの差ができない地域もあるだろう。けれども結果として岩場には帯状に異なる生物の生息圏が分布して、それによって岩の色や質感なども変わってくるのは、どこでも同じだ。

二週間ごとに変わる潮の高さの違いは、砂の上にも見ることができる。高潮海岸線は、満潮時に最も奥まで波が到達する線だが、これはその時々で異なるため、どの海岸にも高潮海岸線が複数見られる。海岸線には、海からやってきた雑多なものが積み重なってもいる。それこそ骨や鳥の死骸から瓶や空箱などおよそ何でもあるが、最も大きな割合を占めるのは海藻だ。打ち上げられた海藻はさまざまな有機物の住み処になっていて、手軽にご馳走を手に入れようとするハマトビムシやハエ、鳥やネズミをひきつけ、これをもとに新たな生態系ができる。強い腐敗臭に加えて何千というコバエがぶんぶんたかっていては海水浴客から敬遠されてしまうので、高級なビーチでは、海からの贈り物を取り除くのに、多大な時間と金を費やす。

波の砕ける音も潮によって変わる。低潮時には低いこもった音だが、高潮時ともなると、リズミカルにとどろく。小石や砂利の多い海岸では、引き波が小石を巻きこんで海底の砂利の上を引きずり、しゅわしゅわというよりはやや大きくて、ごうごうというには小さな音を立てる。さらに砂利浜は、美しい浜辺が醜くなるのを防いでくれる。たとえばぱっと見るとタールかと思う、小石にへばりついた黒っぽいしみは、実のところ、キッコウウシオイボゴケのようなたくましい地衣類がこうした浜辺に住みつこうとする先遣隊なのである。

海岸には常に風があり、これが浜辺で子どもの大好きなあるものをこしらえてもくれる——砂丘だ。砂丘はたいていは、卓越風［特定の地方である期間に最も頻繁に現われる風向きの風］に向かってちょうどいい向きにゆるやかに傾斜している砂浜に形成される。砂丘はまた、海岸本体とも異なる生息地となり、砂丘という独特の環境に適応した生き物に住み処を提供している。［カモメ科の］アジサシは、海岸の強い風にも耐えるほどしっかりと根をはる草が覆っている砂地に、浅い巣を掘るのを好む。ハマヒルガオといった草花は、内陸でも水際《みずぎわ》でもないところに咲いて、緑地と砂の淡い色との境目になる。

生き物たちの小さな世界の傍らで、陸と海も激しくせめぎ合っている。スコットランドでは、二六〇〇トンもの防波堤が波にさらわれたことがあるし、北アメリカでは波が六〇キロもある岩を放り上げ、三〇メートルの高さの灯台の窓にぶつけたこともある。だが波の底力は、絶えることが

典型的なトンボロ

ないところにある。海水のきりのない集中攻撃に絶えられる物質などないといってい い。海岸は削られ、激しく攻められてわたしたちのよく知る形になっていくのだが、それは陸地の形状や浸食する水の力への耐性を反映したものだ。そうして、崖や岬、入り江、湾、洞窟ができ、アーチ状に削られたり、砂が堆積したり、砂嘴《さし》や砂州《さす》ができる。まず柔らかい岩から崩れていくとも限らない。岩の耐久度は、外気にさらされる度合いによるのだ。頑丈な岬であっても、もろい湾より風雨にさらされていれば激しく浸食される場合もあって、それだけに、一時的にせよ自然の破壊力に耐えている岬の頑強さは瞠目《どうもく》に値する。

　このように海岸線にはさまざまな装いがあって、岬はそれらを数え上げるのに恰好の場所である。ちょっとした突端部に立てば、浜辺の異なる顔を眺められるし、内陸を覗いたり、外海を透かし見たり、高い位置から岸辺を見渡すこともできるし、濡れた足をほんの少し伸ばせば、海岸沿いの多様な地形を歩いてまわることもできる。

浸食の力は複雑な海岸線を無秩序に、手当たり次第に造り上げるように見えるが、実際には浸食はごく単純な原則にのっとって起こる。フランスのある研究者が、簡単な法則をいくつかコンピュータに入力し、それが架空の海岸線を浸食する様子を追った。すると、地中海に浮かぶサルデーニャ島の海岸線にどことなく似た、いかにも自然が造形したかのような形ができたという。

浸食はいってしまえば破壊の過程なのだが、削り取られた物質は別の場所に積み重なり、新たな地形を作る。それがたとえばトンボロ（陸繋《りくけい》砂州《さす》）で、本土と島のようなふたつの陸地の間の流れが遅くなり、ついに止まってしまったところにできる。そこに小石などが溜まり、ふたつの陸をつなぐ土手を造るのである。

間に水を挟んだ土地と土地では——それが海のような広大な水域であっても——地質やそこで起こる浸食のプロセスが、鏡像のように対をなすこともよく見受けられる。英コーンウォールと仏ブルターニュの海岸は驚くほど似ているし、カナダと北ヨーロッパ、あるいは南アフリカとインドにも同じような相似が見られる。

海から陸へ向かって吹く塩分をたっぷり含んだ風が、海岸線特有のにおいを拾い上げて、わたしたちの鼻腔を襲う。わたしたちは思わず鼻の穴をすぼめる。海岸から見渡すと、太陽の光と雲とが、順繰りに海の色を変えていくのがわかり、その向こうに、わたしたちはいま立っていることと鏡像になっているであろう、対岸に思いを馳せる。

海岸は、山と同じくらいに想像力をかきたてる。この広い海岸は小石や貝殻やひとつかみの砂からできあがっていて、それでいて、材料のすべてを合わせたよりもずっと大きな力でわたしたちの心をつかむのだ。そうでなければ、コーンウォールのセント・アイヴスの海岸や、カタルーニャのカダケスの海岸がこれほどまでに豊かに、わたしたちの創造の源になることが説明できないではないか。

第5章　氷の谷

氷河を巨大な摩擦の道具とみてもいいかもしれない。氷河が覆う谷の凹凸を、ゆったりと、だがいやおうもなく削り取っていく真っ白な紙やすりだと。[1]

――ジョン・ラスキン

最後の氷河期の氷河も、ここまで南方には達してこなかった。だが、寒気の影響は間違いなく届いていた。かつてこの土地は、永久凍土として固く凍りついていて、表層の水は地中まで浸透することなく溜まり、流れては奔流《ほんりゅう》となって大地を削った。谷の両側は切り立つ崖になり、谷底に、はるか昔に涸《か》れてしまった川の曲がりくねった痕跡がはっきりと見て取れたので、わたしはその川が水をたたえ、とうとうと流れる音を聞きたいと切実に願った。けれども大昔に凍土は融け、それとともに水は、吸湿性の高い岩盤を通って、地中へとしみこんでいってしまった。

バラの北の高台から見下ろすと、崖は一定の勾配で谷底へと下っている。氷河ならばこのような勾配は残さなかっただろう。氷河は妥協を好まない。誇り高い岩も容赦なく押しやり、山腹に氷河の意のままに穿《うが》った痕跡をとどめるだけだ。

しかしここではそうはならず、川は凍土に深く切れこんだのだった。川がたゆまぬ努力で刻んだ完璧な

V字渓谷がやすやすと見て取れる。ただ歳月が運び、残していった土砂が積もって、底はいくらか丸みを帯びてきていた。

道は谷底へ向かい、なんとか転げ落ちずに歩いていけそうな程度の傾斜で下っている。わたしはしばし足をとめて考えた。大昔に涸れた川の支流を横切るのは、どれくらい難儀なことだろうか。下りで足をひねるかもしれない。そのあとは息が切れそうな上り坂で、きっと足に乳酸が溜まるだろう。渓谷に敬意を表し、谷沿いに進むほうが賢明というものだろう。

＊

一九世紀前半にルイ・アガシが成し遂げた仕事は、旅というものがわたしたちの精神や物事の理解をどれほど揺さぶるかを実証するものだ。アガシはスイスに生まれ、パリと英国を経たあとアメリカに移住した。超人的で、しかもその当時は神出鬼没ですらあったフンボルトに触発され、アガシはとりわけ魚類に関心を募らせて博物学の教授となったが、やがて自らが、地質学の二大学説のぶつかり合う最前線に立たされていることに気づいた。

洪水説によれば、陸地に見られる谷や洞窟、巨礫《きょれき》といった地質学的な形状は、すべて大洪水で説明できることになっている。洪水説の熱心な主唱者のひとりが英国のウィリアム・バックランド博士で、高名な地質学者にしてウェストミンスター寺院の聖堂参事会長にもなった敬虔な彼が、強力にこの説を推したのは、ごく当然のことといえる。ユダヤ＝キリスト教世界の歴史観では、いわゆる大洪水は最も重大な出来事のひとつであり、バックランド博士の時代、聖書におけるノアの箱舟の物語は考古学上の史実だった。

現代のわたしたちからすれば、バックランドが執心していた理論はいささか荒唐無稽に思えるし、彼には、ディナーに招いた客たちに、ワニ肉のステーキやカタツムリ、子犬といったご馳走を無理強いするという途方もない噂もあった。とはいえ彼が、几帳面で細部までもおろそかにしない科学者だったのはたしかだ。ある夜バックランドは、化石に遺された足あとのことがどうしても頭を離れなくて眠れず、奥方を起こして小麦粉をこねさせると、そこにペットの亀を置いて歩かせた。亀がつけた足あとを見て、自分のペットとその祖先とのつながりを、バックランドは確信したのだった。

科学者としてバックランドはきわめて堅実だったけれども、それ以前に彼は、当時の宗教的正当性を疑問視することにそもそもためらいがあり、それが彼の科学が結実する邪魔をしていた。地質学的証拠のなかには、洪水説と相容れないものも当然ながらぽろぽろ出てくるわけだが、当時の科学者の多くと同じく、バックランドもはみだしたものはなんとか丸めこんでやろうと固く決意していた。たとえば何かの骨が、ヨークシャーの洞窟の中など洪水説には具合の悪い場所から見つかった場合は、問答無用でハイエナの仕業とされた。英国ではハイエナが、とっくの昔に絶滅している事実もものともせずに。

時代とともに灰燼《かいじん》に帰した学説に執着していた先人をあざけるのはたやすい。だがバックランドには揶揄《やゆ》ではなく、賞賛こそが献じられるべきなのだ。というのも彼は、当時のみならず現代の科学者でもめったにできないことをしてのけているからだ。

一八三八年、五四歳になっていたバックランドは、すでに並ぶもののない有名人であり、最上流の人々と付き合う身で、首相をつとめたサー・ロバート・ピールとも友人と呼べる間柄だった。おそらく彼は、自説に並々ならぬ自信をもっていたことだろう。彼がスイスに出向き、自分の説とは真っ向から対立する学説を提唱しているアガシに会う決心をしたのは、まさにそんな時だった。アガシはバックランドに、洪水ではなく氷河が陸を形作ったとするほうがすべての説明がつくと示した。スイスや北欧の大部分がかつて分厚い氷に覆われていたことを論証したのだ。故国に戻ったバックランドは、凡人にはおよそなしえないことをここで成し遂げたのである。すなわち、考えを改めたのだ。

一八四〇年、バックランドはアガシとスコットランドへ赴き、氷河期の証しを一緒に確かめた。ふたりはそこで、アガシがそれまでにヨーロッパの各地で目にしてきて、のちに一八四六年、カナダはノヴァスコシア州のハリファックスでも目にしたものを見たのだった。やがて、この思いがけない組み合わせのふたりがともに、半信半疑でいる英国科学界の重鎮たちの前に、革命的な氷河理論を差し出すことになる。[2]

氷河期が起きるメカニズムは一九世紀科学の理解を越えていたし、その原因の解明は今日も続けられているが、いま有力なのはミランコヴィッチ・サイクル[3]といわれる説だ。わたしたちがよく知っているように、地球が太陽の周りをまわって一年のうちに気候の異なる季節が生じるのは、地球が傾いていて、一年の半分は北極が太陽のほうを向き、半分は太陽から顔を背《そむ》けるためだ。ところがこのほかにも、日々のあるいは年単位の気候にこそ影響を与えないが、もっと長い期間《スパン》で関係してくる周期があるのだ。ひとつには、地軸の傾きが実際には振動していて、四万一〇〇〇年以上をかけて二二・一度から二四・五度の間を動くこと。現在の傾きはほぼ二三・五度で、次第に減少しているところだ。

加えて地球の公転軌道もまた、ゆっくりと楕円《だえん》からほぼ正円になり、また楕円へと戻っていく。この周期は一〇万年という時間単位だ。

第三の周期は二万六〇〇〇万年を要し、「春分点歳差《さいさ》」と呼ばれる。地球をまわっている独楽《こま》と考えれば（一周が一日に当たる）、この独楽も子どもがまわす独楽と同じで、まわる速度がゆっくりになるにつれてぐらぐらしてくるはずだ。ここで北極と南極からそれぞれ突き出ている軸を思い浮かべてみると、この軸は寸分たがわずひとところでまわるのではなく、夜の空に小さな円を描いていることがわかるだろう。

このように長大なミランコヴィッチ・サイクルは計測が困難だし、わたしたちの頭は、これほど大きなスケールで世界を見るようにはできていない。だがここに挙げた三つの、とてつもなく長くてゆったりした周期運動を総合してみれば、たしかに、地球が、ある時期は何百メートルという分厚い氷に覆われ、また別の時期にはジャングルに覆われる理由に、とりあえずひとつの説明がつく。

こうした論点を理解するのは、バックランドにもアガシにも手に余ったかもしれないが、氷河とその動きが大地の形成にあずかったメカニズムをしっかりと把握するぶんには、まったく問題なかった。このふたりの先駆的な発見が、雪氷学《せっぴょうがく》の基礎となった。

たとえば氷河が三〇〇メートルの厚さになると、その下の岩盤には一立方フィート（〇・〇二八平方メートル）あたり一〇〇〇トンの圧力がかかる。[4] 氷が岩面を動くと表面は磨かれるが、もし氷が小さな岩を巻きこんでいると、それが岩の表面に擦痕《さっこん》を刻む。岩が「自分の顔を引っかく」[5] のである。さらに氷河は氷堆石《ひょうたいせき》を作る。小石や砂利など、さまざまな大きさの岩の堆積物だ。

氷河が到達した先端部分に積み重なった瓦礫《がれき》の山が末端氷堆石《ターミナル・モレーン》である。たとえばあなたが、細長い食卓で大家族がパンとチーズを食べ散らしたあとをきれいにしなければならなくなったと想像してみてほしい。皿を片付けたら、台布巾でテーブルの端から端まで拭《ふ》いていくだろう。布巾が氷河で、盛大に散らかっているパン屑《くず》とチーズのかけらが末端氷堆石をなす岩や石だ。こういう土塁《どるい》のような岩の山は、氷河が前進し、その後消失した場所にならばどこにでも見られるし、北国にはあちこちに実物がある。はるか昔に氷河が後退したあと、堆積した岩に新たな生命が宿る場合も多く、そのいい例がスイスの谷間に点在する針葉樹の塚だ。

氷河はただ磨いたり引っかいたりするだけでなく、彫ったりかき分けたりもする。川はたいがい曲がりくねって流れるが、氷河のほうは、動きはいたってのんびりなくせに気が短い面もあって、よれたり曲がったりするのが辛抱ならないらしい。そこで氷河谷はたいていまっすぐになり、結果としてすばらしい景観をもたらす。また氷河によってえぐられた谷は、谷底が平らで側面が切り立ったU字型をしており、川が削り出すV字型の谷とは対照的だ。イングランド北西部の湖水地方、ホニスターには、典型的なU字谷がある。川ならばきっとメスで刻むようなあとをつけていったことだろうが、ここは氷河が、火成岩を幅広く薙《な》ぐように浸食していったのだ。

氷河の谷は、滝の愛好家には思わぬ楽しみの宝庫ともなる。かつて谷の脇を流れて、中央の氷河に合流していた細い氷の支流が、いまは氷河を失い、谷の縁《ふち》まできて一気に底まで落ちるからだ。流れ落ちる水流がハイカーや詩人、画家たちを喜ばせる。

氷河はもうひとつ、風景に明らかな爪あとを残す――場違いな大岩だ。「捨て子石」とか「漂石」といわれるもので、周辺の岩石とは異なる組成の、氷河に運ばれてきたとしか説明しようのない巨大な岩が見つかることがあるのだ。こうした異分子の存在も、氷河の力を例証する手がかりになる。氷河が刻んだ痕跡は、探せば現代からすると突拍子もなく思える場所（サハラ砂漠の岩にも、氷河の残した擦痕がある）にまで及んでいるが、それは地質学を離れたところにも広がりをみせる。

スコットランドのトゥイーズミュアには、こんな銘が刻まれた墓石がある。

ここに眠るは
ジョン・ハンターの遺骸《いがい》
殉教者にして、無残にも
コアヘッドの地にてほふられし
ジェイムズ・ダグラス大佐と
その配下の手で
神の言葉と
スコットランドの盟約に
忠実であったがゆえに

——一六八五年[6]

ジョン・ハンターはスコットランド長老派教会の盟約派で、〔英国国教会から〕反逆者とみなされ、一六八五年の八月一二日、イングランド軍の竜騎兵に追われて、デヴィルズ・ビーフ・タブと呼ばれるくぼ地に逃げた。くぼ地の底は平らだったが、氷河によって形成された壁面はまっすぐに切り立っており、ハンターは逃げられなかった。彼は矢を射かけられ、谷の壁にもたれて死んだ。

氷河はわたしたちの歩く道を決め、景観を、歴史を作る。わたしたちの本質も、経験も、とうの昔に融け果てた氷河という鍬《くわ》によって、いまでも少しずつ鋤《す》き返されているのである。

第6章　土

［英ハンプシャー州の］このふたつの森は間に細長い囲いこみ地を挟んで隔てられているだけなのですが、土壌はこれ以上ないほどに異なっているのです。一方のホルトの森はローム質で深くぬかるみ、芝草がよく生えますし、オークが旺盛に育って太く立派な材ができます。ところがウォルマーの森は砂礫質《されきしつ》で、ただただ痩せた荒れ地なのです。[1]

——ギルバート・ホワイト

北のアンバーリー村に目をやると、すぐ先の丘の一角に、何も生えていない場所があるのに気づいた。草も土もはがれ落ちてしまったらしく、チョーク（白亜）の層が生々しくむき出しになっている。表面近くは濃い茶色で、その下はやや明るい赤茶色、さらにそのすぐ下が白だ。南側は崖の縁《ふち》まで草地で、土が絶えず斜面を流れては草を下方へと引っ張っていた。この牧草地はストーク・ヘイゼル・ウッドの森まで続く。落葉樹の混じる森は、土壌が豊かなアルカリ質であることを示しているが、ところどころ常緑の針葉樹が混じっているのは、場所によっては土に砂礫が含まれているか、酸性土壌が混在しているのだろう。

　あのチョークの丘の頂《いただき》の薄い表土の下にあるのは燧石《ひうちいし》の塊だ。風と雨が、時間をかけて少しずつ表土を削り取っていた。一部が谷底へ流れ落ちたのは間違いない。道をたどっていくと水溜まりの名残りで地面の湿った箇所があり、わたしは足をとめてかがみこんだ。土を知るには、手が汚れるのを構ってはいられない。わたしは喜々として泥に手をつっこみ、茶色く粘《ねば》るものを指でこねまわした。チョークの丘には粘土も混じっているようだ。

やがてわたしは、谷の底に着いた。そこの分厚い土には、どこからかリン酸や窒素がふんだんにまぎれこんだらしく、イラクサとギシギシが所狭しと生い茂っていた。もともと肥えた土壌に、家畜の飼料か動物の糞が加わったのだろう。ほんの一五分ばかり前には、ハリエニシダがまばらに生えるだけの貧相な場所にいただけに、生命力の横溢《おういつ》するこの光景はまるで別世界のようだ。ふたつの場所は距離にしてほんの何メートルかの違いなのだが、生息環境としては一〇〇万マイルも隔たっていた。

＊

一九世紀半ば、英国の作家で旅行家のジョージ・ボローは、ウェールズのポウィス州にある「馬の背《ホグバック》」丘で、白く泡立ちながらとどろく、途方もないあるものに遭遇した。そのピスティス・フライヤドルを、彼は英国で最も美しい滝と讃えた。ボローはそれを「大嵐に翻弄され、かき乱される、真っ白いシルクの束」になぞらえ、「恐ろしいスピードで疾駆する葦毛《あしげ》の駿馬の長い尾」のようだとも述べている。銀糸の滝の向こうには、黒いごつごつした岩が見え、その上を水がほとばしっていた。

ボローが、水の動きや音といった華々しさに関心を奪われてしまったのは無理からぬことだが、主役たる水を支える脇役に目もくれてやらなかったのはなんとも残念だ。眼前の光景に岩がきわめて重要な役割を演じているのを見落としたばかりか、ボローは、そこにある人目を引く珍しいアーチ状の岩が、滝の美しさを損なっていると苦言まで呈しているのだ。ボローにすれば、「黒く醜悪なアーチ」が滝の優美さを損ない、あれさえなければ景色はもっとすばらしいものになっていただろうという。

この見苦しい物体は、天地創造の日よりこの場所に立ち、おそらくは最後の審判の日までここにありつづけるであろう。これを人為によって取り除くのは自然に対する冒涜《ぼうとく》になるやもしれないが、万が一自然がその手で洪水を起こし、押し流したとしても、残念に思う者はひとりとしていないに違いない。[2]

ボローが悪しざまに言った岩も、水とともに滝そのものだ。注目すべきは、ここが「馬の背」であることと、岩が黒いことなのだが、ボローはその事実に然《しか》るべき注意を払っているとはいえない。黒くて堅い玄武岩は、アヴォン・ディスギンヴァ川の通り道になっている周辺の岩よりも激しく浸食に抵抗しつづけ、その頑迷さのゆえに、水が踊りながら駆け抜ける揺りかごとなり、はるか二〇〇フィート（約六一メートル）以上もの高さから一気にそそぎ落とすことになったのだ。滝の物語は、流れる水だけでは始まらない。火山が噴火し、真っ赤に燃え上がる溶岩がほとばしって、やがては落ち着いてくるにつれて、滝も姿を現してきたのだ。

岩は、その組成も色も強度もさまざまで、わたしたちが地球の中心に向けて落ちこんでいかずにすんでいるのも、ひとえに岩のおかげだ。岩はまた、わたしたちが目にする景色すべての土台になっていて、それでいながらしばしば存在を忘れられている。岩の安定感が失われてはじめて、人はその重要さを意識しはじめる。海の船乗りは岩場に焦がれる。英国の偉大なる南極探検家ロバート・ファルコン・スコットも、一四週間ものあいだ雪と氷の平原を横断したあと、ようやく岩を踏みしめて、その感触に喜びを禁じえなかったという。荒涼としてよそよそしい地形のなかにあっても、しっかりとわが家にあるような安定感を与えてくれる岩が、彼は好きだった。

石と家の関係は深い。壮麗な大建築に用いられる石材ははるか遠方から求められてきたものかもしれないが、庶民的な住居は、その足元に何が埋まっているのかを教えてくれる標識になる。英コッツウォルズのはちみつ色の家々を特徴づける石灰岩や、日本の栃木県那須町芦野《あしの》で用いられる芦野石など、地中から立ち上がってきて、その領分を主張している岩が世界のあちこちにある。だが、チョークなど、建築に向かない石しか産しない地方では、建材は諸方から持ちこまれているはずで、産地もばらばら、その地方の岩の材質を知るには、推量をはたらかせる必要があるだろう。

一八三二年一月、ビーグル号が北アフリカの沖合いに位置するカボベルデ諸島最大のサンティアゴ島に着いたとき、ダーウィンは彼らを出迎えてくれた崖に「完璧なまでに水平な白い層[3]」があるのに目を引かれた。詳しく調べてみて、この白さは貝殻が岩に埋めこまれたものであり、さらに同じ貝殻が周辺の砂浜でも見つかることがわかった。ほどなくダーウィンは、むき出しになった岩の層をほかにも見つけ、おかげで島が三段階にわたって形成されてきた過程を、はっきりと見極めることができたのだった。

チョークのすぐ上は玄武岩の層で、これはおそらく、溶岩が海に流れ出して「貝殻のベッド」の上に堆積したものだろうと、ダーウィンは推測した。玄武岩の層もチョークの層も、どちらももっと古い火成岩の異なる地層の上にできている。溶岩が固まる前にチョークに触れ、チョーク層の性質を変化させたものに違いない。チョークは、ある場所では透明な石灰岩に、あるところでは密度の高い、斑点《はんてん》のある石になっていた。たった一箇所を見ただけで、ダーウィンは、岩石の世界が造られていく経過を理解する手がかりを見つけたのだ。

岩石は大家族で個性派ぞろいだ。ただ、生成過程によって分類するといっぺんにとっつきやすくなる。岩石には主として三つのタイプがある。火成岩、堆積岩、そして変成岩だ。

火成岩は熱く融けた岩、つまり地球の中心にあるマグマから形成される。火山から液状で吐き出されることもあれば、あるいは地中深くで冷えて固まることもある。いずれのでき方であっても火成岩はきわめて堅い結晶となり、浸食を受けにくく、山や滝をこしらえるのに恰好の材料となる。花崗岩《かこうがん》は典型的な火成岩だ。火成岩は岩石一家の家長的存在で、地殻《ちかく》の基盤をなし、ほかの岩石は多かれ少なかれ、火成岩があるゆえに生成されるのである。

次なるグループは堆積岩だが、これは堆積物が長い年月にわたって積み重なることでできる。多くは海底で堆積するが、湖や川の底でもできるし、砂漠では砂岩《さがん》ができる。堆積岩には特有の層ができ、地表付近でゆっくりと生成されることから、その地域にかつて生息していた動植物の遺骸《いがい》をとどめることもある。つまり堆積岩は化石の宝庫なのだ。

緑なす丘をところどころで区切るように白く切り立った軟石の崖や、道筋や野原に転がってつまずくもとになる石の固まりは、何十億という生命の安息の場所といえる。チョークは、ほぼ一億年前に死んで、海底に降り積もった微小な海生生物でできているのだが、もとになっている有孔虫《ゆうこうちゅう》やココリス、ラブドリスといった舌を嚙みそうな名の微小生物は現在も生息している。その彼らのために英ワイト島の西端、ソレント海峡に突き出すチョークの岩ニードルズも、海難事故を招く航海の難所となっている。

三つ目のグループが変成岩だが、これは熱と圧力のはなはだしい作用を受けてもとの岩の構造が変わった岩石で、二次的な分類になる。山でトンネルを掘るとき、山の奥で高い圧力を受けていた岩石をその圧力から解放すると、激しい爆発が生じることがある。このような圧力と地殻の熱とが組み合わさると、岩石の構造が変化を起こす。変成岩は火成岩か堆積岩から生まれるもので、いわば岩石一家の子どもだ。大理石は石灰岩から生まれ、花崗岩は片麻岩《へんまがん》に、頁岩《けつがん》は条件が整えば粘板岩になる[4]。こうした変成作用を起こせるだけの温度と圧力は、普通は地中の奥深くにしかない。

山や谷が織りなす雄大な光景ならわたしたちの目にもなじみがあるが、地面の隆起や陥没に侵食作用が重なると、規模こそ小さいものの、あまり見慣れない形状が生み出されることもある。たとえば、しみこんだ塩水に浸食されて、タフォニと呼ばれる細長い穴がぼこぼこ開いた砂岩のある風景とか、空気力学の妙が風で砂漠に削り出すヤルダン［地面の柔らかい部分が侵食され、固い部分が丘のように残った地形］のように。

風景のなかで突出して見える大岩も、孤高の大木と同じく周囲を睥睨《へいげい》し、畏敬の念を起こさせる。だが時として、あるべき岩の欠落に目がいくこともある。スコットランド北東部のブラーズ・オブ・バカンは、洞窟が崩落してできたものだ。泡立つ海を下に見て、岩石のアーチが堂々とかかっている。これは、一七七三年に訪れたサミュエル・ジョンソンの印象にのちのちまで残った。「危険を察知するにしろ、稀有なる眺めに喜びを覚えるにしろ」、この洞窟には誰しも無関心ではいられまい、と彼は感じた。

岩の形はそれだけで風景の見え方に大きく影響しているし、見る人を大いに感動させてもくれる。ただ、岩が実際にその土地の性格にどう関係しているのかは、むしろ副次的に現われてくる影響のほうを見ていかなければならない。

岩には、空から、また高い土地から、雨や川という液体で、あるいは氷河という硬い氷の形で、絶え間なく水が降りそそいでいる。そうして岩は浸食されるけれども、なかには水を保持するものもある。程度の差こそあれ、岩石にはいずれも孔《あな》があり、その程度こそ、その地方の風景の見え方に大きく影響するのだ。傾向としては、玄武岩などの火成岩には孔が乏しい場合が多く、石灰岩をはじめ堆積岩はかなり多孔質《たこうしつ》だが、変成岩はどちらにもなりうる。

たとえばイングランドの湖水地方の大半は、水をほとんど通さない花崗岩などの火成岩が砂岩のようにもろく多孔質の岩に混じって存在する地質で、大きな湖は、はなはだしく浸食の進んだ、山頂よりも低い場所に見られる。また、湖水地方中心部では、水がしみだしていかない粘板岩質の岩盤の上にできている湖もある。一方、砂岩や石灰岩を地盤とする周縁部にはこれといった湖がない。

ルートヴィッヒ・ライヒハートはちょうどこれと同じような関係を、オーストラリアで見つけ、「砂岩の多い地方と玄武岩の平地や山稜《さんりょう》では何といっても、その保水力が大いに違っている」[6]と記録している。

チョークも多孔質の岩なので、チョークの大地に長くとどまっていられる水はほとんどない。多孔質の土壌でありながら水を保とうとするなら、人知の介入が不可欠で、これには地質学の仕組みを見習う必要がある。イングランド南部のサウス・ダウンズでは、雨水はチョークの層をしみとおって逃げていく。とはいえサウス・ダウンズの農夫もヒツジに飲ませる水を溜めておかなければならない。そこで彼らは穴を掘り、水を通さない粘土を敷きつめて「露池」を作った。ここに溜まった雨水がヒツジの飲み水になるわけだ。現在でも露池はところどころに残っているが、内張りは粘土ではなくてプラスティックに取って代わっている。

しかし岩石が土地に及ぼす作用のうちで最も大きいのは、土壌への影響だろう。風景の下に横たわる岩石が、その上に積もる土壌の種類と深さを決める。そして土壌によって、その地に盛んに生える植物の種類が決まり、さらにはその植物如何で、生存できる動物が定まってくる。淡い色合いの野生のアジサイと、いかつい真っ黒な岩とがどうつながるのかと思ってしまうが、草花は岩との関係に敏感で、そこに頼って生きているのだ。

岩石には驚くほど多種多様な鉱物が含まれているが、英国の地質学者ヤン・ザラシーヴィッチは、五〇グラムほどの小石の中におよそ一〇〇万の四乗の原子があり、したがってその成分もバラエティに富んでいることを示した。容易に見当がつくのは、酸素やシリコンといった成分だが、このほかにも、金、銀、プラチナなど色とりどりの鉱物を含むもの、また、ルビジウムやイットリウム、ニオビウムなど、あまり知られていない鉱物を含むものもある。ウランのように不安定でふらちな輩《やから》を宿している岩もある。

風景を支えている岩から地域の特性を知るために、こうした岩の化学組成を熟知している必要はない。もっと広い視点から近づいていくことも可能だ。実践では、まず岩石を大きくふたつのグループに分けてみればいい。酸性鉱物が優勢な群と、アルカリ性を多く含む群とだ。この区分が重要なのは、一般的に酸性の岩石を基盤とする土壌では、アルカリ性基盤の土壌より、はるかに植物がまばらだからである。

花崗岩にはシリカという鉱物が豊富に含まれる。これはシリコンと酸素の化合物で、土壌は非常に酸性の強いものとなる。しかも花崗岩は不透質だから、酸性のうえに保水力が高いとなれば、必然的にそこは泥炭《ピート》の沼地か荒地《ムーア》となる。英デヴォン州のダートムーアは、典型的な花崗岩地だ。花崗岩よりずっと柔らかいのが堆積岩である砂岩だが、あいにくこれにも多量のシリカが含まれ、したがって酸性土壌になる。ただし、一般に花崗岩地よりはるかに乾燥する。一方で玄武岩は化学組成が非常に異なり、酸性のシリカは少なく、マグネシウムやカルシウム酸化物といった、アルカリ土壌を作る化合物の割合が高いために、豊かで多様な生態系を宿すのだ。土地ごとの地質がどれほど劇的に植物相を変えるものか、クイーンズランドをめぐり、豊かなアルカリ土壌から酸性の強い尾根を通り、ふたたびみずみずしいアルカリ性の大地に至ったライヒハートにお供してみてみよう。

わたしたちはすばらしいエリスリナの木陰にキャンプを張った。あたりにはコリパヤシやトリスタニア、ユーカリ・グランディスやユーカリ・メラノフロイア、トリペテルス（tripetelus）、クロトンなどが生い茂り……午後、わたしはブラウンと一緒に、小川をたどって尾根へ登った。両側が谷になった砂岩の尾根をいくと、大きな玄武岩の山に出た。そこは広々した林に覆われ、立派なソテツが何本もそびえていた。[7]

世界のどこでも、一般的な傾向というものがあって、たとえば痩せたポドゾル土壌［シベリア地方などの針葉樹林帯にみられる灰白土《かいはくど》の土壌］は耕作には不向きだが、北の針葉樹林を充分に支えている。そしてところどころ周囲とは異質な岩盤があって、ぽつんと異なる植物相を浮き立たせる。

スコットランド高地の山ベン・ロワーズは国立の自然保護区で、ミミナグサや高山性の苔《こけ》など、国内のほかの場所では見られない植物に出会うことができる、英国では珍しい高山植物の宝庫だが、この豊かな生態系は、ひとえにこの山を造っている片岩《へんがん》のおかげで、その成分やアルカリ化合物の含有率が、高山植物にとっては最適の住環境を生み出しているわけだ。[8]

英国の博物学者ギルバート・ホワイトは、基盤になる岩石が、植物の種類ばかりでなく、木材の質にまで影響することに気づいた。

［ハンプシャー州の］テンプルやブラックムーアのオーク材は評価が高く、よく軍艦建造に用いられた。一方砂岩や石灰岩質の土地に生える樹木は成長は早いが、職人にいわせれば「甘く」

て、のこぎりを入れると粉々に割れてしまったりする。[9]

土壌が酸性なのかアルカリ性なのかということが、植物の生育全般に大きな影響を与えるのに対し、鉱物はそれぞれ限定的な作用を及ぼす。おおかたは見過ごされてしまうようなものだが、なかには目にも鮮やかに現われることがあって、森の木々が土壌に含まれるミネラルによって色分けされるのだ。ニッケルなら青や緑、鉄が含まれると赤や黒っぽい色になる、という具合だ。[10] 植物が岩石に含まれる鉱物に敏感に反応するのを利用して、金属探知の目印に使われる場合もある。グンバイナズナの一種（thlaspi caerulescens）は亜鉛やニッケルと相性のいいハーブで、米ロッキー山中にこの小さな白い花が咲いていると、海賊の宝の地図の×印よろしく、亜鉛やニッケルが埋まっている目印になる。

土壌が酸性になるかアルカリ性になるかは下にある岩によって決まるが、土壌の性質は酸性度だけで決まるのではない。土壌は岩石の粒子と有機体の混合物で、その割合は深さによって異なっている。一番底には基岩《きがん》があり、その上は風雨にさらされて砕けた岩がごろごろしている。そのまた上には、岩石の粒子や腐植土――腐食しつつある動植物の死骸――に、雨で押し流された鉱物の混じる下層土がきて、おしまいが表土だ。表土は腐植土をふんだんに含んで生き物がうごめき、風雨の作用ももろに受ける。表土ひとつかみのなかに、バクテリアなら優に一〇億、菌類なら三〇〇〇万はいる。生きのいい表土が一エーカー（約一二二・四坪）分あれば、四〇トンもの動植物が含まれると考えていい。

基岩は割れて細かくなると、もうひとつ違った意味で、決定的に土壌に影響する。岩の割れ方は均一ではなく、つまり割れてできる粒は大きさがばらばらだ。土壌のなかで最も粒が大きいのは砂であり、砂の一粒一粒は、砂混じりの土を指でこすれば見ることができる。シルト（土粒子）は砂よりも細かく、最も細かいのが粘土だ。粘土の粒子は粉末に近い。土壌はほとんどがこの三種類の混合だが、いずれか一種類、場合によっては二種類、大きな割合を占める粒子があって、それがどれになるかは基岩の種類によって決まるので、その意味でも、基岩が土壌に特定の性質をもたらすといえる。粘土質の土壌はえてして重い。粒子が細かいほど密になりやすく、水分を多く含むからだ。砂土はもっと軽くて養分が少なく、乾きやすい。そこで植物の生育にとっていい土とは、両極端ではなく、両方の性質をほどほどに兼ねそなえたもの、ということになる。土壌にはそれぞれに特質があり、特有の植物相がある。だからこそ園芸家は土に詳しくなるのだが、だからといって彼らが、その土を生み出したもとである岩にも関心を寄せるかといえば、それはまた別の話らしい。

時として、プレートの動きと岩石や土壌が相まって、特定の地域に意外なほどの悲劇をもたらすことがある。一九八九年、カリフォルニア州のサンフランシスコ湾周辺を、マグニチュード六・九の地震が襲った。数十人の死者が出たうえ、建物などの損害も数十億ドルに上った。だが被害は均等に広がったわけではなく、地域によって違いがあった。地盤のしっかりしていなかった地区の損害が最も大きく、たとえばマリーナ地区は、砂土の多い埋立地だったため、地震が発生すると液状化し、建物はこぞって倒壊したのだった。

ライヒハートは自分が旅をする土地の地質に常に注意を払っていて、その土地の特質を知るのと同時に、行く手がどうなるかを予測するのにも役立てていた。
川床《かわどこ》にはまだペグマタイトや花崗岩、石英や玄武岩が見つかる。つまりこの先の地域は雑多な地質の土地だということだ。[11]

植物と土壌、基岩の関係に敏感になれば、ある土地の性質をどちらをきっかけにしても、つまりこういう岩があるからこのあたりの土壌はこうでこれこれの植物が生えているだろう、と類推することもできるし、逆に植物や土壌を見て、そのあたりに特有の岩石が何であるかを知ることもできる、そうした関係性を、ライヒハートが実に見事に表現しているくだりを見てみよう。

土壌の性質は、生えている植物を見れば容易に知れる。ポリガラ・カエブクススやオーストラリア・ガム・ポプラは固い粘土質に生える。細葉のユーカリやアカミノキ（ブラッドウッド）、モレトン・ベイ・アッシュ（moreton bay ash）などは軽い砂土を好むが、しばしば腐って、アリに無数の穴を開けられる。高貴なるシドニー・ブルー・ガムは小川のほとりやくぼ地の周りに生えるが、これは小川をというより、湿度を好むのだろう。モクマオウやラスティガム（rusty gum）は稜線《りょうせん》の砂地でよく見かける。[12]

ライヒハートが触れているシドニー・ブルー・ガムは、地面の湿度が高いことを暴露するが、温帯地方を歩く人々には、ハンノキやイグサが同じ役目を果たしてくれる。

岩石にはこれだけ多くの手がかりをもたらす力があるので、名にし負う凄腕《すごうで》の探検家たちがこぞって注意を向けているのも無理はない。絶えず命が脅かされるような、植物さえもほとんど見当たらない荒れ果てた荒野にあっても、神経を研ぎすましている探検家は、岩という生命に目を凝らすのだ。ウィルフレッド・セシジャーもアラビア半島の焼けつくようなルブアルハリ砂漠で、斑岩《はんがん》や花崗岩、流紋岩に碧玉《へきぎょく》、それに石灰岩を見つけている。[13]

湖水地方のブローウィズ・コモンは砂漠ほど厳しい環境ではないが、持続可能な農業を指向するパトリック・ワイトフィールドは、この地で岩と土壌の関係を読み取った。彼によれば陸の形状と岩石の分布は土壌の深さに著しい影響を与えていて、岩石の露頭部に近いところでは土壌が浅くなる。さらに彼は、土壌が三タイプ、植物によってきれいに色分けされていることにも気づいた。全体に多く見られるのはシダ類だが、土壌が浅い場所ではヒースがシダを押さえ、また水が溜まって土が常に湿っている場所ではイネ科の植物が優勢になっていた。[14]

アルカリ質を好むシダやイネ科の草と違ってヒースは酸性土壌にも耐えるので、スコットランド高地などでは、ヒースがあれば、そこは花崗岩台地であると見分ける証拠になり、一方、塩基性の鉱物［二酸化珪素《けいそ》が比較的少なく、マグネシウムや鉄を多く含む火成岩の総称］を含む山なら、シダやイネ科植物に覆われることになる。[15]

とはいえ植物と土壌の関係を読み誤っても、現代を生きるわたしたちには人生の楽しみをいささか損なわれる程度の話だが、過去の時代、ある人々にとっては死活問題だった。マツ類はきわめて強く、気候の厳しい痩せた土地でも育つが、初期のアメリカ開拓者たちは大変な代償を払ってはじめてその事実を知ることとなった。ピルグリム・ファーザーたち［一六二〇年、メイフラワー号で英国から北米に渡った一〇二名の清教徒］に引きつづき、ヨーロッパからやってきた移民たちは、東海岸のケープ・コッドに腰を落ち着けて土地を耕しはじめた。豊かな森林を目の当たりにした彼らは、木々の下はさぞや肥えた土地だろうと考えて、森を開墾していった。彼らはマツの木をあまりよく知らなかったのだ。木々が切り倒されたあとに現われたのはただの砂丘で、開拓者たちもようやく、マツが痩せた砂地でもよく育つことを知ったのだが、そこでの耕作はほぼ不可能で、彼らは飢えに苦しむこととなった。[16]

岩と土壌は植物の手を借りて陸地を形作るが、それだけでなく、経済活動を左右して風景に手を加えもする。英国経済の形成には、際立って大きな役割を果たした堆積岩がある。石炭だ。英国石炭産業の絶頂期に産炭地に人口が集中していたのはうなずけるとしても、それが遠く去ったあとも、ロンドン以外の都市の場所と閉鎖された炭鉱跡地とは驚くほど一致している。いまや炭鉱に代わって、サーヴィス産業、なかでもコールセンターが地方都市の雇用を支えているが、これが、岩とは普通結びつかないあるものとを関連づけることになった。つまり何かしら問い合わせ電話をかけたときに、電話口で対応する人の訛《なま》りが、産炭地特有のものである可能性が高くなる、というわけだ。

土壌の種類は政治にも影響する。痩せた砂地では豊かな農業生産は望めないため、土地を所有しようとするニーズが低くなる。サリー州は砂土の土地で、イングランド南部のほかの州よりも共有地コモンズが多いのは偶然ではない。前世代の土地所有者たちが、耕作不適地を放棄して、みんな

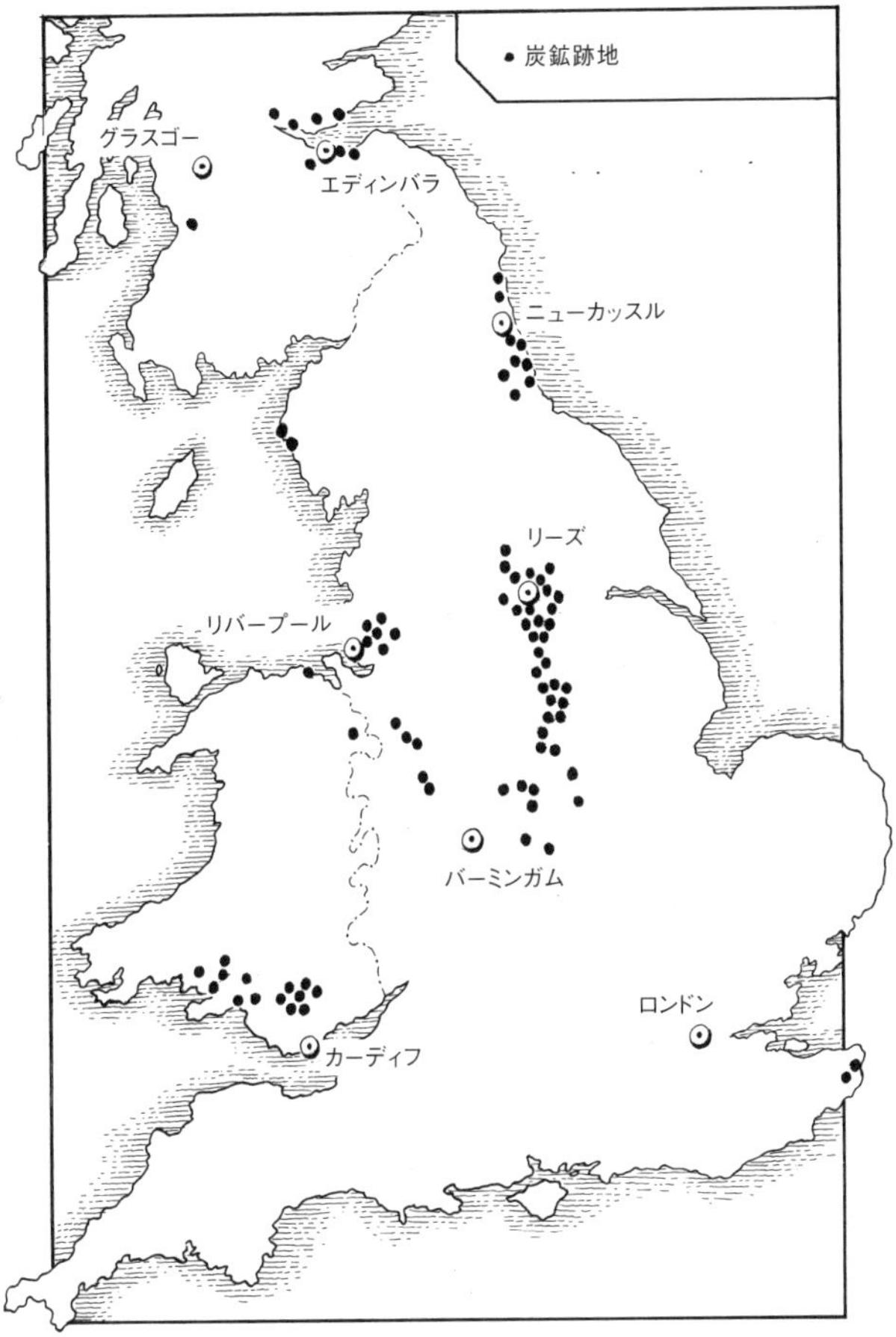

英国の炭鉱跡地と都市部とは強い相関関係にある.

が使うのにまかせた結果なのだ[17]。

逆に、肥沃《ひよく》な土壌は種々の植物を豊かに茂らせるばかりでなく、植物に、その原産地ならではの特質を吹きこむ。一〇世紀の、アラブの地理学者で歴史家でもあったアル＝マスーディは、オレンジとレモンはインドから移植されてオマーンやイラク、シリアでも育てられるようになったが、異国の地に来た柑橘類《かんきつるい》は「インドにあったときのような強烈な甘い香りにも、美しい色づきにもならなかった。それは空気も土も水も、故郷の地とは違ったからだ[18]」と書いている。

岩から生まれたこの世界では、どんなにありふれた風景にも、地面の底から時間をかけて、じっくりと育まれてきた物語がある。なんの変哲もないぬかるみは、いってしまえば単に湿った土なのだが、それは同時に過去を知る窓であり、未来へのさまざまな可能性でもある。何百万年というもの風雨に痛めつけられ、削られて細かくなった岩の粒が押し流されてきて、積み重なり、いま目の前にしている泥になっている。

ぬかるみは長い間そのままではいない。仮に自然の力が泥を動かさなくとも、人間の手が加わる場合もある。マリの都市ジェンネには、世界でも比類のない泥の建造物が林立する。この地には一三世紀以来モスクがあり、現在の建物は日干し煉瓦《れんが》を用いて造られているのだが、雨季の雨で流れるぶんを補修するため、毎年新しい泥が塗り重ねられている。

もしも泥が何らかの理由でひとつところにとどまっていれば、長い間のうちに押しつぶされ、新たな堆積岩の層となり、別の物語の序章となることだろう。

土は、わたしたちの惑星のおよそありとあらゆる地表を覆っている。わずかな例外は、岩の露頭と分厚い氷の下くらいだ。土を深く探れば探るほど、土地をよく知るチャンスが高くなる。土は土に過ぎない。だが覚醒した旅行者にとっては、すべてを開く鍵になる。英詩人ウィリアム・ブレイクは「無心のまえぶれ」を書くにあたって、きっと、ありきたりな土くれから強くものを見通す力を得るという可能性に胸を躍らせていたのだろう、詩はこんな一節で始まる――「ひと粒の砂に世界を見る」[19]

わたしたちの周りには、岩が提供してくれる自然への手がかりが、目もくらむほどあふれている。そこに集中するのに疲れ、一夜足を伸ばして温泉を楽しみに行こうとする。ところがイングランド南部の村、セルボーンに暮らしたギルバート・ホワイトが一七八八年に実感したように、温泉の恩恵もその下深くにある岩石に左右される。この地の硬水では石鹸はよく泡立たないのだ。湧き出してくる途中にくぐってくる岩石からカルシウムを受け取っているからだ。[20]

温泉にまでついてきた岩から逃れようとレストランに入れば、ここでやっと一息だ。ところがウェイターがグラスにそそいでくれた水も、なんとまたまた岩石や土のおかげで味がついているというわけだ。岩からしみだしたミネラルは滝を越え、くねくねと川を下って、美しく意匠を凝らした容器に詰められ、世界中のレストランに運ばれていく。そう、逃げられる場所はない。わたしたちがどこにいようと、土は手段を見つけてわたしたちのなかに入りこんでくるのである。

第7章 動物

植物には命の糧《かて》がおのずとやってくるのに対し、動物の本質は自らの命の糧を探さねばならないところにある。[1]

――ヘンリー・メイヒュー

ストーク・ヘイゼル・ウッドの森の際《きわ》で、そこにいた三頭のヒツジが平安をかき乱された。サンザシの木陰のぬかるみにできた窪《くぼ》みで休んでいたヒツジたちは、慌てふためいて逃げ出していく。わたしが近づいてくるのがわかったからだ。歯切れよく地面を叩くヒツジたちの足音を聞きながら、自分が周囲の動物に少なからぬ影響を与えていることを意識した。決してそんなつもりはなかったのだが。

わたしなりの不文律を破ってくるハエには、そんな同情は感じない。ハエがパナマ帽のひさしの周りを飛ぶのは許すし、顔の前でぶんぶん唸《うな》るのも、まあ我慢しよう。だが目玉にとまろうとするやつを黙って見過ごしてやる気にはなれない。ずうずうしい輩《やから》はどうやら、わたしが追い払おうとする手の動きを、手招きと勘違いしているものとみえる。

わたしの足の下ではいまも、不運にもほんのちっぽけな生き物たちがそれこそ無数につぶされていることだろう。地面から充分に離れているやつらは安全だ。オグルマに乗っかっている縞《しま》模様も鮮やかな辰砂《シンシャ》蛾《ガ》の幼虫や、ブタクサをせっせとかじっているオレンジ色の甲虫ジョウカイボンなどは、わたしの重たい足に踏みつぶされる恐れはまったくない。

下り坂に差しかかり、またもやハエの群れに出くわした。道に横たわるウサギの、むき出しになって乾いた背骨の周りを興奮して飛びかっているのだ。ウサギはどうやら農耕機にでも轢《ひ》かれたらしく、真っぷたつになっていた。うしろ肢《あし》は、ついにすることなく終わった最後の跳躍に備えてひきつけられた形のまだ。干からびはじめた死骸の傍らには、ヒツジが落としていったばかりの糞がまだたっぷり水気を含んで落ちている。死の尊厳も何もあったものではない。少なくとも、ウサギの死に敬意を示そうとしたとは思えない。ヒツジは、ヒツジの轢断《れきだん》死体があってもその隣りに糞をするのだろうか。たぶんするだろう。ほどなく、またしても死が道端に横たわっていた。つぶれかけたハタネズミだ。車につぶされたのだろうか。それとも、さっきから頭上を飛んでいる猛禽《もうきん》ノスリの餌食になりかけて地面に落ち、しまいにはタイヤの下敷きになったのか。

それでも生き物の気配を感じるとそれはそれは嬉しくなる。いまは乾いている道がまだぬかるんでいたうちに横切っていったキジやウサギの足あと。二日前の雨のおかげで、足あとは時間を閉じこめた窓になっている。キジもウサギも、ここを通ったのは雨が降りだす前ではないし、ぬかるみが乾いたあとでもありえない。それを頭に刻んで足あとの縁《ふち》に指を這《は》わせると、足あとの主である生き物たちの存在がとても身近に感じられた。そうした痕跡に触れるだけで、時として実際に生き物そのものを見かけるよりも心を揺さぶられることがあるのは、なんとも不思議な気分だ。

柵《さく》を通り抜け、戸を閉めながら、わたしはなんのために柵がここにあるのか考えた。これはヒツジを閉じめておくためのものでありながら、結果として植物の生え方を規定している。谷の底には野草がはびこっていたが、それも柵の外だけだ。柵の一方にはヒツジと少しばかりの野草。反対側にはヒツジはなく、一面の野草。

姿は見えないが、農夫の「来い！　来い！」とウシを呼ぶ声だけが前方の尾根のあたり、ダウンズ農場のほうから聞こえてくる。牝牛たちが急峻な坂を登っていく。苦労の甲斐あって、ぱんぱんに張りきった乳を搾《しぼ》ってもらえるのだろう。わたしも空腹を覚えながら前へと進んだ。生命の律動に合わせて動く哺乳類の一員として。

*

マルコ・ポーロは、アビシニア［エチオピアの旧称］の野獣のおびただしさにははなはだうんざりしたようだ。「ここにはどこよりもかわいい雌鶏がいて、ダチョウはロバと遜色《そんしょく》ないくらい大きい。つまりは、動物があまりに豊富で、数え上げるのも厄介なほどなのだ」[2]

世界中にはイチジクだけでも七五〇種あり、一種ごとに異なる種類のハチが受粉する。[3] 一九九五年、パナマの熱帯雨林で一九本の樹木を調べたところ、一二〇〇種もの甲虫が見つかり、そのうちの八割が新種だった。[4] とはいえ、科学者か生物観察マニアでもないかぎり、生き物を見つける喜びは分類することにはない。何しろ分類という作業自体、途方もない大事業なのだ。むしろ、動物の王国とわれわれ人間が分かち合っている空間とのつながりに気づきはじめたとき、わたしたちは心躍るのではないか。動物たちはわたしたちの知っている場所に色を添え、その外形を際立たせ、その地の時間を支配する。

英国のナチュラリストのリチャード・メイビーにいわせると、ノーフォークのホルカムという場所を規定している生き物がコザクラバシガンだ。ノーフォークはコザクラバシガンの主な生息地で、その数は世界中で確認されている個体数のおよそ半数、一五万羽にのぼる。だがそんな味気ない数字にはなんら感興は湧かないだろう。メイビーは、春分も近い三月のある日暮れ時、空高く渡りを始める鳥たちの腹を、沈む間際《まぎわ》の太陽の光が薄紅色に染め、それが脚と嘴《くちばし》のピンク色に実によく映え、「わたしは一度ならず、思わず彼らの下でひざまずいていた」[5]と書いている。

わたしたちの来し方はひとりひとり違い、その違いがそれぞれを豊かにしてくれるものだが、なかでも人生の途次に動物たちとどんな関係をつむごうとするのか、どういうやりとりに心を傾けるかは時代や人によって、大きく幅がある。農業はとりわけこの点に強い関心を払わずにはいられない分野だろうが、それ以外にも興味ぶかい実例はたくさんある。インドでは、飼育しているメスのゾウにムスクの香りのするオイルをすりこみ、オスのゾウをひきつけるという。これはおそらく、アーユルヴェーダやアビヤンガのような精油を使った手技や、タントラの性的儀式から思いつかれたものだろう。

排泄行為から求愛行動まで、動物の日常を見ていると、わたしたちは何かしらの反応をしてしまう。嫌悪感を覚えたり、好奇心をかきたてられたり、思わずくすくす笑ってしまったり。凝った衣装や磨き上げられた行動様式という何重もの鎧《よろい》の下で、わたしたちもまた、食べて、寝て、息をして、汗をかいて、おならをして、糞をして、性交して、やがて死ぬことを、動物たちのありように思い出させられ、つい心を動かされてしまうのだ。

ルートヴィッヒ・ライヒハートは、オーストラリア遠征に若い牡牛を数頭連れていた。乾燥食糧を補うためだった。準備していた食糧が乏しくなってきたり、肉が腐ってきたりすると、隊ではウシを殺して干し肉を作った。殺されずに生き延びた牡牛が、いつも仲間が殺された場所に舞い戻っていくのにライヒハートは気づいた。最後に残された一頭、レドモンドという名のウシは、たった一頭残っていた朋友が死んだ場所を足しげく訪れては、悲しげにしていたという。

求愛行動や死を連想させるものには、わたしたちも自然と心を揺さぶられるが、ほかにも目立たないが興味をそそられる行動がある。ローレンス・ヴァン・デル・ポストは、カラハリ砂漠の狩猟民族サン人から「ハチミツ案内人《ハニー・ディヴィナー・バード》」という鳥のことを教えられた。ハチミツ案内人は茶色くて濃厚なハチミツのありかに人を導いていくという。ただしこれは取引の一部なのである。手助けする代わりに、おこぼれにあずかろうというわけで、もし人間が欲をだして分け前を与えないと、鳥はお仕置きをするのだそうだ。ヴァン・デル・ポストが聞いたところでは、バプディ族のケチな男が、鳥のあとをついていってハチミツを見つけ、ひとりで全部舐《な》めてしまった。翌日も同じ鳥についていっていったら、今度は地面に開いた穴に連れていかれた。覗いてみると穴の中には気が立ったメスの毒蛇がいて、男は噛まれ、痛みに苦しんだのち、毒がまわって死んでしまったという。

わたしたちは動物の性質に目をとめ、それを自分たちに当てはめてみようともする。アメリカの思想家ラルフ・ウォルドー・エマソンも記しているように、「子羊は無垢」で「ヘビは狡猾《こうかつ》で意地悪」だし、「怒れる人間はライオンに、抜け目ない輩はキツネ」[6]になぞらえられる。

関係性というのはすべて発展していくものであり、人間と動物の関係も例外ではない。それは、旅人たちが自らの体験を記した文章からもうかがえる。動物との出会いについての記録のほとんどすべてが、いまでは古くさく思えるようになっているのだ。動物の好奇心というものに敏感で、エミューやニジバトに見つめられたと書いているライヒハートでさえ、ヘビの頭を容赦なく叩きつぶしたあと、その歯がどうなっているかわからなかったと惜しんだりしている。

西洋社会で、この世の生き物がすべて人間に資するために創られたとする信仰を離れたことは、動物観の大きな転換だった。そのような信仰に裏付けられた昔日の旅人たちのものの見方は、時として滑稽にも思える。スコットランド出身のチャールズ・ダグラスは、一九世紀末にかけて大々的にニュージーランドを探査して、「ミスター・探検家《エクスプローラー》・ダグラス」の異名を奉られている。その彼が蚊の煩わしさを描写した文章には、ヴィクトリア朝ならではの人間中心主義がにじみ出ていて、興味ぶかい。

たしかに蚊にもブヨにもこの世における使命があろうことは承知している。ならばなぜ、このものたちは、その役割に邁進《まいしん》しないのか。このものたちの使命は、肉眼では見えないほどの微小な虫の数を抑えることであろう。さもなくば微小な虫どもが空気を汚し、人間に単なる不調ではなく高熱を発せしめることになると科学的にもいわれている。しかし蚊やブヨが有益なのは幼虫の時代である。ウジの姿にとどまっていればいいものを、何ゆえ蚊帳《かや》を持たぬ罪もなき傍観者を煩わすのか。[7]

先人たちが、この世界での生き物の存在意義をこんなところに見出していたのかとおかしくなるが、考えてみればわたしたちの見方も、一世紀先の人から見れば浅はかと思われるのかもしれない。人類は傲慢にも、無知で野蛮な過去の世代とは違い、自分たちはもはや科学を極めたと思いこんでしまう。どの時代にあってもそれは同じだ。将来の世代から見て、現代の思考のどのあたりがお粗末に映るのかはわからないけれども、確実にいえるのは、お粗末な部分は必ずあるということだ。

動物に優しくするようになったのは文明度の反映かもしれないが、これは比較的安逸になった社会生活の産物ともいえる。人間の暮らしが困難な場所では、動物の待遇は厳しいものになりがちだ。ダーウィンは、ニューメキシコ州サンタフェの、二頭の子犬を真っぷたつにして、子犬の半身を人間の折れた手足に巻きつけるという療法を紹介している。[8]

自然を見るときにわたしたちが陥りがちなのは、保護者ぶった態度をとるという過ちだろう。配慮と理解は、恩着せがましさとは別物であり、虫けらやもっと大きな生き物たちから、わたしたちがすべてを睥睨《へいげい》する主人ではないことを折に触れて思い出させてもらうのがいい。生きとし生けるものすべてに苛酷な世界では、動物は自らが生きるのに精一杯で、なかなか他を生かすというふうにはならない。デンマークの航海士ヴィトゥス・ベーリングはロシア海軍に入隊し、ロシア東部の辺境を探索した結果、ついに一七四一年、五九歳にしてアラスカに到達した。ベーリングに同行していた才気あふれるドイツ出身の博物学者ゲオルク・シュテラーが、ベーリング島「と名づけられたカムチャッカ半島沖の無人島」でキツネに用心を強いられたことを書き残している。隊員たちが横になってじっとしていると、キツネがやってきては鼻の穴を嗅ぎ、まだ息をしているかどうか確かめる。ためしに息を止めてみると――そうそう何度もできることではなかったが――キツネは隊員が死んでいるものと決めこんで、鼻にかじりついてきた。死者が出て墓を用意していると、キツネたちに死体の手足の指を食いちぎられるし、一度などは夜に扉の隙間から小屋の外へ小用を足そうとした隊員が、ペニスを歯でがっちりくわえこまれたという。どんなに叱りつけても、キツネは決してペニスを離そうとしなかった。

ごく最近では、人間にとって動物は、その経済価値によって利用されるか保護の対象となるかのどちらかとなり、それぞれの割合は地域の困窮度やニーズ、文化などによって異なっている。たとえば捕鯨は多くの社会で嫌悪されるが、一部の社会では神聖視される。牧畜は伝統的に、このほぼ中間点にくることを目指してきたといっていいだろう。もっとも動物に語らせればまた別の言い分があるかもしれないが。

人間の金儲け好きをもし生き物が感じ取っているとしたら、批判の先鋒に立つのはシロアリではないだろうか。二〇一一年四月、インドのウッタル・プラデーシュ州の銀行員が、一〇〇〇万ルピー相当の紙幣をシロアリに食べつくされるのを防げなかったとして懲戒されている。これは二一世紀だけの現象ではない。フンボルトは一九世紀の初め、南アメリカには一〇〇年以上前の紙はどこに行っても残っていないことを発見している。シロアリが手当たり次第に紙を食べてしまうからだ。あえて擬人化してみると、シロアリは金も官僚主義もない世界の創造を目指しているかのようで、まさに理想郷の住人だ。[9]

一方で人間と動物が調和のとれた関係を築くとき、そこには美しい場面がかもし出される。モロッコの都市フェズでは皮なめしの技術が発展し、非常に質の高い革製品が作られる。フェズの皮なめしにはハトの糞が用いられ、これが国際的に高く評価されるフェズの皮革の柔らかさを生み出すのだ。当然ながらフェズではハトが大切にされ、町中にハトのための素敵な家がこしらえてある。ハトも、経済活動に貢献していない地域ではとりたてて大切にされないが、ハトの存在をまったく無視して展開する都市といえば、現代のドバイのガラスの帝国をおいてほかにない。七つ星ホテルのそびえる都会では、目には目をとばかり鷹匠が雇われて、高層ホテルのガラスの壁にハトが近づかないよう、タカで追い払っているのだ。

だがドバイのハトも、人間に気に入られて経済動物としては異例の大成功を収めてしまったあの鳥よりはよほど幸せといえるかもしれない。鶏卵と鶏肉を好む人類の食欲は旺盛で、その結果ニワトリはこの地球上に一六〇億羽、恒温動物で最多を誇るようになった。一方、人類の進歩とともに栄え、嫌われながらもその数を増やしてきた動物もいる。ネズミの数はニューヨークでは人口とほぼ同じ、およそ九〇〇万だ。

わたしたちがとりわけ動物に感心するのは、その能力のおかげで大いに助けられるときだ。仲間とはぐれた隊商も、落ち着いて手綱をゆるめ、馬の行きたいままにまかせると本隊と合流できることが多い。砂漠の遊牧民は昔から、水を探すのをラクダに頼ってきた。

動物には、すぐれた能力ばかりでなく、愛でずにはいられない美点もある。プリニウスは、ゾウが体だけでなく、その性質も人間にはまれな美質――「誠実さ、良識、公正さと、星や太陽、月を崇《あが》める心[10]」をもっていると褒めたたえた。動物王国の住民が、身を粉にして働きつましく生きる態度にも賞賛が集まる。ダーウィンは牝牛やヤギが溶岩で覆われたカボヴェルデ諸島の「みずみずしい草などまず見つからない[11]」大地に、なんとか生き延びる糧《かて》を見出しているのに感銘を受けた。また、ハチが狙いをつけたクモを見失い、半円を描きながら捜索してついに獲物を見つけ出した粘り強さにも感心している。

巣を張っている最中のクモはしまり屋でもあり、「クモによっては」ふたつの螺旋《らせん》をつむぐ。ふたつ目はだいたいひとつ目とは反対方向につむがれるが、ふたつ目をつむぐとひとつ目の螺旋は食べてしまうのだ。地球温暖化に心を痛める人々は、冬眠する動物に学ぶところがあるだろう。ハリネズミは冬眠中、六分に一回しか呼吸しない。

ミツバチは、ひとつの巣あたり毎年平均して二〇キロ以上の花粉を集める。そのためには二〇〇〇万回も出動しなくてはならない。一九世紀英国の銀行家で政治家、生物の研究家でもあったジョン・ラボックは、ハチの勤勉さを褒めちぎり、彼らには日曜も休日もないと評した。一八七一年に銀行休日法の議会通過に尽力した彼ならではの発言だ。この法律の制定に成功したことは、風刺雑誌『パンチ』の漫画と詩に、恰好の材料を提供している。

いそがし屋の銀行バチは、
きらきら時間をどう使う?
銀行休日に調べるのさ
珍奇な虫や花を![12]

さらにラボックは、鳥を、土地所有権を尊重する生き物と讃えた。「彼らの土地所有権の感覚は、凡百の政治家よりも厳格なるものがある」[13]——なるほど、土地所有権を主張する小鳥の奏でる歌合戦には、誰しも楽しませてもらったことがあるだろう。鳥の多くはまた、自らの所有地を一箇所に限定しない。別宅を持ちたがるのだ。日光を求めてやまないキョクアジサシは、とてつもない勤勉さを発揮して地球の極から極へと旅をする。おかげで地上のどんな生き物よりもたくさんの日の光を享受できている。

動物と植物のやりとりも、どこまでも豊かで多様であり、目にとまる習性はどれも見飽きるということがない。ただきれいと思って見ていた花も、生き物との相互関係を知るにつけ、さらなる奥深さを感じられるようになる。ミツバチは青や黄色の花を好み、蝶は赤とオレンジ、夜に活動する蛾は、香りが強くて淡い色の花に向かう。蝶は花の上に止まるが、蛾は花の近辺に浮かぶ。そのため蛾は垂れ下がっている花に、蝶は平らに広がった花に、好んで集まることになる。

動物は周囲の自然に見事に溶けこむので、えてしてわたしたちは、動物が身じろぎでもしないかぎり存在に気づかない。周囲の土地の様子が変わると、生き物も変化する。適応するか、進化するか、死に絶えるか。わたしたちが目にするのは、生き延びるのに成功したものたちだけだ。オオシモフリエダシャクという蛾は、英国の［工業化が進んだ地域で］生息地にあわせ、五〇年ほどをかけて灰色から黒になった。この蛾がよく集まる木々が大気汚染で黒っぽくなったためだ。多くの動物が生き残りをかけて、ほかの動物を模倣する。一見スズメバチかと思えるただのハエもいる。無害なカバイロイチモンジが、毒をもつオオカバマダラに擬態して腹をすかせた捕食者にさえ二の足を踏ませるのだ。

動物の世界はかぎ爪と恐怖に支配されているかに思えるだけに、動物たちが協力しあう姿には心温まるものがあり、いくばくかの希望をそこに見出せる気持ちにもなる。ナイルチドリがワニの口に入って掃除をし、ワニにありがたがられるという話はヘロドトスの時代からあるが、いま聞いても微笑ましい。異なる種類の鳥同士が、互いの警戒音に耳をそばだてることもある。ことにアオカケスは頭上の猛禽類に用心を怠らない。鳥が降下を繰り返すのは捕食者を惑わせるための行動で、まず間違いなく、タカなりフクロウなりの猛禽が付近にいるということだ。時として、降下と同時に群れづくりを呼びかける鳴き声が発せられる。すると同じ種の鳥も違う種の鳥も、助け合うために飛んでくるのだ。捕食者から身を守るために群れを作る行動は、鳥にも、ミーアキャットのような動物にも見られる。動物も彼らなりの国連を作り上げているわけだ。衝突が生じた場合のチンパンジーの行動も研究者を驚かせた。「キスして仲直り」しようとしたからだ。闘いのあと、チンパンジーは時に互いに手を伸ばして抱き合い、キスし、撫《な》でたりグルーミングをし合ったりする。

歩いていると、慌てた動物たちを追い散らすことがある。逃げるさまは、まるでさざ波が立つようだ。なべて生き物は別の生き物の行動に影響を与えるし、ある動物に現われる作用を観察することで、影響を与えた当の生き物が何かを見極めることもできる。ダーウィンは、鳥に及ぼす影響を通じて、ピューマが隠れている場所を推し量れるようになっていった。ピューマは獲物をとると葉で隠し、休憩する習性がある。するとコンドルが気づいて死骸の上を旋回しはじめる。漁夫の利を狙っているわけだ。地元の人たちは、そのコンドルをあたかもピューマそのものを見るように真剣に見張ったという。[14]

動物の存在やその行動から周囲の世界を読み取るすべを学ぶのは、動物を観察していて最も報われる思いのする部分だ。その魅力ははるか昔、遡れるだけ遠い過去にも変わらずあったようで、ある時は黎明期《れいめいき》の科学の形で、ある時はもっと神話のようなものとして現われている。プリニウスは、ハリネズミが巣穴に潜りこむことで、風向きが変わるのを予言してくれたと記している。彼が見たのは、北風が南風に変わるときだった。

動物と天気とのこのような関係は、常に変わらず民間伝承を支えてきた。スコットランドの古謡では、カモメの行動にヒントを見出している。「カモメよ、カモメ。砂浜に座っていろ／お前が陸にいるとき、決して天気はよくならない」[15]──内陸にいるのが餌をあさる（比較的最近見られるようになってきた行動）ためでないとすれば、古謡の言い分にも一片の真理がある。蛍は英語では「光るミミズ（glow worm）」と呼ばれるが、実際には甲虫で、昔から、「蛍が灯りをともすと、空気は湿る」[16]といわれてきた。たしかに甲虫は暖かくて湿った空気が好きだ。

こうした天気に関わる伝承で最もよく話題にのぼる動物のひとつがツバメだろう。天気が下り坂にあるとツバメは低空飛行になる。気圧が下がって湿度が高くなると、ツバメの狙う昆虫が地面の近くに集まるので、ツバメもそれを追いかけて低いところを飛ぶというわけだ。古代ローマの詩人ウェルギリウスがこの因果関係を科学として理解していたとは思えないが、経験知としてはすでに知られていたようだ。

雨が、知恵なき者たちを苛《さいな》むはまれなこと、
しるしはかく明らかなり、空が預言者なれば……
ツバメは川の水面をかすめ、
カエルは声も新たにやかましく鳴き競う。[17]

陸地で群を抜いて動物の影響をこうむっている場所に牧草地がある。ヒツジもウシも成長しきった樹木を倒しはしないが、ひとたび人間が森に斧を振るうと、噛みとるのを得意とする家畜たちがそのあとに生えてくる植物の丈《たけ》を短く保つ。これは大々的に草だけを利する方向に働く。というのも、木の芽も含めて若い植物のほとんどは、放牧された家畜に食いつくされてしまうからだ。草が生き残るのは、新芽が下にあって守られるためにほかならない。〔「ミルトン」と題した詩で〕、「なだらかなイングランドの牧草地に」「神の子羊」がいるかどうかウィリアム・ブレイクは問うたけれども、少なくとも四本足の子羊が絶えず牧草を食んでくれなければ、なだらかな牧草地などできっこないのである。

規模はもっとずっと小さくなるが、地面にできたこぶは、その下に生き物のいる目印となる。草に覆われた小さなケルンはヨーロッパ全域やその他の地域でも見られるが、たいていはキイロケアリの巣だ。この草の塚が、あたりにアリがいることを暴露してしまっているのだが、これはまた、土壌が比較的乾いていて、かなり以前から耕作されず、人の手が加わっていないことを暗示してもいる。アリは暖かな環境を好むので、彼らの巣は、なだらかな草原地帯のうちでもより暖かな場所

である。よくあるのが南向きの斜面だ。一方で、もぐら塚はもぐらのありかを露呈するだけでなく、そのあたりがミミズのたくさんいる肥えた土壌であることも教えてくれる。ミミズはもぐらの主食なのだ。ここからさらに、近辺の土壌は酸性度が低く、水浸しになってもいないこともわかる。ミミズがそうした環境に耐えられないからだ。

地面の上を見ると、馬が習性として野原を区分し、草を食べる場所と糞をする場所とに分ける。そのため野原の一部分は激しく食べられて地面ぎりぎりまでむしられ、別の部分はまったく食べられずに雑草やイラクサが好き放題に伸びて草ぼうぼうとなる。

暑い日にも日陰のできる場所が限られる、樹木がぽつぽつとしか生えていない草原では、動物たちはこの数少ない傘の下に集まって糞を落としていく。それが木の下の土にはとっておきの肥料となる。するとイラクサなどの雑草がすぐさまやってくる。動物の排泄習慣と植生の関係は世界共通だ。地域によって主役となる動物やその排泄パターンは異なるものの、植物の繁茂に及ぼす作用は変わらない。アル＝マスーディがこのパターンに気づいたのは、エジプトのカバの行動からだった。

草を食べたあと、カバはナイル川に戻って水を飲む。その後あちこちに落し物をしていき、それが次世代の植物の成長を促している。[18]

動物はまた、目に見えないものや耳に聞こえないもの、そのうえひょっとしたら、ほとんど知られていない存在まで知らせてしまう手がかりになってくれることもある。ダーウィンにとってはコンドルが目には見えないピューマの存在を知る手がかりになったように、蛾はコウモリの所在を知らせる手がかりになる。蛾は、自分たちの捕食者であるコウモリが発するエコー音を聞くことができ、それに反応して行動する。コウモリが近くにいるとジグザグ飛行をはじめ、離れていってしまうと隠れる場所を求めて降下するのだ。プリニウスは、ワニが人間からは永遠に失われた知識を持っているに違いないと考えていた。プリニウスによれば、エジプトのワニは毎年、ナイルの氾濫線のすぐ上に卵を産みつけるので、川がどこまで増水するかその位置から知ることができるという。

こちらが近づいても、動物たちを追い立てずにすむ方法には、ごくまっとうなものもあるが、理屈では割りきれないものもある。声をかけるならば、低く静かに語りかけるほうが、ささやきかけるよりもいい。ささやきに伴うシュッという音が動物を驚かすからだ。また、相手をこちらに近づかせるコツもある。手の甲にキスをして音を立てると、好奇心の強い小鳥を呼びよせられるかもしれない。

動物の世界には、近づくほどに刺激を受けるし、人間と動物の違いも小さく思えてくる。かつて人が、人類に固有の性質や能力と考えていたもののほとんどすべてが、いまでは動物界でいくらでも見られることがわかってきている。たとえば道具も、人間の独占ではない。チンパンジーは道具を使うし、槍《やり》や岩を使って食料を手に入れる。あるゴリラは、これから入ろうとしている水の深さを測るのに棒を使っているところを目撃されている（ゴリラは深い水を好まない）。

カラスでさえも道具を使う。ある実験で、カラスは細長い透明な管の中にある餌を、細い棒切れで向こう側につつき出して食べてみせた。カラスは必ずしも人間に好かれていないうえ、その賢さを過小評価されているきらいがあるが、驚くほど大きな頭脳の持ち主だ。ベティと呼ばれるカラスをテストしてみると、「道具を作って使う」という能力があることを示した。餌を入れた小さな手《て》桶《おけ》を筒に入れ、嘴《くちばし》では届かないくらいの深さにしておいて、餌入りの手桶を取り出させるテストだ。ベティはまっすぐな針金を鉤形《かぎがた》に曲げ、手桶の取っ手を引っかけて、見事に筒から取り出してしまった。

コミュニケーション能力も人間に限られたものではない。キース・ヘイズとキャシー・ヘイズという心理学者ふたりが、ヴィッキという名のチンパンジーを手元において、辛抱強くしゃべり方を教えた。ヴィッキはまず、「アップ（up）」や「アー（ah）」など簡単な音を覚え、それから「ママ」や「パパ」という単語を使うようになったという。しかもヴィッキは、こうした単語の意味を理解していたらしい。ヴィッキは心理学者たちの家に同居し、非常に親密な関係になった。ヴィッキが六歳という若さで脳炎のために死亡したときには、心理学者たちの嘆きは深かった。ママ、パパと呼ばれたことは忘れがたい記憶となったに違いない。

ただ、ヴィッキの死は決して無駄ではなく、言葉を習得したヴィッキに触発されて、特に手話を使った研究が数多く行われている。サラという名のチンパンジーは七歳の時、一三〇の手話単語を操るまでになった。

知性で有名になった動物のはしりは、残念な結末に終わっている。それは一八八八年、ベルリンの元教師、ヴィルヘルム・フォン・オーステンが、馬に算数問題を解かせるのに成功したと発表したことに始まった。問題の馬ハンスは、複雑な計算問題を解いたり、大きな数字の平方根を当てたりして見物客の度肝を抜いた。ハンスは問題の解を、その回数だけ蹄《ひづめ》を鳴らして伝えていた。

スーパーホースを調査する委員会が招集された。委員会は、獣医ひとり、動物園の園長ふたり、調教師ひとり、学者ふたり、将校ふたり、サーカスの団長に手品師がひとりずつで構成された。委員たちは注意ぶかく馬と持ち主を観察して、ぺてんがないかを審査した。委員会は馬がどうやって計算を解いているのかは見抜けなかったものの、フォン・オーステンは山師などではなく、人を欺こうとか、ましてや金を騙し取ろうとかしているわけではない、という点では一致した。

ついに結論が出たのは、オスカー・フングストなる大学院生があらゆる可能性をひとつひとつ丹念に検討する機会を与えられてからだった。フングストは、フォン・オーステンがハンスからどのくらい離れているかが解答を左右すること、飼い主が遠くにいると馬は正しく計算できないことに気づいた。加えて、フォン・オーステン自身が正解を知らない場合にも、正答できなくなることもわかった。

さらに調査を進めていくと、ハンスがフォン・オーステンの身振りから、きわめて敏感に細かな意図をくみとれることも明らかになっていった。フォン・オーステンは、ハンスが正解を出すとごくわずかに身じまいを正し、図らずも合図を送ってしまっていたのだった。フォン・オーステンはハンスが蹄を鳴らす回数が正解に達すると、ほんの少し背中をそらし、わかるかわからないくらいに背を伸ばしたという。

この逸話は、馬には知性がないという話かといえばとんでもない。明らかにもっと別のことを示しているといえるだろう。自分たちが動物を観察しているつもりでも、実は向こうのほうがはるかに丹念に、こちらを見つめているということを。

第8章　自然の形

六角形の構造で最もよく知られているもの、そして最も精緻《せいち》なものをひとつ挙げるとすれば、それはハチの巣だ。[1]

――ダーシー・ウェントワース・トムソン

少しの間、わたしは片手に小さな白い球体をいくつか握っていた。バラの近くの野原で土の中からほじり出したものだ。重くて堅く、投石器に使うのにちょうどいい海綿の化石で、最初わたしは、その完璧な形につい目を引かれた。道を進んでいくと、もっと大きな球体があった。拾い上げ、手の中に滑らかな曲面とごつごつした突起部を感じていると、頭の中に突拍子もない思いが湧いてきた。ひょっとしたらこれは頭蓋骨じゃないか？　おぞましい殺人のにおいがぷんぷんするぞ――。冷静になってみれば、これもまた海綿の化石だった。無害な形のなかに、つかの間浮かび上がった暴力の連想は、現われたときと同じくらいあっけなく消えていった。

少しばかり登ったところから、わたしは谷底を覗きこんだ。川床《かわどこ》がうねうねと曲がりくねっているさまが目に楽しい。涸《か》れて久しい川が岩陰から道の脇に現われて優雅に曲線を描きながらしばらく道に沿い、やがて離れていく様子が面白いのだ。涸れ川の美しさにはどこかしら人間くさいところがある。もう少し行けば、涸れ川はまた尾根の向こうにのみこまれてしまうだろう。川の来し方も、川の行く末も、手が届かなくなる。いくら目をそらそうとしても、わたしの目は曲線に吸い寄せられる。悩ましげに誘っているかのような曲線に、なんだかからかわれているようだ。

谷の底、ストーク・ヘイゼル・ウッドの森に隣接する草地に、丸く落ちくぼんだ場所が見えた。直径五〇フィート（約一五メートル）くらいだろう。こんなふうに、草地に一見説明のつかない形がなんの前触れもなく出現すると、興奮する。これは不可解だ。わたしは突然めぐってきた謎解きの機会を堪能することにした。円は幾何学的といえるほどきれいな形で、とても自然の力によって形成されたとは思えない。ということは、かつては家畜の水場であった、露池の名残りではないだろうか。

干上がった池の脇の草地には、巨大な草刈機の通ったあとが放射状にいくつも弧を描いている。その弧を切り裂くように、濃い緑色の道が涸れた川床と並んでくねくねと伸び、ほの暗い木立へと続いていた。わたしは木立を目指した。

＊

ロルフ・アルガー・バグノルドほど、自然の形状の美しさを狂おしく愛でた人はそうはいないだろう。まして、砂丘の美しさをわたしたちに知らしめてくれたという意味で、バグノルドの右に出る者はいない。一九世紀の末に英国のデヴォンに生まれたバグノルドの人生は、もしも保険屋が非凡すぎるこの男の危難に次ぐ危難を知ったなら、決して生命保険をかけさせてはくれないようなものだった。
第一次世界大戦では、ソンム、イーペル、パッシェンデールといった激戦地の戦闘に参加し、戦間期には、T型フォードの助けを借りて砂漠踏査の草分けとなり、次いでこの経験を第二次世界大戦に役立てるべく、長距離砂漠部隊を創設した。彼の遺産は軍隊に今日も息づいているが、そればかりではなく、独自性にあふれた業績のおかげで、砂漠において砂がどのように振る舞うかを、わたしたちがより広く理解できるようになった点でも彼は伝説といえる。彼の著書『吹きよせられた砂と砂漠の砂丘の物理学（*The Physics of Blown Sand and Desert Dunes*）』は、現在でもこの分野で最先端をいっている。

ところどころで、何百万トンとなく降り積もった砂が、規則的に隊列をなして、地表を容赦なく動き、育ち、形状を保ちつつ、新たな形を生み出しさえする。それは奇妙に人間の営みにも似て、想像力の豊かな心をそこはかとなくかき乱す。

砂を、動き、育ち、生み出す生命にたとえようという意図は明らかだけれども、バグノルドが「形状」という言葉を選んでいるのは、もっととらえどころがなく、かつ興味をそそられる問題を示唆したいからだろう。自然のなかで思いもかけない形に出くわすと、わたしたちの内部で、これは何だろうと推論が始まる。たとえば丘の斜面を歩いていると、ふたつばかり目を引くパターンに気づくことがあるかもしれない。ひとつは、木々の下のほうの枝が、まるで丘の傾斜をなぞっているかのように見えることだ。下枝の作るラインは丘の斜度を完璧に再現していて、測ったように丘を上がっていく。そこで下方に目を向けてみると、丘の片側の畑は広く、規則的な形をしているのに対して、反対側の畑は狭くて不規則に並んでいる。

しばらく頭をひねった末にはたと気づく――下枝の線を作り出したのは、いまはこの場にいない動物たちだ、と。ある動物が首を伸ばして届く高さは一定だ。そこで、その範囲の枝の葉を動物たちが食いあさった結果、地面から下枝の距離がどこも一定になったというわけだ。また、広くて規則的に並ぶ畑は新しく拓かれたもので、新式の耕作機械が入っているけれども、反対側の畑は古くて、動力つきの機械が畑を耕すようになる前に区割りされたのだろう。

形は、わたしたちを取り巻く地面の歴史や、そこで何が起きたかを知る手がかりになる。だからこそ、簡単に説明のつかない自然の形にわたしたちは興味をそそられ、目をみはるのだ。

時には、石が地表に出てくるまでのパターンを知ることもできる。土の中の水分が凍って土中から上がってくる。土の中の水分が凍ってまた融けると、下方の水分は上方の水分より密度が低くなり、上へ上がろうとするが、そのとき一緒に石を連れてくるのだ。場所によってはそれが固定のパターンとなり、人力が加わったのだろうとか、神の御業《みわざ》であろうとかいわれてきたものだ。傾斜した土地では、対流によって上がってきた石が列をなし、縞《しま》模様を作ることが多いが、平らな土地では目立って特徴的な形――六角形になることも多い――を作り上げる。

ジェームズ・クックの第一回航海に同行して帰国したあと、ジョーゼフ・バンクスは、クックの船レゾリューション号を改築するよう申し入れたが、はねつけられて狼狽《ろうばい》した。だがバンクスは長い間ぶらぶらしてはいられないタイプの男で、ほどなくもっとこじんまりした遠征計画を立ち上げ、アイスランドの地質と自然誌を調べに行くことにした。バンクスは一七七二年に出発し、途中スコットランドはインナー・ヘブリディース諸島のスタファ島に立ち寄った。

この島でバンクスは、やがて世界中の地質学者に知られるようになる洞窟を見つけ、「フィンガルの洞窟」と名づけた。この洞窟の中に無数に立ち並ぶ玄武岩の石柱は、溶岩が冷え固まったものだ。溶岩が冷えて玄武岩となるのは珍しいことではない。だがフィンガルの洞窟が際立っているのは、石柱の形だ。ほとんど正六角形なのである。これほど申し分のない形状に遭遇したバンクスは狂喜した。

これに比べれば、人の手になる聖堂や宮殿など何ほどのものであろうか！　単なる物まね、はたまた玩具に等しく、自然の造形と比すれば、人間の業《わざ》は常にちっぽけだ。建築家の自慢も、もはや何ほどでもない。正確さ――われらが女王「自然」を凌駕《りょうが》しうると人が唯一思い描いていた領域も、ここでは女王の占有であり、しかも何世紀ものあいだ人の手によって記述されないまま存在していたのだ。[2]

バンクスのほとばしる思いは、同じ立場になれば誰しもが味わうものだろう。規則的な形、同じ角度や左右が対称の形を見ると、わたしたちは、それが自然にできたものではなく人の手によるものであろうとまず考えてしまう。そのような形は設計されたものであり、したがって知性の産物であるととっさに思ってしまうのだ。わたしたちが知っている自然の姿は一見無秩序で、放っておけばどこまでも混沌へと向かっていきそうに思われる。その先入観と規則性とが合致しないのだ。もちろん自然の造形も人間がこしらえたものも、どちらも混沌へと向かうのは間違いない。高い崖も壮麗な国王の宮殿も、時が経てばやがては塵《ちり》になる。まして崖も、それをいうなら玄武岩の列柱も、優美で整然とした形をとろうと自ら整列するわけでもない。

わたしたちは、何らかのデザイン性が感じられる形には、対称という規則性を見出すように条件づけられている。たいていの場合、そこにはたらく意図は人間によるものだ。仮にシドニー・オペラハウスの存在を知らなくても、偶然にあの美しい曲線に出くわして、はなからこれが自然の造形かもしれないとかんぐる人はまずいないだろう。

とはいえ、この世界で建造物を作れる職人は人間だけではなく、人間以外の手による建造物にもそれなりの知性ははたらいている。鳥の巣は丸いが、それは鳥が世界に秩序を持ちこもうとするだけの知能を持ち合わせているからだ。風が小枝を吹き寄せて、たまたま巣の形を作ってくれるのを待っていたら、途方もなく時間がかかってしまうだろう。だから木の梢《こずえ》に鳥がこしらえた円形の構造物を見つけることは、真ん丸の岩を見つけるほどの神秘ではないのだ。意識的に作られたのではない自然の意匠を見せられたり、作り手の知性のレベルからはとても考えられないほど見事な対称性や巧みな構造を目にしたりすると、わたしたちの好奇心は否が応でもそそられる。それは何かしら外的な力がはたらいているのかもしれないと感じる例でもある。

自然界は知的作業の産物ではない形にあふれている。ルートヴィッヒ・ライヒハートは、オーストラリアのクイーンズランドできわめて形の揃った長方形の砂岩《さがん》の塊が並んでいるのを見つけ、その場所を「トゥーム・ストーン・クリーク（墓石川）」と名づけた。オーストラリアでは、多くの人がいまでも南西部ハイデンの近くにある一五メートルもの高さの花崗岩《かこうがん》、「ウェーブ・ロック」詣でをする。一方で、雪の結晶の形もそれこそごまんとあるが、不思議なことにすべて六角形をしている。

自然界である形ができる要因は、岩であれ氷であれ、そのものに内側と外側からどのような力が加わるかを観察すれば明らかになる。雪の結晶が六角形なのは、化学の力だ。水の分子の結びつき方から六角形ができる。ウェーブ・ロックは、地中にあった花崗岩《かこうがん》の表面が化学物質で腐食し、それが今度は風化作用で地表に現われたものだが、フィンガルの洞窟の石柱も岩が形成されていく過程でこの形になったのではなく、割れて六角形になった。玄武岩の内部の裂け目が、収縮しようとする岩石の圧力を解放するように拡がり、規則的な割れ目ができたのだ。

生き物が形を作っている例もたくさんある。だがその生成過程は、往々にして作り手である生き物の能力をはるかに超えているように思える場合も少なくない。ミツバチの巣は六角形をしていて、何千年も前から自然を観察する人々を魅了してきた。四世紀には、ギリシャの幾何学者パッポスが、もし巣穴を隙間なく並べようとするならば、巣穴の形状はおのずと決まってきてしまうことに気づいた。巣穴がきっちりくっつきあって並ぶのは、三角形か正方形か六角形の時だけだ。ミツバチは六角形を「選んだ」が、これがたまたま、最も実用的かつ効率的な形だったというわけだ。六角形ならば同じ量の蜜を蓄えるのに、ミツロウの量も、働きバチの労働も最小限ですむ。

自然界で、外から知性がはたらいたかのような規則正しい造形が見られるとき——たとえばタンポポは球形を理解する力があるとは思えないのに、完璧な球体を作る——神の意匠か進化の結果かという昔ながらの論争がよみがえるように思われる。自然の造形に何がしかの意匠を感じると、それは神の存在の証しだと考える向きもあれば、まったくそうは考えない人々もいる。自然はどうやら、効率的ではない非対称形を作る個体を抹殺し、効率的な対称形を作る生き物を生かそうとする傾向があるようだ。不恰好な不等辺四角形の巣をぐずぐず作っている鳥は、効率的に丸く巣作りする鳥に遅れをとる。自然淘汰によって精巧な形が作られることに神の意図を差しはさむのは、進化論の見地からいえば単なる妄想ということになるが、だからといって不可思議に目をみはるのをやめてしまう必要はないだろう。

数学と自然の近くて奇妙な関係は、ガリレオの言葉——「宇宙というこの偉大なる書物……は数学の言葉でしたためられている」[3] にも感じられるが、数学によって語らせれば、自然の造形にもまた別の貌《かお》が見えてくる。

ライヒハートはオーストラリアの平原を踏査していたとき、一面にバウヒニアが咲き乱れる地面に規則的な模様が見えるのに驚いた。

平原の固い地面にはそこここに、いたって正確な五角形、六角形、七角形のひび割れがあり、割れ目には時折降る雨がほかよりもよく溜まるのか、若々しい草が生えていて、おかげできわめて幾何学的なひび割れ模様がとても目立っていた。[4]

ライヒハートはひび割れ模様を幾何学的と表現したが、なるほどそうだ。だが数学と自然を同床に置いて語るのはしっくりこないと感じる人が多いだろう。そういう人たちは、世界を眺めるのに幾何学は相容れないとみなしている。ただ、もし数学を、目にした事象を「表現」する一手段であって、「説明」するためのものではないと考えれば、そんな違和感も払拭されるのではないか。向日葵はどのように表現されようともヒマワリだし、美しく整然と種が並ぶさまの、その法則性にどう理屈をつけようが、美しさに変わりはないのだ。ヒマワリの花の中心を埋める種の並び方は、フィボナッチ数列で説明できる。この数列は0から始まり、1、1、2、3、5、8、13、21、34……と続き、一見でたらめに並んでいるように見えるがさにあらず。それどころか、最も数列らしい数列といえる。列に登場する数値は先行するふたつの数値の和で、1＋1＝2、1＋2＝3……13＋21＝34……という具合に続いていく。フィボナッチ数列は、自然界では松かさからパイナップルまで、さまざまな形に見出すことができる。

だが、そうした事実があったとしても、ヒマワリは向日葵だ。わたしたちは数学というレンズを通してヒマワリを見つめることもできるし、そうしないこともできる。それは個人の自由だ。言い方を変えると、ケニアの平原を眺めて、足の速いガゼルがもっと速いチーターに追いかけられているると見ることもできるし、ガゼルは秒速二五メートルで逃げ、チーターが秒速三〇メートルで追いかけていると見ることもできる。どちらの見方をしたにせよ、ガゼルはいつかはつかまって食べられてしまうだろう。

氾濫原を湾曲しながら流れるテームズ川の曲線は、目を引くほどに美しい。川の描きだすS字が、一八世紀の画家ウィリアム・ホガースの心を強くとらえ、彼は川が、生き生きとした躍動を伝えていると感じた。川の場合、まっすぐだと人の手が加わっている印象を受ける。自然は曲線が好きだ。こうした形も、単に美しい形として嘆賞の対象とすることもできるし、数学的な好奇心から眺めることもできるだろう。アメリカの水文学者ルナ・レオポルドは、五〇以上の河川を調査し、興味ぶかい結論に達した。川はその規模の大小にかかわらず、まっすぐに流れるのは川幅の一〇倍の距離までだというのである。また、川の湾曲部の半径は常に、その部分の川幅の二倍から三倍であることも見出した。

バグノルドが砂丘について著した本にも、砂丘の構造を表わす方程式が無数に出てくる。その緻密さは、それはそれできわめて美しい。だがもしバグノルドがこの本を書かなかったとしても、砂丘が消えてなくなるわけではない。自然をほかの人に伝えようとするとき、わたしたちは時にその美しさを過剰に表現し、時にいささか貶《おとし》める。数学という表現手段を使うことが美しさを加えることになると思えるかどうか、それはかの有名な問いにどう答えるかに表われてくるのではないだろうか――「数学は、発明されたものか発見されたものか」

化学や侵食といった作用や進化論や数学を用いて自然を解説するのは、その自然が形成される過程に光を当てるには恰好の手段であるけれども、その形を目の当たりにしたわたしたちが受けた衝撃を、感動を、なんとか言葉にしたいという切実な思いを満たすには物足りないこともある。フィンガルの洞窟でバンクスが味わった感激も、岩石の組成や物理で全部説明できてしまうと考えるとすれば、それは科学者の独りよがりというものだろう。あるいはローマ皇帝コンスタンティヌスが戦いで勝利を得る前夜に空に十字架を見たという故事が、はたして物理学や光学だけで充分に説明できるものだろうか。たしかに、上空の氷の結晶で屈折した光が、太陽や月の周りに完璧な円形の光の暈《かさ》を作ることはある。幻日や幻影、十字架のような形も、光が大気中の粒子に屈折したり散乱したり反射したりしてできることもある。だが物理学が解説できるのはここまでで、コンスタンティヌス一世がキリスト教を公認し、その後の西洋社会の歴史を大きく転換させるうえで、皇帝の眼前に現われた十字架が彼の心情にいかに作用したかまでは解明できまい。

自然界にわたしたちが見出せるあらゆる形を説明でき、しかもどの分野の人をもうなずかせることのできる言い方がひとつだけある。「何ものか」が、何かしら美しいものを創造した。創造したのには何かしら理由があるかもしれないし、理由などないのかもしれない。ただ、いずれにしてもその美しいものは、見る者の心を打つのだ、と。「何ものか」が何であるか、科学者も宗教家も、それぞれ好きなだけ論じればいい。答えが出るまでに岩も植物も動物も、みんな土や灰に還っているかもしれない。けれど何人であれ、自然の造形に目をみはった者たちの感激を、奪い去ることはできないのだ。

第9章　光

真っ赤な円盤が西の峰の向こうに沈むと、山頂の巨大な影がふもとの丘に忍び寄り、平原へと飛びかかり、ついにははるかな地平線に到達して、薄暮《はくぼ》の空に漠たるピラミッドとなってそびえ立った。空に映る影とは、驚くべき見ものだった。影のピラミッドはつかの間そこにとどまり、やがて黄昏に溶けていった。[1]

——チャールズ・ラミス

太陽は、トネリコの細い葉の隙間を分け入ってくる。わたしは足元に目を落とし、小さな光の斑《まだら》が無数に消えては現われ、頭上の葉々が風に揺すられるのに合わせて地面の上を踊るのを眺めた。向こうにオークが一本、濃いくっきりした影を落としているのが見えた。オークは葉が広く、樹冠はお豊かに密生して、太陽の光をすべて遮断してしまうのだ。木は森のはずれに立っていて、わたしには木陰の冷気まで感じられた。いまの自分は暖かな日光を存分に楽しんでいるけれども、やがてあの暗がりを歩くことを思うと、ふと身震いが出るほどだった。

＊

英国の聖職者で文筆家でもあったウィリアム・ギルピンは、ウェールズのティンタン・アベイを訪れた折、とある貧しい婦人の住む小屋に入り、ひとつきりの小さな開口部から入る「わずかな灯りが、ただただ小屋の内部の惨めさを際立たせるばかり」[2]であることに気づいた。光と闇は、富と窮乏の対比を映している。一八二七年には、ドイツの詩人でジャーナリストのハインリッヒ・ハイネが、ロンドンの、やはり暗がりに潜む貧困を嗅ぎつけている。悪行も犯罪も夜にだけ現われ、貧困は夜、その「塒《ねぐら》から這《は》い出してくる」[3]

闇がしつこいほどにうしろ向きの思考や恐怖と結びつけられるいっぽう、光に与えられる役割はとても前向きだ。光は善である。光は真実である。「きみは光を見たか?」光への思いを増幅してくれるような自然に、わたしたちは惜しみない愛を向ける。湖は、さざ波に光を跳ね返してわたしたちのもとに届けてくれるからロマンティックだし、光を遮《さえぎ》る植物のない沼地も、木々に空が遮られて闇の支配する沼沢地や薄暗い沼より好まれる。

光には姿を変えさせる力もある。［一九二〇年代に］エヴェレスト征服を目指していたジョージ・マロリーは、ヒマラヤの宵の口の光が雑然としたチベットを美しく見せることに気づいた。[4]光はまた、慰めのしるしになることもあって、暗い夜、はるか彼方のスペイン領シサルガス島でまたたく漁師小屋の灯りに、フンボルトは記憶と想像をかきたてられ、自分がこれから大地の安定を離れて南アメリカという未知へ赴くのだという思いをいっそう強くしたのだった。[5]

死は闇だ。だがわたしたちは、闇にある卵から生を受け、栄養をもらって育まれたのではなかったか。[6]なぜ闇はそうまでも、負と連想されるのだろうか。いたって散文的な事情がある。種としての人間は、嗅覚や聴力で勝る捕食者に人知と視力でもって対抗したが、それが可能なのは陽光あふれる日中だけだったのだ。一方、そうした実際的な理由とは趣を異にして、光と闇との関係性が文化的に意味づけられている場合もある。日本近代文学の巨匠のひとり、谷崎潤一郎は、これを奇異に思った。なぜ東洋人は闇に美を見出し、西洋人は陰を厭《いと》うのか、と。[7] この対比には感興をそそれるものの、普遍的な真実というにはいささか出来すぎの感がある。西洋の作家たちにも、光の乏しさに賛辞を贈る者は少なくない。スコットランドのナン・シェパードは、ケアンゴームの澄明《ちょうめい》な大気のもと、山脈の上空を飛びすぎていく飛行機が雪に落とす影の鮮明さに嘆声を上げている。ただし谷崎もシェパードも、光には土地によって違いがあると考える点では一致していた。シェパードは一も二もなく、彼女の故郷に射す光がとりわけ力強いと言い切る。

　スコットランドの光の質は、ほかのどんな土地でも出会えないものだ。ぎらついてはいないのにまばゆく、はるか彼方までを、苦もなく、強烈に射抜いてしまう。[8]

　闇を好むか光を愛するかは、東洋と西洋の区分にきっちりと沿って分けられるわけではない。それよりはむしろ、ある特定の地域にゆかりのある人々には、光によって、あるいは光がないことによって生み出される情景との間に強いつながりができやすいというのが真実に近いだろう。画家や作家たちはこの関係性に思いを凝らし、掘り下げて、説得力ある表象を生み出そうと試みる。ポーランド生まれの小説家ジョゼフ・コンラッドの『闇の奥』のある場面には、そのあらゆる要素が見出せる。

わたしたちは瞠目《どうもく》し、ただただ息を潜めて見つめるばかりだった。一日は静謐《せいひつ》に、えもいわれぬ美しさのうちに暮れようとしていた。水面は静かに輝き、空は、一点の曇りもない空は、濁りのない光に満ちて穏やかにどこまでも広がっている。［英］エセックスの沼沢地に立ちこめる靄《もや》は玉虫色の光を放つ薄物のように、小高くなっている内陸の森をふわりと覆い、そこからまるで透明な絹織物を重ねたように、低い岸辺へと垂れかかっている。ただ西のほうにわだかまる影だけが、あたかも近づいてくる太陽に腹を立てているかのごとく、刻一刻と黒ずんでいくのだった。[9]

チェプストウから七マイル（約一一キロ）ほどのところで、ウィリアム・ギルピンもはるか彼方にウェールズの山並みを眺め、光が風景に、不可思議でいて決定的な効果をもたらしていることを思った。「およそ光線の変化にそのままの姿で持ちこたえられる風景はまずないであろう」[10]――ある土地の性質を明らかにしてくれるのは、光だけでも影だけでもなく、その交わり、光から影へ、また影から光への移り変わりや対比だ。古い街並みは、光の当たる場所と影になる場所が適度に交じり合うがために謎めいていて、路地をたどるのが楽しみになる。[11]どの通りにも均一に広がる無味乾燥なネオンに照らされた近代的な街角に比べて、ずっとぬくもりがあり、居心地よさそうに見えるものだ。

一日の始まりの時、東の空の光の変化は新たな動きを告げる合図であり、わたしたちの心や体は、それを見ると、西の空がまだ暗く静まり返っていても、活動を始める。闇や光が一日の始まりと終わりにあたって消え失せていく前に、貴重な薄明のひと時がある。英国の小説家ヴァージニア・ウルフは、暗い中を歩いていると思考が漂い出していくといったが、多くの場合、想像力がかきたてられるのは薄明のなかだろう。薄明のなかでは、周囲への注意が、集中している状態と集中していない状態との狭間にあり、そのおかげでわたしたちの思考は深く、瞑想《めいそう》へと導かれる。フィンランドの建築家ユハニ・パラスマは、これは中国の水墨画に描かれる深山幽谷や〔日本の〕龍安寺の石庭の、ほうき目のついた砂のもたらす効果と同じではないかと指摘している。[12] 黄昏のゆるやかに変化する光は眼にも気持ちにも優しく、特に、太陽がすとんと沈んでしまう低緯度地域よりも、日没に時間のかかる高緯度地域でそれが顕著だ。

突然に光が変化するとどきりとする。インドネシアのクラカタウ島は、一八八三年の噴火でおよそ二一立方キロメートルもの岩石を空気中に吐き出した。噴火が記憶にとどまっているのは、破壊のすさまじさばかりでなく、自然光がすっかり遮られてしまったからだ。火山灰が太陽を閉ざし、周辺地域は二日半のあいだ闇に沈んだ。だがそれは、光のいたずらのほんの始まりに過ぎなかった。大気には細かい塵《ちり》が充満したが、塵はやがて拡がり、数回にわたって地球をめぐった。この塵のおかげで目もくらむような夕焼けが見られ、それが当時の画家の絵心を刺激した。

一般にエドヴァルド・ムンクは「探検家」とみなされることはないが、一八九三（―一九一〇）年の有名な「叫び」の連作では、彼は単に事物としてのノルウェーの空を表現しただけでなく、その空が彼の精神にもたらした恐るべき影響を文字通り探検した。ムンクはクラカタウの灰塵《かいじん》がかもし出す空を目撃し、その様子を、いまにいたるまで人々の心を凍らせる説得力で描きだしたのだ。[13]

光が突然に変化しても、必ずしも怖いばかりではない。目をつぶって身を縮めているだけが能ではないのである。一九八五年の秋、ニューヨーク州ロングアイランドを竜巻が襲い、送電線を引きちぎって電気を止めてしまった。作家のデイヴィッド・エイブラムは、人工の光に妨げられていない、あるがままの夜空に初めて接した人々の様子を記している。

大勢の子どもたちが、まばゆすぎる家々の灯りや街路灯に邪魔されることなく、生まれてはじめて天の川を目にし、息をのんだ。[14]

第10章　空

月は満ち、高く昇り、
穏やかな野を光で満たす、
夏の空に浮かぶ大気も
今宵はすべて眠っている。[1]

——ウィリアム・C・ブライアント

小道は、ゆるやかにわたしを高みへといざなう。登るにつれて空は開けていって、とうとう丘のてっぺんで地平線はきれいな弓形になった。いまや視界のまるまる半分を空が占めている。澄んだ青の部分があり、暗い青はない。そして数え切れないほど多彩な色合いの水色。それは、空が太陽の光に照らされている部分、あるいは、高くたゆたう淡い巻雲《けんうん》と接しているあたりの色だ。頭上の青はジェット機の爪で引っかかれ、まっすぐな白い飛行機雲をまとわりつかせている。引っかき傷もやがて癒えるだろう。

高い空の毛束のような細い雲の下には、純白のふわふわしたヒツジが浮かんでいる。といってもヒツジには頭もなく、肢《あし》もない。その下には旧式の電話機が三つ、急ぐ様子もなく流れていく。遠くの丘には、真上にある太陽の下で、雲の影が主に追いつこうとするかのように大急ぎで走っていく。

陸地の上にはそこだけ洗いたくなるような、薄汚れたクリーム色の靄《もや》が海まで延びているところもあった。

＊

家族が人前で喧嘩するのを見るに忍びないむきには、バビロニアの創世神話、エヌマ・エリシュなどを聞かされたら、さしずめ手で顔を覆わずにはいられなくなるだろう。

その昔、真水の神アプスーと、塩水の女神ティアマトが交わり、次々と子が生まれた。さて、このバビロニアの神の夫婦も、世界中の創世神話に潜む普遍的な事実と無縁ではいられず、ほどなく、自分たちの子どもがひとり残らず品行方正というわけにはいかないことを知った。ある時アプスーははめをはずす子どもたちのせいで眠りを妨げられ、ついに子どもの神々を滅ぼしてしまおうと企てた。ところが子どもたちは企てを嗅ぎつけ、先手を打った。麻薬で父神を眠らせ、反対に殺してしまったのだ。

ティアマトがこの行いにいい感情をもたなかったのはいうまでもない。女神は火を吐く怪物と化し、毒蛇やドラゴン、狂犬に蠍《さそり》人間などといった怪獣を駆りだして助勢させた。息子のひとり（孫という説も）マルドゥクは、事態が大ごとになったのを見て取り、対抗して自らも軍勢を率いた。この軍団同士の衝突が文字通りあらゆる戦さの母、史上最初の戦闘である。ティアマトは敗れ、勝ったマルドゥクはティアマトの体をふたつに引き裂き、片方を頭上に放り上げるとそれが空となり、もう片方を足元に残すと、それが大地となった。

紛争解決のヒントとするにはお粗末かもしれないが、この神話は、空が世界の半分をなすという古代の人々の見方をよく表わしている。もちろん現代では、空を見上げるのが好きな人々でさえそう思ってはいないけれども。アメリカの天文考古学者アンソニー・アヴェニは、現代人と古代人が大きく異なるところのひとつが、われわれはもう太古の人々のようには空と交感しないことだと指摘している。現代人は星座の名前には精通しているし、火星や金星を表象した古代神話の神々がいたことも知ってはいるものの、空のそういう側面と付き合おうとする人はもはやいない。

科学者はかつてないほど、空に関して理解している。夜の空も、昼の空も。だが彼らははたして、古代の人々が知っていたように、親しく空を知っているだろうか。ここは大いに議論のしがいがありそうだ。ただ、エヌマ・エリシュ神話の想像上の死骸から生み出されたある事実、すなわち屋外にいるときに見えている世界の半分を空が占めているという事実には、異を唱えることはできまい。

フンボルトは、この時代の知識人の例にもれず、合理的な探究心とダンテの詩のような空想の力との両方に感化を受けていた。今日では、科学者と詩人が、それぞれに割り当てられた居場所からさまよい出て互いの領分に侵入することはめったにない。だから探検家がロマン派の領域と信じられていた事象を科学的に解説しようと奮闘するとどうなるのか、振り返ってみるのも一興というものだろう。

南米大陸に出かけるとき、フンボルトはスイスの物理学者で探検家でもあった、オラス＝ベネディクト・ド・ソシュールが一〇年ほど前に発明した機械を携えていた。機械の名前は「シアン計」といって、空の「青さ」を測るのに使われる。このような問題が詩人のベッドの中だけでぬくぬくと温められているだけで、強欲な科学者には手が届かないうちはいい。それならば空の青さというようなものが語られる余地もあろう。ところがド・ソシュールもさらにフンボルトも、それでは飽き足りず、青さを数値化すべく自信たっぷりシアン計を空に向けた。英詩人バイロンは一矢報いずにはいられず、遍歴の叙事詩「ドン・ジュアン」に、フンボルトの暴挙をたしなめる部分を入れた。

フンボルトは「探検家の嚆矢《こうし》」なり、だが
昨今の噂が確かならば、掉尾《とうび》にはあらず、
それが何やら発明したという。高尚なる発明の名も、
発明の日時も失念したが、
空気をどうとかする取りとめのない道具で、それをもって
大気の状態を確かめるという、
「青さの度合い」を測るという
おお！　レイディ・ダフネ［ギリシャ神話で河の神の娘のこと］！　わたしに汝《なんじ》を測らせておくれ！[2]

フンボルトは名前を挙げて嘲笑されているが、ド・ソシュールにいたってはあえて無視され、もっと手ひどく懲らしめられている。

空の青さは、大気の透明度と大気に含まれる水分の量で決まる。これは土地によって異なり、また地方によっても時間帯によって変わるため、少々非科学的だけれども、ある土地が空の青さをその地の魅力として喧伝するようなことも起きてくる。フランシス・ボンド・ヘッドはどうやら、ア

メリカ西部の空が文句なく最良だと感じていたようだ。

アメリカの天空はどこまでも高く、空はひときわ青く、どこよりも空気は新鮮で、冷気は清冽《せいれつ》を極め、月はずっと大きく見えるし、星は明るく、雷鳴は大きくとどろき、稲妻は激しく光り、風は強く、雨は時雨《しぐ》れ、山々はなお高くそびえ、川は長く続き、森は豊かで、草原は広い。[3]

自分たちの土地の空を、「ヘブリディーズ諸島特有の、青磁器の青のごとく繊細」[4]と評す人々、ギリシャの空気は「知られざる水の結晶」[5]のようだと讃える人たちもいる。

しかし昼間の空の青さ、夜の暗さは、あまり大きくは変わらず、さしてあてにもならない。空にあってさまざまな表情を見せ、また頼みにもなるのは空という半球のほんとうの主役である天球の住民、すなわち太陽や月、惑星や恒星だ。

太陽はわたしたちの生活に日々登場し、必要不可欠で不変の存在である。それでいて太陽は、来る日も来る日も惜しみなく光と熱とを降りそそいでくれるという点以外では、ある一日とその次の日と、およそ不変とはほど遠く変化する。地球の上にいれば、そこが陸地であれ海であれ、どこにいてもわたしたちは同じ太陽を見るのだが、その振る舞いは、わたしたちがいる場所によって異なる。もし太陽の昇る方角、つまり東に向かうと、太陽はそれだけ早く昇ってわたしたちに挨拶してくる。もし赤道から離れていくと、太陽が昇り、沈む位置が東と西からずれる幅が大きくなり、季節による変動が際立ってくる。

最初の一〇〇〇年期の終わる時代に広く遠く足を伸ばして紀行文を残し、「アラビアのヘロドトス」の異名を奉られたアル＝マスーディは、ブルガール〔中世の東ヨーロッパで活動したテュルク系遊牧民〕の地では、夜がきわめて短くなる時期があり、そういうときには日没時に火にかけた鍋の湯が沸くころにはもう日が昇りはじめていることさえある、と記している。

あまりに短い距離ではほとんどわからないが、太陽の日々の通り道も、南へ、あるいは北へ少しでも動けば変わる。日の出、日の入り、そして南中〔太陽が真南にくること〕の位置と、それらを結んだ弧が、ほんのわずかだとしてもずれるのだ。これらの位置は一日ごとにも変化して、一定の曲線の間を移り、一年をかけて同じ変化を繰り返す。もしもよく知っている場所の光の加減が、同じように快晴なのにもかかわらず以前とはかすかに違うように感じられたとしたら、おそらくそれは、大気中の湿度や太陽の位置の違いなどからくるのだろう。一週間にわたって、まったく同じ時間にまったく同じ場所に立ったとしても、そこから見える太陽の位置は毎日ほんの少し異なっているものだ。

だが太陽の光が水滴で散乱したり水面に反射したりするさまは一日どころではなく、秒単位で移り変わる。何千フィートも上空の無数の氷の結晶で光線が屈折すると、太陽や月の暈《かさ》がほんの数分間現われて、やがて消えてしまう。自然の「凱旋門」[6]である虹も周知のとおり短命で、空に現われるとわたしたちは互いに目引き袖引《そでひ》き、見えなくなる前に大急ぎで教え合うはめになる。

印象派の画家セザンヌは、フランスのプロヴァンスで、平原の向こうに見えるサント・ヴィクトワール山の風景を六〇回以上も描いた。[7]さすが天才画家といわれるだけあって、いささか常軌を逸した執着ぶりだと感じる向きもあるかもしれないが、太陽の通り道の変わりやすさを熟知している者としては、それでも少なすぎるといいたい。この二倍の数を描いても、まったく同じ光線の具合を得ることはできなかっただろう。

一方で月は、太陽の光を借りて光る巨大な岩の玉だが、からかったりじらしたり、世界を光と影の対比でがらりと別の場所に変えてしまうのがお得意だ。月は太陽の支配下から出現し、次第に大きくなって夜を睥睨《へいげい》する。いささか自信過剰にも、昼を盗もうとさえ企てるが、じきに太陽が追いついてきて、光の世界の支配者が誰だったかを思い出させる。

月は東に昇り西に沈むが、それが水平線上で正確にどの位置にくるかを言い当てられるようになるには、二〇年におよぶ観察が必要だろう。スコットランドのフレイザー城のように、巨石を積み上げていく難事業でも、月の挙動のすべてを記録するのに要するであろう忍耐に比べたら児戯に感じられるほどだ。月が太陽や恒星に対し西から東へと動く毎月の周期も、比較的わかりやすいものなのに、現代ではみんながわかっているとはいいがたい。だがこの周期に慣れ親しむのは割合に簡単である。

もしもある夜、月が星座のどれか（たとえばふたご座）に心地よく身を寄せていたとする。すると次の夜には、月はその星座の東にある星座（この場合かに座）のそばにくる。月はそのぶん、太陽から東に動く。ひと晩に全円の三〇分の一ないし一二度東へ移って、ひと月経つとまた同じ周期を始めるわけだ。そのために月は毎夜、前日よりも五〇分遅れで昇る。月の動きを合図にしている潮汐《ちょうせき》が毎日同じだけずれていくのもそれが原因である。

かたや惑星という語（planet）はギリシャ語のさすらい人からきていて、その動きは太陽や月のような規則性に乏しい。惑星は空の放蕩者だ。全体のルールに従っていながら、傍目《はため》には並行宇宙を動きまわってでもいるかのように映る。

地球は、内側の軌道を行く水星と金星には引き離され、この両者は夜明けと日暮れに太陽にしがみつく。一方外側にいて肉眼でも見える火星や木星、土星には追いついて追い越してしまう。いずれにしても惑星は、星々が広げたキャンバスの上を、わたしたちの知っている日や週や月や年といった周期に収まるのを拒んで、自由に動きまわっているのである。

夜空で、惑星は常に一定の幅、天球の赤道から三〇度以内の範囲に現われる。これはもし地上の赤道にいたら頭上を通って東から西へと伸びる帯で、高緯度から見れば低空に傾く。

恒星になると、やっと秩序が出てくる。星は毎晩同じ場所から昇って沈み、昇る時間こそ毎日四分ずつ早くなるものの、いたって規則正しいので、三六五日ごとにまた同じところから周期を始めることになる。この規則正しさを見込んで、古代エジプト人はこれを暦にした。最も明るい恒星、シリウスが昇る時間を、ナイルが氾濫する時期を知る手がかりとしたのだ。

夜の空は、わたしたちが北に向かうか南を目指すかでも変わる。北極点に立つ人が見る空は、南極に立つ人が見る空と重なる部分がまったくない。どちらも天球のちょうど半分だけしか拝ませてもらっていないのである。だがふたりが赤道上に立っているとすれば、互いに世界の反対側にいたとしても同じ空を見ることができる。見られる時間帯こそ違うけれども、赤道からは地上で唯一、夜空の星のすべてが見られるのだ。もっとも星を全部見ようと思ったら相当な忍耐が必要で、まるまる一年を要する。というのも星の多くは、一年のうちのある時期には、太陽の向こうに隠れてしまうからだ。この「星暦」は不変なので、星座のなかには、オリオンは冬の、さそり座は夏のというように、季節とともに連想されるものができてくる。

北半球から南に向かっていくと、これまで知らなかった星座が、故郷にいては見ることのできなかった星座が見えてくる。何世紀も昔から、陸や海を旅した人たちは、地平線から、水平線から、生まれてはじめて見る未知の星座が現われてくるのを楽しんだことだろう。それは間違いなく行程が進んでいる何よりの証拠であり、心を打つしるしでもあった。空を見上げて、故郷とはまた違う光景を楽しむかどうかは個人の自由だが、フンボルトも言うとおり、反対側の半分を占める新たな見ものを見過ごすのは、探検家としてはいささか怠慢というものだろう。

> 天文学のテの字も知らない者であっても、夜の空に巨大なアルゴ座やマゼラン雲がきらめくのを見たら、よもや自分がヨーロッパにいるとは思わないだろう。熱帯地方では、地上のものも天体のものも、何もかもが風変わりだ。[8]

古代ローマ人が「長い髪の星」と呼んだ彗星《すいせい》は、周期性があると認められるずっと前から、凶兆とされてきた。地球が彗星の尾を通ると、塵《ちり》の粒子がこちらの大気に入って明るく燃え、隕石や流れ星となって見える。流れ星が魅惑の聖堂の中にいて、およそ予測がつけられない一方で、古来彗星は世俗の重要事を占うのに使われ、隕石は地震の前触れとされた。古代世界では、彗星も隕石も、軽々しく見過ごしになどされてはいなかったのである。

太陽からやってきた荷電粒子が地球の磁場に散らされて、北方の国々の上空で「風のなかの炎」のようにきらめくのが北極光（北のオーロラ）である。空にはさまざまな顔があるけれども、見た者の誰をも夢中にさせるという意味では、北極光はいまだにその力を失っていない、数少ない現象のひとつといえるだろう。

地上広しといえども、星図なしで太陽と月、惑星と恒星の位置関係を正確に予測できる天文学者はいないし、これからも出るまい。天体は一瞬一瞬が、光が織りなすダンスで、踊りの振付は、厳然たる秩序と一見気まぐれな動きとの融合なのだ。だからこそ天体が特に繰り返し描きだす模様は、わたしたちの歴史や文化で大切にされ、確固たる位置を得てきたのだろう。

たとえば金星は常に、夜明けか日暮れ、太陽から五〇度以内に現われる。月がまだ若い、月齢三日か四日のころは、こちらも太陽に近く、日没のあと、西の水平線のすぐ上あたりに浮かんでいる。一日の終わりに一緒に現われる金星と月は、人類の記憶にひとまとまりに刻まれ、「星と三日月」のイメージは古代の東方世界ではよく知られていた。それがオスマン帝国に定着し、現在のトルコの国旗などに受け継がれていく。

わたしたちは空に英雄や敵、動物などを投影し、さらには人工衛星まで放り上げてきた。戦後英国の地方史学者W・G・ホスキンズは、自分の愛するイングランドの景観に、核抑止力が投げかける翳《かげ》を嫌悪した。

コッツウォルズ丘陵《きゅうりょう》の長くなだらかな斜面、ヒツジの毛の色をした淡い茶褐色の魚卵状石灰岩の高台を取り巻く靄《もや》――なぜそこに、新たな時代の邪悪な道具を置かねばならないのか！この景観の上に来る日も来る日も、原子爆弾のいかがわしい形状が、［英国の画家］コンスタブルやゲインズバラの空に、ナメクジのごとき汚らわしきあとをつけている。[9]

この空の広がりからずっと、水平線にまで視線を落としていくと、わたしたちがものを見るときの媒体についても、もっと詳しく考えたくなる。

大気は、空を彩る登場人物のなかで最も控えめな存在だ。あたり一面に満ちているのに、長いあいだ一顧だにされなくても平然としている。自分が訪れた土地を最大限味わいつくしたいと願う旅人ならば、このおとなしい要素について少しでも考えてみれば、充分すぎるほどのお返しを得られるはずだ。山は、陸地が空にせり出そうと最もがんばっている場所なので、大気の状態の分析ならここでするのが一番だろう。

空の青さと大気の透明度、そして標高には関連性がある。空気が冷えると空気中に気体としてとどまることのできる水蒸気の量が減る。このために、熱いシャワーの湯気は、鏡の冷たい面に触れると水滴になるのだ。山に登って高度が上がれば空気は冷たくなり、一〇〇〇メートル標高が上がるごとに、平均して六・五度気温は下がる（一〇〇〇フィートごとでは二度ずつ下がる）。そこで、高く登れば登るほど、空気中の水分は凝結して、霧や雲になりやすい。そのために、山の頂上からの眺めは、絶景――空気が乾燥しているとき――になるか、空気が湿り気を帯びていると、雲に閉ざされて何も見えないかのどちらかになりがちだ。低い土地にたゆたう霧も、登山者を包みこむ雲も、実体は同じもので、ただ高度に敬意を表して異なる名がつけられているだけだ。

乾燥した大気に標高の高さが組み合わさると、空気が透明なおかげで比類なくすばらしい景色を手に入れることができる。テネリフェ島からのフンボルトの報告をみてみよう。

> ピコ・デ・テイデ山は緯度では熱帯に位置するものではないが、隣接するアフリカの草原から乾いた空気が絶え間なく昇ってきては東の風にすばやく吹き飛ばされる。おかげでカナリア諸島の大気は、［イタリアの］ナポリやシチリア島の周辺ばかりか、キト［エクアドルの首都］やペルーあたりの空気よりも澄んでいる。熱帯地方の風景が美しいのは、ひとつにはこの透明度のゆえだろう。植物の色彩はひときわ鮮やかに引き立てられ、独特の、不可思議な調和と対比を生み出している。[10]

ダーウィンも、アルゼンチンのプエンテ・デル・インカ近くの山道を通った際、空気がとても冷《れい》涼《りょう》で、どこまでも澄みきり、色鮮やかな景色が、鳥肌立つほどにすばらしかったことをありありと記憶していた[11]。

多くの登山隊が、まだ夜の明けきらないうちに山頂を極めようとする背景には、こうした事情がある。そうすれば、太陽に温められた周辺の水場から湿った空気が頂上にまで立ちのぼり、凝結して景色を閉ざしてしまう前に、絶景を目にするチャンスが増すからだ。日中はたいてい雲に閉ざされている山でも、日の出のすぐあとには、つかの間ぽっかりと窓が開いたように素のままの姿を垣間見せることがある。また湿気を含んだ空気がまだ低い位置にあるときには、山頂だけが雲を突き抜け、谷間から雲の塊が沸き起こってくる荘厳な眺めを見下ろすこともできる。

湿気も塵もない澄みきった空気のもとでは、星のまたたきも弱まる。星のまたたき、つまり「シンチレーション」は、針の先ほどの小さな星の光が、地球の大気を通り抜ける際に、あっちに跳ね返り、こっちに跳ね返りすることで生じる。この跳ね返りは、気温や湿度の変化、大気の汚れなどによって引き起こされる。星が明るくてまたたきが少ないのは空気が乾燥し、澄んでいる証拠だ（あるいは見えているのが惑星である可能性もある。惑星は恒星よりずっと地球に近いため、その光は安定して見えるのだ）。

澄んだ空気と雲の中間が靄《もや》だ。靄は細かい霧ないし雲のことで、空気が冷えて空気中の水分が凝結し、水滴になろうとするのは一緒だが、分厚く真っ白に大地を覆うには湿度が足りないときにできる。カーテンを下ろしたように視界を遮断する霧や雲と違って、靄は景色と戯れ、距離をもてあそぶ。景色が圧縮され、遠くの丘は遠のき、近くの丘は実際より近く見えたりする。市街地ではコンクリートや鉄鋼が引き伸ばされ、高さや距離が強調されて見える。一方で木々は立体感を失い、中国の水墨画さながら平らに見える。

新鮮な空気は何世紀にもわたって、ずっと変わらない喜びだった。現代なら、都会の人工的な環境と対比してみるといい。桂冠詩人のジョン・ベチェマンが嫌悪した、あの「空調を効かせたまばゆい食堂」の空気と。新鮮な空気は、「缶詰に押しこめられた精神、押しこめられた呼吸[12]」を解放してくれる。前世紀以前には、むっとする不健康な空気は病気の前触れと考えられていた。感染性の病気を運ぶのが空気中のウィルスやバクテリアであるとは理解されておらず、人々は病気を撒き散らしているのが空気そのものだと信じていたのだ。きれいな空気はいまのわたしたちには、爽《さわ》やかだなと思うだけのものだけれども、昔はまさに死活問題だったのである。

最もきれいな空気には、定義上においも味もない。それは、成分である窒素も酸素も二酸化炭素その他も、無味無臭だからだ。だが空気に、その周辺の影響が何ら含まれないのはきわめてまれで、都会の気配、海のにおい、朽ちていく植物の腐臭——そうした何ものをも感じさせず、混じりけもなく無味無臭の空気があれば、それはわずかでも汚れた空気と、とてつもなく幸福な対比をなすだろう。アメリカのナチュラリストの草分けで、米中西部からメキシコ湾まで踏破したジョン・ミューアは、新鮮な空気によってもたらされた無上の喜びを、一点の曇りもなく書き残してくれた。

［カリフォルニアの］空は完璧に美味だった。天使の吐息といってもいいほどに甘い。吸いこむ一息一息が、それぞれに独立してまったく異なる喜びを与えてくれる。アダムとイヴがかの芳《かぐわ》しい楽園で味わった空気でさえ、これよりも香り高かったとは思われない。[13]

空気は、胸がすくほど爽やかなこともあれば、無味無臭でとりたててなんの特徴もなく、味気なく感じられる場合もあるが、一方では力強く、わたしたちの意識のなかで大きな位置を占める存在にもなりうる。ナバホ［米南西部のインディアン］の人々は、空気が覚醒を呼び起こし、思考と言葉を与えてくれたとみる。彼らの世界では、息をすると精神と空気の境目が存在しなくなるのだ。[14] この美しい世界観は一見突拍子もないが、実はそれほど科学とかけ離れているわけではない。発話は思考を具体化するが、発話とは要は、空気を特定の周波数で震わせる能力だ。科学の立場では、伝達と受信の過程はひとつひとつ区分され、弁別されて分析されるが、ナバホの人々にはそれがすべてひとつの循環であるととらえられているのだ。わたしたちの思考はわたしたちだけのものではなく、この空気の循環のなかに息づき、思考と精神はわたしたちのなかにあると同時に、ほかのすべての人、すべての事象の一部でもある空気の内にも存在するのである。

空はわたしたちの見ている世界の半分を占めるが、多くのドラマが生まれ、わたしたちを惹きつけてやまない美が見出せるのは、空と大地が溶け合うところである。空と陸地を分けている地平線が何かで途切れると、わたしたちの目は否が応でもそこに吸い寄せられていく。彼方の丘の向こうから昇る朝の光が、完璧な放射状に広がるのを見れば、どんなに落ちこんでいてもいっぺんに気分が高揚するだろう。ハトのようなありきたりの鳥でも、何かに驚いていっせいに飛び立ち、群れをなして地平線を横切るシルエットは壮観だ。

樹木も地面から空へとしつこくちょっかいを出す。ローレンス・ヴァン・デル・ポストはカラハリ砂漠で「過マンガン酸の樹液がみなぎり、静脈瘤《りゅう》」さながらにこぶだらけの巨大なバオバブの木に見惚れたが、空の高みへと伸びようとする大樹の姿は、砂の大地の乾きを伝えてくる。

暑い朝、わたしたちの進むルートの傍らに、葉も実も落ちきったその姿が目についた。卒中を起こす寸前の血管よろしく怒張《どちょう》した幹は、生きたまま埋められた巨人タイタンの腕にも似て、墓の中から大きく広げた掌《こぶし》を、ハゲワシの集まる真っ青な空に向かい、空しく訴えるかのごとくに突き出していた。[15]

一七二二年、オランダの探検家ヤーコプ・ロッヘフェーンの一行は、発見したばかりのイースター島から煙が立ちのぼるのを認めた。それは、自分たちがヨーロッパの人々にとってはまったく新しい土地、しかも明らかに未知の人々と出会った証しだった。だが新発見の興奮は、その同じ空へとそびえる巨像の発見というさらなる驚愕への前奏に過ぎなかった。

イングランドのストーンヘンジも、イスラエルのガリラヤ湖のほとりにほど近いストーンサークル「ルイム・エル・ヒリ（Rujm el-Hiri）」も、われわれの祖先にとって空がいかに重要であったかを物語る遺言のように、空と大地とを隔てる線を乱してそそり立っている。都市もまた、古代メキシコのティオティワカンから現代のワシントンDCまで、わたしたちの心に刻まれた空を映している。ティオティワカンには太陽と月のピラミッドがあり、ワシントンの都市配置はもともと天体の観察に基づき、基本方位に沿って作られた。[16]

しかし地上のちっぽけな木々や建物と引き比べると、天空に浮かぶ球体は、いかにも大きい。太陽と月は、チェスの駒のような都市建造物のすぐ上にたゆたっているとき、あたかも破裂寸前に膨張してみえる。この効果は空気中の塵に青色光が散乱するとさらに強くなり、太陽や月の玉がオレンジ色やピンク色に燃え立って、次第に大きくなるかに見せるのだ。

第11章　天気

この巨大なる集団の内では強大な力が働いて、集団を常に前方へと押しやろうとするのだが、同時にそれは不和と衝突を生み出す。前進は決して滑らかではなく、むしろふつふつと不満を抱き、怒って喧嘩っ早くなり、気が立った暴徒のごとくに進んでくる。一触即発の予感をはらみながら、重々しく現われるその色合いは、まがまがしい前兆だ。[1]

――アルフレッド・ウェインライト

南のほう、リトルハンプトン方面からその彼方へと、地面すれすれに分厚い積雲の集まってくる様子がいやでも目に入ってきた。雲は陸地の上だけを覆い、海は仲間に入れてもらっていない。太陽は海よりも陸地のほうを速く温めるので、温められた湿った空気が上昇し、凝結して雲になる。

上空では細かい巻雲《けんうん》が、一見無秩序にもつれ合っていたが、すっきりとして見える一角があった。まるで白い絵具を刷毛《はけ》でひと筆はいたような牝馬の尾を思わせる雲を見上げながら、この好天もいつまで続くのかわからなくなってきたと思った。

＊

一八三二年四月一四日、ダーウィンはリオデジャネイロ付近を旅していた。その昼下がり、激しいにわか雨が降ってきたと思ったら、唐突にやんだ。眼下に広がる森林を見たダーウィンは、木々のてっぺんがことごとく白く分厚い靄《もや》に覆われ、蒸気の柱が木々の最も密集しているあたりから、煙のごとく立ちのぼっているのに気づいて肝を冷やした。熱帯雨林は日中、太陽に強烈に温められていて、いま木々はその熱を降ってきたばかりの雨水に返し、それが蒸気となって冷えた大気に戻されたのだ。ちょうど熱いストーブに落ちた雨粒のように。

続く数週間、ダーウィンはボタフォゴの海辺の家で過ごした。仮の住居からは、花崗岩《かこうがん》でできた、決して高くはないコルコバードの丘の堂々たる景観をのぞむことができた。いま、コルコバードのキリスト像と呼ばれる像が建っている丘だ。ダーウィンはこの岩の塊の上に雲が集まり、また散っていく様子を眺めるのが好きだった。南からの微風が暖かく湿った空気を丘の斜面にあて、それがやがてもっと涼しいところに持ち上げられる。すると蒸気が凝結して水滴となり、目にも見える雲となって丘を越えて下り、水滴がふたたび暖かい空気に触れて蒸気になると、雲も姿を消すのだ。

次の年の九月、ダーウィンはアルゼンチンにいて、自然の別の貌《かお》を見た。彼は地元の人から、前の晩に恐ろしい雹《ひょう》の嵐があったと教えられた。雹の大きさは、りんごの実ほどもあったという。ダーウィンはにわかには信じられなかったものの、雹に当たって死んだ一三頭のシカの皮と、七頭分の死骸を見せられて納得した。彼はさらにカモやタカ、シギダチョウなどが死んでいるのも見つけたが、一羽のシギダチョウなどはまるで舗装用の板石にでも当たったかのようにぺしゃんこになっていた。ダチョウも一五羽ほど死んだと聞いた。[2]

このように、わたしたちが身近に感じる天気には、いくつか普遍的な真実が内包されている。誰が見ても明らかなのが、上がったものは必ず下りてくる、という事実だ——外見こそ途中で、無害な蒸気から恐るべき石つぶてに変わってしまうことはあるにしても。気象現象はほとんどすべて、暑さ寒さ、上昇と下降、気圧の高さと低さというごくシンプルな概念に端を発する。暖かい空気は上昇して膨張し、気圧は下がる。冷たい空気は沈んで収縮し、気圧は上がる。気圧の高い部分は気圧の低い部分と均圧になろうとして風が起こる。蒸気は冷えて水滴を作り、わたしたちが雲という名で知っているものとなるが、この水滴は凍れば、ごく微小なものから石くれほどのものまで、大きさのまちまちな氷の塊を形成する。

太陽は、天気を動かす第一の原動力で、その効果は規則正しく、あてになる。でありながら、わたしたちが体感する気象現象は、いたって変化に富んでいる。人間の生活にかくも密着していて、必要不可欠なものが、目に見える形ではひどく気まぐれに思えるがために、気象の予報は人間の営みのひとつとなったといえよう。天気を予測する魅力は、特に探検の旅で強調される。それは旅においてわたしたちが、普段よりずっと長く自然環境にさらされて過ごすからだし、また時には、自然に翻弄され、なすがままになるしかないからだ。

探検家は状況の変化に敏感に反応する感性を養い、ほんのわずかなヒントにも気づけるようになる。ルートヴィッヒ・ライヒハートは毎朝夕好んで風向きを調べ、先々の変化への備えとするのを習いにしていた。思いもよらないところからヒントをつかむこともできる。ダーウィンは、天気が下り坂に向かう夜、ジャガーが普段よりほえることに気づいた。[3]

ジャガーのほえ方などよりももっと一般的で、昔から天気の変わり目の手がかりとされてきた事象はたくさんあるが、なかでも目につきやすいのが、天気が崩れる兆しだ。好天のあとに悪天候を導いてくる前線の先触れになる雲は、普通は空高くか細く浮かぶ巻雲《けんうん》である。冷たい上空の雲は高い空を覆う薄いヴェールのようにしか見えないこともあるが、世界各地のさまざまな社会で、まもなく天候が変わるしるしと解釈されてきた。

このヴェールが太陽か月の前を通過すると、雲のなかの氷の結晶に光が当たって屈折し、それが雲の周りを取り巻く明るい光の環ないし暈《かさ》のように見えることがある。北アメリカのズニ族はかつて、この暈をティピー［移動式住居の一種］と見ていた。もうすぐ雨が降ってくるから太陽が暈の下に逃げこんだ、というわけだ。

もうひとつ、世界のあちこちで引き合いに出されるのが、さざ波立ったように見える「いわし雲の空」で、高い上空の巻積雲にところどころ青い空が筋状にのぞくものだ。この雲は普通、上空高くに強い風が吹いていることを示し、天候の変化の予兆となるが、必ずしも悪天候の前触れとは限らない。そこでどちらに転んでもいいような言い伝え――「いわし雲、いわし雲、長くは降らず、長くは照らず」になる。

同じことは馬尾雲《ばびうん》［長く尾を引く巻雲］にもいえる。これもまた高い空に風が強く吹いているしるしで、馬尾雲といわし雲のふたつが観測されると、怪しい雲行きを予想できる。「馬尾雲といわしの鱗《うろこ》で、大きな帆船も帆をたたむ」といわれるほどだ。手がかりは常にすぐそこにあり、要は意識して見ることができるかどうかなのだ。

気象学が確立する以前は、天気をごくおおまかに予想するのさえ魔術師の業《わざ》とみなされた。だから当時は、天候が今後どのようになるかを告げることは、その天気を喚《よ》んだのは自分だというのとほぼ同義だった。

マルコ・ポーロは、山賊の横行するチベットの地方を旅していて、そこで出会った占星術師たちにいたく感銘を受けた。

とりわけその者たちは、望むままに大嵐を呼び、雷鳴を降らせ、意のままにやめさせる。悪魔的な業により執り行われる、最も強力な魔法、目にも耳にも大いなる驚異であり、この本で詳《つまび》らかにするのは控えたほうがよいであろう。さもなくば人々がみな、取り返しのつかぬほど、度肝を抜かれるやも知れぬゆえに。[4]

とんでもない眉唾話だと声を大にして叫んだり、ポーロ氏は騙されやすいお人よしだと糾弾したりするにはおよぶまい。ただひょっとしたらこの占星術師たちは、太陽の暈や馬尾雲を常人よりはるかによく知っていたとも考えられる。マルコ・ポーロは山賊から手荷物を守るのに必死で、空に示された天候変化の兆しに気づかなかったのか、それとも山賊よりももっと手のこんだ方法で財産を騙し取られようとしていたところだったのかもしれない。

五官で事象をどこまでとらえられるかを理解しようとするとき、障害のある人々がヒントを導いてくれることがある。ヘレン・ケラーは目も見えず耳も聞こえなかったが、それでも嵐の到来を感じ取れた。

最初に気がつくのは、どくどくと脈打つ予感。それからかすかな震え、そして、何かが鼻の奥に凝縮するのを感じる。嵐が近づいてくるにつれ、鼻の穴が広がり、何層倍にも膨れ上がる大地のにおいの洪水を受け止めようとする。やがてついに、雨のしずくが、頬《ほお》に砕けるのを感じるのだ。[5]

天気の変化は風によって運ばれてくる。それだけにわたしたちと風との関係は深くなる。わたしたちが風に注意を払うのは、いまこの時だけでなく、これからどうなるかを風が教えてくれるからだ。風は変わりやすいのが特徴で、それゆえに個性が生まれるし、時にはいいことを、また時には破壊をもたらす気まぐれさのために、神になぞらえられることもある。ヒンドゥーの風の神ヴァーユの守備範囲は、風の八つの方位の祖とされる、スラヴ神話の風神ストリボーグと重なる。日本の風神は風の袋を担《にな》って飛びまわるが、これはギリシャの風の神アイオロスがオデュッセウスに与えた袋と通じるものがある。

風はその通り道の下にある陸や海の状態を拾い上げ、行く先々でそれを振りまく。ウィルフレッド・セシジャーは、［アラビア半島南部の］乾いたルブアルハリ砂漠の地面に水滴を見つけたが、水滴が見つかるのは北よりの風がペルシャ湾から渡ってきて、わずかばかりの水分を運んでくるときに限られていた。英国では風は広範囲に吹き、圧倒的に西から東へ向かう（卓越風は南西風だ）。そしてこの風が、大西洋の湿気を運んでくると、湿気はまず陸地の西側に落ちる。つまりイギリス諸島では、西部のほうが東部よりも雨がちなのだ。

風はまた、においを拾い、惑星の表面を通る際に音を生む。ジョン・ミューアはアメリカ大陸を一〇〇〇マイル（約一六〇九キロ）歩いたが、最も大きく変化を実感したのは、フロリダで彼を迎えた風だったという。

彼らはもう、広々したプレーリーと波打つオークの森で集めた懐かしの歌を奏でない。その旋律は、幾本もの見知らぬ弦を伝ってくる。それはたとえば、鋼鉄のように磨かれ滑らかなモクレンの葉。あるいはまた、葉を下に向けたチランドシアの立ち並ぶ岸辺や堂々たるヤシの樹冠——それらを越えて、風は耳慣れない音楽を響かせていた。[6]

風は、上空を悠々と行進する雲も運ぶが、わたしたちは雲が、空が下界から借りた水分をいくらかでも地面に返そうと思い立たないかぎり、さして気にもとめずに流れるにまかせている。だが空が借りている水分の大きさを甘くみてはいけない。平均的な積雲の重さがおよそ一〇〇万キロにもなるという説もある。[7]

ごく細かい雨は地面にたどり着く前に霧散してしまうかもしれない。特に暑い地方ではそうだが、しっかりした本降りになるとちゃんと地面まで落ちてきて、大気を独特のにおいで満たし、風変わりな音を立てる。雨の音は人それぞれで、誰が聞いても決して同じには聞こえないようだ。単なるパラパラという音だったり、多彩なコーラスだったり。英国の作家ジョージ・メレディスは、豚が餌箱で「せっせと貪《むさぼ》り食らう音」[8]と聞いた。ローレンス・ヴァン・デル・ポストの文章からは、乾季の終わり、カラハリ砂漠の乾ききった大地に待望の雨が落ちる音に有頂天になった様子がよくわかる。

雨を迎え入れる大地の、腹の底からのつぶやきは、恋人をわが手に迎え入れる女の声を思わせる。心の深奥で女＝大地は、彼＝雨がもう来ないのではないかと、ずっとひそかに危ぶんでいただけに、その満足はいっそう烈《はげ》しいものになる。[9]

バーミンガム大学の宗教学教授ジョン・ハルは、徐々に視力が衰え、現役のうちに全盲になった人だが、なんとか支障をきたさずに生活できるようになり、それどころか、多くの面で支障をきたさないレベルをはるかに超えてしまった。ハルは雨の立てる音から地形を読み取るすべを身につけたのだ。「雨が段から段へとしたたり落ちて、ちょっとした滝ができている……わたしには、芝の起伏もわかった。右のほうへ向かってなだらかに上り、小さな丘になっている」[10]――障害物がそれまでなかった反響を起こしたり、音を途切れさせたりして、ハルの耳に聞こえている地形に情報を付け加えたわけだ。

だが自然の風物は、わたしたちの耳と目に働きかけて楽しませてくれるばかりではない。熱心に山を削り、世界を形作って明らかな足あとを残すことにも懸命だ。ジョン・ミューアもジョージア州の「でこぼこ地帯」にさしかかったとき、雨が丘の上の土を掘り起こしては、ふもとにばらまく様子を目にしている。

雨が土壌を下方へ運び、土はそこに残って堆積する。植物の種は風に運ばれ、掘り返されたばかりの土に宿る。植物は成長したあと、また風を頼りにする。風が木々をはじめ、多くの植物の受粉を助けるからだ。オークもカバもナラも、生殖は風まかせだ。

ビーグル号で旅していたダーウィンが最初に発見したことのひとつも、カボヴェルデ諸島のアカシアが卓越風によって直角に折れ曲がっているということだった。その後の行程でダーウィンはウルグアイの岸辺を調べていて、石英の「ガラス管」（閃電岩《せんでんがん》）を見つけた。「稲妻がゆるい砂地に入りこんでできたもの」[11]だ。稲妻は、砂に潜りこむ前に大気中でも化学実験を行っていたはずで、窒素を「固定」してアンモニアに変え、それが土壌に流れこめば植物の肥料となる。

壮大かつ荒々しい実験室だ。いまこの瞬間にも世界中で雷を伴う嵐が一八〇〇も吹き荒れていて、二〇分間のうちに六万もの雷が光る。子どもが理科室で過ごした時間を長く覚えているように、「エレファント」を数えて稲光を見てから雷鳴が聞こえるまでの時間を測り、雷までの距離を初めて割り出したときのことを、大人になっても忘れられない人はたくさんいるだろう。ワン・エレファント、ツー・エレファント……という具合に雷鳴がとどろくまでの秒数をゾウの数で数え、それを三で割れば雷までのおおよそのキロ数、五で割ればマイル数になる［「エレファント」というのにおよそ一秒かかり、ゾウの数が秒数を表わす。音が三秒で一キロ、五秒で一マイル進むため、そこから距離が得られる］。

こうした雷雨は天候の変化の先頭を切ってやってきて、自然はちゃんと呼びかけに応える。オーストラリアでは、涸《か》れた水溜まりを嵐が潤し、ライヒハートの周り中で「無数の小さなカエルが息を吹き返し、絶え間なくげろげろ鳴いては喜ばしい天候の変化に満足を表わした」[12]。嵐が去っても大地は長い間そのリズムに共鳴し、キノコがにょきにょきと顔を出し、あたりには、水かさの増した滝が、まるで初めて誕生したかのように岩を叩いてほとばしる音が満ち満ちた。その滝が姿を消すころ、嵐もまた伝説となった。

北米のプランテーション主ウィリアム・バード二世は、一七二八年、英国人と先住民の会話を漏れ聞いた。彼らは雷がなぜごろごろ鳴るか、その理由を話していた。英国人のほうは、「英国の神が偉大な鉄砲をインディアンの神に向けて撃っているのだ」と説明した。これなら稲妻も、発砲するときの閃光《せんこう》ということでうまく説明がつく。先住民のほうはこの説明を面白がって話にのり、雷鳴のあとに続く雨は、「インディアンの神が震え上がってしまい、水を抱えていられなくなって」降るのだ、と付け加えた[13]。

実際、気象がはたらいているところは、わたしたちの目にはほとんど見えない。窒素の固定も気中バクテリアが触媒になって雨を降らせるのも、見ることはできないが、それでもわたしたちは、そうした活動の結果に取り囲まれて生きている。その仕組みは複雑かつ入り組んだ網の目で、解きほぐそうとするにはあまりに気まぐれだ。天候が特定の地域に及ぼす影響の秘密を解くのに、ぴったりとはまる鍵はない。だが、規模を小さくして考えてみると糸口が見えてくる。特定の地域の気候全般に関心を持ったなら、範囲をしぼって天候が地形に及ぼしている影響を見、また逆に、地形が影響して起こる微気候を見ていくという具合に範囲を狭めていくのだ。このやり方で成果をあげられるかどうかを知るには、実例をみてみるのがいいだろう。

前にも触れたように、太陽は陸と海を同じ速さでは温めない。冷たい空気のほうが密度が高く、そこで海の上には定期的に高気圧ができる。よく知られているのがアゾレス高気圧で、大西洋の真ん中に構えて六月には太陽とともに北へ漂い、一二月ごろにまた戻ってくる。北半球にあるこの高気圧から吹き出す風は、地球の自転で生じるコリオリの力によって時計回りになり、大西洋を渦巻く巨大な時計回りの気象圏を生み出している。

テネリフェ島は東大西洋にあり、アゾレス高気圧から北、または北東よりの強い風を安定して受けている。風は海上を通る際、湿気を吸い上げるが、この湿った空気がテネリフェの崖に突き当たって上空に向かうと、空気は冷えて雨雲になる。フンボルトも気づいていたように、島の北側に植物が旺盛で、南のほうが乾いて土地が痩せているのはこのためだ。同じ風が植物の形にも作用するのは、ダーウィンがカボヴェルデ諸島で見たとおりだ（ここも、テネリフェ島同様にアゾレスの貿易風の影響を受けている）。陸地の形は、細かに、そしてさまざまに、島特有の気候を決定づけている――むき出しの土地、覆われた土地、森林限界線、雪線、霜の降りる箇所などなど。このような細かな影響が織り合わさり、全体として島に作用する。その織物と、その下にある、岩盤や土壌や高度といった陸地本来の性質とが相まって、土地の全体像が立ち現われてくるわけだ。

陸地の形状は低空の風が通る道を導き、海の様相にも影響を与えることがある。カナリア諸島の火山性の山々は傾斜が険しく、島と島の間の海峡で、風はふいごで押し出されるように周辺より早く吹き抜ける。突風の吹き抜けるこうした場所は加速帯と呼ばれ、無用心な船乗りには難所となる。

煙突効果で空気が早く流れても目には見えないが、海の表面からなら読み取ることはできる。たとえば普段はよく馴れたネコが前肢《まえあし》でじゃれついた程度に波立っている海面が、風がすり抜けようとするときには、トラがパンチを食らわせたくらいに大きく波立つのだ。

一〇世紀半ば、現在のイラン南部にあるペルセポリスの遺跡を訪れたアル＝マスーディは、巨大な動物や人物像で飾られた立派な神殿に赴いた。神殿は山のふもとにあり、アル＝マスーディは昼となく夜となく、雷鳴を思わせる音をあげて吹き抜ける風に聞き入った。

イスラーム教徒たちは、ソロモン［イスラエル王国第三の王］がここに風を閉じこめたという。ソロモンはバールベック［現レバノン東部にある古代遺跡］で朝食をとり、ここペルセポリスで正餐《せいさん》をしたためたあと、パルミラの地で旅を終わらせたとのことだ。パルミラはイラクと、シリアのダマスカスとホムスの間の砂漠にある都市である[14]。

ソロモンの食習慣はともかく、彼が閉じこめたという風は滑降風《カタバティック》だろう。この風は山などの斜面を密度の高い冷たい空気が下降することで起きるもので、下降しながら次第に速度を増し、山のふもとに向かって猛烈に吹きつける。このように局地的な気候を左右する最たるものが、陸地の形状なのである。たとえばウェールズ北部のアイルランド海に面した町ランディドノもブリテン島西部を襲う湿気からは逃れられないが、冬はフェーン現象のおかげでまことに穏やかな陽気が続く。つまり湿度の高い空気が町の南の高地を上がると、空気は冷やされて凝結し、湿度を失う。そして反対側の斜面を降りる際に今度は圧縮されて暖まる。この乾いた暖気がランディドノにやってきて、この町を――一九世紀半ばのある外科医の言葉を借りれば――「病人の冬の住まいに最適」[15]な場所にしているのである。

天気は、わたしたちの旅のひと時を自分だけの体験に変えてくれる。旅をしている土地の形状だけでなく、わたしたちひとりひとりとも作用しあうからだ。雨が、わたしたちの首筋を流れ落ちることもあれば、何日も空が抜け上がって凍てつく夜が続いたあとで、雲に覆われた朝にぬくもりを覚えることもある。ある土地をどのように感じるかは、それを見ている人間の気分とも不可分だ。この問題はあとでまた論じることにして、ここではただ、自然の営みは、丘を形成するのと同じように、わたしたちの印象をも定めるのだということを、心にとめるだけにしておこう。たとえば冬の厳しさも、太陽に頬《ほお》を温められているときならば、ずいぶんといいものに感じられるのではないだろうか。

天気が牙《きば》を剝くと、わたしたちの意欲も消沈してしまう。そんな時には、世界のほかの場所は、いまいるところよりきっといい天気なのに違いないなどと信じたくなってしまう。こうした発想をどの国民よりも研ぎすましてきたのが英国人だろう。天候に試されていると感じたら、フランシス・ボンド・ヘッドがチリのサンティアゴ市民を観察して得た悟りを思い出してみれば、気分が一新されること請け合いだ。日中は乾燥して暖かく、雲ひとつない夜は涼しくなるサンティアゴの気候は、ヨーロッパ人からすれば理想的なはずだが、ボンド・ヘッドは懐疑的だった。何しろ彼の目に、サンティアゴ市民はいたく不健康に見えたのだ。そこでボンド・ヘッドは思いついた。「雪と雨混じりの英国の風をたっぷり、そこにスコットランド人の言う『どんよりした朝』を少々味わってもらえば、サンティアゴ市民はずっと元気になるに違いない[16]」と。

第12章　静水

その時わたしの胸にある考えが固まった――湖のそばで暮らさなければならない、と。水がなければ誰ひとり生きることはできないとわたしは思った。[1]

――カール・ユング

ブーツが灰茶色の土埃《つちぼこり》に触れるたび、わたしは大地の悲しみを感じ取った。乾燥したチョークの土地の憂鬱を。湖はどこにある？　池は？

雨水は落ちてくる、それもたくさん。だがそれはどこまでも落ちつづける。この足元からはるか深くの地下水面まで落ちきるのを食いとめられるだけの岩盤がないのだ。このあたりは乾燥しているがゆえに、知らぬ間に何かを失っている。神学論争でいわれるように、悪がその居場所を見出していない風景のうちには、美徳の居場所もないということを、わたしは思い浮かべていた。長期にわたって何かが得られないと、人はその得られない何かの美しさを愛でるようになる。砂漠の遊牧民は、ひょっとしたらウォーキング趣味の英国人よりも雨の美しさを讃える詩を、たくさん生み出せるかもしれない。

その瞬間には、草の陰で尻を濡らしているカモに知らずに近づいて驚かせ、があがあと騒ぎ立てられるのさえ懐かしく思われた。池や湖といった静水域がないために、普段なら道を歩いていて一番出会いたくない水溜まりでさえ恋しくなる。

丘のてっぺん、ダウンズ農場の近くには、南からの道と東西からの道の交わる辻があった。ここでは太陽も、まだ道の含む水分をすっかり干上げてはおらず、窪《くぼ》みの陰に最後に降った雨の名残りが見受けられた。ブーツを通しても、柔らかく、ところどころ滑りやすくなっている地面の感触に、雨の痕跡が感じられる。

乾きかけた小さな水溜まりのあとをたまたま見つけたが、干からびそうなぬかるみには、最初さほど魅力を感じなかった。だが近づいてよく見ると、ひび割れの模様が美しく、思いもかけぬ秩序が見て取れた。

＊

乾燥のひどい地方で水をたたえた窪みを見つけると、ベテランの探検家でもありがたくてほっとする。水場のありかを示す目印を遠くからでも見分けるすべを身につけ、そうした目印に出会えば躍り上がって喜ぶ。水を飲んで生き返った思いを味わったあとも、なお水場への関心を失わない探検家ならば、水の周りに息づく世界をより深く知ることができるだろう。

ルートヴィッヒ・ライヒハートはオーストラリアで、完全には干上がらないラグーン（潟《かた》）には、淡水にすむ二枚貝のイシガイが豊富なこと、そこは水場としてもあてにできるので、先住民がしょっちゅうやってきては、貝殻が食べ散らされて散乱しているのだと気づいた。ライヒハートの感性は、形も色も、動きも音も、水を中心に組みたてられている小宇宙を見て取れるように研ぎすまされていた。

とりわけて緑の濃い木々の塊や旺盛に草が生い茂る窪みのあるところ、あるいは空に旋回するワシや、カラスやオウムやハト（特に日暮れ前）がいれば、そしてツチスドリが鳴きかわし小さなアトリが群れていれば――そうしたすべてが、いつもわたしたちの注意を引いた。[2]

こうした豊かさは、世界中のどこでも見出すことができる。舞台装置はどんなに違っていても、その気になって探そうとする者の目からは、きっと逃れることはない。英ハンプシャー州でギルバート・ホワイトは、家畜のウシが――乳牛もまだ乳を出さないメスもオスも仔牛も――朝一〇時ごろから午後の四時ごろという一日のうちで最も暑い時間帯に、こぞって池のほとりに集まるのに気づいた。いわばウシの井戸端会議だが、人間の井戸端会議と決定的に違うのは、集まっている間にウシたちが糞を垂らすところだ。するとその糞をご馳走に今度は虫が集まり、その虫のおかげで池の魚は食うに困らなくなる。[3] ここでも風景を形作る形や音を統《す》べているのは、一個の静水なのである。

池や湖に近づくと、水は光と戯れてわたしたちを歓迎する。輝く水面は陸や空の姿を盗み、その姿を逆さに映してつややかに見せる。水際《みずぎわ》まで来ると、わたしたちは覗きこむ。水の透明度から、水場の成り立ちがわかることもある。水を通しにくい岩の上にできた水溜まりは、岩が酸性なら水質も酸性を帯び、栄養価が低い。微細な動植物を養うことができないため、水はとびきり澄んだままだ。世界中どこに行っても、花崗岩質《かこうがんしつ》の山で出会う飲料に適した水は、そういう水だ。

そこまで澄みきっていない水にも、来歴を知る手がかりがある。水が黄色や茶色をしているのは、泥炭地を通ってきたことを示しているかもしれない。パトリック・ホワイトフィールドは、「丘の木立や原を駆け下りてきた水が、ギネスビールの茶色をしてクリーム色の泡までまとっていれば、遠く泥炭地を水源としている証拠だ[4]」と書いている。

水溜まりの底の土は、表面が乾くと縮むが、その下の湿った泥は縮むとは限らず、そこで収縮が止まってひび割れができる。ひび割れはでたらめに入るのではなく、パターンがある。あたり一帯の別のぬかるみにも、共通して見て取ることのできるパターンだ。ひび割れる過程は、歳月を経た油彩画にひびが入っていく経過とほぼ同じで、美術界では「クラッキング（クラクリュール）[5]」と呼ばれる。油彩画は、用いられる画材もその保管条件も絵によって異なるので、鑑定家は古い名画のクラッキングから、絵画の真贋を見極めるすべを学ぶ。イタリアの油彩画は、同時代のオランダの名画とはひび割れ方が違う。また、同じ国の絵でも、描かれた年代が違うとひび割れに差が出る。乾きかけたぬかるみは、あたかもある特有のひび割れで仕上げられた芸術作品だ。ひび割れはそれぞれ独特なのに、どこかで見たような印象を受ける。どうやら地図で見る、古い町の道筋に似ているのだ。

夏の雨のあと、オークの葉は重たげに頭を垂れる。水滴がふたしずく葉脈に沿って流れ、葉の先でひとつになる。大きくなった水滴は一度、二度弾んで、それから落下する。重荷を下ろした葉は反動で上向きになり、一方地面に向かった水滴は、水気を帯びた彗星《すいせい》のごとく跳ねながら根元の水溜まりに着水する。着水の衝撃が水溜まりの表面をさざ波となって走り、水面に王冠を作る。弧を描く王冠は、小さな水滴に縁取《ふちど》られている。運動エネルギーが水溜まりの表面張力と張り合ってつかの間できる微細な模様には、目をみはらされる。その後、水の動きは止まり、水溜まりはまた静まり返るが、次に水滴が落ちてくるとまた動き出す。水溜まりを見下ろすオークの枝に張ったクモの巣に光る真珠の粒のような水滴も、同じ作用で作られるものだ。ぬかるみに模様を作り、水滴をこしらえては落とし、池の周りに動物を集め、湖のほとりで暮らしたいと人を焦がれさせ――水は一見おとなしげに見せながら凄腕《すごうで》の彫刻家だ。ヴィクトリア朝を代表する社会思想家のジョン・ラスキンは、どこにでも遍在する水の不思議をよくとらえている。

あらゆる非生物のなかでも、水は独自の性質で動き、手助けもなく、何ものとも結合せずとも作用することができる。水ほど見事なものはない。たとえば水は移ろいやすい雲の美の源であり、あるいはわたしたちが思い浮かべる大地を均等にならす道具であり、岩を優雅に穿《うが》つ鑿《のみ》であり、あるいはまた、雪となって、自分たちが形作った山々を覆い、現に目にしなければ想像すら及ばないであろう類いまれな光で包む。かと思えば水は急流のあぶくとなり、自ら架けた虹の橋のなかできらめく。流れから立ちのぼる朝靄《あさもや》のなかにあり、自らが削った岸の下の深く澄んだ池の中に、広い湖水の中に、きらきら流れる川の中にも水はある。そしてついには、あらゆる人の心のうちに、たゆまず、屈することのない力の象徴としてある――猛々《たけだけ》しく、変わりやすく、巨大で決して飼いならされることのない――海に、到達する。水という力強く普遍的なこの自然元素の誉《ほま》れと美しさは、何ものとも比べがたい。永久に変わることのないその明るさ、その感覚を、真似ることなどできるだろうか。それはまるで、魂を描きだすようなものだ[6]。

機嫌のいいときから悪いときまで、水のあらゆる様態を受け止め、秘めた可能性を見て取ろうとするのは、およそ達成不可能な挑戦だろう。水は常に、わたしたちが旅においてスケール感をいかに重視せねばならないかを突きつけてくる。海の向こうを見晴るかした眺めが最高だと思いこんでしまうと、まず間違いなく、さざ波の表面で起こる動きは目に入らないだろう。ところが足元のさざ波に魅せられていると、今度は半マイル先で水と戯れる風の軌跡を見過ごしてしまうのだ。でなければ、葉の先から落ちかかっている雨のしずくを。

距離というスケールだけでは満足せず、水は時間とも手を組んで、わたしたちのよく知る場所に目新しい擬装をほどこしもする。季節ごとに日々は水と共謀し、二月の朝、水溜まりができていると思っていた場所に土埃が溜まっていたり、夏の午後、乾いた路面を小さな流れが走っていたりする。

道の両端は一日のうちでも乾く速度が違う。その非対称性の背後には、太陽のしるす足あとと影の問題があって、それだけでとても興味ぶかいものだ。

第13章　色

あの色もこの色も、まるでワインのしずくのようにぼくの心にしたたってくる。[1]
——リチャード・ジェフリーズ

小道が北に折れ、下りはじめるあたりで、鮮やかなV字型が目に入り、わたしはあらためて観察の目を向けた。その場所にははじめ何もないように見えたが、よくよく眺めた甲斐があって、シベナガムラサキの青紫色の花が見つかった。なおも目を凝らすうちに紫色は消え失せ、別々の色がふたつ、浮き上がってきた。花びらの青と、雄しべの赤と。

＊

世界の見え方は、光と闇、影と色調の果てしない組み合わせのおかげで、何通りにもなる。だが無限の組み合わせを、感動を誘う何かへと高めてくれるのは、色を作り出す光の力だ。

ジョン・ラボックは、自然の色づかいをことのほか称揚した人物だが、いたって実際的な部分で煩悶《はんもん》していた。色が、生物が他を惹きつけたりかわしたり、あるいは欺く手段としてあるのだとしたら、真珠母貝が鮮やかな色合いを、生きているうちは殻《から》の内に隠して外に見せないのはどういうわけなのだろう、と。一見してすぐに知れる使い道や目的のない色があるということは、ただ美しさのためだけにある色というものを示唆しているのかもしれない。そしてそのほうが、単なる生存戦略として色があると考えるより、ずっとわくわくする。

色は、生命の兆しの乏しかったところに、命の息吹をもたらし、喜びの源となる。長い間、雪の白と不毛な岩とに閉ざされていた平原に緑が満ち、やがて紫や金銀の花々がほころんでいくさまは、無上の美しさであると、シベリアを訪れたある旅人が記している。だが色は、実は見つけようと思えば、たとえ往々にして無愛想な山岳地帯というキャンバスにさえ見出すことができる。やすやすと立ち現われてはこないかもしれないし、あふれるほどに見つかるものでもないけれども、時が経過し、光が移ろうにつれ、ほんのつかの間でも色は現われる。一九世紀の英国の写真家でエッセイも書いたフィリップ・ギルバート・ハマトンは、次のように述べている。

目に見ることのできる世界で、まばゆいばかりの壮麗さと清浄さとを、かくも見事に兼ねそなえているものは、凍てついた雪にすっぽりと覆われ、広大なる湖の水面にその姿を映した堂々たる山をおいてほかに知らない。太陽が傾くと幾多の影が伸び、氷河のクレヴァスの奥底を覗いたかのような、冷たく緑がかった青を帯びる。日に照らされた雪ははじめ、典雅なる白バラの、次いで燃え立つ紅バラの色に染まり、空は淡い孔雀石の碧《みどり》となり、やがて世にもまれなる不可思議な光景は、青ざめた薄墨《うすずみ》に覆われてしまうが、あまりにもつかの間のその美しさは、決して見た者の心を去ることはない。[2]

白い光には、同時に地上に届く光のすべてが含まれる。つまり波長の異なるたくさんの光がひと塊になって移動しているわけだ。白い光が雪に当たると、雪は含まれているすべての光を白い光として跳ね返す。これが、石灰岩の崖でもヒナギクの花びらでも、光を白く反射しているほとんどすべての物体に共通する仕組みだ。自然界に見るほかの色については、また別の説明が必要になる。

植物の多くが緑色なのは、緑が好きだからではなく、理由はむしろその反対だ。緑色の葉に光が届くと、葉の中の葉緑体が赤と青の光を吸収する。光合成を完了するのに入り用だからである。緑色の光は、この作用には余分なのではじかれてしまう――進化はこのようにして、植物が緑だと効率がいいように仕立てあげたわけだ。

ある波長の光を跳ね返し、ある波長の光を吸収するこの作用によって、わたしたちは自然界のほとんどの色を見る――つまりわたしたちが見ているのは、眺めている物体が吸収しなかった波長なのだ。

ルートヴィッヒ・ライヒハートが緑色のペグマタイトと出くわしたときにいまのように考えたかどうかはともかく、ライヒハートが出会ったのは、赤い光と青い光の大半を吸収し、緑の光をはじき返していた岩だった。その後彼は、紫色の砂岩《さがん》の塊を見つけたが、こちらは可視光のほとんどをがっちりつかまえて離さず、ライヒハートの目に映った紫色だけを反射していた。

物体が吸収する光の量と種類は、物体の温度と関係する。黒い岩はいうまでもなく白い岩より温かい。だが、この単純明瞭な規則に沿わない例も多々ある。赤い光は最も暖かくて、波長でいえば熱に一番近く、紫は最も冷たい光で、スペクトルでは赤の反対端にくる。赤い石は、冷たい光をつかまえ、暖かい光を跳ね返すので、暖まるには時間がかかる。逆に紫色の石は、ずっと速く暖まる。

わたしたちが日々踏みつけにする小石も、色に注目してよく眺めると、ごくありふれた場所に置かれたものが、実に魅力的に見えてくる。イングランドやスコットランドの丘陵地《きゅうりょうち》を逍遥《しょうよう》したことで伝説的な英国の登山家アルフレッド・ウェインライトは、ある時ペナイン山脈で欠けた舗石をいくつか拾い上げたが、小石の紫やトルコ青、エメラルド色、ピンクなどなどをすっかり気に入って、この「美しい真珠たち」[3]をポケットにしまうと、休暇が終わるまでずっと入れっぱなしにしていたという。

わたしたちが目にする色の成り立ちを科学的に説明してくれるもうひとつの現象が、光の屈折である。白い光が雨粒の中に入ると、水滴の曲面がレンズの働きをして、光の通り道を曲げる。それぞれの波長、すなわち色によって屈折率が異なり、一本の白い光も、雨粒のレンズを出る際に光ごとにわずかずつ異なる道を通っていくため、完全なスペクトルに分かれる。もし充分な光が充分な大きさの雨粒に入れば、屈折の効果がまるまる虹の形で見えることになる。青い光は赤い光よりゆがみが大きい――トラックでいえば青のほうが赤よりもコーナーを内側で曲がると考えるといい。そこで、虹を見ている人からすれば、弓の内側に現われるのが青になる。赤い光はゆがみがゆるやかなので、弓の外側にくる。

雨粒で曲げられた光が水滴の中で再度反射することもあり、その場合は最初とは別の角度から光が出てくる。こうして副虹《ふくこう》ができ、最初の虹、主虹《しゅこう》の外側に出現する。主虹より高く、薄く、半径が大きく、色は逆の順になる。青が外側、赤が内側にくるのだ。

　二重の虹にインスピレーションを得たのが画家のジョン・エヴァレット・ミレイだ。彼の作品「盲目の少女」（一八五四－五六年）では、目の見えない少女が顔に当たる日の光の温かみを感じながら草を摘んでいる傍らで、妹が、少女には見ることの叶わない光景を楽しんでいる。画面には二重の虹が描かれているが、残念ながらミレイはどちらの虹も同じ色順で描いてしまった。誤りを指摘されたミレイは、正しい順序で虹を描きなおしている。[4]

　クジャクなどの鳥の羽《はね》にも虹色が見える。ふたつの効果はよく似ていながら、別のものだ。鳥の羽に現われる色は、ある一瞬実に鮮やかにくっきり見えるが、つかの間で消えてしまう。脊椎《せきつい》動物の体には青の色素は含まれていないので、クジャクは光の反射だけでは美しい青を生み出せない。[5]実は、その羽に何千という微細なうねがあり、それが白い光を散らすのである。散らされた光がどう見えるかは、羽の向き、光の射し方、見る角度によって異なり、この三つの変数は刻々と変わりうるので、わたしたちには目くるめく極彩色の驚異が見られるのだ。この不思議は、今日のわたしたち同様、七世紀、東ローマ帝国を生きた人々をも魅了した。

　クジャクを見て、金糸に織りこまれたサファイアに、紫とエメラルドグリーンの羽に、複雑な色の綾なす模様に、そのどれもが見事に溶け合いながら、決して入り乱れることなく並んださまに、見惚れない者があろうか。[6]

青という色は遠大な旅にはつきものだし、遠景は青みがかって見えるが、それは単なる想像の産物ではない。海は実際に青いし、風景は遠方に向かうにつれ青く染められる。どちらも、青い光が赤い光より多く散乱する作用の結果だ。はるか遠い水平線や、青々とした稜線《りょうせん》の向こうに、落日の深い紅を、あるいは「じりじりと揺れる月のオレンジ色」[7]を見ることができるのは、青い色がすべて散乱してしまい、スペクトルの対極にある色が優勢になるからだ。

めったにない色、その場に似つかわしくない色合いというものにも、独特の魅力がある。太陽の縁《ふち》が水平線の彼方に消える刹那《せつな》の緑閃光《りょくせんこう》は、船乗りたちや夕日愛好家たちの恰好の話題となり、日が落ちてあたりがすっかり肌寒くなってもまだ、尽きない思い出を提供する。赤やオレンジ、黄色といった色は、太陽がいったん沈んでしまうと、ふたたび顔を出すような器用な真似ができない。青い光も大きく曲がり、こちらに届くまでに散乱してしまう。そこで、日が沈んだあとのわずかな時間、緑色だけが残って、長く記憶にとどまるのである。

色は風景に豊かさをもたらし、それを理解したい欲求を生じさせる。科学が、波長やら屈折やらできっちり説明をつけてくれるまで、空欄を埋めていたのは民間伝承だった。荒唐無稽な、ちょっぴり色っぽい物語である。

バルドルは北欧神話の陽気な享楽の神で、それだけ聞けば楽しい役回りに思えるが、そのぶんわりをくっているところもあった。ほかの神々とは違い、不死ではなかったのだ。神々は宴会担当のバルドルがいつか死んでしまうかもしれないのを心配し、トール［北欧神話の雷神で主神のひとり］に、友人を不死の身にしてほしいと請願した。トールは承諾したが、ただひとつ、植物も動物も、あらゆる生き物がバルドルを傷つけさえしなければ、という条件を出した。そこでバルドルの奥方ナンナ［母フリッグとの説もある］が、地上に降りて植物と動物みんなに、同意をとりつけることにした。すると嫉妬の神ロキが白いカラスに姿を変えてそのあとを追い、小さな青い花にとまって、動植物にお願いしてまわるナンナの目から花を隠した。花はロキの企みを見抜き、「わたしを忘れないで！忘れないで！」と叫んだ。おかげで孫子《まごこ》の代までその言葉――勿忘草《ワスレナグサ》――を自分の名前にすることとなった。ロキはさらにナンナの努力をくじくべく、オークの枝に舞い上がり、今度はヤドリギの前に陣取った。ナンナは、オークからはバルドルを傷つけない約束をとりつけたものの、ヤドリギは見落としてしまった。天界に戻ったナンナは完璧につとめを成し遂げたと思いこんでいたし、バルドルをはじめ、神々もこれで彼はもう不死だと信じた。

ある日、神々は不死ならではの遊びに興じた。バルドルをヒイラギの茂みの前に立たせ、矢で狙い撃ちするというものだ。ロキは例によって嫉妬に駆られ、一本の矢の先にヤドリギをつけて、バルドルの兄弟ヘズに手渡した。ヤドリギの矢はバルドルの心臓を射抜き、その命を奪った。バルドルの血はヒイラギに飛び散って、実が真っ赤に染まった。ヤドリギは自分に負わされた役回りを激しく嘆き、それ以来、涙の形の実をつけるようになり、カラスは、それまで白かった体を、罰として真っ黒にされてしまった。

バルドルの神話もニュートンのプリズムも、光と色のスペクタクル劇の脇役だが、その成り立ちを説明しようとする手法は変わっても、光と色は変わることなく生き生きとした喜びをもたらしてくれる。植物と動物と建物の間を反射や屈折した光が飛びかい、つむぎだされた物語がまた、それぞれの場に新たな光をそそぐ。その光をどう解釈するかは、個人の主観に帰するものだろう。たとえば誰かが、「日本の光はしばしば緑色になる」[8]と言ったとしたら、その言葉にはきっと、科学や神話で説明できる以上の何かがありそうだ。

　昨今の研究で、わたしたちが色を、ことに目新しく感じられる色を識別するのに、精一杯の努力が必要なわけが裏書きされた。人間の脳はある色を予期しているとその色を創造できるのだという。わたしたちがバナナの形状を見分けると、バナナは黄色く見えてくる。仮に光の加減で、実際には黄色く見えない場合でも、黄色に見えるのだ。このことは、探検家にとってはきわめて深い意味を含んでいる。わたしたちが客体として色を真の意味で発見することができるのは、たった一度きりなのだ。いったんある物質を見つけてしまったら、わたしたちの脳は、記憶にある色でその物体を塗りこめる。世界がさらに色鮮やかな場所になるのに、主観と客観が手を携えているのである。

第14章　都市

この都市が今のようであるのは、その市民が今のようであるからだ。[1]

――プラトン

小道は道路に合流し、アンバーリー村まで、見事に刈りこまれた生垣の続く下り道となった。坂の勾配がきつくなるとまもなく、交通量のずっと多い道路の騒音がアスファルトに反響してわたしの耳まで届いてきた。ふもとのざわめきが急に聞こえだし、ああ、丘の陰になって音が遮《さえぎ》られていたんだな、と気づけると、わたしはいつもながら嬉しくなる。

ざわめきは、風景に似つかわしくない騒音だった。進行方向には城のてっぺんが見えていたが、それはやがて木々にのまれた。坂がゆるやかになると、騒音も少し和らいだ。楽しい下り道も、緑の生垣に点々と道路標識が混じるようになって、一変する。赤い丸の中の数字が、制限速度の四〇マイル（約六四キロ）を告げ、やがて赤い三角印が現われて、前方に交差点ありと予告した。その先にはまたまた赤い丸が出てきて、制限速度を三〇マイルに下げた。わたしはことさら速度を落とす必要もなかったが。

大きな道路との交差点で、とどろく車の流れが途切れるのを二分も待たされた。車の列を、後ろからバイクの一団がスロットル全開で追い立てていく。わたしは道路を渡り、アンバーリー村のはずれに入った。真新しく光っている警察のランド・ローヴァーが、路肩にとまっている。色彩は、丘とはまるで違っていた。子どもが色を塗ったらしいトルコブルーの蝶々が、学校のすすけたピンク色の壁に貼りついている。そういえば物音もますますひっきりなしになってきて、歩道から車道に降りると、ほんの数メートル先で車のエンジンがかかって、飛び上がった。頭上ではヘリコプターが機体を傾けて、お前はついにルビコン川を渡ったんだぞ［ある重大な決断・行動をすることのたとえ］、と言わずもがなの合図を送ってきた。野原はいつしか文明にのみこまれていた。

だがアンバーリー村は、膨張した都会の延長とはほど遠い。地元に住むある人は、住民はみんな、ここを町と呼ぶような人がいたらきっと怒る、と言い切った。ここは村で、町と田舎とを区別するものを見つけるにはちょうどいい。たとえば道路端に、「駐車お断り」の標示があった。焼き物の工房で働いているところをお邪魔したキャロラインによると、にぎやかな町から引っ越してきたばかりの人たちは、駐車許可証とか、駐車禁止の道路標示や街灯をほしがるという。あそこにバーがあればいい、あっちにこれこれがないと困る……と。そういうキャロラインは決然としていて、ちっともひるんではいなかった。「そういう人たちは一年半か、せいぜい二年しかもたないの。そのうち出ていってしまう。アンバーリーがはじき出すのよ」。彼女は、最後にこう付け加えて仕事に戻った。「このあたりの家では、以前は始終窓を開け放しているのが当たり前だった。通りがかりに声をかけ合ったものだわ。でもいまは閉めたきり」

教区の掲示コーナーに、摩擦の存在をうかがわせる形跡があった。鐘つきやバザー、慈善くじのお知らせが肩身が狭そうに並ぶ横に、「対立を解消する第三の道」［従来の資本主義や社会主義に対する新しい思想や諸政策］

を勧めるパンフレットが置かれていたのだ。上のほうに、すべての混乱と謎を晴らすべく、掲示が貼られていた。

「イヌの糞を片付けてくれる小人さんはいません……英国をきれいに」

家々はどれも個性的で、さまざまな石が建材に使われていた。統一されていないぶんだけ、わたしは中で暮らす人たちのことが気になった。こういう好奇心は一方通行なのだろうか。ここまで木の枝に頭上を覆われていると思っていたが、気がつくと、屋根の上には衛星放送受信用のパラボラや尖ったアンテナが見受けられる。中ではきっと、テレビスクリーンに見入っている人もいるだろうが、わたしも見られているのだろうか。カーテンかブラインドが揺れないかと待ってみたが、またひとり歩行者が通りかかった程度では、ここの住人の関心を引くには足りないようだ。見えない住人たちからは、穏やかに、よそよそしさが漂い出していた。魅力的な場所に住んでいるのを自覚している人たちの、静かなる自信を感じるのは、穿《うが》ちすぎだろうか。

先刻、陶芸家のキャロラインに、アンバーリー村が「はじき出」さないのはどういう人たちなのか尋ねていた。「多様性がある人」が彼女の答えだった。「面白い人たち。思いやりのある人」

＊

都市は、旅の途中に出会うさまざまなもののうちでも、最高に謎めいている。いま騒々しいと思うと、次の瞬間にはひっそりと黙りこむ。堅苦しく整って、礼儀正しい表向きの仮面がはがれると、だらしなくてけんか腰で、粗野な獣が立ちはだかる。朝、一日の始まる物音や、パンの焼けるにおいでわたしたちを街路に引き寄せ、広々した空間でじゃれ合ったあと、時間と暮れなずむ空に反抗するように、ネオンの警告を閃《ひらめ》かせ、わたしたちに嬌声をぶつけてくる。警告を受け損ねると、都市はわたしたちに愛想を尽かし、どこか窮屈な路地裏で、足元に吐瀉物《としゃぶつ》をぶちまける。

都市の提供してくる感情は、豊かでありながら計りがたく、深い結びつきを約束してくれるけれども、結びつきは何であれ、段階を踏まねば成り立たない。都市の印象は最初、往々にして不快だ。ことに、長い旅路のあげくにたどり着いた場合は。フランシス・ボンド・ヘッドがアルゼンチンのサンルイスに着いたときに抱いた感想は、街というものが引き起こしがちな狭く偏った第一印象をよく表わしている。

わたしは馬から落ちて右腕を傷めていた。それなのにチーズを持ったまま部屋に入り、置く場所に困った。床は不潔で目も当てられず、ベッドはもっとひどかった。しかもほかには何もない。そこで、痛む腕でチーズを抱え、わたしはしばし立ちすくみ、サンルイス州の州都のありさまを、道徳的に考察してみた。[2]

はじめのうちわたしたちは、その街を気にもかけていないふりをする。単なる一時の休憩所、体を休めて空腹を満たすためだけの場所だと。わたしたちが街へと思いをいたすのは、人がそこで目覚め、眠り、育つのを目にしてからだ。何かが生きている証しを見せつけられて、なおそれをはねつけるのはぐんと難しくなる。そこでわたしたちは、街からの交渉に応じるようになっていく。街は建物の正面を見せ、標識を掲げて、もっと近くへおいでと手招きする。広々した窓から目くばせをよこし、曲がりくねった裏路地は、腹黒くほくそ笑んでいる。

　関係を結びはじめたばかりのころ、都会はとっておきの顔ばかり見せようとする。そこで見える顔は、一考に価する。街が自身をどうとらえているかは、その実態と同じくらいに面白いからだ。目に映る顔は、公共の建物であり、記念碑であり、銅像だ。アイスランドの首都レイキャビクで高みから人々を見下ろすバイキングの英雄たちは自慢げな顔をしているし、デンマークの首都コペンハーゲンのゲフィオンの噴水には確固たる意志が現われている。北欧神話によると、女神ゲフィオンは、王に、ひと晩で耕せただけの土地をすべてやると言われた。挑戦を受けてたったゲフィオンは、息子四人を牡牛に変え、広大な土地をすき取って、スウェーデンとデンマークのフュン島の間の海に運んだ。それが大きなシェラン島［デンマーク東部の島。コペンハーゲンも含まれる］になったという。噴水からは、なんとしてでも目的を達しようとする静かな決意がにじみ出る――水に囲まれ、孤立した街にあっても。一方で、エディンバラには聖人像も英雄像もなく、ここが寡黙なプロテスタントの土地であったことを思い出させる。[3] 公にさらしている顔の下に何が隠されているかを知りたくて、わたしたちは街を上から下まで眺めまわし、手がかりを探す。高い建物の鋸歯状《きょしじょう》の屋根が夕空に暗くシルエットを浮かべ、尖塔や橋の剣先が空を突く。地下を通る列車の轟音《ごうおん》の傍らで、かつて地下に広がっていたという街の物語もひめやかに聞こえてくる。

建物という外装を通り抜けて都市の肉体そのものに触れると、その曲線はわたしたちに喜びを与えてくれる。地質はいつも説得力をもって、控えめながら、その実巧みに街を造り上げている。街路は、丘や川に押され、右に寄り、左にずれる。地質が控えめさを忘れて地面が癇癪《かんしゃく》を起こすと、その後は実用主義が幅を利かせてくる。建物の多くが腰を低くしてうずくまっている都市は、地震を恐れ、ひれ伏しているのだ。

互いにその存在に慣れ、緊張がゆるむと、わたしたちも身構えるのをやめ、そうしてはじめて、街の持つ弱さや優しさに気づく。たとえば日本の都会のど真ん中に、青々とした田んぼを見つけて驚き、心を揺り動かされるのである。当初はこちらを悩ませていたようなものも気にならなくなり、実は頼りになる不協和音の数々を繰り出してくる場所を、愛するすべを身につけていく。だがその代わりに、新たな耳障り目障りの種が必ず目につくようになる。街が一見の客の目からは隠そうとし、わたしたち自身も見つけられまいと考えていた路地や、夜の街の薄衣に包まれていた風俗を、見つけ出してしまうのだ。

事物は次第に新鮮さを失っていき、わたしたちは自分だけの空間がほしくなってくる——ジョン・ミューアがキューバで感じた閉塞感を味わいはじめるからだ。

ハヴァナの街路は曲がりくねった迷路で、度外れて狭い。歩道はわずか一フィート（約三〇センチ）ほどだ。旅人は、すすけた黄色い町の方々をうろつき、大勢の人やロバや、車輪をとどろかす荷車や馬車を避けつつ、陽に焙《あぶ》られ、へとへとになったあげくに、広々として埃《ほこり》ひとつなく、花々に囲まれた涼しげな広場にたどり着くと、ほっと安心して頬《ほお》がゆるむ。まして、抜け道としか思えないような細くてやかましい道を抜け、不意に港の真ん中に出て、海からの風を胸いっぱい吸いこんだときの開放感は格別だ。[4]

人と街は、ともに老い、顔には皺《しわ》が刻まれる。だが都市の核心には変わりうる若さがある。苔《こけ》むした戦時の英雄の銅像はフェミニズムや平和主義の時代にはそぐわないが、お互いに距離をとって、そっとしておくのがいい。

空間は、都市そのものよりも重要だ。行間がなければ詩が成り立たないのと同じで、適切な空間がなければ都市はその動きを完全に止めてしまう。都会が、周辺の広大な空間に依存していることを強く感じていたのが、ほかならぬソローだ。ソローは、街はその住人によってではなく、周りを取り囲んでいる［森や］沼地によって保たれていると信じていた。都会は「どんな代価を払ってでも」[5]、周囲の野生を取りこもうとしているとも感じていたから、ビルの屋根に緑を植えようとする現代の潮流を、彼なら微笑ましく見ることだろう。

もしわれわれが共依存に陥り、都会がわたしたちの生活のすべてとなり、あまりにも長いあいだ緑に触れられなくなったとしたら、その結果は想像するだにおぞましい。森林学校のような野外体験教室は［ヨーロッパでは］デンマークから広がって、英国をはじめ各地で取り入れられた形態で、野外での遊びや学習を通じて、子どもたちを教育し、前向きな気持ちを促すことを目指している。体験が終わって帰るころには、子どもたちは自信も増し、自分への評価も一段と上がっているが、最初はおっかなびっくりだ。指導者のひとりシアン・ジョーンズは、「はじめのうち、森に入ると考えただけで泣き出す子さえいます……なかには平らでない地面を歩くのもままならない子もいますが、それまで舗装した道路か絨毯《じゅうたん》の上しか歩いたことがないに違いありません」[6]と警鐘を鳴らす。

都市が、ある程度の秩序を念頭において建設されたものだとしても、探検する際にはむしろ無秩序がいい。都市と近づきになるのに厳格なルールを適用してしまうと、都市のある一層だけを詳《つまび》らかに見て、ほかの層は見落としかねない。たとえばしばらくのあいだ川筋をたどって歩くのはいい。ただそのうちに規則性を崩して、川から離れていく道へと行き当たりばったり左に折れ右に折れしてみると、きっと、ひとつやふたつ目をみはる発見ができることだろう。目抜き通り沿いに歩けばいかにも目的があるかに感じられるが、時にふらふら横道にそれて、都市の毛細血管を出たり入ったりするのもいいものだ。

都市探索のロールモデルになるであろう言葉に、「遊歩者（flaneur）」がある。フランス語の動詞――ぶらぶら歩く（flaner）――から来ている名詞で、かっちりとした定義には収まらない。フランスの詩人ボードレールは、この「遊歩者」を、街を感じ取るために街を歩く人、とみた。「豊かな想像力に恵まれた孤高の人」[7]は、「アスファルトの上で植物採集をする」[8]のだ。

都市では感覚を忙しくはたらかさねばならない。暑い夏の昼時の鮮魚市場を通っているときでさえもだ。というのも今日の大都会は過去の姿の色あせた影のようなものだからだ。一九世紀のロンドンでは、幼い少女がスミレの花を売っていた。街路にしみついたにおいをごまかす盾《たて》として――悪臭という吸血鬼に対抗するニンニクとして。生命と死はこれでもかとばかり濃いにおいをあふれさせる。だが鋼鉄やガラスや石材は、冷たくにおいを出し惜しみする。現代の町の放つにおいでかろうじて悪臭と呼べるものでも、一九五二年に四〇〇〇人もの死者を出したロンドンのスモッグと並べたら、高原の泉の香りと思えるほどだろう。

都市に響く音も、それこそ一秒ごとに、あるいは一時間ごとに変わるが、時代によっても変遷する。ルネッサンスの都市と、バロックの都市とでは、反響音が違う。[9] 石には産地ごとに異なる魅力があって、ジョン・ラスキンはイタリアのヴェローナ産の大理石に魅せられ触れてみずにはいられず、食べてしまいたいほどだとまで言っている。[10]

裸足で歩くのを大いに推奨したスコットランドの聖職者で文筆家のジェイムズ・リース・マクベス・ベインも、足の裏の皮膚は自然の喜びを拾い上げることができ、それは都会の地面であっても可能で、深い満足と癒しを与えてくれると信じていた。

　もしあなたが、一度でいいから太陽の放つ燦然《さんぜん》たるエネルギーに酔いたいと願うなら、陽に焼かれた都会の舗道を歩けば、ほどなくそのエネルギーを味わえる。[11]

五感は、わたしたちの想像力に闘いを挑む。五官が何かをキャッチすると、わたしたちはその何かをいいように、あるいは悪いようにも解釈することができ、想像力を駆使して、つれづれなる思いをどこか別の地平へと導いていくのも可能なわけだが、すべては五感が鋭く促してくれなくては実現しないのだ。旅人によっては、ただ退屈で汚染された光景や饐《す》えたにおいとしか感じられないものでも、チャールズ・ディケンズの目には、煙と粉塵《ふんじん》で汚れた赤レンガの街は「染料で塗りこめた未開人の顔[12]」と映った。
遊歩の業《わざ》と五感の力が手を携えれば、経験も一段、次元の異なるものになる。気ままさと、どこかとつながっている感覚という、どちらともにすばらしい心持ちを融合したものに。これが、ヴァルター・ベンヤミンの見たパリだった。

都会の真ん中で行き先がわからなくなるのは、ありふれた話で面白くもない。そうなるには、ただ無知であればいいだけだ。だが都市で——森の中で迷子になるのと同じく——迷子になるにはまったく別の訓練が必要だ。訓練すれば標識も通りの名前も、行きかう人々も家々も、店も酒場も、押しなべてさすらい人に語りかけてくるに違いない。まるで森の道で踏みしだかれた小枝の折れる音、あるいは遠く、驚いて鳴きたてるサギの声、それともまた、突然現われた空き地の真ん中でひっそりと、だがすっくと咲く一本のユリのかもし出す静寂が、語りかけてくるように。さすらうことのこんな妙味を、パリはわたしに教えてくれた[13]。

実のところ、いくらぶらつこうと、都会の性格に精通しようと、都市の持つ最大の謎を解き明かせるわけではない。来訪者を、そしてそこに住む人々をも、わくわくさせたり怒らせたりする謎は、群衆の謎であり個々人の謎だ。街はたしかに群衆からなるのだが、群衆がそもそもひとりひとりの人間でできているのを見過ごしたなら、これ以上のうっかりはないというものだろう。それでいて、街を通りすぎていくひとつひとつの顔は、相変わらず謎だ。かつて英国の小説家トマス・ハーディはロンドンのことを、ひとりひとりが自分を個人として自覚してはいるけれども、誰ひとり集団としての自分を自覚していないと書いた[14]。街を包みこむ網を作り上げているこの人たちは何者なのか。壮大なる椅子取りゲームを演じるひとりひとりの役割は何なのだろう。街角で新聞を売っているあの男は単なる新聞売りなのか、あの角の、ほんの小さな一部分に過ぎないのか。それとも名前はアーメドで、奥さんは湿疹がひどく、双子の娘たちがどちらも医者になりたがっている、そういう男なのか。もし新聞売りが別の人間になったら、あの街角そのものも何か別物になってしまうのか、それともただ人が入れ替わったというだけですまされてしまうのか。街は、ひとつひとつが古代ギリシャの哲学者プルタルコスの大いなるパラドックス「テセウスの船」［すべての部品が置き換えられてもその船が同じものといえるのかどうかという疑問］の生きた実例だ。もしも、長い時間をかけて人々がひとりずつ街を出て、別の人々にすっかり取って代わったならば、それは前と同じ街といえるのだろうか。同じといえないとすれば、いったいいつの時点から、街は新しい街になったのだろう。

　プラトンは対話篇『パイドロス』で、「わたしは学ぶことを愛する者だ。木々や田園は何ものも教えてはくれない。然《しか》るに、街の人々には多くを教わる」[15]と書いている。プラトンの言葉はいかにももっともだが、それも長い長い間、緊張する人間関係を強いられて困憊《こんぱい》し、見知らぬ人に囲まれて生活していると、何かを学ぶよりもむしろ懐疑的になるいっぽうだと気づくまでのことだ。静かなるパニックが忍び寄って血が薄まり、関係が速やかに終わるのを感じる。わたしたちはコンクリートを突き破って木々と田園へと出ていく。いまはそこに、飾り気のない真実と答えがあふれているかにみえる。するとやがて、別の都会の灯が、またたいてくるのだ。

第15章 樹木

大地の下の宝は長く秘められており、木々と森は、母なる大地の究極の賜物であると考えられた。[1]

——プリニウス

西へ、ホートンの向こうの丘に目をやると、急斜面の小麦畑に木が一本立っていた。遠すぎて木の種類ははっきりしないが、ぽつんと立つ巨木は、間違いなく周囲ににらみをきかせる王者然としている。周辺が何世紀にもわたって農地として耕されてきたのに、どうしてこの木は倒されもせず生き延びてこられたのだろう。いや、ひょっとしたら生き延びてはいないのかもしれない。わたしの目にも次第に、夏の盛りだというのに枝々にまるで葉がなく、この角度からだと木はさながら十字架のように見えることがわかってきた。畑の持ち主が、農耕機をまっすぐ進められるように、この厄介な障害物を避けるのをやめて切り倒してしまう日も遠くないのではないだろうか。

わたしはもっとよく見ようと数歩進んだ。枯れかけた木はきっと、朽ちる日まで周りから哀れみの視線を集めるだろうが、それだけでなく、その枝にはいささか趣の異なる客も集まってきそうだ。猛禽類《もうきんるい》が引き寄せられて、鳴鳥《なきどり》たちは周辺を見渡すのにいかにも手ごろな止まり木となる枝から追い払われてしまうことだろう。

丘を下りかけて西のアルン渓谷のほうを見ると、このあたりには場違いなレイランドヒノキが並んでいるのに気づき、いぶかしく思った。地図から、ヒノキ林の向こうに何があるかがわかった。下水処理場だ。わたしたちは人間の都合で、土地が必要になると木々を引き抜き、むき出しの地面がみっともなく思えると、とりつくろうように植樹するというわけだ。

道の脇にはシナノキが、これまで人間がほどこしたさまざまな手出しを、すべて払い落としてそびえていた。幹には、錆《さ》びついた鉄網の残骸が巻きついている。まだ若木だったころに、保護のために巻いた鉄網が忘れられて、木の成長で引きちぎられたのに違いない。刈りこまれた幹からは、若々しい枝が伸び出している。葉は豊かに生き生きと生い茂り、目にも鮮やかな緑で、人間に手を加えられた痕跡など微塵《みじん》も感じさせない。わたしはわずかのあいだ樹皮を見つめた。幹の周りのねじくれた鉄片を、木が少しずつ折り曲げ、やがてのみこんでしまいますように、と祈りながら。

＊

伝説によれば、ローマを建国したのはロムルスだが、それは彼と双子の弟レムスとが、暗殺を免れたあとのことだ。ロムルスとレムスを放置して死なせるよう命じられた奉公人が、それには忍びなくてふたりを籠《かご》に入れ、ティベリス川に流したのだ。川の神ティベリヌスが籠をイチジクの木の根元に寄せ、その木陰でメスのオオカミが双子に乳を与えた様子は、像にもなっている。文明が木々の庇護のもとに起こる、というのはうなずける話だ。この地上の土地は、人の手さえ入らなければ、よほどの高地以外は樹木に覆われている。だからわたしたちがいまだに樹木と強く、かつ一筋縄ではいかない関係をもっているのはむしろ当然だろう。

木々は、わたしたちの探検の一歩一歩を彩ってくれるが、その色彩がこれ以上ないほどに鮮やかなのが、北アメリカ入植の歴史であろう。英国からの入植者は、一七〇〇年代、はるばるコーンウォールから運んできた種を蒔いて、マサチューセッツの丘にリンゴを植えた。モルモン教徒の入植者は、ジョシュア・ツリー［ユッカ。その形が聖書のヨシュアが天を仰ぐ姿に似ているとして名づけられた通称］を見れば、［カリフォルニア州南部の］モハーヴェ砂漠の向こうから手招きする預言者を思い出し、北欧からの入植者には、五大湖のほとりを取り巻くマツの木々が、ふるさとを思い出させた。だが樹木がいつもこのように優しい顔ばかり見せてくれるわけではない。

一八世紀の終わり、アイルランド出身の旅行作家アイザック・ウェルドは、生まれて間もない国がまだ木とねんごろになっていないことを知った。木を切り倒さなければ耕作ができず、そのために森は、豊かさではなく飢えの象徴となっていた。ウェルドが出会ったアメリカ人は、耕作地より森のある風景を好む人間がいようとは、思いもよらないようだった。

彼らにとっては、夢のある木立などよりも、小麦畑やキャベツ畑のほうが、よほど喜びをもたらしてくれる光景なのである。彼らが樹木を厭《いと》う気持ちは動かしがたく、入植地ができるとまず、目に入る木を一本残らず、情け容赦なく切り倒す。[2]

これが、木々と人間との関係の両極端だ。一方の端では樹木をほとんど神格化しつつ、もう一方の端では経済発展の妨げになるとして根絶やしにしようとする。

一方の極端から一歩中に入ったところにくるのが、樹木の経済利用だろう。ブラジルのマナウスには途方もないオペラハウスがある。一八八〇年代から九〇年代に人気だった新古典主義の様式で設計、建築されたもので、調度品はパリから、タイルはアルザスから、大理石はイタリアから取り寄せられた。ブラジル産パラゴムノキによるゴム景気がたいそうな建築を可能にしたのだ。

ニュージーランドのマキ科の針葉樹は、このふたつの極端に向かって同時に伸びている。マオリの人々にとっては伝統的に神聖な木であるけれども、一方経済的な実用性には乏しい。最近でも、ニュージーランド社会におけるマキ科樹木の位置づけを思い知らされる出来事があった。北島のロトルアの空港で、着陸する航空機の航路に近すぎるからという空港管制室の要請で、マキ科のカヒカティーアの木立が伐採されそうになったのだ。マオリの人々はすかさず代案を提示した——滑走路を動かしてはどうか、と。[3]

街中ではまた、違った関係ができる。スズカケノキは都会のなかで隙間を見つけて見事に栄えた。スズカケノキは根が小さく固まっても平気で、樹皮もはがれるため、ほかの樹木では耐えられないほど空気が汚染されていても生きられるのだ。ほかの木々の生育が妨げられるような環境にも喜んで耐えようという樹木はしっかりと根づく場所をちゃんと見つけられるもので、スズカケノキはいまや世界中の街路で見られるようになっている。

人と木が、もっと親密な関係になることもある。アメリカのナチュラリスト、ジョン・ミューアは、［米中西部から］メキシコ湾への「一〇〇〇マイルウォーク」の一歩を踏み出すとき、オークの木々が枝の腕を広げて応援してくれているように感じた。旅路が進むと、彼は草原にぽつんと立つヤシの木に初めて遭遇した。ヤシの木はとりたてて美しくもなく、慣れ親しんだウィスコンシンのオークのほうがずっと立派に見えたが、それでもミューアには、自分がそのヤシの木と深いところでつながっているように思えた。

　風にさやさやと葉を揺らしていても、あるいは陽を浴びて考え深げに頭をもたげていても、その表情はとても力強く、わたしがこの旅で出会ってきたどの木にも、背の高い木にも低い木にも、負けてはいなかった。[4]

　ミューアは自分の気持ちを詳しく述べてはいないが、これは特に不思議なことではない。樹木への思いの深さは、その理由を述べ立てる表現の豊かさと反比例するように思えるからだ。木々との関係が最も深まるところでは、どんな言葉も見つからない。英国のギルバート・ホワイトが、［ハンプシャー州の］カラスの木と呼ばれた、幹に大きなこぶのある背の高いオークのことを書いている。地元の少年たちは競ってこの木で木登りをしたが、幹が節くれだっているために、思うほど高くまで登れない。この木にはカラスの番《つが》いが何年ものあいだ巣を作っていて、それでこのあだ名がついていた。

　ある日、この木の立つ場所が開かれるため、カラスの木も切り倒されることになった。幹にのこぎりが入り、少しずつ楔《くさび》が打ちこまれていく。木に巣を作っていたメスのカラスは微動だにしなかった。楔がいっそう深く打ちこまれ、やがて木は倒れはじめる。カラスはそれでも巣にとどまり、木がいまにも地面に倒れふしそうになって、ようやく逃げ出した。だが間に合わなかった。枝がカラスを鞭打《むちう》つように追い落とし、叩きつけられたカラスは息絶えたのだった。[5]

誇り高く周囲を見下ろしてただ一本そそり立つ木は、わたしたちの心に深く刻まれるが、同じくらいしっかりと、風景にもその姿を刻みこむ。旅人なら誰しもその途次に、地域の記念碑的な樹木と出会っているはずだ。マルコ・ポーロはペルシャの平原に立つ孤高の樹木のことを記している。いみじくも「ただひとつの木」と呼び習わされるその木は、地元の人々によればアレクサンドロス大王とダリウス三世とが戦った地を示しているという。[6]

アルゼンチンではダーウィンが棘《とげ》が多くて葉のない木を見つけた。彼が聞いたところによると、この木はワッレーチュなる当地の神を祀《まつ》る祭壇として通っているのだという。木は丈《たけ》が低くて、とりたてて見栄えがするわけでもなかったが、たったひとつ重要な特徴があった——どれもが一本だけぽつんと立っているのだ。あるガウチョ［牧童］が、よく仲間と地面に伏せ、先住民がやってきて山ほど捧げものをするのを待つのだとダーウィンに話した。先住民は酒とマテ茶を洞《うろ》にそそぎ、煙草の煙をあたりに吐き出し、木に紐《ひも》をくくりつけたりする。暮らしに余裕のある者がウマを生贄《いけにえ》に捧げることもあった。先住民たちはやがて、葉巻やパン、肉や布きれといった供え物をワッレーチュに差し出して帰っていく。するとガウチョたちは隠れていた場所から這《は》い出してウマの死骸を乗り越え、供え物をかすめ取るのだ。[7]

大きな合戦のあとを示したり神格化されたりと、特別な地位をもらいそこねた木でも、ただ一本堂々と立っていれば、やはりわたしたちを惹きつけてやまない。フンボルトはベネズエラで、有名なサマンの木と出会った。サマン――アメリカネムノキは巨大な上に孤立していた。途方もなく巨大であまりにも周囲と隔絶していたため、遠くからだと丘か、複数の木がかたまっているかのように見えたほどだ。この「サマン・デ・グエレ」は、幹が直径三メートルもあり、半円状に盛り上がった樹冠は一周で二〇〇メートルになるほど広がっていた。地元の人々はこの木を大切にし、枝を一本切り落として捕まった開拓者は、その後裁判にかけられて有罪を宣告されたという[8]。この木は現在も、マラカイの街の近くに立っている。

樹木は、ある地点を指し示す目印になるものとして、その力を意図的に利用されてもきた。ウェールズの家畜商人は商売のためにおびただしい距離を歩いたものだが、長い一日のあと、身を横たえられる場所を常に探していた。親切な農夫たちは道の脇にヨーロッパアカマツを植えて、歓迎のしるしにしたものだった。いまでもウェールズの道端には、ところどころヨーロッパアカマツが固まって植えられている場所がある[9]。

一方で人間と森との関係は、一本の木との関係と同じではない。だがそれを言葉で明確に言い表わすのは、同じように難しい。出くわした森林が見慣れないものであれば、理屈抜きにそれとわかり、これが意気をそぐ出会いになることもありうる。ドイツの旅人ヘルマン・ブルマイスターは、一九世紀後半にブラジルの森林に入って激しい居心地の悪さに襲われた。彼は植生が「自分本位で落ちの感情やその原因を言葉にしようと試み、度を越した表現となった。

着きのない精神、熱心に人まねを追及する悪賢《わるがしこ》さ」を表わしていると感じた。そのうえ彼は、ヨーロッパの森林のほうがまじめで落ち着いていて、それが「ヨーロッパ諸国の高潔なる品性を形成する一因となっている」[10]と考えた。ブルマイスターが奇態な意見を持ったのも、ひとつには彼が熱帯雨林のすさまじいまでの迫力に圧倒されてしまったからかもしれない。ここは土地の面積としては世界の陸地の二パーセントに過ぎないが、そこに生きる生物種は実に五〇パーセントを数えるのだ。

森林とひと口にいっても多様で、山地の森林、高山の森林、川べりの森林、沼沢地の森林とさまざまだが、地球上の陸地の三分の一を占めている。人間の、「伐採して燃やし、植えて儲ける」[11]衝動が席巻しても、その掃討《そうとう》は完了していない、少なくともいまはまだ。自然環境はこれまでのところ、人間の開拓を大目にみているものの、いずれバランスが失われるときがやってくるに違いない。長い目で見れば、生き延びるのは人間ではなく森林だろう。人間が滅び去ったあと、森林が現状回復するまでは多少苦労するだろうけれども。

北欧神話には、ユグドラシルという巨大なトネリコの木が登場して、宇宙全体を支え、国々をまとめている。その根は下層の国と、神族の国へと伸びている。北欧神話における終末の日、ラグナロクのあともユグドラシルは生き残り、新たな生命の源になるという。

植物が持つ再生の力、そして人間が侵害しすぎてもちゃんと立ち直る力は、樹木においてはいっそう大きくなる。現代の英詩人フェリックス・デニスの詩にも、その力強さを感じ取ることができる。

切り倒すべくしるしをつけられた
だが警告は怠らない
刈り取ればやがて後悔することになろうと

彼らの骨が塵《ちり》と化し……
斧が錆びつくころ……
わたしたちが新たに地上を覆うだろう[12]!

森林は一本の木よりもはるかに強く、五官を襲ってくる。夏の盛り、針葉樹林は禁欲的な香りでわたしたちを包みこみ、秋の日、森林ごとに絵の具をちりばめたような光景はこの世の喜びのひとつで、カエデの赤、シラカバの黄色、そして針葉樹の緑が、短くなった日の光をそれぞれに跳ね返す。

オーストラリアのアカシアの仲間、ブリガロー(brigalow)の銀色がかった細長い葉は、クイーンズランドの森に独特の景色をもたらし、それはルートヴィッヒ・ライヒハートの心にくっきりと刻まれた。森は暗がりのなかにとりどりの宝を抱えているが、視界を遮《さえぎ》ることもあって、ライヒハートは鬱蒼《うっそう》たる森を抜けてはじめて、ひと月ものあいだ空に浮かんでいたほうき星を見ることができた。その場所は「彗星の川《コメット・リバー》」と呼び習わされるようになる。森の暗さは広く知られているところであり、森が空と四つに組んで、時には空をわたしたちの目から隠してしまうことは肝に銘じておくといい。
森にはもうひとつ別の、ふさわしいとはいいがたいレッテルがある——単調さというレッテルだ。たしかに植林した森は均質になりがちだが、自然林（つまり古い森）はどれも途方もなく豊かで、どこを向いても多様という以外の表現の入る余地などないほどだ。英国の森なら、植物だけでも、クルマバソウ、ヤブイチゲ、トウダイグサ、ツクバネソウ、レンブクソウ、ナナカマド、ライムなどにあふれている。[13]
人口密度の高い、たとえば英国のような場所では、原生林が残っていること自体、地勢の手がかりとなり、農地とするには痩せているか、近づきづらい場所だとわかる。こうした森林は、農夫が関心を示さない土地にしがみついたがために、生き残ることができたのだ。
樹木は、自分たちが生えている土地の秘密を、始終ささやいている。樹木と土壌の関係は多くの人が考えているよりも古くから了解されていた。

ヤシは軽い砂質の——通常アルカリ塩を含む——土に育つ。乾いた土地を好むが、水を喜び一年中水を吸い上げる。[14]

いかにもいまどきの園芸店などで見かけそうな文章だが、これは二〇〇〇年前、プリニウスが書いたものだ。
樹木は、その土地の環境がどこまで厳しくなるかを知る手がかりにもなる。たとえば針葉樹の多くは極端な寒さに対応するのが得意だ。針のような葉は、凍てつく気候にあっても水分を保つのにうってつけなのである。とはいえ、定期的に火事に見舞われる土地で生き残り、栄えるような適応力はめったに見られない。ユーカリとコルクはどちらも火に耐えるので、これらの木があって、しかも焼け焦げのあとでもついていれば、そこはよく山火事が起きる地帯である証しになる。逆に、砂漠で木があれば、水場が近い証拠だ。[15]

土壌や気候の条件に地理上の分断が重なると、土地を選り好みする樹木も出てくる。広い範囲ではオークやヤナギはほぼ北半球にしか見られない。ユーカリは人にくっついて出かけていかないかぎり、オーストラリアにしかなかった。

個々の樹木についても、近づいてよく見れば、樹種以外のさまざまなことがわかる。枯れた木の樹齢は、何世紀も前から幹の年輪を数えて推定されてきた。年輪年代学の妙だ。だが生きている木の樹齢も同様のやり方で推し量ることができる。どちらかというと若い木のほうがまっすぐに伸びている。もっと正確を期すこともできる。英国では、独立して生えている木の樹齢は、円周のインチ数に近い。林地では、円周のインチ数を二倍にする。木々は風の強い場所だと、樹皮が分厚く、たくましくなるからだ。[16]

樹木の形は立地も反映する。特に日光の角度と強さ、そして、ほかの木々とどの程度の競争があるかだ。高緯度地域のモミやマツ、トウヒ、リムノキ、カヒカティーアなどは、太陽が地平線近くの低い天空をめぐりながら届けてくる横からの光を多く受けるので、この光を精一杯集めようとして細く高く成長する。低緯度地域のヒマラヤスギやコウヤマキは、頭上高くまで昇る太陽の光を存分に集めるため、横に広がる。鬱蒼とした樹冠に日光がほとんど遮られてしまう熱帯雨林では、光を得るために木々はできるだけ速く、高く伸びなければならない。とはいえ樹木ならみんながみんな日光好きというわけではなく、多少の日陰が一番居心地がいいと感じるものも少なくない。そんな仲間には、わたしたち人間が好む温かい飲み物のもととなる、カカオや紅茶、コーヒーがある。[17]

一般論として、森の中で育つ樹木は細く高くなり、開けた土地で育つ木は、樹木についての著作のあるコリン・タッジの言葉を借りれば、「羽根布団の上のペルシャ猫よろしくぺったりと寝そべり、ありとあらゆる不可思議な体勢をとる」[18]

さらに近寄り、木そのものにつけられた傷あとを見ると、樹木が自然や獣相手に、時として激しい争いを繰り広げた歴史が見えてくる。樹木の傷は動物の傷ほどすぐには癒えず、ほとんど消えずにあとが残る。老いた木ほど、そこここの枝が賑々しく折れていて、雷が落ちたこと、あるいは人が斧を振るったかもしれないことが見て取れる。樹皮には、ほかのいたずら者がちょっかいを出してきたあとも残る。リスが裂いた樹皮が枝からぶら下がっていることもあるし、キツツキは虫を探して幹の中のほうまで嘴《くちばし》を突っこむ。もっともキツツキが好んでつつくのは枯死した木だ。山の食物が乏しくなるとシカも歯を上方向に動かして樹皮を剝《む》く。ウサギが樹皮をぐるりと一周かじりとって、立ち枯れさせてしまうこともある。根方に泥だらけの爪あとがあったら、それはアナグマが爪を掃除しにきたしるしだ。

プリニウスは、かつては金も象牙も、樹木ほどには崇拝されていなかったと言っている。いま必ずしも一般に通用するとはいえないにしても、そのような考え方がふたたび理解を得られるようになっている時代に生きるわたしたちは幸運だ。樹木は神に捧げられたものだった——月桂樹はアポロに、トキワガシはユピテル（ゼウス）に、オリーヴはミネルヴァに、ギンバイカはヴィーナスに、そしてポプラはヘラクレスに。神々もまた、人間を樹木に変えて慈悲を示した。西洋の神話では、永遠にともにいたいと願った老夫婦フィレモンとバウキスが、死後、一対の木に姿を変えてもらった。仏教徒は、仏陀が瞑想《めいそう》した菩提樹を崇拝する。

樹木に捧げものをするのも、その前に頭を垂れるのも、何も強制されているわけではない。樹木の存在を意識し、土地とのつながりに関心を払って、その物語に耳を傾けるのもそうしないのも、自分で選べばいいことだ。ただ、折に触れて樹木や森林に近づき、絆が深まっていったら、樹木へのわたしたちの思いを説明するのがかえって難しくなっていくだろう。ジャン＝ポール・サルトルの哲学的小説『嘔吐』のなかで、主人公ロカンタンの実存不安は、クリの木の根元を見つめているとき、頂点に達する。彼は、その情景を言い表わす言葉を見つけられない。クリの木はただ、そこにあるのだ。

第16章 人間という動物

タヒチ人の傍らで水浴している白人は、野で旺盛に育つ青々した草木に比して、庭師の手仕事で漂白された植物のようだ。[1]

――チャールズ・ダーウィン

ホートン・ブリッジ村へ下りていく道は何本かある。そのひとつをたどるうち、わたしは気晴らしがほしくてたまらなくなっていた。それに何か食べるものも。するとそのふたつがいっぺんに目の前に現われた。傍らの畑地の藪《やぶ》の中に、野生のスモモが見えたのである。わたしは生垣の破れ目を通ってスモモに近づいた。スモモを味わってみる前に、わたしの注意がそれた。入りこんだ畑地の片隅に、ひどく屋根の低い変わった建物が見えたのだ。一方向には壁がなく、それほど古そうにも、また新しそうにも見えない。赤いレンガとタイルはこの上なくそっけない表情だ。建物の中で何かが動く気配があり、傾きはじめた光に目が慣れてくると、中にテントがあって、髭《ひげ》を生やして青い帽子を被った中年の男性がその横に立っているのがわかった。テントのそばにわたしした紐《ひも》に寝袋が干してある。すべてが暗がりにまぎれていた。

男性とわたしは互いに見つめ合った。ここはふつう人が好んでキャンプを張るような場所とは思えず、わたしはいささか怯《ひる》んだ。わたしたちがいまいるここは、いったい誰の土地なのだろうか。わたしのものではないし、たぶん男性のものでもないだろう。気まずいひと時が流れた。挨拶の言葉も出ず、まったく音がしない。やがて男性が紅茶を満たしたエナメル製のキャンプ用マグを持ち上げた。マグは口元よりさらに高く上がっていく。挨拶のしるしだ！

「こんにちは！」わたしは声を張り上げた。男性はうなずき、微笑んだように見えた。スモモをひと粒むしり取り、わたしはふたたび道に出た。紅茶の男性にはおざなりに手を振って、ひとりきりの時間に戻ってもらった。スモモは酸っぱくて、わたしは思わず吐き出した。

道はそこからまっすぐ伸びていた。そのうちに、細い道のなお細い歩道で、わたしは若い男女のふたり連れとすれ違った。わたしは脇によけ、隙間を作るために木製のフェンスに体を寄せた。イボタノキとわたしの胸との狭い隙間をふたりがすり抜ける間、しかめ面をしないようにがんばった。よそよそしげな感じを与えたくなかったからだ。けれども窮屈な思いを顔に出さずにいるのは難しかった。何しろ、とげとげしたイラクサがむき出しの膝裏《ひざうら》をちくちく刺して、存在を主張してくるのだ。それでもわたしは精一杯自分の体をフェンスに押しつけた。礼儀もあったが、ふたり連れが自然に囲まれていかにも居心地悪そうに見えたためだ。道の脇から触れてくる草の葉に、さも嫌そうな顔をしている。

このふたり連れはどこか奇妙だった。人目を忍んでいる、とかそういうことではない。お互いをもっと隅々まで知るべく、人目につかない場所を探している、というふうには見えなかった。それとは違う、むしろまったく正反対の意味で奇妙なのだが、わたしはすぐには、なぜそんな気持ちになったのか、言葉にできなかった。

歩きはじめてからこれまでに、わたしは自転車に乗ったサイクリストたちと何人もすれ違っていたし、ハイキングをしているふたりのためにゲートを開けておいてもあげた。そのふたりもわたしのすぐ脇をすり抜けていった。ハイキングのふたりもサイクリストたちも、人間のにおいがした。いいにおいとかいやなにおいとかではなく、人間のにおいだ。たぶん汗のにおいに、あと何かしらその人なりのにおいが混じっていたのだろう。ところが、いま狭い路地ですれ違った若いふたり連れのにおいはそれとは違っていた。でも、なんのにおいだろう。

都会のにおい、それだ。ふたりは立ち去ったあと、高価な俗世のにおいをかすかに残していった。香水とアフターシェーヴをつけていたのだ。

歩き出したわたしは、あのふたりがわたしの顔とにおいをどう感じただろうと思わずにいられなかった。顔のほうはろくに見ていなかったかもしれないが、においにはいやでも気づいたろう。暑い日だったし、歩きはじめてその時点ですでに、三時間経っていたのだから。

*

一八〇三年の夏も終わるころ、ドロシー・ワーズワースは兄のウィリアム、ふたりの友人である英詩人サミュエル・テイラー・コールリッジとともにスコットランドへ出かけた。四人乗りの軽二輪馬車に揺られ、湖水地方のケズィックのわが家からラナークシャーを抜け、スコットランド南西部のローランド湖を目指す旅だった。途中、サウス・ラナークシャーで見た光景に、ドロシーは、あとあとまで残る強い印象を受けることになる。その瞬間まで彼女は、その土地の風景にとりたてて感銘を受けていなかった。彼女にとってそれは、通りすぎてきたいくつかの渓谷にあった美しさに及ばなかったのだ。

　山々の形は互いに美しく溶け合うことはなく、冷ややかさと雑然とした気配が地を覆っていた。ヒースは貧弱で、あふれんばかりの緑と混じり合った贅沢な花の帯や寝床となって丘全体を埋めつくすには足りず、いじけた魂がそこここで硬い草やイグサに押されながら、まばらに生えているだけだった。[2]

　ドロシーは、もしも丘の斜面にところどころ木が生えていたり小屋が建っていたりしたら、全体の風景がもっと楽しげになるのではないかと感じた。そうした考えに耽っていたところで、目の前に広大な平地が広がってきた。その真ん中に灰色のコートを着た女性が、たったひとりで座っている。荒涼とした景色を馬車が進んでいく間、物憂げな女性は身じろぎもしなかった。ヒツジもウシもいない平地に女性が腰かけている理由は、ドロシーにはさっぱりわからなかった。近くに崩れかけた小屋があったので、その小屋のまだ人の住める一角で暮らしているのであろうと想像はしたものの、だからといって、女性がひとりきりで何もない野原の只中に座っている謎が解けるわけでもない。

　その女性には、世界から忘れ去られたような、とても茫洋と頼りないところが感じられて、その姿が荒涼とした場の雰囲気にあまりにも溶けこんでいたものだから、わたしたちは、彼女がたまたまそこにいたことで、わびしい荒野のなかの人間と自然の事物との結びつきから得られるうちでも、ことに興味ぶかい感覚を味わうことができたのだった。[3]

この追想のなかで、ドロシーは、旅というもののもつ、とてつもなく重要な側面を、見事に言い表わしている。ひとつは、互いにつながっているという感覚がわたしたちの奥深くを揺さぶって反応を呼び覚まさずにはおかないことであり、もうひとつは、そこに人間がいたほうが、場所とのつながりを感じやすいということだ。たとえその人間がはるか彼方にいたとしても、ぴくりとも動かず、黙っていたとしても、人の存在の効果は絶大である。人は、他者の境遇に思いを馳せ、共感することができる。同じように共感するのは、ほかの動物には難しいし、植物にはまずできない。わたしたちは自分を荒野のど真ん中へと飛ばし、女性のあの灰色のコートに身を包むことができるのだ。自分自身の過去に照らし、ひとりぼっちの女性が感じているであろう憂鬱を、わがこととして感じる。わたしたちは野原の只中に放り出され、凍てついた孤独の世界に飛びこんでいく。

他者がわたしたちの感情に、ひいてはわたしたちの体験に及ぼしている影響を見て取ったとき——それはわたしたちが人生という旅でいやおうもなく相手への関心を深めはじめるときであり、そのことがさらに、相手からこちらへの影響を強めるエネルギーにもなる。するとほどなく、漠然と固まっていた無数の人間の集団が、それぞれに魅力的で個性的に振る舞う個人個人へとほどけていく。当然ながらそれを最初に感じるのは、多くの旅人たちのなかで、たまたま行き会った人が、ふと、「その他大勢」[4]でなくなっている、そんな時だ。わたしたちは外皮を脱いでいくことを覚え、そうやって自分たちのなかにある生き物の真の姿がもっとあらわになっていく。知覚を総動員してこのゲームに取り組むと、ひんやりした場所で、それまでは知らなかった誰かの額に汗の玉が浮かんでいるのに気づくかもしれない。そうしてわたしたちは考える――ああ、汗をかいているな、さぞかし体か頭を熱心に働かせているんだろうな、と。

わたしたち人間にはそれぞれ違うにおいがあって、体臭は香水などよりたっぷりと漂う。白人と黒人はアジア人より体毛が濃いので、汗が体毛に溜まってバクテリアの養分になる。アジア人は非アジア人よりも体臭が薄い。[5]日本では体臭が強いのはきわめて珍しく、かつてはそれで入隊をはねられることもあったようだ。[6]

人が、さまざまな手段や擬装を用いて自分の身を周囲から隠そうとしているのは、深く考えるまでもなく明らかだろう。英ウースターの主教リチャード・ハードは信奉者の多い著述家で、一七六三年に「外国旅行の効用に関する問答――英国紳士階級の教育の一環として（Dialogues on the Uses of Foreign Travel: Considered as Part of an English Gentleman's Education）」と題する小論を書いた。このなかで彼は、さまざまな衣装を身につけている状態、あるいはつけていない状態を見てはじめて、われわれは人間の真の本質を得られると説いた。北米やアフリカの人々の裸身にはじまり、旅人は「中国や日本における、法や慣習という厳格なる帷子《かたびら》に締めつけられ、閉じこめられている」人間性を見る一方、「中東やアラブに見るごとく、ゆったりと流れるような情熱の衣服に包まれて、本来の体格よりも大きく広がった」[7]気質にも触れてみるべきである、と。

わたしたち人間は、香料や衣服、習慣や流行、しきたりなどの陰にわたしたちの正体を隠すが、探検家たるもの、それらに欺かれてはならない。そうした擬装の方法はそれぞれ独立してあるのではなく、互いに効果を高めたり、影響しあったりしている。なかでも習慣はわたしたちの外見や体臭を左右するもので、アル＝マスーディはカンボジアから、現地の人々の息が爽《さわ》やかだと報告しているが、これは彼らに楊枝《ようじ》を使う習慣があったからだ。

衣服や習俗が自分の故郷でのそれや「前提的な」予想と異なることで、古今東西、さまざまな反応が引き起こされてきたが、そうした反応は往々にして否定的だったり、嫌悪に近いほうに偏りがちだ。進歩的なフンボルトですら、スペインはアラゴンのある宣教師が牛肉をあまりにも喜んで食べる習慣を、「精神を占めるものがなくなると肉欲が勝利する」[8]のと同じだとして、大変不快なものと受け取っている。

ここで問題になってくるのが視点の持ちようだ。というのもわたしたちは、異国や他地域を、無意識に――時には声を大にして――優位と思いこんでいる立場から評価しがちだからだ。わたしたちはどうしても、母国で慣れ親しんだ様式や、そこに住む人々のほうに好感を抱いてしまう。だがこのような立場が危ういことは、時の経過とともに見てみると非常によくわかる。ルートヴィッヒ・ライヒハートは、オーストラリア先住民の人々の慣習や習癖で「遅れている」と感じたものをいくつも目ざとく見つけたが、それでいて、隊の一員であるギルバートが先住民の襲撃を受けて命を落としたときに、ライヒハートが用いた蘇生術は、ギルバートの両腕の静脈と側頭部の動脈を切って、血を流させるというものだった。ギルバートは死んだまま復活しなかった。西洋人であれ、万能ではない。

周囲の人間の心中をうまく読み取れるかどうかに生存がかかっている場合、人間の本質をはるかに深く理解することができるようにもなる。ライヒハートは、オーストラリアの先住民が、こちらを出し抜いてやろうとして「調子よくしゃべっている」のか、「親切な友愛の表現として気さくにしゃべっている」[9]のか、次第に見分けられるようになったという。

フランスの奴隷商人ジャン・バルボーは、一七世紀後半の西アフリカで経験した出来事を長大な文章にしたためている。そのなかでバルボーは、金貨そのものでなく、それを出そうとしている人物を観察することで、金の真贋を言い当てられるようになったと語っている。


自分の金貨が贋物だとわかっているペテン師は、非常にそわそわと落ち着きがなく、早くその場を去りたがって何かと言い訳をする。そのうえ、買おうとする商品に普通より高値をつけることも多く、品物を受け取るとろくにあらためもせずにそそくさと行ってしまうのが常だ。まだ見抜かれていないと見るや、力のおよぶかぎりカヌーを漕いで、できるだけ速く遠く逃げていく。あるいはまた、金貨を調べられている間、ずっと震えっぱなしの輩《やから》を見たこともある。こうした振る舞いは、ペテンを疑うに充分な徴候である。[10]

バルボーは、不正をはたらく人間が不安げで落ち着きを欠くとみたが、これはとりたてて突飛な観察ではなく、冷静に距離をおいてみれば誰しも気づくことだろう。ただ、やりとりの最中で熱くなっていると、見過ごしがちだ。

心中を垣間見せる信号は数え切れないほどあるが、多くはバルボーの見たよりももっと複雑で、しかも、わたしたちが関心を持ちさえすれば、出会う人のすべてから発せられていることがわかるだろう。そうした信号には普遍的なものもあり、また、慎み深くて多くを語らないものもある。たとえば人種や文化的背景の違いにかかわらず、世界中の誰もが挨拶するときには忙しなく眉を上げ下げするものなのだが、わたしたちはたいていそれを見過ごしてしまい、文化によってはっきりと違いの現われる握手などに注目してしまう。

手で頭を支えているのは疲れている信号で、ほとんどの人が無意識にそれと気づく。だが、たとえば話しているときに手を口元にもっていったとしたら？　そしてまもなくその手で口を覆い、そののち両手を下ろして、あとは手を動かさずにいたとしたら？　このような信号は微妙で、見ただけですぐに何を表わしているのか見極めにくい。口元のあたりに手をやるのは緊張のしるしで、口元を覆うのは表情を隠そうとする動作、そして手を動かさずにいるのは、もしかしたら心中を偽ろうとしている表われかもしれない。口を覆うのも手の動きを抑えるのも、どちらも顔や手に出てしまう表情を糊塗《こと》しようとする行動なのだが、いったん気づかれると、皮肉にもかえって本心を暴露してしまう仕草になる。

危険にさらされているとか、脅かされていると感じる心情は、「腕十字」といって、腕を体の前に持ってくる姿勢に現われる。本能的な防御体勢で、多くの場合は腕を組んだ恰好になるが、防御体勢であることは知られているので、大事な面接の際などには、こういう恰好をしないように気をつけたほうがいいと強くいわれる。だがこうした姿勢はふとした折につかの間見られる場合もある。有名人が衆目を浴びる場面――どこかに出入りするとか舞台に上がるとか――をよく観察してみるといい。しきりと袖口《そでぐち》を触ったり、腕時計やブレスレット、鞄などに手をやったりするのがわかるだろう。話しはじめる前にもし唇を舐《な》めたら、それは唇が乾いているせいだろうけれども、これはアドレナリンが盛んに分泌している徴候なのだ。そういう有名人と会って相手がやや首を後ろに傾けたら、相手が自分を、こちらより上だと考えているしるしである。おそらく、目下と見る相手に向かって頭を後ろに反らせる様子が、「鼻越しに相手を見る（looking down one's nose at someone）＝不遜《ふそん》な態度で相手を見る」という成句のもとだろう。

古くからいわれるように恋愛と戦いの場では誰しも手段を選ばないとすれば、相手を知るのにあらゆる信号を見逃さないようにするのも当然だ。たとえば色を失って白い顔をしている相手は、いわゆる怒りに耳まで真っ赤になっている相手より実はずっと恐ろしい。白い顔は、すぐにも行動に移れるように血液が筋肉に集まっていて、準備万端整っているしるしなのだ。赤い顔はこのあとの段階で、血流がもとに戻った証しだ。

一方で誰かに魅力を感じると、わたしたちの瞳孔は拡大する。これは自分ではコントロールできない反応だから、心の中を――本心までは無理でも、少なくとも見込みがあるかどうかを――のぞき見る恰好の窓になる。この反応には相乗効果もある。というのも、わたしたちはえてして大きな瞳に魅力を感じるからだ。こうして、ひとつの反応がまた別の反応へと連鎖していく。だからこそわたしたちは見つめ合うことには神経をそばだてるし、求愛行動が、もじもじと地面を見つめる初期の段階から、お互いの瞳を苦もなく見つめ合えるようになる段階へと進んでいくのもそのためだ。反応がまた別の反応を呼び起こすのが事実ならば、ある男性に子どもがいるかどうか、赤ん坊を見る目でわかると知っておくのも一興だろう。一般に赤ん坊を見ると、子どものいない男性の瞳は収縮するが、いる男性の瞳は拡大するのだ。[11]

鼻先に上物を見つけたときの目の動きを気取られないように、中国のヒスイ商人がかつて色眼鏡をかけていたという話には、ジョン・バルボーが知遇を得ていた西アフリカの贋金つかいならば、きっと興味を引かれたことだろう。

ダーウィンは、南アメリカ最南端のティエラデルフエゴ島の人々が、外来者の身振りを非常に熱心に観察し、完璧に模倣することに気づいた。

> 島人たちは誰もがみな、たぐいまれなほどに、この模倣の力を備えているようであった。聞いたところでは、アフリカのカフィール族もオーストラリア先住民も同様に、昔から歩きぶりを真似してみせてその当人が誰かをわからせることで名を馳せていたらしい。このような能力をどう説明したらいいのだろうか。未開の者たちが総じておかれている状況、文明化して長いわれわれと違って、五官を研ぎすまして外界を認知する習慣から生じた観察力なのであろうか。[12]

ダーウィンはどうやら気づいていなかったようだが、彼はただ、自分の文化をあざけろうとする他国の文化をあざけっていたに過ぎない。ダーウィンは模倣そのものには心を動かされなかったが、それがつまるところ身振り言語に対する鋭い感受性のなせるわざであることは認めていた。「五官を研ぎすまして外界を認知する習慣」が未開の状態であるとするダーウィンや、彼を輩出した文化は、現代の視点からはいささか逆行して感じられる。

きっとうまくとりつくろったのだろうが、オマイも一七七四年にポリネシアからロンドンにやってきたとき、ジョージ王朝英国の都で垣間見たしきたりや衣装には、さぞや失笑を抑えるのに苦労したことだろう。ある集団が、外見によってほかの集団の上に立とうとする誘惑は普遍的に見られるが、負け犬とされた側の反撃もまた普遍的だ――嘲笑でお返しするのである。

まったくもってばかげた張り合いだが、一九八六年制作の英国のカルト映画『ウィズネイルと僕』では、これが笑いを誘っている。登場人物のひとりダニーは薬にやられて少々いかれた奴だ。その仲間の「石炭夫《コールマン》」が麻薬密売で捕まり、法廷で自己弁護することになった。コールマンは法廷に出るのにカフタン［主に中東で着用される長袖丈長でほぼ直線裁ちの衣服のこと］を着てベルを持っていったのだが、裁判官は意にも介さず、ここは仮装大会ではない、と言い渡した。これに対して被告人は、裁判官のかつらと法衣を見つめ、「ご自分は仮装していないと思っておいでですか、裁判長殿」と切り返したのだった。

古来からある狩猟や戦争の代わりに、流血せずに楽しめるスポーツやゲームが人気を博すあたりを見ると、これらも競技者たるものの性格やその集団のありよう、考え方を知る手がかりになるかもしれない。戦闘の記憶が国民気質に大いに刻まれている地方でラグビーが盛んに行われ、見物を集めていることは驚くにあたらない。ラグビーは、このスポーツが生まれたイングランドでは大変に人気があり、イングランドと、イングランドがかつてせっせと戦いを仕掛けたウェールズやスコットランドとの対戦は、サポーターたちには伝説の合戦にもなぞらえられるものだ。

ラグビー誕生の一〇〇〇年ほど前、アル＝マスーディがバックギャモンとチェスの原理的な違いについて述べている。バックギャモンではサイコロが使われ、運に左右されるところが大きく、下手くそなプレイヤーでも時に上手な人間を負かすことがある。ところがチェスではさいころなどいっさい使わず、勝敗はひとえに互いの技量にかかっている。アル＝マスーディは、チェスを好むのは知性を重んじ、知性こそ報われると考える人たちであり、一方バックギャモンは、運が第一とする向きに選ばれる娯楽だと断じている。

ゲームなど取るに足らないようにみえるかもしれないが、対立場面こそ、ついむき出しになった本性を観察するのにうってつけの場だ。ゲームを見れば、当人の好む戦い方がしのばれるし、娯楽や、ひいては自らの悪癖に、本人がどの程度重きをおいているかを察することもできる。アル＝マスーディは、バックギャモンに興じるインドの人々が、反物や貴石を賭けてゲームに臨み、賭けるものがなくなると、しまいには自分の体の部位まで賭けたと記している。これほどまで熱のこもる勝負の前には、痛み止めの特別な赤い膏薬《こうやく》を満たした銅の鍋が、競技者の脇に置いたコンロにかけられた。賭けに負けた競技者が指でもって支払わねばならなくなると、ゲームをしながら指を落としてその切り口を熱い膏薬に浸して麻痺させ、切断による中断を最小限ですませようとしたという。[13]もちろん賭けごとそのものが問題なのはアル＝マスーディも認識していただろうが、バックギャモンを競技として選び、そのなかで自分の体の一部を切断するという、一種儀式のようにまでなった行為は決してどこででも行われるというわけではなく、明らかにひとつの文化の産物であって、これを記述したことは、文化を考察しようとする試みであったといえるだろう。

旅というものは、その本質としてわたしたちを慣れ親しんだ場所から引き離す。それは不安なものでもあるけれども、その代わりに、ほかの人々のうちにある不安な感情を観察する機会をも与えてくれる。一番落ち着かなげに見えるのは、田舎に来た都会人、あるいは都会に来た田舎の人だろう。ヴァルター・ベンヤミンは都会の風景と田園の風景のきしむような不調和——都市の近郊で最も熾烈《しれつ》に繰り広げられている都会と田舎の競い合いについて記し、多くの人の思いを代弁している。

> ［フランス最大の港町］マルセイユの風景とプロヴァンスの風景の対立ほどに激しくしのぎを削りあうものはどこにも見当たらない。それは、電柱とリュウゼツランとの、有刺鉄線とヤシの棘《とげ》との、悪臭漂う回廊の瘴気《しょうき》と物思いを誘う広場に立つプラタナスの木陰の湿った暗がりとの、息切れするような階段とそそり立つ丘との、一騎打ちだ。[14]

都会を悪しざまに言う田舎の人に出会うのは珍しくないし、そういう人のほうが、自然の美をけなす都会人よりもなぜか一段高く見られがちだ。だがどちらも、同じ類いの不安定さが言わせているのだ。両者とも、よそよそしい風景の只中に頭から無理やり放りこまれたとき、見慣れた空間を求めて激しくほとばしる思いが吐露されているだけなのだ。さらにこれは、いささか意地の悪いことに、はなはだ愉快な見ものだったりする。場違いなスーツ姿が、コーヒーのしみついた都会の至便さから遠く離れてしまい、思わず口元に持ってきた手の高価な腕時計に太陽が容赦なく降りそそぐさま。あるいは、線路に連れられて、見渡すかぎり緑のかけらもない大都会に近づくにつれ、戸惑ったように頭をかき、腕を組む、畑仕事に鍛えられた手。

人ごみにもまれて都会がいやになる人は少なくないが、そういう環境で浮かれるタイプもいる。フランスの詩人ボードレールは人にまみれることに官能を刺激され、人の数が増えるごとに喜びも増したという。ウォルト・ディズニーも、ディズニーランドを構想するのに、観客という群衆の存在によって観客自身に劇場にいるような興奮をもたらす効果を狙った。画期的なテーマパークが初めて開園する直前、ディズニーとともに場内を車でまわったゲストたちはみんな、その仕掛けに目をみはったが、ディズニーは一番の出し物はまだここに来ていないのだと指摘した。「パークを人で埋めてごらんなさい。そうして初めて仕掛けが完成するんです[15]」と。

ディズニーの対極にくるのが、自然に対して敬虔といえるほどの愛情を抱く人々で、彼らは自然界に占める人間の立場に怒りを覚えることも多い。ジョン・ミューアもそのひとりだ。

そう、わたしには、文明人の身勝手な振る舞いに貴重な同情を捧げるつもりなどさらさらない。もしも野生の動物と万物の長たる人間閣下との間に戦争が起こったら、気持ちとしてはクマに味方したい[16]。

人間という生き物は時として、その場に居合わせずとも、人を震撼させることができる。スコットランド北端、オークニー諸島のメイズハウにある新石器時代の墳墓の石の一部には、その表面に緑色のぬるぬるとしたものがついている。見物客が中で呼吸をすると呼気が凝縮し、その水分で石に藻が生えるのだ。[17] 墳墓はこうして汚されていき、人によってはそれが太古の死骸よりもおぞましく感じられる。

多くの人にとって、ぎゅっとつまった都会と何もない田舎との間にある空間が庭園だろう。庭園の自然は野生のままではないけれども、台無しになるほど加工されてもいない。人の手が感じられつつ、ほどよく人から離れて、自然に近づける場所である。フランシス・ベーコンは英国の哲学者で、実験と観察による科学的方法論を確立した先駆者だが、庭園は「人間精神を回復させる最良の場であり、これがなければ建物も宮殿も粗雑な作りものに過ぎない[18]」と考えた。

こうして人間が広く自然界で果たす役割をどう見るかは、わたしたちひとりひとりにさまざまな考えがあっていい。ただ、この生き物の行為に惹きつけてやまぬ魅力があることは誰にも否定できないだろう。わたしたちはある環境における人の習性を観察して人間というものを学ぶ。それは同時に、わが身を振り返る機会でもある。他者について知るほど、わたしたちは自らを省みざるをえない。

レオナルド・ダ・ヴィンチは、自然の形と構造は人間のうちにも見出せると信じていた。彼は正しかった。川や樹木の枝分かれは、体内をめぐる血管を映し出しているかのようだ。人間という生き物を研究するとは、巨大な凸面鏡をかざすことにも似て、わたしたち自身を知る方法なのである。

第17章　浮き世の財

［ベネズエラの］塩湖を取り巻く小屋の持ち主であるムラート［南米の黒人と白人の混血者］たちのなかに混じって、カスティーリャ系の靴職人がいた。彼は重々しく、自信たっぷりにわたしたちを迎えた。自分たちが何か特別な才能に恵まれていると感じている、あの地方出の人間にありがちな態度だった。彼は弓の弦を伸ばし、鳥を射る矢のやじりを研いでいた。本業である靴作りのほうは、ほとんどの人が裸足で歩きまわっている国では、商売繁盛とはいかないのだろう。[1]

――アレクサンダー・フォン・フンボルト

ホートン・ブリッジ村に近づくと、またしても耳に入る音が騒がしくなってきた。蒸気の上がる音と槌《つち》音《おと》が左手のアンバーリー労働博物館から聞こえていたのだが、それも行きかう車の音に、つかの間かき消された。アンバーリーの鉄道駅を通りすぎると、道の片側に川に面したカフェがあり、反対側にはブリッジ・インなるパブがあって、ここが町の中心だろうと見当がついた。鉄道の駅も博物館も、パブもカフェも観光客を引き寄せ、楽しませ、腹を満たし、渇きを癒してやって、ふたたび道へと送り出す。

サセックスのこのあたりは、昔からずっと観光スポットだったわけではない。博物館の屋根よりもっと高くそびえるチョークの崖からうかがい知れるこの地の過去は、先刻通りすぎてきた、町で最古の建物のひとつが、「クウォーリー・ハウス（採石小屋）」との名を冠されていることからもわかる。どこでも同じだが、ひとつの収入源が衰えると、別の収入源が探される。いずれにせよ、富を生み出す産業のあり方が、その場所に特有の雰囲気を作る源となるのである。

*

人類は、動物界のほかのみんなが手を出さない活動の数々に耽るものだが、なかでも広くどこででも見受けられるのが経済活動への偏向で、この傾向には独特なものがあり、人間の性質を知るのにいい手がかりとなる。

ベネズエラでフンボルトは、地元民のガイドが頻繁に休息をとろうとするのを止められずに失望した。金で釣ることもできなかった。フンボルトは、ガイドの男も、地元の人々もとりたてて怠け者とは考えなかった。必要に迫られれば一五時間でもぶっ通しでカヌーを漕ぎつづける姿を見ていたからだ。彼らはただ、金銭的な満足のためだけでは、フンボルトの吹き鳴らす笛に合わせて歩きつづける気になれないだけだった。しかもこれは、彼らが金の価値に関心を持たないだけという単純な問題でもなかった。のちにフンボルト自身、もっと金銭欲だけで動いてほしいと願っていたことを忘れ、金鉱掘りに夢中になるベネズエラの人々を嘆いているほどなのである。

鉱山探しの熱狂には目をみはるばかりだ。ほんのわずか鋤《す》き返しさえすれば、豊かな実りを得られる土地に住んでいるというのに。[2]

どうやらフンボルトは、ベネズエラの人々の抱く自負の、ひとつのありように触れたものと思われる。彼らとて富を前に動じないわけではないし、財を獲得することに価値を見出さないわけではない。だがその代価として他人の気まぐれな欲求に従わねばならないとしたら、富の輝きはほとんどが消え失せてしまうのだ。フンボルトがさらに参ったのは、ベネズエラでは富に対するそうした考え方が、土地によって明らかに違っていたことだ。

> 海岸線から奥地へと入っていくほど、金の重要度は小さくなっていった。そして金すらも無意味となると、梃子《てこ》でも動かない無関心をふるい落とすすべは何もなかった！[3]

フンボルトは、自説の内包する矛盾を突きつめはしなかった。富を得るのが望ましいことなら、金を追い求めるのがいけないのはなぜなのか。あるいはまた、白人のためにあくせくしなくても食べていけるのに、どうしていそいそと働く気にならなければだめなのか。

ベネズエラの人々に西洋の経済原則がいかに異質であったか、それをよく示しているのが、彼らが時に森へ入ってしばらくのあいだ自給自足の放浪生活を送り、その気になるまで定住生活に戻ろうとしなかったということだ。自然の恵みで生きる生活は厳しい。つまり彼らはそうやって、自分たちがヨーロッパ流の意味で勤勉ではなくとも、決して怠惰でもないことを証明してみせたともいえる。これはフンボルトのような人間にとっては間違いなく混乱のもとだった。彼は自分の目で見たことを、自らの知っている世界の秩序に具合よくはめこむことができなかったのだ。

地中の富、特に黄金への欲望は、煎じつめれば、人がどれだけ貪欲になれるかを象徴している。金鉱探しの熱に失望した探検家は何もフンボルトが初めてでもない。フンボルトの旅に先立つことほぼ三〇〇年、英国の思想家サー・トマス・モアは、〔その著書『ユートピア』で〕ユートピアの島を訪ねた主人公の旅に心憎いまでに天邪鬼な価値観をちりばめた。モアのユートピアでは黄金は蔑視され、奴隷の足環や便器に使われていた。モアよりもさらに一五〇〇年ほど前、プリニウスも、金鉱掘りや宝石で身を飾り立てる人々の欲深さをこき下ろしている。

　黄金を暮らしから完全に追放することさえできたなら！　有徳の人々がこぞって黄金をそしり、ひとえに人間の暮らしを破滅させるばかりである黄金の発見を、悪しきものと言ってくれたなら！[4]

フンボルトもプリニウスも、採掘という行為で大地が実際に損なわれることそのものを悲しんでいるようにもみえる。この悲しみは金の採掘にとどまらない。プリニウスは、アルプスを越えたハンニバルの偉業《マーベル》も、のちにこの山で千種類もの大理石《マーブル》が切り出される行為で台無しにされたと嘆いている。鉱物に対する欲望にまみれた物語が、探検の歴史を脈々と貫いているのである。

アメリカの西部探検家メリウェザー・ルイスが〔一八〇三年に〕探検に際しての指示をこまごまと綴ったトーマス・ジェファーソン大統領からの書簡を読んだところ、大統領のいう「目をとめる価値のある」事物なるものは、「あらゆる種類の鉱物、もっといえば金属、石灰石、石炭、そして硝《しょう》石《せき》[5]」であり、つまり書簡は産業と戦争を支える鉱物を採掘する機会は手当たり次第に手に入れろということ、いわばショッピングリストであったのだ。現代の探検家が鉱物の発見を託される例はおよそ考えにくいが、掘削跡《くっさくあと》に出くわす機会は大いにありそうだ。

一九九四年の研究によると、アメリカでは年に八億トンの建設残土が生じ、採掘により掘り出された土砂は三八億トン、道路建設で出た土砂は三〇億トンだったという。世界全体では、一九九四年の一年間で、三〇〇億トンの土が産業目的で動かされた。一方、川が一年で海へと運ぶ土砂はおよそ一四〇億トン、風が動かすのは一〇億トンだ。[6]人類が地表を引っかくことが、大地形成の一大勢力になってきている。アメリカはユタ州北部のビンガム・キャニオン鉱山は、世界のどこよりも多くの銅を産出するが、端から端までが二・七五マイル（約四・四キロ）に及び、エンパイア・ステート・ビルを縦にふたつつなげても届かないくらいの深さがあって、宇宙からでも見ることができる。[7]

採石場や露天掘りの鉱山は、たまたま通りかかってそれを目にした旅人の感情を揺さぶらずにはおかない。それは地球規模でいえば決して大きくはないものの、採掘跡の様相が、これまでに親しんできた風景とそぐわないからだ。鉱物や石が切り出されたあとは、まるで暴力が振るわれた現場を思わせる。ところが、採鉱のために人間が地表に加えてきた細工も、身近にあるもうひとつの造成作業に比べれば取るに足らない。鉱物が地面から初めて掘り出されるよりずっと前から、はるかに広く大胆に地表の形を変えてきた人間の経済活動がある。農業だ。飛行機で農地の上を通るときにでも、ひょいと覗いてみるといい。耕作というものの力を目の当たりにするだろう。スペインや北アフリカの上空を飛ぶと、水はほんのわずかでもあれば、農耕の織りなす緑と黄色のキルトに地面を食いつくさせる呼び水になるのがよくわかる。

　ブリテン島最初の農夫は六五〇〇年ほど前にやってきて、自分たちと作物を獣から守る努力を始めた。初期の農業は、無慈悲なものだった。土地は完全に人間の目的にかなうように作り変えられた。たいていはまず、森を切り開くことから始まる。かつてはヨーロッパを広く覆っていた森林は、実用性の争いでは、ほとんどいつも負け組だった。森は、農業に潤いをもたらす使い道がさほどなければ、家を建てたり船を作ったりするのに切り開かれるのがおちだった。経済と一戦あいまみえている木々の放つにおいがぷんぷんと発散されていたのが一八世紀リトアニアの森林で、草木を燃やした灰から、織物を漂白したり、ガラスや石鹸を作ったりするのに役立つ炭酸カリウムが盛んに製造された。「腐った卵のようなにおいに、カバノキのタールや松ヤニを煮出す鼻をつくにおいが重なった[8]」、なんとも悪臭ぷんぷんたる産業だった。

　一方で自分の使い道を証明できた木は、植林や栽培農場で庇護された。そこに、地域それぞれの土壌や気候が加わって、スウェーデンでは紙の原材料になるトウヒ、ポルトガルやスペインのアンダルシア地方ではワイン栓になるコルクガシといった具合に、独自の品種が育まれた。地域ごとに栄える樹木の価値は、そこに住む人々の気質にも根をはり、町の趣を醸《かも》していく。コルクガシは黒豚に格好の生息地を提供し、おかげでアンダルシアの通りには、世界でも最上級のハムの香りが店舗の入り口から漏れ出し、漂う仕儀となった。コルクガシと豚の命運は、いまやプラスティック製のワイン栓に脅かされている。経済の風向きは変わるのだ[9]。

　経済の変化が波及して起こる出来事には、常に声に出して賛同する者と反対する者がある。かたや雨が降るたび酸性雨に洗われて苔《こけ》が死んでいくのを嘆く者、かたや環境保護などしょせん富める層の贅沢な葛藤だと主張する者。多くの人はその中間のどこかにいて、多少の変化は唯々《いい》諾々《だくだく》と受け入れるが、土地柄を損ねるような開発には不満を言い立てる。議論が紛糾するのは、ひとつにはある地域でなされる開発行為が、その地域のあり方を決めてしまうようなところがあるからだ。イングランド北東部といえば、多くの村や町が、ある時期炭鉱と同義だったが、いまは同義どころか、悲しいことに炭鉱を欠いていることが地域の特徴になっている。地質がその土地の経済を規定し、経済が今度はその人々のありようを、ひいては土地の性格までをも形作ったのだ。

南アメリカの南の最果てで、ダーウィンはこれ以上ないほどの貧困と出会った。フエゴ島の人々はイヌを使ってカワウソを狩り、打ち上げられたクジラの肉が余れば次に備えて砂に埋めておく。それでも厳しい冬を乗り切るには必ずしも充分とはいえず、彼らは繰り返し飢饉に見舞われていた。飢えをしのぐ手立てのひとつに、彼らは村の老いた女を殺して食べたという。イヌを食べずに老女を食べる理由を言ってみろと迫られた彼らの答え――「イヌはカワウソを捕れるが、老婆は捕れない」[10]は、あくまでも実質本位で、それだけにぎりぎりの選択をにおわせた。

このように旅には残酷な力もあって、時としてわたしたちに極端な富と貧困を見せつけ、いたたまれない心地にさせる。それは何も、新しい現象でも何でもない。中世アラブの旅行家イブン・バットゥータは、七〇〇年前のタブリーズ、現代のイランの街で目にした消費熱に愕然とした。

宝石商の市場《バザール》を通りかかると、とりどりの貴石のきらめきに目がくらんだ。宝飾品は美しい奴隷の少年たちの手に飾られているのだった。少年たちは長く豪奢な衣服を着せられ、腰には絹の帯を巻いて、トルコの夫人たちに宝石を見せている商人の前に立たされていた。女たちは人よりひとつでも多くと大量の宝飾品を買いこんでいる。なんたる醜態か。どうか神が、このような不面目からわたしたちをお守りくださいますように。[11]

神がお守りくださらなかったのは明らかで、現代でも似たような光景が、空港の出発ロビーの高級店で繰り広げられている。だが、富それ自体はえてして目くらましだ。人が富に恵まれているかいないかは、その人のものの考え方と同列ではない。現代の英国の旅行作家コリン・サブロンは、ある土地をよく知ろうとするとき、人々が何を持っているかに注目するより、人々が何に価値をおいているかを教えてくれるものに注意を傾けるよう努めているという。[12] サブロンは、富を価値観や人生観と結びつけようとする誘惑に抗っているのだ。

古代ローマの哲学者セネカは、ローマの快適を遠く離れたゲルマンの生活の厳しさに触れたとき、その地では窮乏が気鬱に翳《かげ》らされていないのに驚いた。「常冬」であるにもかかわらず、人々の心中には、陰鬱な空を映した暗さが見当たらなかったのだ。

この人たちは不幸であろうか。いや、習慣を通じて当然のこととなってしまったものは、不幸ではないのである。必然となったものはほどなく喜びに変わる。[13]

初めての土地に足を踏み入れたとき、わたしたちはたいてい目新しいものをありがたがる。旅の始まりのころは、しばしば新しさを貴重さと混同しがちだ。やがては身をもってそうでないと学んでいくのだが。プラスティック製の自由の女神像だの土地の名物料理だのラクダの試乗だの、物売りは新しもの好きの弱みにつけこんでくる。マーク・トウェインは［その著書『ヨーロッパ放浪記』で］、アルプスでヨーデルを聴く楽しみを例に引き、目新しさの交換価値が時間とともにいかに衰えていくか、ものの見事に示してみせた。

一五分ほどすると、またひとりヨーデルを唄っている羊飼いの少年に出くわした。わたしたちは半フラン渡して、ヨーデルを続けてもらった。少年は見えなくなるまでヨーデルで送ってくれた。それからあとは、一〇分ごとにヨーデル唄いと出会った。最初のひとりには八セント、二人目には六セント、三人目には四セント、四人目は一セントで、五から七番目には何もなし、それ以後はヨーデル唄いのひとりひとりにそれぞれ一フランずつやって、これ以上ヨーデルを聴かせてくれるなと頼んだ。アルプスにはヨーデルがありあまっている。[14]

旅行者であるわれわれが行う経済行為は往々にして、通貨と引き換えに何かに近づいたり、知識を得たりするという形をとる。訪れた場所を知るには、出会った誰かの助けに頼るしかない。入り口を守っている人物が本質を知る決め手だと思いこんでしまうと、ろくな知識を得られずに終わる恐れもある。優秀なガイドでも、さんざん見つくされた場所しか見せず、言い古された言葉でしか解説してくれないこともあるかもしれない。だがほんとうに厄介なのは、知識の宝庫と踏んだ相手が案外見かけ倒しな場合も多いことだ。イブン・バットゥータが格好の例を紹介している。

ダマスカスのスルタンがある時、自分の所有する果樹園にやってきて、試食したいからザクロを採ってくるよう場長に命じた。場長は果樹を世話するアブ・ヤクブ・ヤサフに命令を伝え、アブ・ヤクブはかしこまって実をもいできた。場長がザクロをかじってみると酸っぱかった。そこで別の実を採りに行かせた。アブ・ヤクブはザクロを採って戻ってきたが、今度もまた酸っぱいので、場長が「お前はもう六ヵ月も果樹園の世話をまかされているのに、甘い実と酸っぱい実の区別もつかんのか」と問いただすと、アブ・ヤクブは「雇われているのは果樹の手入れをするためで、食べるためではございませんので」と答えたという。これは正直だということになってアブ・ヤクブは褒美を与えられた。いまの時代でこの世話人にあたるのは、入場券売場のレジ係といった人たちだろう。愚直といえば聞こえはいいが、この人たちが無知のレベルをいっそう引き上げることにことのほか熱心なように見受けられるのは残念なかぎりだ。

土地をよく知る人を見つけるには、守衛や入場券売場以外にも目を向けたほうがいい。「絵のように」風景を記録するパイオニア、ウィリアム・ギルピンは、ニューフォレストのような森林を裏口から学んだ。つまり、その地の密猟者や不法侵入者や闇商人との親交から多くを得たのだ。一癖も二癖もあるこうした連中は、経済の本流の陰で不法侵入の罪と戯れ、ちょくちょく他人の土地を侵しながら生計を立てていた。だからこそ本来の所有者よりもよほど土地を知りつくしていたのだ。

わたしたちが無意識のうちに周囲に撒き散らしている自己イメージも、出会う相手の反応を左右することがあるが、そこに商談が関わってくるとなおさらだろう。ある交渉を円滑に進めてくれたイメージが次の交渉では妨げになる場合もあることを教えてくれるのが、徒歩にこだわったスコットランドの旅人ジョン・ダンダス・コクランだ。ロシアでコクランは皇帝《ツァー》の紹介状を携えて歩いた。これは帝国からの強力な保証書であり、各地で重い扉をいくつも開き、手厚いもてなしを約束してくれるものだった。ところが北極圏の海岸部でそこに住むチュクチ族に紹介状を示したところ、彼らはまったく異なる角度から書状を解釈した。コクランが皇帝の庇護のもとで旅をしているのだとしたら、もちろん旅行の費用に充分な現金を携えているはずだろう。そんな高貴な人間なら、ありあまるほどの煙草だって造作なく与えてくれるだろう、と。しかし与えることができずに、この寒冷の地でのコクランの旅は終わりを迎えたのだった。[15]

旅をしていると、富といってもさまざまな規模があり、富に対する考え方もいろいろであると気づかされるが、それだけでなく、財産の所有に関してもまったく新しい見方に出会うことがある。窃盗という概念はかつて太平洋地域にはなかったもので、一八世紀に発見された。西洋からの探検家たちは、窃盗は世界中どこでも変わらず悪いことという信念に凝り固まってやってくる。だが彼らが上陸した島々は、財産の個人所有という考えもなく、したがって人の物を盗むなどということは、剣や火薬同様まったくなじみがないという場所だった。

わが英国にもっと近いところでも、意見の違いはある。英国とヨーロッパ大陸とでは、産業の国営と民営について考え方が異なり、この違いはそれぞれの国に浸透している。二〇一〇年の世論調査によると、フランス人で自由市場を強く支持する人はわずかに六パーセント[16]、それはフランスにいると肌で感じることができ、美味しいコーヒーを提供するだけという店は別として、ほとんどすべての企業や組織に関わっている。もしかしたら、昼食時に物事が遅々として進まなくなるのも、国中どこに行っても不思議なほどのんびりした空気が流れているのも、そのせいなのかもしれない。

一方で、マルコ・ポーロがある時インドの東部で見知ったしきたりは、複雑化するいっぽうで難問だらけの現代の金融事情と引き比べると、実に興味ぶかいものだった。債務者の返済が何度も滞った場合、債権者は債務者の周りの地面に円を描くことができる。うまい具合に円に囲まれたら、債務者は返済の手はずを無事整えるまで、円から出ることを許されないという。この状況で返済できなかった場合の罰則は——死だ。[17]

どれほど異なる経済感覚に遭遇しようとも、とにかく、富と人々の知恵とは単純に相関しているわけではないと覚えておけば間違いない。実際その正反対であることもままあるのだ。収入と自然環境の知識は反比例するという研究もある。英国からインドネシアにいたるまで実証されたことには、貧しければ貧しいほど、自分の周囲の植物や動物の名前や利用方法をよく知っているのだという。ライターのジュールズ・プリティの言葉を借りれば、「最も貧しい者が知り、最も富める者は忘れる[18]」

土地土地の店で売られている品々の背景にも何らかの思想があるが、それはもしかしたら、わたしたちがよく知る考え方とは若干ずれているかもしれない。ただその主張は、普段は値札に隠されて表には出てこないものだ。

その昔、古代インドのある国王が、毎日王国の荒れた地面を歩かなければならない臣民を気遣った。王は慈悲ぶかい人で、事態をなんとかいい方向へ向けたいと考え、解決策をひねり出した。領土の地面という地面に柔らかな獣の皮を敷きつめ、臣民のか弱い足の裏を守ればいいと思いついたのだ。賢明な側近のひとりが勇を鼓して別の手立てを提案した。獣の皮を小さく切って足にくくりつければ、もっと安くて簡単に、同じ結果が得られるのでは？　こうしてサンダルが誕生した。

インドに伝わるこの寓話は、足についてはほんの少し、世の中に対してどう向き合うべきかについてはごく雄弁に語っている。世界そのものを変えるより、自分の心と体を世界に合わせるほうがずっと簡単だ。自分のいる場所に合わせて考え方や行動を変えることが常に正しいとは限らないが、時には一考の価値がある――特に経済事情の違う土地に行くたびに、何かがいらなくなり、別の何かがすごくほしくなってしまうような時には。

第18章　食べ物と飲み物

空腹は貪欲にして、然《しか》れば養われる。[1]

――ホメロス

ホートン・ブリッジ村の真ん中で、「クリーム・ティー」［イングランド南西部のポットティーと軽食のセット］とチョークで書かれた看板に出迎えられた。このふたつの単語は、脳の、周りの景色を解析しようとしている部分を迂回《うかい》し、わたしのソフトウェアの深いところに直接飛びこんできた。鼻腔にまつわるスコーンの焼けるにおい、舌にはジャムの味、ほろほろと崩れるパンの手触り――それらがねっとりしたクリームでつなぎ合わされる。あたりの風景はどこかへ消えた。わたしはなんとかまっとうな思考を取り戻そうとあがき、がつがつと食べ物を取りこもうとする原始的な欲求をねじ伏せようと闘った。

闘いには数分を要した。わたしの食い気にとりついていたスコーンとジャムとクリームは、未練がましくも立ち去っていった。けれども「クリーム・ティー」の二語はわたしのなかにたゆたいつづける。わたしの血肉にはならなかったが、わたしを取り巻く風景を表象して、村をイングランドそのものよりなお英国的に染め上げていた。

＊

わたしたちがどんな計画を立てたとしても、ある時点で胃袋が異を唱えはじめ、時間割の微調整を要求してくることがある。胃腸にも言い分があって、忍従しきれなくなっている場合もあるだろう。マルコ・ポーロは旅の早い時期に香料を効かせたナツメ酒を楽しんだが、慣れないと腹を下すかもしれないと警告している。だがそうだとしても、目の前にある緑がかった水よりはだいぶましに感じられたのだろう。たった一滴でも塩っぽいその水を口にすれば、「はらわたの中身を一〇回も空っぽに」[2]しなければならなくなりそうだったからだ。

普段わたしたちの胃袋は、これほど強烈に反抗してはこない。ただ、おれたちを満たしてくれ、とばかりにちょいちょいと突いてくるくらいだ。腹が減っているときに食べる満足感は、誰とでもわかり合える喜びで、人々を結びつける好機になる。アフリカ南部のバンツー族の人々は、食べ物を分かち合えば、人と人とが契約を結んだこととなり、ふたりは「ポリッジ（お粥）の同族」になったと考える。[3]

旅行作家のエリック・ニュービーがロンドンの広告代理店を辞めたのは、いずれ「馘《くび》にもされないほど無用な人間」に落ちぶれるのがどうにもいやだったからで、その後冒険の人生を始めた。ほどなく彼は、穀物を運んでアイルランドからオーストラリアまでの往復三万マイル（約四・八万キロ）の海路に出帆する四本マストの帆船《バーク》上の人となっていた。船長はじめ乗組員のほとんどがフィンランド人で、船内にはフィンランドの流儀がまかりとおっている。満足に食べられないまま海の上で何週間も過ごしたあと、一九三八年のクリスマスイヴがやってきた。すると船長が甲板下の船室にご馳走のテーブルを用意して、空腹の日々は終わりを告げた。フィンランドの伝統料理、ライス・ポリッジやジャガイモのパイ、サーディン、サーモン、コンビーフ、杏などが並んでいた。船の中は、食べ物をかみ砕く以外いっさいの物音が絶え、船乗りたちはみんな幸せそうにご馳走を貪《むさぼ》った。やがてひとりがニュービーに顔を向けた。その顔はショウガのプディングを頬張っておかしな形にゆがみ、髭《ひげ》には米粒がついている。「何も言わんで食ってるのがええな」。ニュービーは彼の言わんとすることを察し、胸でつぶやいた。「わたしたちはいま全員がお互いへの愛にあふれている」と。[4]

新しい土地に着いたときちょうど腹が減っているのは存外よくある話で、そんなとき第一印象は、胃袋が脳に送りつけてくる信号というフィルターを通したものになりがちだ。血糖値が低くなって細部がぼやけ、壮麗な寺院の塔も、ちっぽけな屋台の後方にかすんでしまう。自分の空腹にばかり気持ちがいって、出会う相手も同じくらい、いやひょっとするともっと腹を空かしているかもしれないということまで頭がまわらない。サー・リチャード・バートンは〔一九世紀半ばに旅した中東で〕、宗教上の断食が街の雰囲気に有害な影響を及ぼすと強く懸念した。

イタリア人やアングロ・カトリック派、それにギリシャの人々の断食同様、「ラマダン〔断食月〕」は熱狂的な信者たちの気分をくすませ、あからさまに険悪にする。彼らはもともと穏やかに話すほうではないが、特に昼を過ぎると声が荒々しくなり、耳障りになっていく。男たちは罵《ののし》り合い、女を殴る。女たちは子どもを叩き、子どもたちは子どもたちで、犬猫を粗略に扱い、罵倒する。街中の人ごみにいれば、一〇分もしないうちに口汚い言い合いを聞かされるはめになる。[5]

空腹よりも切迫するのが、干からびた細胞が水分を求める声だろう。だがわたしたち程度の喉《のど》の渇きでは、先人たちの危急にはとうてい近づけない。ゴビ砂漠にいたスウェーデンの探検家スウェン・ヘディンは、日記にどんな末期の一文を記すことになるかわからないが、その前に携帯コンロのアルコールが飲めるかどうか試してみる、と書いている。ウィルフレッド・セシジャーは砂漠のアラブ人がすさまじい渇きを癒すのに、ラクダを殺してはらわたの中身を飲むか、ラクダの喉に棒を突っこんで嘔吐させ、その吐瀉物《としゃぶつ》を飲むかすることを教わった。

もっとも、飢えや渇きがさほどひどくないとしても、その状態で細かなことに気づくには相当な熱意がいる。わたしたちの体にいわせれば、多少なりとも腹が減っているときにハチミツを舐《な》めるのは、ハチミツの熱量が必要だからであって、独特のすばらしい風味が近辺に生えているマージョラムに由来しているとかいう蘊蓄《うんちく》はこの際どうでもいい。古代のギリシャ人やローマ人はいま食べている魚がどの海や川で獲れたものか区別できたという。[6] だがそれも彼らが筋金入りの魚好きで、食べる物がふんだんにあったからこそできた芸当だろう。

胃袋が満たされると、食べ物への関心は遠のく。教養としての興味も薄らぎ、胃が満タンな状態では、書物のなかの食べ物に関する記述も目に入ってきづらい。ある土地とその食べ物との関連を見ようとする窓が開くのは、わたしたちが飢えてもいないし、満腹でもないときだ。そんな時こそ、つかず離れずの関係性を心から味わうことができるのだ。オーストラリアのメルボルンで食前に供されるとびきり上等のオリーヴは、一九四六年から四九年にかけてのギリシャ内戦のさなか、幾度も移民の波があったからだと歴史をささやきかけてくる。ただそのささやきに耳を傾けられるのは、まずオリーヴをいくつか腹に収めて、腹の虫を落ち着かせた者だけかもしれない。

洗練された食文化のある社会は、それをまるで勲章のように掲げている。複雑かつ精妙な料理に、自分たちの磨き上げられた教養が映し出されているとみるのである。個々の国の内部にも階層はあって、多くは大都市と小都市の格差であり、また都会と田舎では大きな落差があるのが普通だ。都会から遠く離れた地には往々にして簡素な食文化の伝統が根づき、そこで出会う食べ物は単調で、何日もいると飽きるのを通り越して苛立ってくるほどだ。北アフリカの砂漠を旅する者が、来る日も来る日もほとんど同じもの——砂で温めたパンと、強烈に辛いハリッサ［唐辛子のペースト］でみんな同じ味になった肉かヒヨコマメの煮込み——を食べるしかないように。

フランシス・ボンド・ヘッドは、アルゼンチンのパンパで口に入るのは牛肉と水だけだと前もって脅《おど》されてはいたものの、それでも繰り返し同じ料理ばかり出てくるのにはやはりげんなりしたようだ。

宿場の駅逓長《マエストロ・デ・ポスタ》の宿舎に行って、丸一日馬に乗ってきて何も食べていないのだと説明した。腹が減っているが、食べられるものは何があるかと尋ねると、「何でもお望みのままに、何でもあります」との答え。

この「何でも」が曲者だというのはわかっていた。駅逓長は案の定、あるのは「牛と鶏」だという。わたしは鶏肉を注文して部屋に戻った。[7]

ティエラデルフエゴ島のいみじくも「ポート・ファミン（飢餓港）」と名づけられた町の近くでダーウィンは、島の苛酷な環境のなか、人々がブナの木から採ってくる黄色くて硬い、あばたのあるキノコ（のちにダーウィンにちなんでキタリア・ダルウィーニ［Cyttaria darwinii］と名づけられた）を食べているのを知った。[8] ベネズエラでは、インディオがアリとキャッサバの粉を混ぜたものを好んでいて、フンボルトは饐《す》えたバターにパン屑《くず》を混ぜたような味だと思ったが、一緒にいた宣教師のゼア神父はその味に慣れていたとみえて、「上等のアリのパテ」[9]と評した。必要に迫られた人間の発想力は、食べられるものを見出すのにほとんど限界を知らない。だが空腹などというものは、食探訪の動機としてははなはだ幼稚な部類で、物珍しい食物のあるものは、必要に駆られてではなく、純粋に快楽のために口に入れられる。指と耳と鼻と舌を通して土地を知る盲目の旅人ジェイムズ・ホルマンは、サンクトペテルブルクで、新鮮なキャビア、トナカイのタン、バターを思わせる濃厚なシギ肉、モロシュカというラズベリーに似た舌に新しい果物、そして豆のプディングを堪能した。

味蕾《みらい》の喜びや腹がくちくなる満足を超越する快感を求めて消費される食べ物もある。日本の食通は毒のあるフグに舌鼓を打つ。といっても、専門の料理人があらかじめ猛毒のテトロドトキシンを含む臓器を取り除いているのだが。もし誤ってこの毒が体内に入ると、意識はあるが呼吸するための筋肉が麻痺して、窒息してしまうのだ。死と隣り合わせのスリルが、調味料入れにはない絶妙の薬味になっているのだろう。

渇きを癒すだけが能でない飲み物もたくさんある。ルートヴィッヒ・ライヒハートは、ただのお茶がほんの一杯で疲れを払ってくれるうえ、体になんの害もないのを喜ぶが、世界には、もっとパワフルな飲み物が存在する。

一九〇七年、学校を出たばかりのマニュエル・コルドバ＝リオスは、これからゴム産業で一旗揚げようとしていた。ブラジル・アマゾンの奥地、ジュルア川のほとりのゴム採取場で、ある日彼は自分がたったひとりになっているのに気づいた。同僚たちは一日がかりで新しく採取するゴムノキのところに出かけていて、帰りを待っているのだがなかなか戻ってこない。物音がしたので周りを見ると、マニュエルは手に手に弓矢や槍《やり》を持った裸の先住民たちに取り囲まれていた。

先住民は彼のナイフを取り上げ、両手を縛って連れ去った。彼らに少年を傷つける意図などはさらさらなく、それどころかマニュエルは、病に倒れたいまの部族長が身罷《みまか》ったときの跡継ぎに仕立てるべく選ばれたのだ。マニュエルは先住民たちと七年過ごし、彼らの伝統を教わり、生き方を身につけた。この話はF・ブルース・ラムの『アマゾンの魔術師』につぶさに語られ、知る人には知られている。

この先住民、フニクイ族とともに暮らしはじめて六ヵ月も経つと、マニュエルも裸で暮らすことや、ジャングルでとれた獣や果実を食べることにも慣れてきた。ところがある日、いたって唐突に、彼の世話をしている老女が食生活を一変させた。ウズラに似た白い鳥の胸肉のあぶり焼きに、焼いたキャッサバ、バナナやサツマイモをすりつぶしたものが食事に出た。それから奇妙な味のする薬草茶を次々と飲まされた。味は変でも、先住民たちが自分に害をなす気がないのは、彼も承知していた。だがある薬草茶を飲むと激しく嘔吐し、またある薬草茶では便がゆるくなった。心拍数が跳ね上がり、熱が出て汗まみれになるものもあった。ひと通りの苦行を終えると、体を洗われ、もみほぐされた。最終的に彼は、うきうきと高揚した気分になっていた。

奇態な儀式は一〇日のあいだ続けられ、部族の長その人が目を光らせていた。その後マニュエルはジャングルの中を導かれて、小川の流れる広場に着いた。先住民のひとりが数種類の鳥の鳴きまねをすると、鳥たちが応えた。すると人々が準備にとりかかった。

たき火が起こされ、見張りがついた。枯葉のついた枝がたき火にくべられると、長が唄うように、耳慣れない詠唱を始めた。くすぶる枯葉から昇る煙に、色鮮やかな羽毛でこしらえた扇で風が送られ、ひとりひとりが煙を浴びる。その場の空気と詠唱の雰囲気が少しばかり変わったとマニュエルが感じたころ、陶器の壺《つぼ》が運ばれてきてたき火の傍らに置かれ、緑色をした液体が壺から六つの椀に、静かにそそぎ入れられた。椀はひとつずつ、たき火の周りに腰を下ろした男たちに渡されていく。マニュエルは最後のひとつを受け取り、飲めと促された。

詠唱は続いていたが、聞こえるのはもう耳の中で高く鳴り響く自分の鼓動だけで、そのあとにショックがきた。それは全身の神経系統を駆けめぐったかのようだった。ひどく吐き気がしたがそちらはやがて収まり、次に激しい欲情に襲われた。感覚が混乱しはじめ、目の前には次々とさまざまな色が閃《ひらめ》いては消えた。ジャングルの獣たちが目の前で踊っている。そうこうするうちに、とうとう彼は疲れはて、眠りに落ちた。

マニュエルは顔を照らす日の光で目が覚めた。先住民たちは儀式の簡単な反省会のようなことをしてから、連れ立って村へ戻った。あとになってマニュエルは、「ニヒ・フマ・ワキ（ブドウのエキスの作り手）」と呼ばれる年寄りから、あの幻覚剤入りの飲み物の原料の集め方、煎《せん》じ方を教えられた。

連れ去られてから七年後、マニュエル・コルドバ＝リオスは部族長を約束された人生と決別した。かつて暮らした世界に戻るため、ジャングルを抜け出したのだ。

そんな南米のジャングルの幻覚剤よりもずっとたやすく手に入るのが、アルコール飲料だろう。世界中いたるところで、程度の差こそあれ、楽しく飲まれ、むちゃ飲みされ、禁止されてもいる。それぞれの社会で人付き合いのためにアルコールが一定の役割を果たしているが、それは人付き合いの形そのものに、思いがけないほどの影響を及ぼしている。一杯やりに集まるのが楽しいのはおおかたどんな社会でも共通しているものの、イスラームの社会では別で、通りや広場で嗜《たしな》んでいるお茶やコーヒーは、よその国の通りや広場で人々が傾けるワイングラスやビールグラスとは、まったく意味が異なるのだ。しかしアルコールはカフェインよりずっと強い薬物で、その作用は予測しにくく、酒好きの多い国でわたしたちが出くわす光景は予測不能だし、彼らのアルコール好きの度合いもまた、想像を超えている。

ただ、どれほどものすごい光景を目撃することになったとしても、マルコ・ポーロが紹介しているロシアの宴会ほどひどくはないことを祈るのみだ。彼はそこに、地酒の蜂蜜酒を味わい、丸一日浮かれて飲みまくる「ストラヴィザ」なる途方もない祭りがあるのを知った。この祭りでは五〇人までが一組になり、各組でキャプテンを決める。そして組ごとに一日ひたすら飲みつづけるのだ。マルコ・ポーロの説明によると、規則らしい規則はそれだけである。

このロシアの呑み助たちは飲むことに集中するあまり、女性でもトイレに立つのを厭《いと》い、飲んだまま垂れ流して、女中に大きなスポンジで床を拭《ふ》かせるのだという。飲みたい欲求は底なしで、蜂蜜酒の製造者に子どもを質入れしてまで酒を手に入れる。

さてある年の祭りの折、ストラヴィザで痛飲した夫婦が家に帰ろうとしたところ、女房のほうが尿意をもよおした。そこで彼女は道端にしゃがんだのだが、時は悪しくも凍てつくロシアの冬のさなかだった。女房の下の毛はまたたく間に地面に凍りつき、女は引き潮の浜辺に座礁した船さながら、たちどころに身動きもままならなくなった。亭主は女房の窮状を見て取るや、妙案を思いつき、できるだけ近くにひざまずくと、地面にくぎづけになった女房の下腹に温かい息を吹きかけはじめた。だが不幸にして蜂蜜酒の酒気が亭主の判断力を鈍らせていたようで、彼は己の案の唯一の欠点を見損ねていた。亭主の髭《ひげ》が女房のあそこの毛に凍りついてしまったのだ。ふたりは通りがかりの人に氷を割ってもらい、まとめて助け出されるはめになったのだが、いったいどんな顔で助け出されたものやら[10]。

第19章　対比を分ける線

同じ像が繰り返し繰り返し現われるのは、疲れるものだ。崇高なものに崇高なものが重なれば、対比をなすということはまずない。われわれには何につけても、たとえどんなに美しいものからも、気分転換が必要だ。[1]

——ヴィクトル・ユーゴー

ホートン・ブリッジを渡ろうと待っている車の列があった。橋はとても狭く、両方向からいっぺんに通ることができない。ドライバーたちは信号機のような仕組みに頼ることなく、向かい側から車が五、六台通っていくのを待っている。

なかに、特別辛抱強いドライバーがいたようだ。ひょっとすると、これから渡ろうとしている川の何かに目を奪われていたのかもしれない。クラクションが鳴り響いた。ただ警笛は、鳴らした本人が気まずくなったのか、途中で尻すぼみになった。ドライバーたちの顔はフロントガラスの陰で見えないが、わたしには、引き金を引こうとするようにクラクションに指をのせ、動きはじめると何ごともなかったかのようにその指を離す彼らの姿が目に見えるようだった。

クラクションの音は誰もが耳障りと感じたはずだとわたしは思ったが、もしかしたら、車という遮蔽物《しゃへいぶつ》に覆われていないわたしには、人一倍うるさく感じられたのかもしれない。挑発的で人工的な音は、広々として穏やかな丘にそぐわない。車の音と丘の静謐《せいひつ》はとうてい相容れないのだ。クラクションの音はあとを引くだろうと思った。そんな音など聞こえなかったことにしたかった。少なくとも意識の隅に追いやってしまいたかった。だが記憶というものはそんなに都合よく制御できるわけではない。ことに神経を逆なでしたものほど、記憶の表層にとどまりがちなのだ。

＊

アルゼンチン中央部の危険なことではつとに知られたあたりを通るとき、フランシス・ボンド・ヘッドはそれなりに慎重を期した。地元の人々は旅を思いとどまらせようとしたのだが、ある朝彼は、郵便馬車の御者ひとりと、厳重に装備をかためた護衛三人を伴って出発した。

一行が郵便小屋で休憩していると、くだんの郵便馬車の御者――五五歳ほどの「しなびたりんごのような顔」をした男だった――が、「先住民との混血らしい、こわもての」男と話を始めた。御者は話す間も銃を手にしたままで、一九歳になる彼のひとり息子をやっと郵便配達夫の仕事につけたのに、初仕事の日、息子は丸腰で出かけてしまい、息子のいた郵便配達隊はウマやイヌにいたるまで残らず、喉《のど》をかっ切られた死体で見つかった、息子は子羊みたいに殺されちまったよ、と語った。

こわもての男は郵便小屋の傍らの石に腰かけて話を聞きながら、幼い娘にもつれた髪を梳《す》かせ、編ませている。「ふたつ?」娘が父親に三つ編みを何本作るか訊くと、「ああ!」父親は唸《うな》るように応えた。[2]

父親の髪を優しく編む娘と恐ろしげな父親、そのイメージの対比がこの場面を忘れがたいものにしているが、ボンド・ヘッドが強い印象を持ったのはおそらく、いたいけな少女の前で若者のむごたらしい死にざまがあけすけに語られたせいだろう。対比は、対立と同様にわたしたちの感情を波立たせる。わたしたちは反応し、何かを感じる。

対比を探すことは探検のエネルギーになる。旅行作家のコリン・サブロンは、ふるさとについて書いてほしいと頼まれたが、とても難しかったと語っている。[3] 旅行作家は未知のものに題材を求めたがる人種だからだ。対比といっても、打ち消しあうような関係であるとは限らない。たとえば海軍の正装に身をかため、西洋人としてはじめてハワイ島の海岸でサーフィンに興じる現地の人々を眺めるジェームズ・クック艦長の姿と、裸で板切れに乗る人々の姿とを思い浮かべてみるといい。

さまざまな旅路で、対比がもたらす効果は強力で、そうした対比に彩られた旅は何度でも思い返す価値がある。対比は、あらゆる形で現われる。時間ですらも対比する。フランスの博物学者で考古学者のアンリ・ムオは、カンボジアの都市と寺院のすばらしい遺跡アンコールで、まずはその壮大さに打たれた。だがやがて、もっと痛切に、カンボジアという国の現状を映す鏡としての、そのあり方に心を移していく。ムオはアンコールの寺院がソロモンの神殿［エルサレム神殿の原型］にも勝るとも劣らないと考え、古のミケランジェロにも匹敵する天才の業《わざ》であると記したが、それは彼が見た当時のカンボジアの国情とは相容れないものだった。

ここは古代のギリシャやローマが遺した何ものよりもすばらしい。そして悲しいかな、この国がいま陥っている野蛮な状態と、際立った対比をなしている。[4]

旅をしていてわたしたちが最もよく遭遇する対比に地形の変化がある。これまでも見てきたように、地形の変化はいつも、植生や動物生態の変化を伴う。地形が険しいものになってきたら土地は痩せてくるが、カボヴェルデ諸島のサンティアゴ島でダーウィンが感じたように、風景から命の気配がなくなるのも、おびただしく生命が横溢《おういつ》する光景にばかり慣れた目には、恰好の気晴らしになる。

この島の風景は一般には非常に退屈と考えられているが、イングランドの地形しか見慣れていない者からすると、どこまでも不毛な土地の続く光景は新鮮で、いたずらに植物が生えているとかえって損なわれてしまうような雄大さがある。[5]

もっと小さな規模では、においの対比もわたしたちの記憶の奥深くにまで届き、においと結びついた土地の思い出を長くとどめる。たとえば子どものころ、落ち葉の山に突っこんだことがあれば、その場所のことをきっと忘れられないのではないだろうか。この時ばかりは散らかしてもはめをはずしても大目にみてもらい、それが朽ち葉の湿ったにおいと相まって、日常の規則正しさからは際立った記憶になる。ある場所のにおいと追憶とは、常に手と手を携えてくるのだ。

色彩も、背景から浮き上がってわたしたちの関心をひとり占めすることがある。サクラの花は多くの国で愛でられているが、それは樹木に咲く花がたいてい緑色がかって目立たないからだ。サクラやヘントウの花は周りの木々のようなつつましさはかなぐり捨てて大胆に咲きほこり、人間たちから嘆賞される。

対比はこんなふうに、わたしたちの関心をほしいままにするが、その奔放な力も、芸術家の手にかかると首輪をつけられてしまう。カラヴァッジョやレンブラントは画面に深い陰影を用いてわたしたちの視線を主題に集める。するとわたしたちはその対象を、「濃い色のヴェルヴェットの中に置かれた大切な何か」[6]であるかのようにとらえるのだ。「明暗法」は、光と影を対比させて、特に二次元の絵画に三次元の厚みを与える技法である。

対比は目立って突出する。突出することは反抗に通じる。旅人が感覚を研ぎすましてみれば、自然界には、反抗的ではありながら害意はない生き物が次々と見えてくるだろう。それは、往々にして見る目がなく、横着な故郷に嫌気がさして飛び出してきた旅人からすれば、いかにもわが身と重ねたくなる性質でもある。

そうした対比するものを分ける境界のうち、海と陸地の間に引かれた線ほど際立った違いを示すものはほとんどない。だからこそまた、海岸線は魅力的なのだろう。だが、これほど確かな対比を約束してくれるはずの場所にはどうしても期待が高くなって、かえってがっかりさせられることも起こりがちだ。

一八一一年、カナダの探検家デイヴィッド・トムソンが北米コロンビア川に沿って探査した旅は、終着地がそのクライマックスだった——一行は太平洋に到達したのだ。トムソンは当然のように喜んだ。ところが随行員たちはそれほどでもなかった。というより、あからさまにしらけていた。彼らは大きな湖ならカナダでいくつも見てきていて、海が見せている光景のどこが湖と違うのか、よくわからなかったのだ。トムソンは書いている——彼らは一様に、自分たちの感覚ではとらえきれないような何かを目撃することを期待していたのだ。トムソンは、なんとかみんなの熱狂をたきつけようと、目の前の水域は五〇〇〇マイル（約八〇四七キロ）も続いていて、この先の陸地は日本なのだと教えたが、無駄だった。男たちは淡々としたままだった。[7]

えてして、それほどはっきりした境界線でないほうが、また、大きな期待を抱かせるような場所ではないほうが感動を誘うことがあるものだ。これは過剰な期待とか予感とかに曇らされていないからで、たとえばありきたりな生垣でも、好奇心を持って眺めれば多くを語ってくれる。ジョン・ラボックにいたっては、生垣をもろ手をあげて絶賛する。

わたしはダウンズの広々とした丘陵《きゅうりょう》が最も好きだ。だが、生垣がなければイングランドではない。生垣はどこにあっても美しく興味ぶかいが、ダウンズのふもとの生垣ほどすばらしいものはなく、特にその生垣が、テマリカンボクや深みのあるイチイからなり、そこをキンポウゲがレースのように取り巻き、ノバラが彩って、芯《しん》が金色に輝く幾千もの白い小花、ピンクの小花に覆われていたなら、この上もない。[8]

生垣は、まぎれもなく魅力的な小宇宙だ。森が平地と出会うその変わり目は、多様に生命が息づく場所で、そのために英国ではここ数十年、農夫に森の際《きわ》ぎりぎりまで耕してしまわないように注意が呼びかけられてきた。生垣はいわば、森の縁《ふち》の縮小版だ。生垣は生物種に富んでいるばかりでなく、土地の来歴の手がかりにもなる。英国の科学者マックス・フーパー博士は面白い仮説をたてた。生垣は植えてから年月が経っているほど生物種が多様になるのはよく知られているが、博士は経験的にこの事実を調べ、ある公式を考案したのだ。フーパー仮説は、生垣三〇ヤード（約二七メートル）あたりにある樹木の種類を数え、その数に世紀をつけるとそれが生垣のおおよその齢になるというものだ。

土地の境界線上には、自然を知るほかの手がかりも隠れている。農業は土地を効率的に活用しようとするため、普通ならそここに散らばっている岩石を、農地からすっかり一掃してしまう。大きな岩は脇へ運び出され、小ぶりの石は開墾が始まるごく初期の段階で積み上げられ、境界線を示すための壁となった。石灰質の土壌の土地ではそうした石壁をほとんど見ることができないが、花《か》崗《こう》岩《がん》台地では、美しい石積みの壁があちこちに見られる。[9]

ある領域と領域の境をなす自然の境界には、暗黙のうちに対比が含まれる。アルゼンチンとチリの間を南北に走る国境線は、アンデス山脈によって、自然に引かれている。河川は、国を、国土を、地方を、地所を、一族を分ける。国土ほどの大きな規模ではなくとも、境界線のはっきりしていない土地の近くにもしも他を圧して目立つ自然物があったなら、それが境界としてあてにされることになるだろう。フンボルトは、カナリア諸島テネリフェ島のラ・オロタバに君臨するリュウケツジュの巨木に感嘆したが、それがその地では境界線の目印になっていた。[10]

境界線は、私有地をめぐる駆け引きと分かちがたく結びつく。あるものがまぎれもなくひとりの人間に属するということは、別の誰かには決して属さないことが明らかなわけで、歴史を通じて人類は、そこでこそ盛んに衝突を繰り返してきた。大規模な戦争もあり、小競り合いも起こった。英国で国立公園が整備されていくきっかけになったのも自由な散策の権利を求める運動で、一九三二年、ピーク・ディストリクトの最高地点であるキンダースカウトに大勢の人々が押しかけて、私有地に不法に侵入したことでいっそう活発になった。

境界線のなかには暫定的なものもあるが、だからといって効力が劣るわけではない。都市ではかつて、日没とともに門を閉ざし、日の出とともに開けるところが多かった。こうした人為的な境界はすべからく、わたしたちの旅に、物理的にも精神的にも影響してくる。レベッカ・ソルニットは一〇代だったジャン＝ジャック・ルソーの面前でジュネーヴの市門が閉ざされたことを、彼のその後の人生の転換点とみている。午後の散策から戻ってきたら生まれ故郷から締め出されていたルソーは、「出生の地を捨て、奉公先を捨て、そしてついには信仰をも捨てる決心をした。彼は門に背を向け、スイスをあとにした」[11]のだった。

西洋の旅人は、土地には万人が入っていい場所といけない場所があって、立ち入れない場所のほうがずっと多いのだという考えを根深く吹きこまれてきている。差異を際立たせる対比と境界線は、ここでも異なる考え方や行動が可能であることを示唆してくれる。ポンサン子爵ジャン＝ピエール・ゴントラン・ド・モンテーニュはフランス貴族の子息で、一九〇〇年に一族がフランス南東部に九〇〇〇年前から所有する地所で生まれた。探検家で旅行作家のゴントラン・ド・ポンサンとして知られるようになったゴントランは世界中を旅したが、彼の心を最も深く揺さぶったのは、北極での見聞だった。

この地で彼は、ユートピアの住人に違いないと思える人々に出会った。多くの人が荒っぽくて不愉快と感じたイヌイットの世界だったが、ゴントランは、境界からも所有からも解放されたその自由さに感銘を受けたのだ。その自由が、イヌイットの人々に意外な恩恵をもたらしていた。境界がないから不法侵入もなければ、所有がないから誰も人の土地や所有物を盗むということがない。コミュニティ内での盗みは、起こりようがなく、協力しなければ生きられないから、自分本位な振舞いの入る余地もない。おおかたの目には望ましくないと映っていた土地に、ゴントランは、最も自由なはずのはるか南の社会からは消え去っていた理想を見出したのだった。北極のイヌイットの社会が作り上げていた調和は、ゴントラン自身があとにしてきた世界とはあまりにもくっきりと、表裏をなしていた。[12]

第20章 川

水の表面は、ついにはすばらしい本になる。訓練されていない乗客にはただの死んだ言葉だが、わたしには惜しみなくその胸のうちを明かし、あたかも声に出して語りかけてくるかのように、いかにもはっきりと大切な秘密を打ち明けてくる。この本は、一度読んだら二度と手に取らない類いの書物ではない。毎日毎日、何かしら新しい物語が生まれてくるからだ。[1]

——マーク・トウェイン

歩いていて最初にアルン川がちらりと見えたのは、このあたりで最も高い、サウス・ダウンズの尾根からだった。川は流れの速さで恐れられていることなど知らぬげに、見渡すかぎりほぼまっ平らな高水敷を穏やかにくねっている。部分部分で空のそれぞれ異なる方角からの光を受けているらしく、まるで、あちらには銀のリボン、ここは白いリボン、そちらには青いリボンがかけられているかのようだ。

丘を下り、しばらく見えていなかった川と、谷でふたたび出会って、わたしは小さなホートン・ブリッジ村の橋の手前で足をとめた。橋は狭く、忙しく行きかう車は漏斗《じょうご》にはまったようにせきとめられている。大型トラックがじりじりと乗用車を追い抜こうとし、橋の両端では自転車や歩行者たちが固まって、渡る機会を待っていた。古びた建物に木製の札がかかっていて、これが一八一三年に建てられた料金徴収所だったことがわかる。車種別の通行料が記されていて、四輪の大型乗合馬車、軽装馬車、ランドー型馬車、そして「六頭立てベルリン型馬車」には、どれも二シリングが課せられていたようだ。

渡ろうとすると車が近づいてきたので、わたしは石壁の隙間の待避所に体を滑りこませた。歩道を設ける余裕などないから、歩行者の安全を守るにはこうした工夫がなくてはならない。川の上に張り出した窪《くぼ》みは、なんだか説教壇みたいで、水路を行く旅行者に一席ぶちたくなる。橋の下の川べりでは若々しい家族がカヤックを出す支度をしていたが、彼らにふさわしい説話など何も思いつかなかった。説教を垂れる代わりにわたしは石の橋脚《きょうきゃく》を眺め、灰色の石を撫《な》でては離れていくさざ波や渦に目を奪われた。

水の上からも、下からも、形が作られていく。橋の陰になって風が遮《さえぎ》られているところでは、水面は相変わらず鏡のようだ。そうでない場所では潮が弧を描いて、さざ波の間を動いていた。

＊

ロンドンのハイド・パークには、ジョン・ハニング・スピークを讃えたピンク色の立派な花崗岩《かこうがん》の記念碑がある。彼が、ナイル川の源泉がヴィクトリア湖であることを正しく確認したからこそ、碑はここにある。それは多くの偉大な人々を二〇〇〇年以上にわたって悩ませてきた謎の解明でもあった。ユリウス・カエサルは、ナイルの水源をひと目見られるのならば、戦争をなげうってもいいと言ったと伝えられる。[2]

歴史を通じてさまざまな人が、川の源流を突き止めるべく躍起になってきたのは、生命の源泉を理解しようとする試みともみえる。現代でいうなら、さしずめ宇宙のビッグバンに時間の始まりを見出そうとするようなものだろう。いまや原初の宇宙が、現代人が源を重ねみる揺籃《ようらん》なのだ。川はもはや、さほど大いなる思考の場ではなくなってしまったが、わたしたちの目が地球の外へと向かう以前は、長きに渡って、川こそがその役割を担っていた。

古代の大文明に不可欠だった水循環の仕組みのなかで、人がじかに使える水脈として、川は生命を潤してきた。ティグリス川、ユーフラテス川、黄河、インダス川、ナイル川、テベレ川……もしもこうした河川がなければ、人類の歴史は全体がまったく違った経過をたどったことだろう。歴史に深く刻まれている逸話のうちにも、川のほとりから発しているものがある。たとえば聖書における出エジプト記も、ナイル河畔地域からヨルダン川流域への移住とみることもできる。[3]

川は文明を支えると同時に、周期的に破壊もした。アッカド帝国は紀元前二〇〇〇年紀にティグリス川とユーフラテス川の旱魃《かんばつ》で衰退している。だから支配者たちがこぞって治水に取り組んだのも不思議はない。古代エジプトの王ネカウ二世は、［ナイル川から］紅海まで運河を通そうとした。最終的には断念するが、それまでに一二万もの工夫《こうふ》が犠牲になったとされる。川の営みがめぐる生命と重ね合わされるのも、無理のないことだ。

水は海や川、湖から蒸発し、樹木の葉から蒸散し、凝集して雲となり、雨や雪としてふたたび地上に落ちてくる。雨の水は低いほうへと流れるか、地中にしみこみ、どこか別の場所で泉となって湧いて出る。小さな流れが別の小さな流れとぶつかると小川になり、小川と小川が合流してさらに流れを大きくし、そうするうちに川となる。山々はその頂《いただき》や尾根から、王宮が遣わす急使さながらに、川を送り出している。

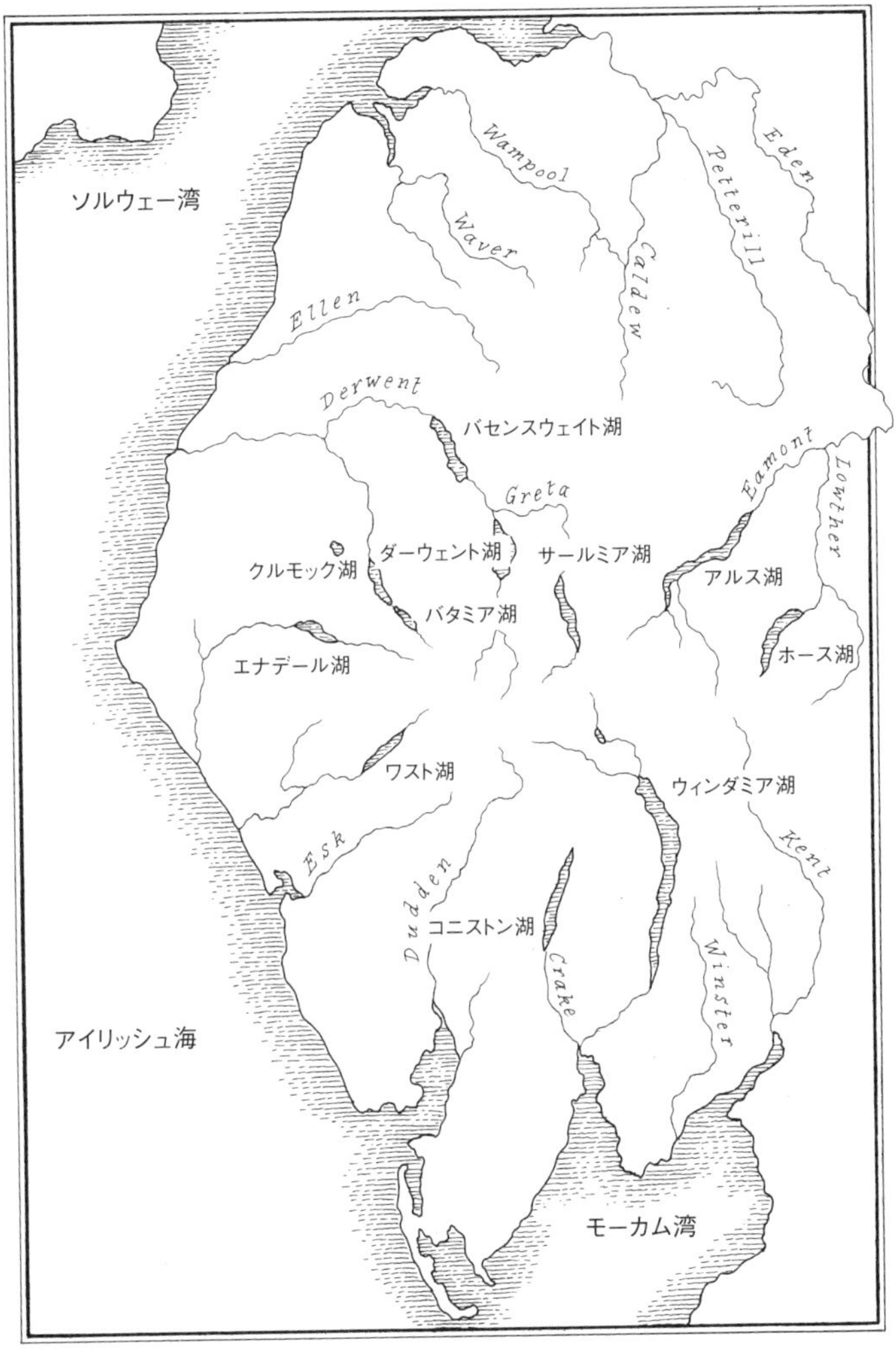
ソルウェー湾
Wampool
Eden
Petterill
Waver
Caldew
Ellen
Derwent
バセンスウェイト湖
Eamont
Lowther
Greta
ダーウェント湖
サールミア湖
クルモック湖
アルス湖
バタミア湖
ホース湖
エナデール湖
ワスト湖
ウィンダミア湖
Esk
Kent
Dudden
コニストン湖
Crake
Winster
アイリッシュ海
モーカム湾

湖水地方の川と湖

イングランド北部の湖水地方を流れ、やがて集まる水路は、上空からはスカフェル・パイクの頂上と、東から南東へ向かう高地の尾根とから放射状に流れ出して見える。高地では、川や湖は、疲れて充血した目の血管が瞳を中心に広がっていくように、一点から四方へ放射していくのだ。

ロッキー山脈は、大きな谷で水の流れを分けている。西側を流れ落ちる川は、ユタ、アリゾナの各州とロサンゼルスに飲み水を供給し、反対側を流れる水が、大河ミシシッピを満たす。[4] 山は川を形作り、川が山を形作る。マルコ・ポーロは丘の際《きわ》を流れるある川「中央アジア・パミール高原のカシュガル川」を見て、この水で育つ牧草を食べたなら、痩せた家畜も一〇日のうちに肥えるだろう、とその養う力を讃えた。[5]

水の循環には終わりがない。川は出現すると同時に蒸発を始める。水は常に状態を変え、もしも川が干上がれば、ひび割れた川床《かわどこ》から死がやってくる。オシリス神はナイルに年ごとの氾濫をもたらし、川岸を越えてきたその水が谷や文明に滋養を与えるのだが、この神は同時に冥界の支配者でもある。

水は母性でもあり、命を産む。ただし彼女は、母の力を忘れた子どもには容赦のない暴君ともなる。古代エジプト人はこの母を愛をこめて見つめたが、その眼差しには不安も宿っていた。ナイル川の水深計《ゲージ》は、母の気分を測るものでもあって、一二キュビットは飢饉を、一三キュビットは空腹を表わし、一四になると上機嫌、一五は安定で、一六は幸福と歓喜をもたらす[6]——満足げに見守る母ということか「キュビットは長さの単位。一キュビットが肘《ひじ》から指先まで」。

川の力は気まぐれに上下して人々を翻弄する水の深さにあるだけでなく、流れの速さも、人々を支配する。一八七三年の七月、ロシアの軍人で地理学者にして探検家でもあったニコライ・プルジェワリスキーが、ゴビ砂漠のはずれの一画を調査していて、山が霧に包まれているのに気づいた。雨が降ってくる兆しだ。ほどなく雨が降りはじめると、プルジェワリスキーはテントに水が入ってこないように、周りに溝を掘らねばならなかった。雨は一時間にわたって激しく降りつづき、地面が吸収しきれない水が、山の「あらゆる裂け目や谷間を」流れ落ちはじめた。断崖を滝になって落ち、彼らがキャンプを張っていた峡谷の川にもどんどん流れこんでくる。川はやがて奔流《ほんりゅう》となって、ごうごうというとどろきまで聞こえはじめた。

山の上のほうからの鈍いこだまが、水が近づいていることを警告していた。数分も経つと、わたしたちのいた峡谷の深い谷底は、コーヒー色の濁流にあふれ、岩やもっと小さな石くれなどが無数に運ばれてきた。谷の壁にぶちあたる勢いはすさまじく、地面そのものが、まるで地震でもきたかのように震えた……雨はいささかも衰えることなく降りつづけ、奔流はますます膨れ上がった。峡谷の谷底にはあっという間に石や泥、流木が溜まって、水は流路を失い、高い地面にあふれ出した。わたしたちのテントからわずか二〇フィート（約六メートル）ばかりのところを濁流が走り、通り道にあるものを何もかも押し流していった。[7]

川の持つ力には、単純ながら恐ろしい関係式がある。流れの速さが倍になると、運べる物体のサイズは六四倍に跳ね上がるのだ。[8]川の流れは岸辺から離れて中心に近づくほど速くなるため、何でもない浅瀬から一歩内に入ると、ほんのわずか深くなっただけでも足をとられ、容赦ない自然の力学を認識する間もあらばこそ、流されてしまうこともありうる。カリフォルニア州南部のテハチャピ山地の嵐で増水した川で、列車が半マイル（約八〇五メートル）も下流に流され、川底に埋まったこともある。[9]

とはいえ、こうした恐ろしさのせいで川の美しさが損なわれてしまうわけではない。むしろ、だからこそわたしたちは川への敬意を新たにし、いっそう愛するようになるのではないか。ナン・シェパードは愛してやまないケアンゴームの地について語るとき、この逆説に敏感だった。

> 水の一番すごいところは、その力強さだ。わたしは閃《ひらめ》く水が好き。ちらちらきらめき、音楽を奏で、しなやかに、たおやかに、わたしの体を軽く叩いていく水が好き。けれどわたしは、その強さを恐れる。わたしの遠い祖先たちが、崇拝する自然の力を畏《おそ》れただろうように。[10]

おそらく、この愛と恐れとを越えたあたりに、もっと気まぐれで、それでいてもっと根源的な、人と川との関係を表わす言葉があるのだろう。川には昔から、洗濯のようないたって実用的なことから、心をすがすがしく洗い流してくれるといった精神的なものまで、さまざまな価値が付与されてきた。生と死に川が果たしてきた神聖な役割を考えると、宗教的な意味合いもみておかねばなるまい。

太古の昔、澱《よど》みなく流れる川の水は、そこに魔術や妖術のない証しだったという。ヨルダン川はキリスト教とユダヤ教の両者にとって聖なる川だったし、[11] 帝国内の異教崇拝を弾圧したローマ皇帝ユスティニアヌス一世も、フィラエ神殿で川に縁《ゆかり》のあるオシリス神に捧げものをする習俗を完全に制することはできなかった。[12] 時に水は深く流れ、川は知らぬ間にわたしたちの心に入りこむ。川のそばで過ごしても何も感じない鈍感な人であっても、そこから離れるときにはきっと何がしかの淋しさを感じるはずだ。

古代エジプトの探検家たちもナイルを南に遡り、また戻ってきた。そうした探査の記録が、ハルクーフなる探検家の墓碑に刻まれている。この墓碑銘は、現存する古代の探検記のうちでも相当神秘的なもので、いくばくかの作りごとが混じっているに違いない。墓碑銘によるとハルクーフは数回にわたって上流へ赴き、そのたびに南方に住むヌビア人［現在のエジプト南部からスーダンにかけての地域の住民］の情報と産品を持ち帰った。ハルクーフがエジプトにもたらした品々には、香料や黒檀《こくたん》、ヒョウの毛皮、象牙などがあったが、彼は探検家の例にもれず、自分の偉業がまっとうに評価されないかもしれないと勘づいていたに違いない。というのも最後の探査の折、狙いどおりの反響を巻き起こす手土産を伴ってきたのだ。それは「踊る小人」だった。王からハルクーフに当てた書簡が墓碑にそっくり写してあるが、これを読むと国王がいかに好奇心をそそられたかがよくわかる。

ただちに、北の王宮（カイロ付近のメンフィスにあった）に参じ、そなたが精霊の国より、生きたまま元気な状態で連れ帰った例の小人を連れてまいれ。神々に踊りを捧げ、王の心を慰めるために。上エジプトと下エジプトの王ネフェルカラー［ペピ二世］、永遠なれ。[13]

川があればたどろうとする本能は現代のわたしたちにもある。それは、川のそばを通る小道や道路や鉄道の数をみれば明らかだろう。川沿いの幹線は、峡谷に狭められてしまうこともあり、旅人には窮屈でも、川筋をたどる魅力は単に実用性の問題ではないのだ。一八四一年にアルゼンチンの田舎で生まれ、イングランドのワージングで生涯を終えたウィリアム・H・ハドソンは、ナチュラリストとしていまも一目置かれる存在だが、水源から海岸までずっと川をたどっていくのが、何より楽しい余暇の過ごし方だと語っている。

川は陸地を掘り進んでいくとき、氷河のようにぐいぐいと、何もかもをまっすぐ平らにならしていくわけではなく、ねじれたり曲がったりしながら水路を刻んでいく。曲がり目はどれも、下流を目指す川にとっては障害物で、川はこの邪魔者をなんとかやりこめようと全力を投入する。土手にぶつかれば浸食し、堆積物は拾い上げ、下流の静かな流れに落としていく。川の屈曲は絶え間なく変化するのだ。

一八〇四年八月三日、白人で初めてミズーリ川沿いに太平洋まで大陸を横断したルイス・クラーク探検隊の片割れ、ウィリアム・クラークが七面鳥を追いかけていると、ミズーリ川が川筋を変えようとせっせと励んでいる現場に出くわした。水の流れが川べりを襲い、土手が崩されていく。土手から削り取った土くれを、川が下流に積み上げるのにクラークは目をとめた。二年もあれば最も脆弱な土手は完全に切り崩されてしまうだろうと、彼はにらんだ。[14]

しかしその川も海に近づくと新たな形をまとい、名前も、その性格も変えてしまう。川は河口となり、淡水と海水が入り混じり、拡がって三角州《デルタ》（「デルタ」はギリシャ語アルファベットの第四字で、その形が三角形をしている）を形成する。河口も川の一部ではあるが、海の塩水の勢力下に入るのだ。

真水と塩水の戦いは公平ではない。大雨のあとなら川が海側に水を押しこむけれども、海のほうは月の助けも勘定に入れられるうえ、何しろ事実上供給は無制限だ。もしも世界中の海水を地上に均等に広げたら、深さは二キロ以上になる。一方世界中の淡水を集めて地上にまいても、深さは四五センチに達するのがやっとだ。この不均衡が最もよく見て取れるのが河口域で、ここでは潮汐《ちょうせき》が水の動きを支配し、塩は、触れるすべての生命に甚大な影響を及ぼす。

目まぐるしく、乾いたり濡れたり、塩水になったり真水になったりする環境に、喜んで耐える生き物は多くはない。そこで、河口周辺の地面が満潮の塩っぽい水にさらされると、川べりの生命も変化する。淡水が海水に持ち場を明け渡すと、陸生植物や動物の多くが音をあげ、代わりに専門家が登場するのだ。海藻のヒバマタ、明るいオレンジ色の地衣類、そしてぬかるみを好む虫や、その虫を好む鳥類である。ミドリガニのような海辺によくいるカニでも、入江の奥の真水に近い汽水域でも生きられるように進化したものがいる。塩分濃度を自分の体液で調整しているのだ。オオソリハシシギは冬場、英国の干潟《ひがた》や砂州《さす》で休み、何千羽もが群れをなして、夏には北極へ帰っていく。

川は、空気中に自分のにおいを振りまきもするが、河口付近には、汗だくになった体操着のようなにおいから流水で洗ったばかりの清潔な洗濯物のようなにおいまでが入り混じる。中世アラブの学者イブン・ジュザイは、バスラ［現イラク南東部］のそうした空気が不健康のもとだと信じていた。満潮時には町を流れる川にアラビア湾（ペルシャ湾）の海水が上がってきて、きれいな甘い真水をのみこんでしまうからだ。そのためにバスラの住民は健康を害し、肌が黄色くなる、と彼は考えた。

そして、同じことを見て取った詩人の詩を引用している。

われらのなかのレモン色は
涙の面影
そう、神は病持ちの衣を着せた
愛の奴隷に、そしてバスラの民に[16]!

イブン・バットゥータは同時代のマルコ・ポーロよりも広い範囲に足を伸ばした中世アラブの旅行家だが、バグダッドで彼が感じた川の役回りは、もっとずっといいものだった。バットゥータにとってティグリス川は、バグダッドの街で唯一美しいといえるもので、東と西の市街のあいだの鏡、あるいは「ふたつの乳房の間のネックレス」[17]にたとえている。川が鏡の役割をすることは、市街であれ原野であれありうるが、黄昏時の川べりで、凹凸に富んだ街のスカイラインが川面でさかさまに揺れるさまは、どこか神々しく感じられるものだ。

とはいえ市街地では空間は逼迫《ひっぱく》しているし、川は確固として動かず、それでいて何かあればすぐあふれたりと不安定な性質であるだけに、わたしたちは結局、川を治め、ある場所では曲げ、またある場所ではまっすぐにしようとすることになる。橋も、運河も、ダムも、堰《せき》も、わたしたちの願望に川をはめこもうとする試みだ。文明を生み、さらには巨大な都市を誕生させるきっかけとなった川も、その後の世代にとってはただの邪魔ものとなり、囲われたり覆われたりしてしまう。いま、都を潤す富の源流である産業革命が、セヴァーン川にのぞむアイアンブリッジ一帯から始まったのは、なんともよくできた話だ。そしてまた、現代の消費と商業の聖地で、世界でも有数の活気あふれる街、ロンドンのオックスフォード・ストリートが、何人にも見ることも、嗅ぐことも、聞くことも、触れることも、味わうこともできない川の上に通っているのは、なんとも皮肉である。自然の姿を断固として覆い隠してしまったら、それをふたたびむき出しにするのにはかなり手間がかかる。第二次世界大戦当時、ドイツの爆弾がオックスフォード・ストリートに着弾し、おかげでタイバーン川は息を吹き返した。だが、川はその後またしても覆われてしまい、今日に至っている。

川は、環境保護と経済発展の狭間をもがきながら進む。一九七〇年代には水力発電所の計画が、カナダ・ケベック州に住むクリー族の人々の生活を支える狩猟や漁業を脅かしたし、中国長江の三峡に最近［二〇〇三年］作られた巨大なダムも世界の度肝を抜いた。流れる水は生と死の世界を隔てる線ともなるが、ある生き方と別の生き方とを分かつものともなるのだ。

古代中国の哲学者老子が「水は善く万物を利して争わず、衆人の悪《にく》む所に処《お》る。故に道に幾し（水は争わず流れるのみ。また水は、人が見放した場所を流れ、その点で道に似ている）」と書いたように、流れる水は偉大な知性を数多く惹きつけてきた。自然の一形態としての水は、なんの苦もなく、科学・数学と文学・芸術とを橋渡ししてしまう。歴史上比類ない大学者のレオナルド・ダ・ヴィンチも流水に魅せられたひとりで、彼の画帳は動く水のスケッチでいっぱいだった。しかも単なる手すさびではなく、ダ・ヴィンチは流体を理解したいという野望にとりつかれていた。

第二次世界大戦時のオーストリアの捕虜収容所でのトポロジーの研究で知られる、フランスの数学者ジャン・ルレーは大戦が終結するとフランスに戻り、パリ大学で数学の教授になった。パリでのルレーもよく、セーヌ川に架かる橋、ポンヌフにたたずみ、川面に起こる大小の渦を眺めて過ごしたという。眠りに誘うようなうっとりする渦の乱舞にルレーは惹きつけられ、この模様を数値化しようと取り組んだ。ルレーはこうして、流体の動きを解明する一大先駆者となったのだった。

数学の世界には流体の振る舞いを定型化しようとする、複雑かつ骨の折れる分野があって、足を踏み入れる勇気ある者の挑戦を待っている。それはともかく、水の流れとそこにできる模様の間には単純で美しい関係が存在していることが、一九世紀も終わるころに発見された。

水は、水中の円柱のそばを通るときまっすぐ滑らかな線を描くが、ある速度に達すると激しく渦を巻く。この渦巻きが起こりはじめるスピードは、レイノルズ数というもので定義される。レイノルズ数は、水のスピード（m/s）を柱の直径（m）で掛け、水の粘性係数（m^2/s）で割ることで得られる。この数式が美しく不思議なのは、すべての単位が互いに消去しあい、結果無次元の数値が、すなわちなんの単位もついていない数が得られるところだ。

レイノルズ数が四〇を超えると渦ができるが、それより小さいと水は平穏に流れる。しかし川はほとんどが、レイノルズ数がほぼ一〇〇万を超えるような速度で流れていて、潮の影響を受けると一日に二回、流れの方向がいったん止まって逆転する。この満ち潮と引き潮の前後、ほんの数秒の間だけ、川の水は橋脚のそばも渦を巻くことなく、まっすぐに流れるのだ。[18]

レイノルズ数にみられるように、流体には渦を巻こうとする性質があり、それが、空の雲から木星の模様、シャンパンの泡まで、さまざまな形を生み出している。明らかにこれも、自然が秘めて

ニュージーランドの網状流路、ワイマカリリ川

いる数のひとつだ。

　もうひとつ、この関係で、わたしたちの身近な環境でも、地球を遠く離れた環境でも、どうやら普遍的に造り出されているとみられるものがあって、粒子の粗いなだらかな斜面を流れ落ちる場合、水は常に網状に交差した川となり、環《わ》を描いて接近したり離れたりしながら合流し、中州を形成する。ニュージーランド南島には有名な網状流路、ワイマカリリ川があるが、火星にも網状の河川地形が見られるという[19]。

　英国の写真家スーザン・ダージェスも、ダ・ヴィンチやルレー同様、水の流れに魅了されている。ただし、彼女の探究はまったく異なる手法をとった。ダージェスは、自分が見た渦の瞬間をとらえようと、長いあいだ苦闘した。水の表から撮影した写真はいずれも、渦巻きのできる驚きの感じを表わせていなかったのだ。そこで彼女は印画紙をガラス板に挟み、夜のトー川に沈め、そして上から瞬間的に光を当て、水面下の渦が印画紙に写るようにした。[20]

数学者は数値に美を見出すが、ダージェスは、渦とのもっと親密な関係を示そうとする。そのためにダージェスは、写真を人の目線を意識した縦長にプリントしてもいる。彼女は、見る者を、レンズを通した視点からも、人の目を通した風景として見ようとする概念からさえも解放したいのだ。縦に長いプリントは、水に直接包みこまれるような感覚を生じさせてくれる。ダージェスにとって流れる川の渦巻きは、人の想像力のはたらきと対をなすものなのだ。

ダージェスは日本で過ごした時期もあり、個から普遍を見ようとする道教の哲学に通じている。川の渦が、科学・数学と文学・芸術に東洋の哲学を溶けこませたというわけだ。

川の流れは複雑すぎて、下手をすると溺れてしまいそうだが、らしくない哲学者が要点を見出し、わたしたちをすくい上げてくれる。

時々ね、橋の下のほうの手すりに立って川がゆっくりと下を流れて離れていくのを見ていると、突然、知らなきゃいけないことは全部わかったな、って思うんだ。[21]

この哲学者、名前をクマのプーさんという。

第21章　地上の線

平坦ではない土地を貫いて白々と続く道が、どこか遠くにあるものへのはるかな憧れ――ゼーンズフト――をまざまざと物語っている。[1]

――ロバート・ルイス・スティーヴンスン

遠く、黄金色の実りのなかに、いくつか線が走っていた。でたらめでも行き当たりばったりでもなく、十文字に交差して、ある場所では平行に走り、次第に離れていく。どうやら、シカがいたずらをしたあとではないかとわたしはにらんだ。

野原に獣がつけた道を見ているうち、自然とこれまで歩いてきた経路に思いを馳せていた。一番わくわくしたのはアルン川から離れる道筋で、思いがけず泥が完璧に平らにならしてあった一画だ。ずいぶんと前に、石灰質のぬかるんだ泥が農作業機に踏み固められ、そのまま乾いてまるでガラストップのテーブルの天板並みに滑らかになっていたのだ。あの上で玉突きだってやれてしまっただろう。いまはなき農作業機は、ぬかるみにアイロン掛けするときに、ほんの少しばかり皺《しわ》を残していた。平行に走る皺は、氷河が岩に刻んだ擦痕《さっこん》のようだった。

＊

探検家たちは、道路に、あるいは踏み分け道や小道にさえも、雑多な感情を呼び覚まされる。イブン・バットゥータは新鮮さがなくなるのを厭《いと》い、一度歩いた道は極力避けた。対照的に、SF小説や政治小説をものしたH・G・ウェルズは、ユートピアにはきっと、歩きたくなる道が縦横に走っているだろうと請け合っている。[2] 何より公道の眺めを好んだワーズワースに対して、アメリカの作家ジム・ハリスンにとって獣道でない踏み分け道は「感覚に対する侮辱」[3]でしかなかったし、道路はウマと商売人のためにあると宣言したソローはどちらも好んではいなかった。一方でミニマリズムの芸術家カール・アンドレには、道路も一個の彫刻だった。[4]

小道も道路も、わたしたちを先へと導いてくれるものだが、そこにはかすかにお定まりのにおいもする。すでに「なされて」しまって、道にあとをつけている旅のにおいが。地上に引かれた線は、新たな冒険へのいざないなのか、それとも無頓着な足や轍《わだち》のつけた傷あとに過ぎないのか。その軌跡は陸を分かち、わたしたちの思考を分かつ。旅は時として、何かを探究するためのものであって、ただ単にふたたび歩き出す機会さえできればいいというわけではない。その時、道路は押し黙ってしまう。英国の哲学者アラン・ワッツの言葉を借りれば、「すべての道路をただ果てまで探究しようとする者を、いずれの道路もどこにも導かない」[5]

わたしたちが小道や道路をどう感じるかは、いつも同じわけでもない。草の長い穂が足をくすぐるのを楽しく感じられるか、コンヴァーティブルで丘を登り、見えてきた海の眺めに、サンフランシスコのスティーヴ・マックイーンになりきって爽快感を覚えるのか、そうした心境に影響を受ける。もし単なる一歩行者で、行きかう車に道路端に追いつめられ、クラクションを鳴らされて息も絶え絶えになっているなら、わたしたちの心境は爽快とは正反対の方向にねじれるだろう。同じ道路でも、一日の始まりと終わりでは違うものに思えるかもしれない。人生の道をとぼとぼとたどっていくことの骨身にしみるような疲弊感は、英詩人クリスティーナ・ロセッティには恰好の隠喩のたねとなった。

道路はどこまで曲がりくねり、登りつづけていくの？
そう、最後の最後まで。
今日の旅は、丸一日、ずっとかかるの？
そうだよ、友よ、朝から晩までね。[6]

かつて道はどこにもなかった。やがて獣が道を作り、靴を履いた生き物が、自分たち向けの道にしつらえた。自然のなかの獣道は、最初は楽しくても、だいたいは失望するはめになる。生い茂る雑草がしっかりと踏みしだかれていると、急きたてられるような思いで嬉々として進んでみるけれど、見つけたときと同じように忽然《こつぜん》と消えてしまうのだ。動物たちも人間同様効率を好むので、獣道には彼らなりの論理がある。そして古く人が作った道のなかにも、最初は獣が開拓してくれたところを、人間が確固たる意思をもって踏みしめたものがある。だが多くの道路はそうではない。道はどこかへとつながる経路に誘いこむ線であり、そこを以前に通ったものの意図を反映しているからだ。だが、動物と人間の意図はずれていて、人間の意図のほうがずっとわかりにくい。

小道は、できはじめるときにはまだそれほど生活に密着していないから、別のルートを選ぼうとする者がわずかでも多ければ、最初の道は消滅してしまうこともある。小道を世に送り出そうとした誰かが、その道が栄えずに終わることを恐れて、ケルン、つまり石を積んだ標識を置いて、あとから来る人たちに、ここに道ができたことを知らせようとする場合もある。ケルンは石ばかりでなく、その地で入手可能な素材で作られることがあるため、道の通っている場所の性質を知る手がかりともなる。マルコ・ポーロは、現在のアフガニスタンのバダクシャンで、ヒツジの角と骨が積み上げられて、道を示しているのを見ている。ヒツジは、ずっとつきまとってきたオオカミたちの餌食になったのだった。[7]

もし道を先へ進むための案内役と見ることができるなら、道がないのは道を作れという誘いであるとみることもできるだろう。一般論としては、これはもちろん探検家の領分だが、個々のレベルで見てみると、道なき道が作られていく過程はとてもわくわくさせられる見ものだ。一九世紀の半ばにフランスのフォンテーヌブローの森に踏みこんだとしたら、木の色の服に身を包み、大きすぎる帽子をかぶり、眼鏡をかけて、血管の透けてみえる頬《ほお》を秋の葉さながらに紅潮させた、小柄な男がいるのに出くわすだろう。彼こそ、クロード・フランソワ・ドゥヌクール氏、フォンテーヌブローの森の伝説で、その名と着想は、森という広大な領域さえ越えて広く知れ渡っている。

ドゥヌクールは何年もかけて森に道を開き、自然の世界に外から近づくことを可能にして、多くの人々の目を、森の中に息づいているものに向けさせた。お偉方の機嫌を損ねないよう気を遣いつつ、夜間、ランプを携え、コートの下にペンキの壷《つぼ》を隠して森に忍びこんだ。それから長い時間をかけて岩や木の幹に青い矢印を描いて、行き先を示した。多くの者が、この矢印に従って、実際に歩いたのだった。ドゥヌクールは徒歩旅行者のためにルートを記すという行為を初めて行った人物で、その遺産は今日、自然散策路の順路を示す矢印や、明るい色で地面に描かれた足あとの形で世界中に散らばっている。[8]

何千年もの間、多くの人が探索の旅に出ることができたのは、ひとえに巡礼者のおかげでもあった。彼らは特定の目的地に向かって、決まった道をたどっていったのだ。ソローは、「うろつく、ぶらつく（saunter）」という語が、聖なる地「サン・テール（Saint-Terre）」に向かう巡礼者という建前で、その実、「あてどなく田舎をぶらつく怠惰な人」に由来する言葉だと信じさせたかったようだ。[9]つまり、目的をもって、まっとうな道（聖なる地への道筋ほど、まっとうなものがあろうか）をたどる者は高潔であり、道をそれるのは堕落した行為とみなしたといってもいいだろう。ソローの説にとりあわない人は少なくないかもしれない――「サン・テール」の語源は曖昧だ――が、聖地がたしかに、どんなに遠い道のりでも巡礼者を呼びよせ、彼らの足がしっかりと道を踏み固めてきたのは間違いない。中世ヨーロッパ中で最も有名な巡礼路といえば、スペインのガリシア州にあるサンティアゴ・デ・コンポステーラに向かう聖ヤコブの道だろう。古く古代ローマ人たちが踏みしめた道は、いまも多くの巡礼者や徒歩旅行者に利用されている。

ベネズエラで道の思春期とでもいえそうな興味ぶかい瞬間に立ち会ったのがフンボルトだ。シリャ山の山頂を目指して出発した際、ガイドたちが、これから案内する道は密輸業者がよく使うのだと説明した。また、密輸業者を追う民兵もよく通るという。[10] この両者に加えてこの道に台頭してきたのが、フンボルトもおそらくは知らず知らずのうちにその先鋒となってしまった、余暇を楽しむために歩く人たちと、そのための専門ガイドの一団だ。密輸目的で生まれた道が、もっと幅広く、豊かな道へと花開こうとしていたわけだ。

当初の目的が信仰にせよ、うしろ暗い取引にせよ、道には、先に通った人々の分別と意欲が凝縮されている。効率を優先した道ならば、できるだけまっすぐ、経済的に、そして便利なように造られる。だがもし目的が余暇であれば、たとえば眺めを楽しめるように、どこかでカーヴしていたりするかもしれない。近ごろでは丘の探索路の人気は、実用性でなく、歩いてどれだけの経験ができるかで決まるようだ。歩いていれば、実用一辺倒の経路が、変化に富んだ道に取って代わられそうになっている実例を見つけることも可能だろう――たとえば、次の村へ一直線に続く道路と、少しばかり遠回りになるものの、川を眺めながら歩けるルートとの分かれ道などで。[11]

道はしかし、そこにはない知恵までひねり出してくることはできない。道といえども全能ではなく、間違うこともあって、一九世紀にナイアガラの滝を訪れた観光客は、期待したほどの眺めと出会えずに拍子抜けしたものだった。これを打開するために、造園家にして世界初の景観建築家《ランドスケープ・アーキテクト》フレデリック・ロー・オルムステッドが雇われた。彼は滝へいたる順路を変え、訪れた人が来てよかったと思える空間［アメリカ最古の州立公園］を作り出すことになる。[12]

現代の丘陵《きゅうりょう》地帯では、道筋が直線に近いかどうかで道の成り立ちがわかることもある。古い道ほどまっすぐなのは、尾根や峠を通すほうが路面が乾きやすいためでもあるが、徒歩や馬上の旅人が、峠を越えるのをとりたてて苦にしないからでもあった。だが車輪が導入されて舗装が普及すると、斜面を巻くようにして道路が造られ、勾配のきつさは迂回《うかい》される。また地図を見て来歴がわかることもある。古い道は土地の境界線に沿っているが、新しく造られた道路は土地の中を突っ切っている。農地を貫く道路があれば、その道路は農地より新しいと考えられる。

こうした小道や道路を通るときには、周囲の風景はもちろんのこと、路面そのものの感触もまた、旅に影響を及ぼす。ダーウィンは、ブラジルの石英質の砂にウマが蹄《ひづめ》を下ろすたび「ちゅっちゅとさえずるような音[13]」がするのを楽しんだ。だがわたしたちはたいてい、楽しむよりも不快な感覚に気をとられがちだ。英国の歴史家エドワード・ギボンは、「シェフィールド・プレイスからイースト・グリンステッドまで行く間、固く凍って、重なり合いながらどこまでも続く轍《わだち》のせいで」危うく死にかけたと述懐している。その路面は「北米インディアンの伝統住居ウィグワムへ続く道も顔負け[14]」だったという。一方で盲目の旅人ジェイムズ・ホルマンは視覚以外の感覚を常に研ぎすませていて、「道そのものに楽しく意識を集中する」のを好み、季節によって路面が変わっていくのを――三月の雪解け道のぬかるみが、暖かな四月にはしっかりと固まっていく感覚を、味わうことができた[15]。

ひどい道路の評判は、以前そこを通った人たちの話からわたしたちにも伝わってくる。そうした口コミが、物憂げにぶつぶつ続くラジオの交通情報だったり、インターネット上にあふれる道路情報に進化してきたわけだが、こうした消息が、信頼性はいまひとつながら、もっとずっと豊かに語られていた時代があった。中国の旅僧玄奘《げんじょう》（三蔵法師）に、七世紀中央アジアの道と天気の最新情報をレポートしてもらおう。

道は険しく危険に満ち、恐ろしく凍てついた風が噛みつくように吹きつける。猛々《たけだけ》しいドラゴンがしきりと絡んできては、旅人を妨害して苦しめる。この道を行こうとするなら、旅人は、赤い着物を着ていてはいけないし、うるさく音を立てるひょうたんを持っていてもいけない。こうした用心をわずかでも怠れば、何かしらの不運に見舞われる。荒れ狂う風が突如嵐となって砂と砂利を巻き上げ、これに出くわした者は、疲労に打ち沈み、まず間違いなく死を迎えるのだ。[16]

靴や荷車や車が深く食いこみ、道は周辺より下へと沈む。それが通る土地よりも低く下がって、両側の村を見上げるようなこともある。オールトンへの途上、ギルバート・ホワイトは、一八フィート（約五・五メートル）もの岩をすり減らしてできた切り通しの断面で、絡まり合った根やら凍りついた水やらが、通るご婦人方を脅えさせているのを見た。[17] 近年の道路建設では、岩は前もって吹き飛ばしてしまい、こういう磨耗《まもう》の過程は乱暴にも一息で進められてしまう。両側の岩石層を観察するのに、もってこいのポイントになってはいるのだが。

その土地を通る幹線道路脇の生態には、道路の鼓動も反映される。道の真ん中で生き延びられる植物はまずないし、絶えず何かが通っている道路の端で喜んで生きながらえようとするのもごく少数派ではある。とはいえ、そこでがんばりぬく頑丈なやつもいくらかは存在する。英国ではコシカギクやセイヨウオオバコが雄々《おお》しく道端に根をはっている。[18]

もっとも、道は一方的に与えるばかりではなく、歩行者がもたらす生命もある。パトリック・ホワイトフィールドによると、ウェールズで最もいいブラックベリーは、昔から家畜追い人が行き来した道沿いにあるという。家畜追い人は、ウシやヒツジを追い立てながら日がな一日好きなだけブラックベリーを摘んで食べることができたし、それだけに美味しい実だけを選り好みすることもできた。彼らが口にした最上のブラックベリーの種が道端で家畜追い人の尻から出され、次の世代の実りにつながっていったというわけだ。[19]

人間が大陸を越えて種を運ぶこともある。ダーウィンが進化論を初めて明かした相手である探検家のサー・ジョセフ・ダルトン・フッカーは植物学者でもあって、インドで、道沿いにペンペングサが生えているのを見つけた。ペンペングサは英国ではありふれているが、インドでは固有種ではない。はからずも移入されてしまったものだろうとフッカーは考えた。[20]

冬場、凍結防止に道に撒かれる塩も、雑草が生えるのを防ぐばかりでなく、海岸に生育する植物を招き寄せることがある。たとえばデンマーク・トモシリソウが可憐な白い花で春の高速道路を縁《ふち》取《ど》ったりする。[21]また、高速道路の脇や線路沿いにリンゴの若木が時々見られるのは、乗客が食べたリンゴの芯《しん》を、猛スピードで走る車両の窓から投げ捨てたことによるのだろう。[22]

機械化された交通手段を使うと、通過中の土地とつながる機会が絶たれてしまうけれども、一方で新たな視点も生まれる。密閉され空調された車両での移動は、高々とラクダの背に乗って進むトゥアレグ［ベルベル人系の遊牧民］のようなスリルは望めないものの、同じ時間をかければ車のほうがラクダよりはるかに多くの景色を通り抜けるのだから、感性さえ研ぎすましていれば得るものはある。残念ながら、わたしたちは新しい交通手段になじむには、ほとんど時間を要しない。ほんの一〇〇年足らず前には多くの旅行者が空飛ぶ乗り物に乗れるというだけで、喜んで一年分の稼ぎに相当する金額を費やしたものだが、現代のわれわれが飛行機に乗ってすることといったら、機内誌を読みふける、機内上映映画に見入る、あるいは耳に栓を突っこんでそこから流れる音楽に没頭する、といった具合で、実際、唯一やらないのは、窓の外に広がっているはずの、ほかでは決して得られない光景に目をやることくらいだろう。鉄道の旅も、通勤列車とか、街に着いたら出なければならない会議とかの連想で、すっかりつまらないものになってしまった。鉄路のロマンがしぼんだとはいえ、鉄の大蛇《だいじゃ》がかつてはいかに異質なものであったかを思い出してみるのも悪くないだろう。

北米インディアンのスー族のプレンティ・キルは、一八六八年に生まれて一九三九年に亡くなった。ルーサー・スタンディング・ベアの名でも知られる彼は、スー族の見張り役が「巨大なヘビがプレーリーをのたくっている」と報告してきたことを覚えていた。ヘビとはユニオン・パシフィック鉄道だった。一八七九年、スタンディング・ベアが役所の建物のそばで友だちと遊んでいると、スー族の若者がふたり、白人のようななりをしてやってきた。一緒に来いと口説かれて、スタンディング・ベアも、キャンディを餌に少年たちを釣る政府職員とともに、「白人のやり方」を教わりに東部へ向かうことになった。そのとき彼は生まれて初めて鉄道に乗ったのだが、年かさの若者たちは、白い人間が日の昇る場所にお前たちを連れていって、世界の果てから突き落として殺すんだ、と年端のいかない少年たちを脅かした。彼らはみんな、世界は平らだと信じていたのだ。
スタンディング・ベアは、東に向かっているために自分たちの正面になる満月を見つめた。月がどんどん大きくなっていく気がして、月に近づきすぎるのではないかと心配になったものの、疲れていた彼はうつらうつらしはじめ、そのうちに年長の若者たちに起こされた。彼らがなにやら発見したというのである。若者たちは少年らに、窓の外を見ろと言った。

外を見ると、なんと今度は月が後ろになっていた！ どうやら自分たちは、月が昇る場所を通りすぎたようだ。とんでもない謎だった。大きい兄さんたちはまた勇気の歌を歌いはじめていた。わたしはすっかり目が覚めて、油断しないようにしていた。今度は何が起こるのか。でも何も起こらなかった。

あとになって、ペンシルヴェニア州のハリスバーグで、列車はカーライルに向かうため西に方向を転じるので、月が後方にくることを知った。それにしても、月の昇る場所を過ぎたから殺されると思いこんでいたとは。[23]

列車の旅は思い出させてくれる。日々のありふれた旅でも、面白い事件など何も起こらず、ただただ疲れるだけの行き帰りにも、その気になれば窓はあるのだ、と。ジョン・ミューアがアメリカで最も尊敬されるナチュラリストに挙げられるようになったのは、彼が途方もないものをたくさん見てきたからではない。そうではなく、何でも見たい、と願う途方もない思いを抱いていたからだ。

一度など、シカゴで次の列車まで五時間も待ちぼうけを食わされたとき、彼はなんと近所の空き地で植物採集をして待ち時間を費やしたのだった。

小道も道路も鉄道も、もし言葉がしゃべれたらきっと人間に苦情を申し立てるだろう。飛び出してくるのが、「あって当然と思われている」だの「過小評価されている」だのといった文句なのは間違いない。だが道路がいい思いをするのは難しい。人気があるということは、成功の犠牲となって、激しい交通量に打ちのめされるということだからだ。英国ならさしずめ、M25線を思い浮かべてみるといい。といって人気がなく、つまり交通量が少なければ、それは道路というより、ただ景観を損なう傷でしかない。

もしも小道や道路や鉄道をどこかへ追いやってしまえたなら、地上の線に牛耳られて行き先を指図されることなく好きなだけ処女地をさまよい歩ける機会を前に、わたしたちは間違いなく、めまいのしそうなほどの解放感に包まれることだろう。そしてたちまちうきうきとなり、昔ながらの友人である道路の罪状を見逃してやる気持ちにもなれるだろう。ただ、実際に道をはずれてさまよってみた者だけは知っている。解放感はたちまち、迷子になった絶望感に取って代わられるのだ。そしてその恐怖のあと、もといた場所に連れ帰ってくれる道が差し招いているのを見出したときの喜びといったら！

第22章　時間

誰も花を見なかった、それはほんとうに小さくて、わたしたちには時間がなかった……。[1]
——ジョージア・オキーフ

腰を下ろし、ギシギシのすすけた茶色の葉を眺めていると、その向こうにわたしの目を惹きつけるものがあった。向かいの丘の斜面を覆う草の模様だ。わたしは考えはじめた。あの草地でどのくらいの時間を過ごせば、自分の周囲のあらゆるものを知ることができるのだろうか。そこではたと思った。そのレベルの感性に到達するころには、周りのあらゆるものが変わってしまっているだろう。こうやって思いに耽っている間にも、向かいの丘を照らす光は変化している。それに、ふもとのヒツジたちも、わたしの都合に合わせてじっとしていてはくれない。風景画家も、こんなふうに感じて落ちこむのだろうか。

仮にある一点に、その場所を肌で知るのに充分な時間とどまっていたとして、一年を通じてのその場所を知るためには、どのくらいの時間がかかるだろう。いまは太陽の下で乾いているあの斜面を、長靴を履いて歩いた日もある。深い雪が長靴の口から入ってきては、靴下を濡らした。

尻の下になっていた、石灰岩の小さな塊を拾い上げた。塊は、つかの間掌《こぶし》で転がる。石灰岩は九〇〇〇万年以上前に、それよりも前に生きて死んだ生き物の死骸から造られた。わたしは塊を道に落とした。この線で探究を続けていくと、やがて思考は原子のレベルへ、さらにはビッグバンへと導かれてしまうから。

＊

光の変化は時間を刻む方法のひとつだ。イエス・キリストは、祈りのなかでそれを示した。イエスは聖書に沿って正しい時間に祈りを捧げる必要があった。朝の祈りはオンドリが時をつくるのをきっかけとし、正午の祈りは太陽が空の最も高いところに来たとき、三ツ星が見えると夕べの祈りに人が集まってくる。雲が多くて星が見えない日は、日の陰り方で時間の見当をつけた——青い糸が黒い糸と見分けられなくなるのを待ったのだ。時間は変化を伴う。山々も、ごくつかの間に過ぎない地上の人間の一生からすれば永遠に変わらずありつづけるように思えるけれども、絶え間ない変転のなかにあり、ある時は盛り上がり、そして削られていく。

こうした変化はわたしたちにさまざまなものを与えてくれるが、わたしたちからかすめ取っていく。わたしたちは一瞬の時をつかまえておくことはできない。こぼれ落ちていく瞬間を前に、わたしたちは無力だ。これに抗おうとする欲望が、現代の行楽地でずらりと並ぶデジタルカメラの列に現われている。ゆっくりと転がる時という大岩をとどまらせようとするための、ごく小さな道具だ。夕焼けの瞬間をとらえた写真も、移り変わるにおいや、引いていく熱がレンズの前を通りすぎるのを止めることはできない。

後段では、わたしたちの肉体も精神も視点も、刻一刻と変わっていく事実に、真っ向から向き合わねばならないだろう。向き合えばこそ、夕焼けがまったく同一に見えることがあったとして——現実にはありえないけれど——も、受け取る感じは決して同一ではないことを、実感として理解できるはずだ。だがいまはまだ、時のドラムが打ち出すビートを、しみじみと噛みしめるにとどめておこう。わたしたちを取り巻く環境はすべて、そのリズムに合わせて踊っている。

時の経過を肌で感じるのはことさら難しくはないが、その意味を説明する段になると大変だ。ヒッポの聖アウグスティヌスが「では時とは何か？　誰も尋ねはしなくとも、わたしは知っている。尋ねる者があったとして、説明しようとすると、わたしにはわからなくなる」[2]と記した一節は、その難しさを、よく言い表わしている。

時間そのものを漠然と説明するより、一定の長さの時間を定義するほうがはるかにたやすい。天体に根拠を求められるからだ。

一八〇〇年の三月二四日、フンボルトは従者とともにベネズエラのカラボゾを出発した。午後、一行は一二、三歳の少女が、サバンナで仰向けに倒れているのに出くわした。まったくの裸だった。息はあったが衰弱し、脱水症状を起こしていて、目も鼻も口も砂にまみれていた。

フンボルトは、ロバに運ばせていた水とワインで、少女を正気づかせようとした。意識を取り戻した少女ははじめ、一糸まとわぬ姿を大勢の他人にさらしていることに恐慌をきたしたが、落ち着いてくると空を見上げて、太陽の位置の変化から、何時間も意識を失っていたようだと説明した。

気の毒なことに少女は長いあいだ病を患っており、最近になって働いていた農場の主に馘《くび》にされたのだという。フンボルトはロバに乗っていくよう勧めたが少女は断り、水筒に水だけもらうと、徒歩で去っていった。フンボルトの見たところ、少女は苦労に無感覚になっているばかりか、将来のことなど何も考えられず、ただいまにだけ生きているようだった。[3]

不運な少女が時間の経過をフンボルトに伝えることができたのは、両者がともに、太陽が空を渡っていくのを見てきており、その意味を理解していたからだ。フンボルトはともかく、少女はおそらく、これが地球の自転によって引き起こされている事実を知ってはいなかっただろうが、だとしても問題はない。人間や動物、植物にとっての時間の経過は天体の見え方によって定めることができるのであって、その背後にある科学によってではない。一日は日の出に始まり日の入りに終わる――天文学者がこの現象の原因をどのように解明しようとも、それは変わらないのだ。コペルニクスの太陽中心説（地動説）の革命に当時の知性は粉砕されたかもしれないが、人々が一日の経過を実感する手立ては、なんら変わらなかったのである。

日の出と日没は、毎日毎日、その前日とは少しだけ異なったものになる。世界のどこでも、朝日の昇る場所と夕日の沈む場所は一二月から六月にかけて少しずつ北に移動し、六月から一二月の間、ふたたび南へ向かう。北半球では、この位置が北へ移るにつれて日が長くなり、だんだんに太陽が空の高いところまで昇るようになる。これは、季節の移ろいとともにわたしたちが実際に目にすることのできる太陽の動きの変化だ。太陽が出入りする方角や高度、日照時間や季節といった一年を通じての推移はすべて、地球が太陽の周りをまわる軌道に原因を求めることができる。

六月二一日前後の夏至は、北極が最大限太陽に向かって傾くときで、一二月二二日前後の冬至は、南極がそうなる番だ。一日を区切り、一年を区切る四点は、日の出、日の入り、そして夏至と冬至である。わたしたちの知る周期的事象のほとんどは、この各時点に囲われている。植物と、人間を含む動物はいずれも、多かれ少なかれ、この、時の四点に縛られているのだ。朝、目覚まし時計を止めつつ吐くため息も、春が来るたびに樹液を吸い上げはじめる巨大なオークの唸《うな》りも、みんな太陽のドラムが刻むリズムが先導する。

プリニウスは、岩がちなガリア・ナルボネンシス［現在のフランス南部］の平原で、夏至の前後にタイムが花をつけ、ヒツジがそれを食べに集まってくること、タイムはミツバチもひきつけることに注目した。[3] これもまた、大地と植物と生き物がともに、太陽の周囲をめぐる地球の動きに合わせて――それでいておそらくは壮大なこの時計には無頓着に――踊っている瞬間だ。

この時計は、太陽が去っても読むことができる。星も、季節に応じて異なる時間に出入りするからだ。プリニウスは、ミツバチが、プレアデス［日本では昴《すばる》と呼ばれる］が沈むころに冬ごもりし、この七姉妹が昇ると目を覚ますとみた。[4] 一年を通じての星の運行は、太古の昔から、植物の一年の周期をもとに生業《なりわい》をたてている人々には認識されていた。プレアデス星団は、古代ギリシャの詩人ヘシオドスのすばらしい作品「仕事と日」にも登場している。

プレアデス、かのアトラスの娘たち［プレアデス星団を構成する星］が昇るとき、
収穫を始めるがいい。畑に鍬《くわ》を入れるは、娘らが沈むとき。
四〇の夜と昼のあいだ娘たちは隠れ、ふたたび現われる、

年がめぐるとともに、鎌を研ぎはじめるころに。[5]

「仕事と日」は警鐘的な詩で、当時の人々に農民の暮らしの本質を伝えようとしているが、現代のわたしたちにとっては、古代ギリシャのやり方や習慣を知るための願ってもない原典で、時代の様子を実によくとらえている。ヘシオドスは、星の動きによって測ることができる季節のリズムを説明したあとすぐに、刻苦勉励せよという忠告に関心を払おうとせず、季節と足並みをそろえようとしない者は、飢餓に陥るだろうと警告している。

地面に打ちこまれる日ごと、年ごとの太陽の標柱の間に、ややゆるやかに月が導く月ごとの周期がある。恒星と違って月は、太陽よりもゆっくりと空を動いていくように見える。ある日太陽と月が並んでいたとしたら、次の日には太陽が月を追い越している。二日もしたら月は、太陽がぎらぎらと姿を現わしたあとかなり出遅れてやってきて、東の空を見る者の目には、ごく細い三日月形をしているのがかろうじてわかる。それから五日経つと、月は見渡せる天空の半周分遅れて太陽の後ろをのろのろと進み、その形はこれから満月に向かおうとする半月だ。七日後、月はすっかり引き離され、太陽とちょうど真正面に向かい合う位置で空を転がっていく。そのためにこの時の月は太陽の光を全面に受け、満月となる。二週間後、太陽は周回遅れの月に追いつくが、ここで月はまた新月になって、周期が一から開始される。

月の周期（新月から次の新月までは二九と半日）に規定される循環は地球上にそう多くなく、最もよく知られているのが潮汐《ちょうせき》だ。動物王国にも月のサイクルに従うものがわずかにいて、当然といえば当然

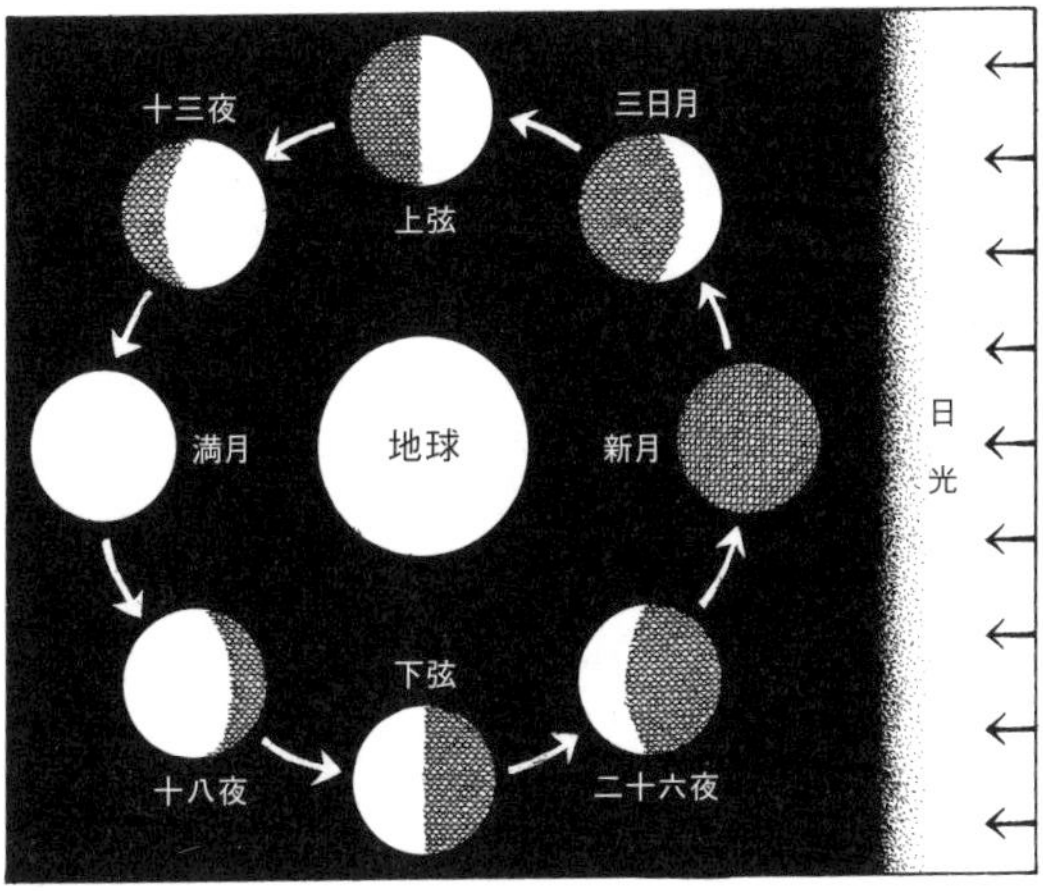

月の相

ながら、ほとんどが海に関係している。たとえば南太平洋のパロロという環形《かんけい》動物は、生殖周期を太陽と月に促される。パロロはサンゴ礁の裂け目に住み、分裂して生殖するが、そのきっかけになるのが一〇月と一一月の月の相なのである。

自然界の周期的活動に月が及ぼしている影響は、科学者に発見されてきたけれども、おそらく自然現象と同じくらい、人為的に作られた周期も数多く存在すると思われる。月が決まって新月になるのは、見過ごすにはもったいないような指標だし、いくらか長すぎる一年という周期を分割するにはもってこいで、人間がこれを放っておくわけがない。それが強く現われているのがイスラーム暦だ。

月は長らく、世界中のさまざまな文化で月経周期や子宮とも関連づけられてきた。

ヤヒ族の最後のひとりであるイシは、自分たちのコミュニティでは、女性が出産後に体を休める産《さん》褥期《じょくき》を月が決めると人類学者に伝えている。[6]

月は、異なる文化同士で、時間に関して意志疎通したいのに共通の言語を持たないときにも便利な道具となる。フランスの探検家ジャック・カルティエが一六世紀前半、現在のケベックでセントローレンス川を探査したとき、先住民と言葉が通じなくて難渋した。時間や距離の単位も共有していないために、地域のことを最もよく知るはずの人々からまったく情報を得られなかったのだ。突破口が開けたのは、先住民がやっとの思いで、自分は三つの月があれば川を渡れる、と説明したときだった。カルティエはすぐに、これが三ヵ月ということだと悟った。[7]

時間を測る能力は、時間を認識するということの、ごく一部分に過ぎない。時間は、わたしたちを取り巻いて変動するさまざまな諸相がいかに奥深いかを理解するための鍵となる。生物の体内時計研究の先駆者である、英国の生物学者コリン・ピッテンドリーは、わたしたちが自然における時間の役割を完全に理解すると、そこに哲学的な障壁が生じてくることを示唆している。

　バラは、必然的に、無条件にバラなのではない。すなわち、正午と深夜では、生化学的にはまったく異なるシステムなのである。[8]

花は種ごとに、個別の概日リズムに従うが、それぞれのリズムが規則的なので、スウェーデンの植物学者リンネは、一七五一年に花時計を思いついた。花ごとに異なる開花時間を、時を告げるのに用いようとしたのだ。キバナムギナデシコが午前三時、レオントドン・ヒスピディスが四時、タンポポが五時ときて、ナデシコが九時から一〇時。花が閉じる時間も種によってずれるので、一日の終わりを示すことができる。これはリンネが教えていたウプサラでの時間をもとにしたもので、緯度が変われば開花や閉花の時間にも修正が必要だが、いずれにしても緯度の違いは、太陽によって刻まれる時計すべてに影響している。[9]

花は一日の終わりを、視覚に訴えるだけでなく、ジャスミンやマツヨイグサのように、芳香を放って教えてくれることもある。植物にこうした季節ごとの移り変わりがあるのは多くの人が知っているだろう。だが、植物がなぜ季節に反応するのかは、一九二〇年代にアメリカの研究者たちが解明するまでは謎だった。季節が変わったことを知るのに最もわかりやすい指標は気温の上下だが、これはいかにも不安定で、葉を茂らせたり花をつけたりといった、時季になったらせっせと取り組まなければならない営みを気温だけを頼りに始めてしまうと、霜や熱波が突然やってきた場合、致命的で、少なくとも温帯の植物にとっては、日の長さのほうが季節を計るには頼みになる。このように光を用いて生育の段階を調整することを、光周性と呼ぶ。植物生育の第二段階である開花などはそのあとにくるので、あとから悠々と気温の変化に合図をもらう。

明らかになったのは、植物が実際には日の長さでなく、夜の長さをたどっていることだった。この知識は現在、植物を商品として栽培する人たちが、季節が変わったと植物に錯覚させるのに利用されている。夜、温室でわずか二分間灯りをともすだけでも、イチゴはひと晩を短い夜が二度きた、と思いこみ、ものの数分で彼らにとっては冬が夏に変わるのだ。[10]

植物の光周性は植物の世界にとどまらず、動物の――特にトラクターを操る動物の――生活にまで光を降りそそぐ。ムギは日が長くなると、オオムギは日が短くなると花をつける。[11] だから農夫の手になる畑の色の変化も、夜の長さに規定されているということになる。

動物王国がこうした一年の周期を感じ取っていたことも、古くは紀元前一万三〇〇〇年ごろから、現在のフランス南西部にいたクロマニョン人によって記録されていて、ドルドーニュ地方のフォン・ド・ゴーム洞窟には、このあたりを渡っていくバイソンやマンモス、トナカイの様子が描かれる。[12] 北半球のもっと寒い地域にも、大地を鳴らす蹄《ひづめ》の音が几帳面に季節を告げてくれる場所がある。ラップランドのトナカイは毎年渡りをするが、驚くことに彼らは例年、同じ日に出発すると決めているらしい。七月二九日がその日だ。[13]

大小二種類の生き物の季節的な行動の板ばさみとなったのが、カナダを探検した英国人デイヴィッド・トムソンだ。夏が過ぎ、気温が下がってくると、暑かったあいだ中トムソンや隊の仲間を大いに悩ませた虫の数はがくんと減った。「羽虫の大群は息をつく間もくれなかった。寒い季節がやってくるのを、わたしたちは何か僥倖《ぎょうこう》のように歓迎した。これで本が読める、散歩もできる」と。だが冬の初め、寒さが本格的になる前に、ある巨大な哺乳類が一番のご馳走をまだ狩りに行けず、ごみをあさりにトムソンの隊に近づいてきた。

われらが宿敵ホッキョクグマがあたりをうろついている。海が充分に凍っていなくて、アザラシを獲りに行けないのだ。[14]

動物たちは一日の要所要所にも区切りをつけている。めぐる陽の出すきっかけに従っているからだ。たとえばオンドリは朝を告げる帝王だが、オーストラリアにいたルートヴィッヒ・ライヒハートには、もっと賑々しい代役ができた。

わたしは普段、ワライカワセミ（Dacelo gigantea）の陽気な笑い声で目を覚ました。この鳥はいたって規則正しく鳴くので「入植者の時計《セトラーズ・クロック》」なるいかにもおあつらえ向きの名前を賜っている。[15]

植物や動物は行動で時を教えてくれるだけでなく、色合いの変化といった微妙な違いに現してくれることもある。冬が訪れると、丘の上からのぞむブナの森はうっすら紫がかる。あるいは、獣の毛が生え変わって、暖かさが戻ってきたことを知る。ナン・シェパードは、ウサギが冬、茶色の毛を雪の中で目くらましになる白へと変えるけれども、時々時計が狂って、早すぎる衣替えをしてしまうことを記している。

窪《くぼ》みに素早く身を潜めて、一度に二〇羽ものウサギが、茶色い丘の斜面を白い煙が上がるように登っていくのを数えた。[16]

一日単位の、あるいは一年単位の時間標識に縛られたがらない生き物もいる。やかましいセミの仲間ではふたつ、ユニークな体内時計に忠実なものがいて、ひとつは一三年ごとに地下から現われ、もうひとつは一七年ごとに現われる。彼らは地中で植物の根を糧《かて》にしていて、樹木の開花を敏感に感じ取り、季節の経過を感知するのだ（実験で人為的に、ある年に二回木を開花させたところ、セミは一年早く地上に出てきた）[17]。だが、セミがどうやって一三まで、あるいは一七まで数えるのかは、いまだにわかっていない。一三と一七はいずれも素数なので、そこがまた面白い。つまり捕食者は、彼らをそれより少ない年数の単位では捕獲することができないわけだ。このセミを三年ごととか四年ごととかに見つけたいと思ってもうまくいかない。周期をとらえようと思ったら、五〇年ほども必要になるだろう。

人間という生き物は、ほかの動物がわれわれに先導されているという幻想に浸りがちだけれども、この関係は実は一方通行ではない。マルコ・ポーロはタタール人が家畜のよりよい餌場を求めて季節ごとに移動すると述べているが、彼らの移動は、夏場のウシアブを避けるためでもあった[18]。こういわれると、ヌカカ（蚊）が大発生する夏の盛り、スコットランドのハイランドに喜んで出かけていく何千という人たちは、思わずにやりとすることだろう。

人間は、こうして時間を調整するために移動することも厭《いと》わないが、時間をわが手で管理しようとする試みはまるで麻薬だ。時間を測定しようとする努力のあとをたどれば——古くはおよそ四〇〇〇年前の日時計に始まり、七〇〇年ほど前から登場してきた機械式の時計、さらには一〇〇億年に一秒しか狂わないとされる原子時計にいたる[19]。この気まぐれなものを、これほどがっちりと罠にかけた生き物はかつていなかったし、一方時間ほど荒っぽく、人間をとらえたものもなかった。正確極まりない時計を、わずかでもいいから巻き戻したいと願ったことのある人は、それこそ大勢いるだろう。そういう気持ちをよく言い表わしたことわざがアフリカにある――「白人は時計を持っているが、アフリカ人は時間を持っている」

人間はどうやらほかの生き物よりも痛切に、時間が有限であると意識していて、わたしたちは決して「歳月という川を遡れない」。そしてその意識を倍加するかのように、時間を厳密に測る方法を作り出してきた。そのうえ毎日の生活の一分一秒をも使いつくすような仕事を創造して、動物王国のほかの住人と自分たちとを差別化している。時間の皮肉の最たるものは、古代の人たちには立ち止まって偉大な天空時計を眺める時間があったのに、現代のわれわれは忙しすぎて、いたって精密なデジタル時計も、大急ぎで走りまわる合間に、ちらりと見るくらいしかできないことだろう。ローマの劇作家プラウトゥスによる詩は、古代の人々ですら時間に追われることからは免れえなかったと示唆している。この問題はどうも、幾星霜の昔から人類につきまとってきたようだ。

神々は幻惑する、最初に見つけた人間を
時間をいかに区切るか初めて発見した者を！　そしてまた悩ませる、
この地に日時計をすえつけた者も、
一日をさんざんに切り刻み
小さな塊にしてしまう。子どもだった時分には
腹が日時計だった。何より確実で、
信頼がおけ、どんな日時計よりも正確に。

いまがその時と教えてくれた
食卓に赴き、食事をとるべきときを。
だが近ごろでは、どうしたことか、腹がそう言っても
食事にはありつけない。太陽が退場しなければ。
街には弱りはてた腹時計があふれ、
住人たちの大半は、
空腹にしぼんで、とぼとぼと街路を這《は》い進む。[20]

おそらく「忙しさ」は望ましい反応なのだろう。というのも、時間について深く考えるほど、恐ろしくなるからだ。自分たちが、この地上にはほんの仮住まいほどの短い間しか滞在しないのに比べて、たとえばメタセコイア〔スギ科の針葉樹〕が、ローマが共和制を敷くよりもさらに一〇〇〇年以上も前から地面に木陰を落としていたことを思うと、何でもないことのように平然とはしていられまい。だがこうした堂々たる樹木でも、地質的な変化の前にはしおれてしまう。そちらは一〇〇年とか一〇〇〇年どころでなく、何百万とか億といった地質年代が単位で、その時間の塊は重すぎて、概念をとらえようとするだけでも、気持ちが押しつぶされないように格闘しなければならない。

地上で最も古い岩石は約四〇億歳で、カナダとオーストラリア西部、そしてグリーンランドにある。英国で最も古い岩石はスコットランド北西部で見つかっており、およそ二九億年前に遡る。一八世紀、英国の地質学者ジェイムズ・ハットンが、スコットランドの山岳部に見えている岩の層

をいくつもいくつも調べてまわり、この、途方もない時間の彼方から届けられたメッセージに触発されて、今日の地質学を創始することになったのだ。そうしてわれわれがいま手にしている地質学の知識のおかげで、〔英国の〕海岸で灰色の滑らかな小石を拾い、細い白線が入っていたら、二億年以上の時を遡り、古生代の沈殿物でできたものと考えることができるのである。[21]

目を覚ましている間は、どう考えようとも時間は空恐ろしい。そして、太陽の周りをまわる地球の告げるところに従って一日が終わるころ、頭を枕に休めてその日一日を振り返ってみると、自分がこれから一時的な意識喪失状態に陥ること、わたしたちは短い人生のおよそ三分の一を睡眠に、「死の兄弟」[22]に明け渡しているということに気づかざるをえない。もしもそう考えて眠れなくなってしまったら、せめてシーツをもみくしゃにするのはやめて、ベッドから出てみたらどうだろう。新鮮な空気を吸えばもう一度眠気を引き寄せられるかもしれない。冷涼な夜の空気を吸いこんで空を見上げたら、アンドロメダ銀河にあるアンドロメダ星雲の、煙るようなミルク色の塊を見つけられるかもしれない。アンドロメダ銀河は約二五〇〇万光年離れているので、わたしたちがいま見ている光は、実際には二五〇〇万年前の銀河の光だ。足元の小石から、はるか頭上にまたたく夜の天蓋《てんがい》まで、時間はわたしたちをあざ笑う。わたしたちは逃れられないのだ。だからわたしたちは、なんとかして時間を愛するすべを見つけるしかない。

時間を時間軸に沿って見通すのが重荷になるならば、アメリカ先住民の考え方がヒントをくれるかもしれない。彼らは重要なことはどれも循環の一部として起こるのであり、時間も例外ではない、という。オグララ・スー族のヘハカ・サパ、またの名をブラック・エルクは、この考え方の基本を、魅力的に伝えている。風は旋回し、太陽と月も円を描いて動く。鳥は丸い巣を作り、人の一生もまた子ども時代から始まって子ども時代へとめぐる環《わ》である、と。インディアンの言語のなかには、過去や未来の語彙《ごい》を欠くものがある。それはすべてが循環するいまにあるからだ。

　時間を循環する環ととらえる哲学に全面的に賛同するかどうかはともあれ、あらゆる旅の行程を彩ってくれる循環があるのは事実だ。時間の行進には常に、衰亡と再生がつきものである。たとえば紀元前一万年ごろ、ヨーロッパ北西部の人口の大半はドッガーランドと呼ばれる平原に住んでいた。ここは、最後の氷河期のあと海面レベルが上がって、ブリテン島と北ヨーロッパが分断される以前にあった場所で、いまは全体が海面下に沈んでいる。[23] ひとつの文明が破壊されたり追い払われたりしても、また別の文明が登場してくる。都市は発展しては衰退し、あるいは、発展に発展を重ねる。ローマはかつて繁栄し、いまふたたび世界を代表する大都市とみなされているけれども、英国の日刊紙「スペクテイター」の創刊者のひとり、ジョゼフ・アディソンが一八世紀の初めに訪れたときには、ローマとその周辺のあまりの荒廃に言葉を失ったほどだったという。

　衰亡と再生の力は、一六〇九年の九月に英国の探検家ヘンリー・ハドソンが訪れた湾や洞窟、小川にも見ることができる。当時ハドソンはその地の立派なオークやポプラ、ヒッコリーに賛嘆の目を向けた。プラムの木からは熟した実がこぼれ落ちそうになっていたし、腹がくちくなると、ハドソンと仲間たちは清らかな水の流れる木々の間の草むらに寝転んだものだった。自然の恵みにあふれていたこの田園が、いまはニューヨーク市のブロンクス、ブルックリン、クイーンズといった地区なのだ。[24]

ニューヨークの樹木には、さんざんに斧が振るわれた。それでも樹木は再生の象徴であり、時と渡り合う自然の力の象徴である。ローレンス・ヴァン・デル・ポストは、アフリカの地でマパニの木に出会ったときにそれを実感した。

雄々《おお》しい眺めだった。アフリカの気概をこれほど深くくみとっている木があろうか。アフリカの、屈することのない力強い再生の精神を体現している木が。[25]

英国の旅行作家シャーロット・アン・イートンは、一八一五年にナポレオンが敗れたワーテルローの地〔現ベルギー〕を戦闘のわずか一ヵ月後に訪れ、戦いの激しさを物語る痕跡を見つけた。焼け焦げた遺体、血まみれになった銃のホルスター、そして、ほとんど骨だけになって、あたかも墓から迷い出ようとしているかのように、地面から突き出た手。樹木も粉々に打ち砕かれ、砲弾で三〇以上もの傷をつけられていた木もあった。だがその木々に、イートンは未来への希望を見出した。

折れた枝が散らばっていた。ブナは、落葉の時期でもないのに緑色のまま葉を落としていた。自然の嵐にではなく、戦闘によってひきむしられたのだ。それがあたり一面の地面に散らばっている様子は、盛りの時期にこの地に倒れねばならなかった幾千の命を象徴していた。ふたたび春がめぐってくれば、ウーグモンの森も若々しい装いをこらし、その後に続く歳月には、豊かに生い茂る日を見るだろう。[26]

自然の世界の回復力と再生力は、希望のしるしとなるばかりでなく、絶えず未来を先取りする。地面に耳を近づけると、湿った草と苔《こけ》が足の下から立ち上がってくる音が、まるで炭酸飲料の泡がはじけるみたいにはっきりと聞こえる。これほどのお手本があるのに、コカコーラが車輪よりも前に発明されなかったのは驚きだ。次なるメガヒット商品が世に出るときにも、それはきっと、どこか田舎の風景のなかにすでに刻まれていて、既存の設計図よろしく野原から「だから言ったでしょ」とささやきかけてくることだろう。

わたしたちのすぐそばにも常に死と性があって、一方はわたしたちの命の時間を縮め、一方はそれを出し抜いた気持ちにさせてくれる。生命循環を途切れなく続けられる有機体、たとえば一部の地衣類やサンゴは永遠に生きるようにみえる。われわれ人間の営みは、自分自身をそっくり未来に投射するような、そんなかっこいいやり方からはほど遠い。地衣類は岩場に入植し、数千年の時が過ぎるのを感じている。その間にわたしたち人類は、ある時は疫病で、またある時は戦争や自動車事故で命を落とす。けれどもわたしたちは性による生殖――喜びと実用の間を行き来し、好みにうるさく、かつ非効率なる営みを通じて、なぜかふたたび生きつづける。旅をすればわたしたちは、異なる文化のポルノや性的慣習にさらされるであろうし、それは苦い思い出になるかもしれないが、場合によっては、別の遺伝子プールを見つけて、それがたとえ非効率でも、なんとか時間を欺き、時を越えて生きながらえようと必死になっているのに気づいて、共感の笑みを浮かべるかもしれない。

つまるところ時間が提供してくれるもので確実なのは変化だ。だからそれをしっかりと受け止めるのが、旅にあって出会うもろもろを精一杯楽しむ、哲学的にして実際的な方法なのだと思われる。ただこれは、文化によって向き不向きがある。われわれ西洋人の思考には、無意識のうちに西洋の宗教的・思想的伝統がしみこんでいて、変化に対しては恐怖とまではいかないかもしれないが、少なくとも嫌悪を、どうしても抱きがちだ。この部分は東洋人とは一線を画する。キリスト教は都市で花開いた宗教であって、異教とか邪教を意味する英単語（pagan）のもともとの意味が「田舎の住人」というくらいなのだが、[27] 都市は永続を勝ち取るために戦う精神を養う場であった。一方田園は、変化は避けられないということと、めぐる季節や生と死の輪廻を受け入れる場所なのだ。仏教が変転を奉じる教義を持つように。

一八三五年三月、若きチャールズ・ダーウィンはチリの山中で岩を観察していた。彼は周囲の景色を層で、つまり時間の積み重ねとして思い描いた。同じ日の後刻、ダーウィンと旅の連れは家畜の群れが牛飼いに導かれて山を降りていくのに出会った。それは地元の人たちが、遠まわしに冬が近づいているとを告げていたのだった。その意味を悟った一行は、彼らとともに山を降りるのが賢明と考え、地質観察を途中で切り上げた。谷間には植物も鳥も昆虫も少なかったが、ダーウィンは咲きおさめの高山植物を楽しんだ——

ダーウィンが自身の体験を記した『ビーグル号航海記』はいまでも入手できるし、わくわくしながら読み進められる本だ。著者よりずっと長生きしたことになる。時間は人間との競争には勝利した。いつだって、時間が勝つ。けれども、人間が遺した業績まで滅ぼしきれてはいない。創作活動もまた、死を出し抜く手立てのひとつだろう。時間を食いとめ、不滅を求めてやまない思いを満たし、自然界の働きかけに何度でも応じようとする答えの形だ。ゴーギャンに実際に会ったことはなくても、とりどりの色が踊る太平洋の絵画は生き生きとわたしたちの心に映り、描き手その人よりも鮮やかに残る。

旅においては、さまざまなことを試してみる機会があるのはいうまでもないが、時間に関しても、ごく普通に生活しているときよりは、もっとコントロールした形で使える、少なくとも使うようにやってみることができる。となると、副次的に、時間に対する感覚も、よりコントロールできるはずだ。自分の意志で、ある場所に立ち止まり、岩だの葉だの雲だのを続けざまに何時間も見る。はたまた、一定の時間内にできるかぎりたくさんの活動をねじこむように——たとえば大陸をずっと走りとおすとか——がんばってみる。後者を試そうとする人は、前者を時間の無駄だと感じるだろうし、逆もまた真なりだ。それぞれが、自分なりの時間との折り合い方を見つければいい。そこから何かはっきりとした教訓が出てくるわけではない。しかし実践に役立つ何かは得られるだろう。

旅のなかで時間への恐れがあまりにも膨らんでしまったら、考えるのを減らして、行動を増やすのがいい。恐怖を高めたいのなら、行動を減らして考え抜けばいい。もしも、未来に対する恐れが問題の核心ならば——わたしたちの旅もつまるところ、悠久の歴史を持つ岩の、ほんのかけら程度の値打ちしかないという思いにとりつかれてしまったのなら——文章を書くか、絵を描くか、セックスをするのがいい、それもできるかぎり楽しんで。

第23章 言葉

言葉は思考の装いだ。

——サミュエル・ジョンソン

わたしが歩いているあたりは、「—ハム（hams）」や「—ストーク（stokes）」だらけだ。どちらも「定住地」を意味する古い英語である。歩きはじめたのはノース・ストーク村の近くで、川を越えた向こうはサウス・ストーク、さらに向こう、丘の裏側にバープハムがあるが、この名は「水辺の場所」または「守られた定住地」という意味になる。

イラクサに似たブラックホアハウンドの、紫色の花のそばを通りかかったが、鼻を近づけて花をよく観察する気にはとてもなれず、代わりにわたしは目を上げて南のほうを見た。アランデルの街は、城があるおかげでこの辺の高台にいればどこからでも見つけやすい。アランデル（Arundel）の名は、谷にホアハウンドがびっしり生えているところ——「ホアハウンド・デル（hoarhound-dell）」からきた、という説もある。わたしはさらに目を上げたが、期待した鳥は見当たらなかった。アランデル城の屋根にはツバメがいて、ツバメを表わすフランス語は「イロンデル（hirondelle）」という――これがもうひとつの語源説だ。

*

ベネズエラのカリペ山地を訪れたカプチン修道会の宣教師たちは、先住民向けに宗教教室を開いた。ある日フンボルトは退屈のあまりその教室を覗き、旅人ならば誰もが不思議に同じ既視感を抱くであろう光景を目の当たりにした。

先住民の言葉はスペイン語とはまったく違うので、スペイン語の多くは、先住民には同じように聞こえる。教師役の宣教師は癇癪《かんしゃく》を起こしかける寸前で踏みとどまり、「インビエルノ（invierno）」と「インフィエルノ（infierno）」は一緒でないと口を酸っぱくして説明している。司祭は「冬」と「地獄」が同じはずはないだろう、と息巻く。だが、宣教師の努力は空しく、音の違いも意味の違いもまったく伝わっていなかった。それに、先住民にとって冬は雨季と同義なので、彼らはきっと、地獄とはやたらに雨の多い場所だと信じこんだことだろう、とフンボルトは綴っている。

このように言葉は、互いを理解する手段にもなるし、障壁にもなる。そして隠された意味を解く鍵にもなる。フンボルトが目撃した授業を、スペイン人宣教師たちは「教理《ドクトリーナ》」と呼んでいた。[1] これは重々しい意味を持つ言葉で、翻訳されることなく、言語の分界線を越えて、英語にまで伝わってきた。言葉はその地の文化の、歴史の、自然の、そして地理の扉を開いていく。

最も南米らしい川アマゾンは、一五四一年、スペイン人の探検家フランシスコ・デ・オレリャーナに名づけられた。この地で女性戦士の部族と出会ったデ・オレリャーナが、川を、ギリシャ神話に登場する女性戦士にちなんで命名することにしたのだ。川の名前だけで、命名者である探検家がどんな文化の影響を受けていたかわかるし、ヨーロッパ中心主義的なものの見方をしていたことも知れてしまう。

一方でトルコには、ブユク・メンデレスと呼ばれる川がある。この名前には、地域の地理と歴史を知るヒントが隠されていて、「メンデレス（Menderes）」の部分は、古いギリシャ語名「マイアンドロス（Maiandros）」からきている。川はサライコイの地で、広くて底の平らな谷にそそぐのだが、平らな谷に出た川の例にもれず、ここで曲がりくねる。そうして長い年月ののちに、この川の名前が、英語で曲がりくねる様子を表わす（meander）のに借用されるようになった。[2]

かよう川は風景を際立たせ、特徴づける恰好の要素なので、風景から切り離して考えるのは難しい。ある要素がその風景の成立にどれほど重要であるかは、それを表わす現地の言葉がどれほど保持されてきたかでわかる。現地の言葉や方言がほとんどみんな新たな支配言語に屈してしまっても、そうした語彙《ごい》はたいがい生き残るからだ。英国では、地域ごとに、水の流れにさまざまな語彙が見つかる。カンブリアとランカシャーには「brooks」、スコットランドには「burns」がある。[3]イングランド北部の「becks」や「gills」は、古代スカンディナヴィアを祖とするものだ（土地の名前で「by」や「thorp」で終わるのも、過去にスカンディナヴィアからの客人を迎えた経験がある可能性が高い[4]）。

慣用的な言い回しが土地を知る手がかりを含んでいることもある。パトリック・ホワイトフィールドは、「チョークとチーズ（chalk and cheese）［似て非なるふたつのものの意］」が、イングランド西部のまったく異なるふたつの風景――一方は水はけもよく、ヒツジたちが住む土地、他方は重い粘土質で、牧草のよく育つ酪農地帯――に由来する表現であると主張している。[5]

もっと小さなところにも、自然を深く知る手がかりはある。どこでも見かける花デイジー（daisy）は、「日の目（Day's Eye）」が訛《なま》ったもので、ヒナギクの、一日の始まりに開花し、終わりにしぼむ性質からこの名を得た。語源に親しむと、平凡きわまりない植物との関係も、以前より深まってくる。

名前は認識を変えることもある。流れ星といえば美しいとしか思えないが、同じ対象をもし違う言い方、たとえば「星の小便」と表わしたとしたらどうだろう。美しさもいささか色あせるのではないか。フンボルトが南米オリノコ川流域で出会った先住民が、流星をまさにそう呼んでいた。彼らは朝露のこともロマンのかけらもなく「星のつば」と表現していたという。

単語そのものだけでなく、言語にある語彙が欠けているという事実にも、それはそれで興味をそそられる。ローマにはなぜ「灰色」を表わす語がなかったのか。[6] なぜ日本人は、「青」の語を見出すのに、長い時間を要したのか。[7]

言語の知識が不足すると、現地の人々との関係も変わってしまうかに思える。フンボルトは、ブラジルはウルアナの宣教師たちの居留地を出る際、これから向かおうとしている場所にはヨーロッパの言語を話す人も通訳もいないから、言葉を発する機会がなくなると脅《おど》された。彼は手振りで話すしかなかった。だが身振り手振りは、先住民と意思疎通するのを妨げたどころか、思いがけない副産物をもたらした。

フンボルトは実は、それまで通訳を務めてくれた先住民のやる気のなさに辟易し、心のこもらないやりとりから言われていることを理解しようと日夜悪戦苦闘するのに疲れてしまっていた。ところが、通訳をまったく介さずに話をしなければならなくなってみて、初めて問題の核心が見えたのだ。意思疎通が困難なのは言葉の壁のせいと思いこんでいたが、問題はもっと単純にして人間的なことだった。通訳たちは、目的のための単なる手段として使われることにうんざりしていたのだ。だからフンボルトが仲介者を連れず、先住民と直接やりとりをする必要に迫られると、先住民は自分たちが人間として関心を払ってもらえることを喜んだ。彼らは心を開き、膝《ひざ》を乗り出し、身振りを交えてではあったけれども、コミュニケーションは格段に深まったのだった。

　自分が旅する土地の地形と、そこで話されている言語に直接的な関係があると考えたのがルートヴィッヒ・ライヒハートだ。一八四五年一二月五日、オーストラリアの旅も終わりに近づきつつあったところで、ライヒハートは書いている。「このあたりの人々の話す言葉は、それほど旋律的には聞こえない。これは山がちな土地であることに起因するのではないだろうか」——確かな事実をもって裏付けられるとはいえないが、さりとてまったくの勘違いとも言い切れない。ライヒハートが現地で採取した言葉を声に出して言ってみよう——コッボヤッカ、ノブンゴップ、カンビニクス、マングラジャ、アピルク、ヤガニイン、コラー、カジュパ、グナンガ・グナンガ……[8]。ライヒハートの言う土地に近づいたような、言葉のなかに、土地そのものがすっぽり包まれているような気がしないだろうか。

　話し方や表現の作法が、ひとつの国の中で、町の中で、もう少し細分化されたコミュニティの内部で、意味を獲得していくこともある。そしてそれは、一対一の関係でも育つのだ。ライヒハートの隊の一員チャーリーが、岩から安全に降りる方法を偵察に行って戻ってくると、首尾を尋ねたライヒハートに、チャーリーは下り口はあったけれども「とても遠かった」と応えた。ライヒハートはこれを聞いて頭に浮かんだことを日記に記している。「チャーリーの『とても遠かった』が何を意味するのか、わたしには充分理解できた」。ライヒハートはチャーリーの返答の意味を、そこで使われている単語以上のものとして読み取るすべを心得ていた。チャーリーのしゃべり方の癖に慣れていたからだ。人の話し方はそれぞれ、くだけた言葉づかい、大げさな物言い、皮肉など、異なる特徴をもっている。時間が経てばそうした独特のしゃべり方も、新しく出会う訛りに慣れるのと変わらず、理解できるようになる。

　言葉は生きていて、ちょうどペットと同じく、それを守っている人々がどんな世話をするかで健康の度合いも違ってくる。言葉と表現は、生み出され、育ち、年老いて死滅する。人間もそうだが、言葉は属する場所の性質をも映すようになる。レベッカ・ソルニットが指摘するように、たとえば「ストリート」という単語は、もはや両側に家々が立ち並ぶ単なる道をいうのではない。そこに住む人々の「荒っぽい魔力」[9]を受けて、悪ぶった集団や、いかがわしく物騒な場所を連想させる言葉となっている。刃の鋭さを帯びた言葉なのだ。

　動物さながら、言葉は動き、拡がっていく。（ブリスベンから）ポート・エシントンに向かっていたライヒハートは、目的地に近づくにつれてだんだん英語が通じるようになっていくのに気づいた。英国の影響は、英国の言語を通じて港から波及し、それ自身が生命をもって、政治や法をも越えて拡大していった。そしてグローバリゼーションは、これをいっそう加速する。世界中で「コカコーラ」の意味が通じない場所は、日々減りつづけているのだ。

言語があてにできる資源は限られており、支配的な言語がやってきて現地の言語を凌駕《りょうが》すると、古い言語は飢え、しぼんでしまう。もとの言語を愛し守ろうとする人にとっては、母語がこんなふうに苦しめられるのは悲しくも腹立たしいことだし、文化の相克《そうこく》は珍しくも目新しくもないとはいうものの、敗れ去るものには、やはり同情を禁じえない。ほかの言語に取って代わっていく強い言語にはいじめっ子体質が潜んでいて、[一八世紀の]サミュエル・ジョンソンの文章からもそのいやらしさが嗅ぎとれる。

スコットランド人の会話も日増しに、イングランド人の耳に不快なものでなくなっている。特有の異様さはどんどん影を潜め、かの地の方言は、半世紀も経てば、彼ら自身にも田舎じみた野暮なものに聞こえるようになるだろう。偉い人も教養のある者も、野心家もうぬぼれ屋も、こぞって英語の言い回しを開拓し、英語の発音を身につけ、立派な人々の集まりではスコットランド語はもうほとんど聞かれない。例外といえば、時折年寄りのご婦人の口から発せられるくらいのものだ。[10]

言語の受難は人々の憂鬱に似ている。悲しみを内包してはいても、人の命の鏡像のような何かが朽ちていくのを見つめることには、どこか病的な魅力があるものだ。まるで、ごくゆっくりと起こる自動車事故を目の当たりにするように。

フンボルトは、オリノコ川上流のマイプレス地区にいたオウムの話を聞かされた。この島は、ある先住民言語を話せる最後の生き残りといわれていた。オウムのしゃべっていることを理解できる者はひとりもいなかったが、つい先ごろ死に絶えたアトゥレ族から鳥が教わった語彙が混じっているのは、みんなわかったという。[11]

一八三五年、カリフォルニアの本土側にいた聖職者たちがサンニコラス島に渡り、そこに定住していた先住民を本土へ移住させようとしたときの話もこれに似ている。移送のためのボートが岸辺を離れようとする混乱のなか、女性が赤ん坊とはぐれたことに気づいた。船長は島に戻ってほしいと懇願されたものの、引き返すのは危険と判断して本土への針路を変えなかった。すると母親はやむにやまれず船べりから飛びこんで、赤ん坊を救いに泳いでいった。ボートに乗っていた誰もが、気の毒に女性は波にのまれたものと思いこんだ。

それから一八年ののち、島にひとり女性がいるのが発見され、救助船が向かった。一八年前島から移住していた先住民はすでに死に絶え、女性の赤ん坊も死んでいた。彼女が部族のたったひとりの生き残りで、同じ言語を話せる者はいなかった。彼女は本土に連れてこられて数ヵ月後に亡くなった。世界で最も孤独な女性だったかもしれない。女性が亡くなる前に四つの単語が書きとめられていて、それをもとに、死後、彼女がショショーニ語派のひとつの話者であったと突きとめられた。伝道団はずっと、違う部族であると信じこんでいたらしい。[12] たった四つの最後の言葉が、母語とともに滅び去った人たちの出自を考えるうえで、大切な何かを世界に知らしめてくれたようだ。

第24章　道連れ

ヘイワーズ・ヒースじゃ、誰もあんなことしないぞ！

――コリン・サブロン

歩いていて淋しさを感じたことは一度もない。人は誰しも、いつかは淋しくなる。そうなるまでにかかる時間の長さは違っても、淋しさへの耐性に差があるわけではない。わたしは普段、長くかかるほうの端にいるのだろう。何週間も人っ子ひとり見なくても、特に淋しくもないが、それでいて、ロンドンの街中ではほんの短時間のうちに淋しくなって、しんと心が冷えてしまうことがある。淋しさはこちらが選ぶのではない、淋しさの側が独自の計測器をもっていて、狙い撃ちしてくるのだ。

＊

ロアール・アムンセンが、北極探検（一九一八-二五年）に用いたモード号が冬の氷に閉じこめられてまるまる一シーズン足止めをくったとき、極地探検の先人たちの多くが味わってきたように、彼もまた、ろくに探査にも出られないまま、隊員たちと異常ともいえるほど近しく過ごす日々を送った。米シアトルで船を修理するため南へ向かう際、アムンセンは、もっとクルーが必要になると考えた。氷の海を帆走しなければならなかったからだ。そこでアムンセンは、友好を深めていたエスキモーたちを誘った。彼らは、「どこへでもついていく。何をしろと言われても喜んでやる。ただ、自殺をしろと言われたら、何だって、と訊き返す」と応じた。

エスキモーたちは粛々《しゅくしゅく》と船に乗り、アムンセンと一年をともにした。[1]

旅によって得られる絆は、旅そのものにとてつもなく強大な影響力を及ぼす。だが同時に、とらえどころがなくて予測がつかない部分もある。

誰かと一緒に旅をするのは、偶然という要素を旅に持ちこみ、自分自身ではコントロールのつかない変数を入りこませることになる。おおかたの人はそれでも、ひとりきりの旅につきまとう不吉な影を恐れ、むしろ制御不能な危険のほうに喜んで賭けてみる。

仲間はさいころの目のようなものだ。慎重に選べば勝ち目を読むことはできるけれども、決して思いどおりの着地はさせられない。気が合って連帯感が生まれ、良きにつけ悪しきにつけ、旅を決定づけるひと時を共有できたなら、まるで六の目が出たかに思える。そういう思い出は、旅から帰って何年経っても、茶飲み話にして笑い合えるものだ。ささいなことで言い争い、つまらない不平不満で毎日がスタートするような旅の道連れは、まぎれもなく一の目だ。

申し分のない道連れは、互いの気配を読み、軽いジョークが必要なとき、真剣に論じ合わねばならないときを即座にわかり合う。そして、それに劣らず重要なのは、沈黙が求められている場面を瞬時に悟ることだ。ナン・シェパードはケアンゴームを逍遥《しょうよう》するのに連れがいるのを好んだが、沈黙を愛していたから、ちょうどいい相手を選ぶには注意を要した。ただ会話のために会話するタイプを苦手としていたが、特に、面白おかしく機転を利かせてひっきりなしにしゃべりつづけ、丘が語ろうとするのに耳を傾けさえしない輩《やから》は嫌悪した。うってつけの連れを見つけたときには、ふたりの沈黙が山々の静けさを膨らませてくれるように感じ、自分たちが山々と溶け合う感覚を味わえた。

そんなふうに互いへの感受性を必要とするために、連れとの関係性は旅の間にも変容し、好いから悪いまでの両極端を行き来する。親しい連れと道を分かつのは、旅の途中で下さねばならない難しい決断のうちでも最たるもののひとつだ。互いの命運が分かれてしまい、出発したときに目指した、あるいは期待した質の旅は永遠に手に入らなくなる。たいそううまくいっていた精神的な結びつきが、もろくも崩れ去った例は枚挙にいとまがない。ワーズワースとコールリッジが睦《むつ》まじくイングランドを旅したのは有名な話だが、ワーズワースの妹のドロシーを連れてスコットランドに行くと、今度は関係が壊れたのも負けずに有名な話だ。ふたりの仲はその後二度と戻らなかった。

願わくば、仲良く旅立ったのに別れてしまったふたりより、長い旅路のうちに友情がロマンスに発展したふたりのほうが多いといい。ロマンスが行きづまったことが旅のきっかけになるのも珍しくない。ジェイン・オースティンの『高慢と偏見』で、湖水地方に逃げ出す機会に飛びついたエリザベスの台詞――「がっかりにもむっつりにもさようなら《アデュー》！　岩や山に比べたら、男なんてなんてことないわ[2]」は、大勢の女性の胸のうちを代弁している。

肉体の結びつきまでできたロマンティックなふたり組には、この世はどこへでも行きそうでいて、どこにも行けない微妙な瞬間にあふれている。別れる直前目と目が合い、つい胸が高鳴って、その意味を無言で自問自答してみたことの一度たりとない人などいるだろうか。どんなに真面目な場面でも、恋の手管を弄《ろう》すれば、それは灯油の上で火のついたマッチをもてあそぶことになる。イタリアの作家イタロ・カルヴィーノは、雨宿りや、日よけの下に立ち止まる場面に恋の駆け引きをみた。雨宿りも日よけも、カルヴィーノの御仁にかかると見ず知らずの者同士の罪のない邂逅《かいこう》などではなく、誘惑や結合、果ては乱交の巣窟になる。たとえひと言もかわさなくとも、肉体はどこも触れ合っていなくとも。[3]

人生という旅も、ロマンスを、あるいはロマンスの予感をもたらさなければ、魔力が失せてしまう。フランシス・ボンド・ヘッドは雪に覆われて真っ白な風景に見入り、そばにいた隊員に声をかけた。「こんなに美しいものがほかにあるか?」隊員はいささか残念そうな笑みを浮かべ、「それはあれですよ、隊長、メイド帽をつけてエプロンをしているあの連中」と応えたものだ。

わたしたちは家族と旅することもある。血の絆は自然に途切れることはないが、これ以上相手の顔も見たくないというところまでいくこともままある。マルコ・ポーロは、血縁者と長旅をしようとする向きにはひょっとしたら参考になるかもしれない話をインドで仕入れてきた。

ある時、五〇〇人からの側妾《そくしょう》を囲っている王がいた。王は気に入りの女性を見つけると、必ず自分の「妻」に加えた。色好みの王はそれでも足りずに、弟の妻に横恋慕し、略奪した。妻を失った弟は奪った兄を殺そうとしたが、兄弟げんかには辟易していた母親に止められた。諍《いさか》いを鎮めた母親の言葉はこうだ。「そなたたちがあい争うのであれば、ふたりがともに吸ったこの乳房を切り落としてくれる」[4]

旅のなかではとても素敵で面白かった友情が、またたくうちに終わる場合もある。どちらかが相手に会おうと骨折ったわけでもなく、まったくの成り行きで出会ったような時だ。偶然がふたりをめぐり合わせてくれても、残念ながらその偶然は長続きしない。最終電車を気にしながら食事をする相手は、しょせんその程度の相手ということだ。

赤の他人なのに、しかも特段なんの見返りもあてにできないとわかっているのに、惜しみなく親切にできる人に出会えると、気持ちは最高に前向きになる。人間性というものにいかに欠点が多くとも、それを補ってあまりある長所があることの証拠のようにも思える。ダーウィンは『ビーグル号航海記』を、われわれはみな不信にまみれた旅を強いられるが、それでも、必ずや温かな心の持ち主に何度も遭遇し、互いに二度とふたたび出会うことはないとわかっている行きずりの人から助けられることもあろう、と結んでいる。

こうした無差別の親切や寛容さを愛しく思うがゆえに、それが悪用されると腹も立つ。チャールズ・ディケンズは、かつて自分は紳士だったと称する無宿者たちにとりわけ激怒した。同じ紳士としての親切心をあてにして、過去の栄光やら将来講義をする予定があるなどと吹聴し、何がしかのお恵みをせびろうとする輩である。ディケンズにいわせれば、そうした連中は貧しい人々から金をむしり取り、自分の得になるなら、母親の胸から乳児を引き離すことさえためらわないのだ。

はなはだ理屈に合わないことではあるが、最初の出会いがその後に出会った人たちの印象を固めてしまうこともあって、気のいい田舎の人が旅人に手を差し伸べようとしたら、相手は前日泥棒に遭ったばかりで不信の塊になっていた、などというのは互いに不幸な話だ。

しかし時にわたしたちは、何よりひとりであることを願う。必要なのは人との交わりでないこともある。ジョン・ミューアはケンタッキーで自分の農場に泊まらないかと招かれた。楽しく飲みかわして夜を過ごすうちに、春までずっと、半年間泊まっていったらどうかと誘われたのだ。ミューアは気が乗らなかった。探検家の多くは、酒宴を楽しみはするけれども、それよりも単独行が次から次へともたらしてくれる経験の積み重ねのほうに重きをおく。ミューアもソローと同じ範疇《はんちゅう》の人間なのだ。ソローは孤独好きがこうじて、憤然として「孤独ほど道連れらしい道連れには会ったことがない」[5]と言い放ったほどだ。

もっと最近では、コリン・サブロンが単独行を好むと語っている。人と一緒に行動することによる問題のうちでも、彼は、特にものを見る目に影響が出ることを問題視する。連れがたとえひとりでも、「英国調のたわごと」を持ちこまれ、ある光景への自分なりの思いを揺るがされる危険は大いにある。自分が眺めている場面を指差して、「ヘイワーズ・ヒースじゃ、誰もあんなことしないぞ！」[6]などと言われたら、台無しである。

肝心なのは、実は道連れがほしいとかほしくないとかいうことではなく、自然の魅力そのものが多くの人を孤立した場所に惹きつけるということだろう。そこに一度でも足を踏み入れたなら、もっと深く味わいたいという、原初的ともいえる心の深奥からの衝動がいやがうえにも強まる。田舎道の散策への欲求はわたしたちの頭の中でぐるぐると渦を巻き、新鮮な空気を吸いこむと、隠遁《いんとん》してしまいたくもなる。ウィリアム・ギルピンは、ティンタン・アベイの森や川、修道院の遺構が織りなすたたずまいのなかで、その渇望を経験した。

周り中のすべてのものがどこまでも穏やかで静謐《せいひつ》に満ち、世俗の交渉とかけ離れているので、修道院の栄えていたころには、血の通った想像をめぐらす力のある者なら、この地の住人になりたいと誘いこまれたとしてもおかしくないと思えてくる。[7]

孤独症候群とでもいえる探検家の衝動は久しい以前から記述されてきているが、その嚆矢《こうし》はマルコ・ポーロだろう。長期間の孤独に耐える人や楽しむ人（どちらの感情が優勢かは別として）は時として、すぐそばに何者かの存在を感じるようになるという。マルコ・ポーロは馬上で眠ってしまって仲間とはぐれ、たったひとりになった者には、精霊があたかも道連れになったかのようにささやきかけてくると記している。[8] 登山家やひとりで海に出る漁師も、とりわけ困難に直面しているときに、よく何者かがそばにいる錯覚を覚えるという。アーネスト・シャックルトンは、サウスジョージア島の山々を越える最後の難関で、三人のはずの一行が四人いるように感じられたと書いている。

旅人の多くは、ひとりで出発することにこの上なく豊かで喜びにあふれた解放感を味わうが、これは万能薬ではない。旅立ちはたいてい夢とロマンの始まりだけれども、なかには少数ながら、夢ではなく悪魔に魅入られてはじめの一歩を踏み出す者もいるのだ。スイス生まれの作家イサベル・エベラールも悩める魂のひとりだった。

亡命ロシア貴族の私生児に生まれたエベラールは、ジュネーヴで生を受けたあと、薬物を常習する快楽主義者となり、男装し、イスラーム教に改宗して、サハラを探検した。生涯にわたってたびたび苦難に襲われたエベラールは、一九〇〇年、イタリアのカリアリで書いている――「わたしはひとり、腰を下ろして灰色に揺れる海の広がりを見つめている……わたしはひとり……たったひとり、これからもずっと、この誘惑とごまかしだらけの宇宙を生きていく」。それから五年経たないうちに、彼女はアルジェリアで鉄砲水に遭い、二七年の生涯を閉じたのだった。[9]

孤独であることと淋しいこととは大きく違う。一九世紀の作家チャールズ・キングスレーも、ひとりで小旅行をして淋しいと感じたことはないという。ミツバチや花や小石が道連れだった。[10] 人類学者のリチャード・ネルソンは、アラスカ中部の先住民コユコン族の人々にキングスレーと同様の考え方を発見している。コユコンの人々は、自然界はどんなに荒々しくとも、自分たちの存在に気づいていて、見守ってくれると考えていた。森は生きていて感情もあるのだから、人々を守ってくれるぶん、尊重しなければならないというのだ。[11]

ウィルフレッド・セシジャーは、砂漠にあってプライバシーに飢えていた。同行しているベドゥィンたちには決してわかってもらえない気持ちだった。ただセシジャーは、白人は自分ひとりだけという状況になっても淋しくはならなかったという。その代わり、人ごみのなかや街中で感じる淋しさなら知っていた。街が人に押しつけてくる淋しさは、わたしたちを不安にさらす。みんななんて忙しそうなんだ、たしかな目的に向かって突っ走り、誰も知らない知識をたくさん抱えて、そしてひそかに手を結び合っているに違いない……自分ひとりが疎外されているんだ……。

イブン・バットゥータは、ひとりきりで旅立つ理由をこう記した。「自分のうちにあった途方もない衝動と、胸のなかでずっと温めていた願いに突き動かされて」と。[12] 単独行に出る動機は数々あるだろう。英国の探検家であり、先住民の人権の擁護者でもあるロビン・ハンベリー＝テニソンは、探検家という種族はみんな、高圧的な母親に育てられた連中だと冗談半分に主張しているが、[13] 単独行を好む性向と、大人数のグループや群衆への適応度の関係性を調べてみたら面白い結果が出るかもしれない。パイオニアの多くは、性格的にどこかしら不器用だ。たぶん大勢のなかにいてもちっとも居心地悪く感じない人間には、わざわざそこから離れて何百マイルも出かけていく必要がないのだろう。都会人は「相手を打ち負かせないなら仲間にしてしまえ」をモットーとするかもしれないが、だとすれば単独行の旅人のモットーはさしずめ、「相手の気持ちが推し量れないなら、捨てておけ」というところだろうか。

セシジャーと友人のベドウィンたちは、育ちも文化も宗教も違うけれども、強固な絆を結んだ。それはベドウィンの血縁の絆よりも強いくらいのものだった。セシジャーは、ベドウィンにとって旅の道連れとなることは非常に近しい関係を意味し、場合によっては互いを守るために、自分の兄弟であっても敵にまわして闘うことを期待されるほどなのだと悟っていく。

だが、旅の一章を閉じる頃合いを、鈍く続く痛みを伴って教えてくれるのは、古くからの友の不在を意識するときだ。一九世紀の英国の外交官で文筆家でもあったアンドリュー・アーチボールド・ペイトンが、赴任していたセルビアのベオグラードから書き送っている。

東方に来て四年になる。いまのところはもう限界に近いという心境だ。真っ青な空も、ほとばしる噴水も、モザイクの舗道も、薫り高い水煙管《みずぎせる》も、もう目新しくはなく、ヨーロッパ流の生活が恋しい。肌を刺す空気、心地よい空腹、燃え上がる暖炉の火、充分に明るく照明の行き届いた部屋、女性たちとの付き合い、すぐれた音楽、そして、古い友人たちの痛烈な皮肉が恋しくてたまらない。[14]

ずいぶんたくさんのものを恋しがっているようだが、つまるところ彼が懐かしがっているのは「ダチ」だ。新しい道連れとの絆は、昔からの友人への思いより強いのか？　そんなことを考え出すと、無性に故郷に帰りたくなる。

第25章　慣習と習癖

他人の癖ほど、直したくなるものはない。[1]

――マーク・トウェイン

わたしは道を戻って、トネリコの枝を見た。通りがかりに強く印象に残ったので、その形をもっとよく見てみたくなったのだ。

枝振りの曲がっている部分を見上げ、それが太陽や風のどんな影響を受けているのか読み取ろうとした。それからまた、丘を登りはじめた。その時わたしは、ほんの数分ほど前に同じところを通ったばかりだというのに、味わっている感覚がまったく同じではないと気づいた。さっき歩いたときに道のセイヨウエビラハギを踏みしだいていたらしく、最初は感じなかったそのにおいが上がってきている。ポケットからノートとペンを出して記録をとろうとしたが、その気持ちに抗った。いまは感覚を楽しむ時間だ。何でもメモをとる作家の習性にも時には逆らったほうがいい。いまがその時だ。

何しろ歩いている間に鼻をいじったかもしれないが、そんなことを記録する気はないし、思い出す気もないのだから。

＊

何かをあるやり方で一度やってみて、さらにもう一度、と続けるうちにそれが習癖になっていく。こうした習癖は、ユダヤ教の聖典『タルムード』の言葉を言い換えるならば、クモの糸のはかなさから縄の強さに育っていく。[2] こちらを縛る力は強くなっていくのに、習癖は自分自身にも不明瞭なもので、それはおそらく、ほかの人から借りて身につけていくものだからだ。慣習や習癖には縄張りがある。

慣れ親しんだところから新しい縄張りへと移ると、ほかの人々の奇妙な癖、すばらしい慣習、空恐ろしい風習などは、灰色の背景にピンク色が浮き上がるほどよく目立つ。ところが地元の人には、途切れなく同じ振る舞いの海原にしか見えないのだ。これは、わたしたちが新しい土地にほんとうになじんだかどうかを測る方法のひとつでもある——慣習が異質に見えなくなることが。

わたしたちが挨拶をかわす方法は、握手からキスひとつ、キス四つなど、文化の境界を越えるごとに変わっていく。衣服や、素肌をどの程度見せ合うかも、それぞれの土地で地元の人にはそれとわからないような違いがあるが、一時的な訪問者はひと目で気づく。女性が上半身裸でいるのを容認する場所の分布は不動ではなく、潮の満ち干のごとくじりじりと移っていく。アメリカ大陸やアフリカ、太平洋諸島の先住民たちは、キリスト教の宣教師が入ってきて非難がましく指を振り立ててくるまでは、乳房を見せるのになんの問題も感じていなかった。この潮目は引いては流れる。キリスト教圏でも地中海沿岸は、いまや素肌だらけだ。同一の縄張りのなかでも潮目は変わる。たとえば南仏のトップレスには流行があって、ある年は無作法とされ、次の年には「新しいフェミニズム」の象徴とされるという具合だ。

裸がいけないことで、少なくとも布が少しは必要だという感覚は広く植えつけられていて、時には動物王国までも侵食する。アル＝マスーディは、現代のパキスタンにあたるマンセラで有名な戦象マンファルカラスに出会った。このゾウにはその名を高めた功績が数々あったが、そのひとつが路上で不運な女性を救ったことだ。八〇頭からの戦象が行進していたとき、驚いた女性が動転して仰向けにひっくり返り、気の毒にも服がめくれあがって下半身が丸見えになってしまった。マンファルカラスは場の気まずさを見て取ると、道路の真ん中で横向きになって行進を止めた。次いで女性に向かって鼻を振り、怯《おび》えている女性に立ち上がるよう促した。そのうえ鼻を使って器用にも、めくれていた衣服を下ろしてやったのだ。

他方、盲目の旅人ジェイムズ・ホルマンが長旅から帰郷してみると、故国での衣服の流行はすっかり変わっていた。ロンドンでは、かつて絹を好んで着ていた紳士たちが、地味なウールや麻を好むようになっており、一方女性たちの服装は派手になり、ペティコートにレースにスカートとこれまでになくたくさん重ね着するのが流行になっていた。最新のスタイルを身につけた女性は衣擦れの音が騒々しいので、近づいてくるのは以前よりよくわかったが、スカートが膨らんで幅をとるために、失礼にならない程度に距離をおくのはかえって難しくなったのだった。

こうした外見の違いの次におそらく目につくのは、飲食にまつわることだろう。マルコ・ポーロ以前にもきっと、食べ物を口に運ぶのに道具を使わない習慣の国があるのに気づいた者はいたはずだ。食べるには一方の手を使い、もう一方の手は、体に入った食べ物が出ていくほうの口を始末するのにとっておくのを好む向きもある。

正餐《せいさん》の前に二言三言言ってから食べはじめる習慣も多くの国でみられる。キリスト教圏では感謝の祈りが口にされる。したがって、さまざまな国で食前の言葉の変形に出会うのは、探検家で言語学者のサー・リチャード・バートンにとって不思議でも何でもなかったはずだ。ただ、何か飲むたびに必ず、それも熱狂的といえるほどの儀式を繰り広げる人々には、サー・リチャードもほとほとうんざりさせられたらしい。

たとえばインドのイスラーム教徒が水を一杯飲むところを見てみよう……最初に彼は、グラスをまるで敵の喉《のど》でもつかむように持ち、次に、「憐れみぶかく、慈悲ぶかきアラーの名において！」と叫んでから唇を湿らす。そのあとでグラスの中身にかかるのだが、少しずつではなく、一気に飲み下すのである。[3]

もちろん、食べたり飲んだりするのに唯一の正しい方法などというものはないが、自分たちが長い時間をかけて培ってきた方法、ほかの文化からみればこれもまた奇態かもしれない習慣とちょっとでも違ったやり方で飲み食いされると、まず間違いなく不快になる。まあ、それが見知らぬ土地でレストランに行く楽しみのひとつといえなくもないが。

衛生の習慣も、異なる文化の人々の好奇心をかきたてたり、反感を招いたりする点では、衣食の習慣に肉薄している。現在のナイジェリアで一七四五年に生まれたオラウダー・エキアノは、自伝によると、一一歳の時、袋に詰められて誘拐され、奴隷にされた。一二歳でイングランドのファルマスに着いたエキアノは、いきなり異様な新世界に投げこまれることになった。まず、甲板に塩が振りまいてある意味がわからない。手で触って、舐《な》めてみた。生まれてはじめての雪だった。周りの顔が白いのにも面食らったが、それに劣らず慣れない風習に次々と対峙させられる。誰ひとり、生贄《いけにえ》を捧げようとしないのに衝撃を受け、食べる前に手を洗わないのにも驚かされたという（エキアノはそれ以前、カリブ海のバルバドスに送られ、その後米ヴァージニアで英国海軍の将校に雇われていた。一七六六年には二〇歳そこそこで自ら自由を買い取り、イングランドで精力的に奴隷制廃止運動に携わった）[4]。

労働の習慣も、旅人たちの熱心な観察の対象となる。昼寝《シエスタ》の習慣のある国は、北国からの来訪者には、羨望されると同時に、いささかたるんでいるのではないかと思われてしまう。労働習慣が人間に先んじてひとり歩きし、現実にはない固定観念となって、世界中に流布してしまうのも珍しくない。フンボルトは南米で会う人みんなに、鉱山のことなら何でも知っていると誤解されているのに気づいた。すぐにわかったのだが、南米ではフランス人はみんな医者、ドイツ人はみんな鉱業に携わっていると信じられていたらしい。

見知らぬ土地の閨《ねや》の習慣をうかがわせる手がかりにも、誰もが好奇心をそそられるだろう——たいていはその反対を装っているけれども。マルコ・ポーロが、訪れた先々の性習俗をいったいどうやってここまで細かに拾い集めたのか、必ずしもはっきりしないが、どうやらこのあたりの情報収集が彼の最優先事項だったらしく、各地の夫婦生活や性的遊戯について、まず取りこぼしなく伝えている。

たとえばそのころ、ペム（現在のトルキスタン）に住む女性の夫が二〇日以上家を離れることになると、夫が玄関を出るやいなや、女性は新しい夫を得ていいことになっていた。ゴビ砂漠の北カムールは「肉体の快楽を大いに楽しむ場所」であり、知人でもない男性が家を訪ねると、家の主人は男性と妻を妻の寝台に寝かせて二、三日家を留守にしてしまう。そこで「客と妻はともに悦楽の限りを尽くす」のである。タングート（中国西北部）の都市カンプチュー（甘州）では、女性が最初に誘いをかけた場合は、男性が女性と寝るのはかまわないが、そうでなければ好色で罪深い行為とされた。また男性は、従姉妹や父親の未亡人と結婚するのを許されていたが、未亡人が自分の母親である場合はこの限りではない。一方で、タタール人の男性は養えるものならば何人でも妻を娶《めと》っていいのだが、娶るには新婦の母親に結納を納めなければならず、結婚したあと女たちは高い地位を得たとのことだ。カタイ（中国）［への途上にある地］では、女は無毛で、男は「放縦《ほうじゅう》な性生活に耽溺している」との記述もある。

マルコ・ポーロの報告によると、チベットと中国の国境付近の人々は当時、処女を妻に迎える気はなく、妻になる女性はできるだけ大勢の男性を知っているほうがよかったという。他国の男がこの地を通りかかって野営すると、女親が娘を連れてきて寝てやってほしいと旅人に頼むのだそうだ。これは異邦人が野営を切り上げるまで続くが、旅立つときに娘を伴っていくのは許されない。出発の際、男は自分が相手をした娘、ないし娘たちに小さな贈り物を与える。すると娘は、未来の夫に、自分に愛人がいた証拠としてその贈り物を渡すのだ。贈り物を一番たくさん持っている娘が妻候補として最上位を占める。それは娘が、神に最も愛されたしるしだからだ。マルコ・ポーロはここを、一六歳から二四歳くらいの男性が訪れるには最高の地だと推薦までしている。

こうした性に対する好奇心と因習的な禁忌の念の結びつきは、いろいろと面白い形をとり、わたしたちは意識的・無意識的に、服装や身振り、公の場での愛情表現を、表から裏まで読もうとする。この三者が誇示されるのが、土地に伝わる舞踊だ。性の解放度は舞踊の形式に反映され、開放的な地方では、舞踊は気楽に参加し、見物できるものだけれども、性に対して控えめな地方では、禁欲的というと大げさかもしれないが、いささか格式ばったやり方で執り行われる。目に見える求愛の儀式——食べ方や歩き方、泳ぎや踊りがその役目を果たすこともある——から、その社会に隠された性行動を垣間見ることもできる。だからこそ、みんなが見ている前でも許される愛情表現の基準が、社会によってそれぞれに存在するのである。ある地域の人の手を握る行為は、別の地域では熱い口づけに相当する場合もある。

ともに暮らす人々の神経を逆なでするような反則行為を自分なりに抑制することはできても、旅をしていると、反則行為の噂に事欠かない土地にぶつかってしまうこともある。そういうゴシップのほとんどない村はいわば生きた人間のいない村であって、そんな村でも建物の壁には昔日の性の冒険の物語が、色鮮やかにしみついていたりするものだ。

そうした逸話から逃れることはできない。田舎を求めて都会を離れてさえついてまわる。フンボルトが都市の瘴気《しょうき》を嫌って、自然のなかで植物採集をしようとコロンビアのカルタヘナを出たときも、性で織り上げられた土地の噂を避けて通れなかった。ガイドがアカシア・コルニゲラの茂みを示してみせたが、これが地元では有名な茂みだった。浮気に怒って仕返しするのはふつう浮気されたほうであってしたほうではない、という常識などものともしない女がいたらしく、この女が夫のやきもちに腹を立てた――といっても夫は浮気をされたのだから、やきもちをやくのも道理なのだが。ある夜その女は、浮気相手の手を借りて夫を縄で縛り上げ、棘《とげ》だらけのアカシアの茂みに放りこんだ。もがけばもがくほど、棘が皮膚を刺す。通りがかりの人に助け出されたときには、夫は血まみれになったうえ、アリにさんざん噛まれていたという。[6]

　異国で性習俗を読み取ったり、性がらみの習慣を理解しようとしたりすると、異なる文化の間にも共通点が多々あるのにも気づく。つまるところ、わたしたちは同じ人間なのだ。とはいえ、誤解が生じる可能性は常にある。ルートヴィッヒ・ライヒハートの一行は、クイーンズランド中部のラング山に近いキャンプに戻る途中、先住民の青年たちと行き会った。一時は緊迫した雰囲気になったものの、ライヒハートがキャンプに着いたら贈り物を渡すと約束して場が和んだ。青年たちは肩の力を抜いたようで、水場を避けて帰る道まで教えてくれた。ところがライヒハートたちがキャンプに着いてみると、青年たちの一部が先回りしていた。何ごともなかったか尋ねたところ、キャンプにいた仲間たちは、友好関係を保つために精一杯がんばった、向こうのほうが人数が多いから、できるかぎり途切れないよう会話を続けたと説明した。先住民の青年たちは好奇心丸出しだったが、とりわけ知りたがったのは、ライヒハートの隊が去勢されたウシを数頭連れているのは、白人の性欲処理のためかどうかということだったという。[7]

第26章 宗教

自然を崇拝する態度には高尚な宗教的感情が存するから、今日のやうな科学と経済と戦争の時代に於《お》いても、自分は是非これを保存したいと思ふ。[1]

——鈴木大拙

ノース・ストーク村の聖母マリア教会に近づくと、その建物が時と場所について語りはじめた。南の壁面には、ミサ日時計を見つけた。引っかいたような線の不完全な円形で、そこに映る影で時刻を読むのに使われたと思われる。日時計から数フィート離れた東側の壁には水準点があった。三本の線が上向きの矢印になって、短い横線を指し示している。こちらの線も壁に刻みつけられたものだが、刻んだのは陸地測量部で、海抜高度を精確に測定した場所を表わしている。

教会の建造時の様子をうかがえる痕跡もいくつかあった。たとえば、よそとは異なる石がはめこまれているのは、内部の木製足場を取り除いた際にできた穴を埋めたものだろう。建物の西の端に近い石には、石工の屋号らしきものも残っている。石工は作業した石の数で手間賃を支払われていて、屋号を入れておくのは手間賃を数えるためだ。

この教会にはまた、無名の作り手が無数に埋もれている――化石になった数百万もの貝である。それが石になって採石され、はるばるワイト島から船で運ばれて、この小さな村の教会となったのだ。いかほどの労働と費用がかかったことだろう。それはとりもなおさず、この建物がこの地に住む人々にとって、どれだけ重要であったかを示している。

ノース・ストーク村は小さく、レンガと燧石《ひうちいし》の家々がこじんまりと並んでいるだけだ。数えても一〇軒余りにもならなかった。店もカフェもなく、役場もパブもない。郵便ポストと、それに似合いの、昔ながらに真っ赤な電話ボックスはあったが、ガラスが数枚なくなっていた。それ以外で目につくものといえば、聖母マリア教会の建物だけだ。村人の先祖たちは、食糧に事欠くことはあっても、神を欠かしたことはなかったのだろう。その教会もいまでは余剰物だ。昔日のままに保存はされているものの、礼拝には使われていない。わたしは中に入った。

＊

マルコ・ポーロは、初めての町や地域に入ると、まず住民の宗教を記録し、そうしてから土地や人々について細かい観察にとりかかるのを常としていた。宗教は歴史的にみて、その人々が何をしているかよりも、何者であるかを知るために重要かつ基本的なキーワードで、人の行いへの関心はそのあとにくる副次的なものだ。

フンボルトが、信仰はどこにでも普遍的に存在すること、根っこのところに共通項があること、そして宗教差別の愚かしさについて、見事に要約している。ベネズエラ東部のカリペには、地元の人々が年に一度洞窟の中に入り、夜行性の鳥を数千羽も獲って煮つめ、油を採る習慣があった。この洞窟はフンボルトを歓待してくれた人々にとって神秘的な場所であり、この一風変わった経済活動を通してフンボルトは先住民の宗教的信条を知ったのだった。先住民には太陽や月の光が届かないところは畏《おそ》れなければならない場所で、だから洞窟の入り口でグアチャロ（アブラヨタカ）を獲る者たちは死の領域に足を踏み入れることになる、と信じていた。思いきって洞窟の闇に踏みこむび、捕獲者たちはパニックになった何千もの鳥のわめき声に迎えられるが、それだけではない。もっと背筋が寒くなることに、ここは自分たちの祖先と出会う場所なのだ。魔術師が呼ばれ、まじないが唱えられ、最強の悪霊インボロキアモが呼び覚まされる――フンボルトはこの伝統が、より広く普遍的な信仰というものに地域独特のスパイスが効いた形であることを見て取った。

地上のあらゆるところで、人とは何かを語る、よく似た原初の作り話が見つかるであろう。そこでは特に、世界を律するふたつの原理が語られる。それは死後の住み処についてであり、徳を積んだ者が幸福を、罪深き者が罰を得ることだ。どんなに異様で野蛮な言語でも、ある程度は似通った物語をつむぐ。なぜならわれらの知性とわれらの感覚の源泉は同じだからだ。[2]

フンボルトは賢明にも自分が遭遇したものにかなり曇りのない目を向け、人類すべてに共有される宗教的信仰心や迷信を生む、最も基本的なきっかけを見抜いたが、それでも西洋人として一段高いところから語ってしまっている。「原初の作り話」などと表現するのは、いかにも保護者ぶっていて、先住民の信仰を軽視していた本音が透けてみえる。

ある信仰の信奉者が別の信仰を軽視するのがいかに愚かしいかは、ベネズエラのネグロ川に着くころにはフンボルトにも明らかになっていた。川沿いではスペインとポルトガルが勢力を争っており、それが、両者の影響を特に宗教面で受けた先住民同士の衝突という形で現わしていたのだ。先住民たちは川を挟んで互いが見える場所にいながら、憎み合うことを覚えた。この憎悪がどこからきているのか見極めようとしたフンボルトは、川の両岸の宣教師たちが、それぞれ違う色のローブを身につけていることが主な原因だと知った。[3] スウィフトの『ガリバー旅行記』で、卵のどちらの端を割るのがいいかで争っていたリトル・エンディアンとビッグ・エンディアン「卵の端の小さいほうと大きいほう」と、どちらがばかげているといえるだろう。

ベネズエラでのフンボルトは、人間の意識の下に、太く流れる底流を見出していく。それは、人生という密林が、ただ即物的な場所ではなく、どこかに精霊の世界があって、わたしたちが近づこうと努力すればきっと引き上げてくれるはずだという狂おしいまでの願いだ。さらに彼は、そうした向上心が何らかの形で実体を持つと、必ずや敵対と緊張を生むこともまた、普遍的な真理であると悟った。

マルコ・ポーロも宗教的集団が強硬な意見を形成していく実例をいやというほど見ていて、同様の潮流を感じ取っていた。宗教集団同士の憎悪は自己相似的だ。どんなに近づいても、そこには苦い分断がある。マルコ・ポーロは、自分が非常に大きな分断線を見たと思って述べた。「世界中のサラセン人が誰もかれもすべて、世界中のキリスト教徒を嫌っているのは事実だ」[4]と。だがもっと近寄ってみると、版図の内側にもそれぞれに分断線がある。バグダッドでは、一介の靴屋が山を崩した奇跡「マルコ・ポーロが記しているところによると、一三世紀、わずかでも信仰があれば山を動かせるという聖書の記述を盾《たて》に、イスラーム教への改宗か死かと迫ったカリフに対し、信心ぶかい靴屋が祈りで山を動かしてみせたとされる」をキリスト教徒はこぞって同じ日に祝うものの、どうやって祝うかは分派ごとでまったく一致せず、「アルメニア派、ネストリウス派、ヤコブ派はそれぞれ、教義のどこかで見解が異なるので、互いに拒絶し、憎み合っていた[5]」

　教義による分断を心配するのは専門家にまかせておくしかないが、そのために、土の上に現実に引かれてしまった線は、表に出してしまうのがいい。イブン・バットゥータがトルコ南西部のアンタルヤを訪れたとき、彼は隔離された都市に出会った。キリスト教徒の商人たちはアル＝ミナと呼ばれる地域に住んでいたのだが、ここは壁に囲まれた港湾都市で、一方ギリシャ人のキリスト教徒は壁に隔てられた別の区域に固まっていた。ユダヤ人と奴隷兵部隊のマムルーク、それにイスラーム教徒にも、それぞれの居住区があった。こうした慣習は世代から世代へと受け継がれ、宗教の影響力がある時は強まり、ある時は弱まっても、現代の街のありようにも趣を残し、それは、宗教には無関心な観光客が次々に押し寄せてこようと、完全に消え失せることはない。

　一八世紀、モロッコのスルタン、モハメッド・ベン・アブダラは、モロッコのユダヤ人に港町エッサウィラに定住してヨーロッパと交易するよう奨励した。ユダヤ人街は繁栄し、イスラーム教国のイスラームの町の一角に、多くのシナゴーグ「ユダヤ教の会堂」ができることになった。エッサウィラは、イスラーム教徒とユダヤ教徒が平穏に共存した数少ないしるしだ。古びたシナゴーグの建物はまだ残っているが、いまもなおエッサウィラに住みつづけているユダヤ人は多くはない。ユダヤ人街の住民はほとんど入れ替わり、いまや旧ユダヤ人街となっているけれども、町全体のなかで、そこだけはまだ異質な空間のままだ。歴史上の、そして現代の出来事に端を発する分断線やつぎはぎ部分は、多くの町や都市で見ることができる。

宗教は、個別の建物にも自分のしるしをつける。モスクやシナゴーグといったあからさまな形ばかりではなく、もっと象徴的でわかりにくいものもある。たとえば教会のてっぺん高く止まっているオンドリ。たいていは風見の一部分だが、教会の屋根にオンドリを掲げたのは、九世紀の教皇布告による。オンドリは、これが鳴く前に三度わたしを知らないと言うだろうというキリストの言葉どおり、主を否認した聖ペトロの象徴なのだ（マタイによる福音書26・75）。だが象徴は屋根を降り、通りに出てそれぞれの場所で装飾となっていった。宗教は拡散され、そこに根づく。ゼロから始められないところでは、すでにあるものに新たな衣装を着せるのも辞さない。世界中の水場にあるキリスト教の聖地の多くは、たとえばアイルランドの聖なる泉のように、もともとは土着宗教の聖地だった。[6]「異教を洗礼する」[7]試みから逃れられたのは、途方もなく誇り高い古代のモニュメントくらいだ。ストーンヘンジにまとわせられるほど大きなキリスト教の衣を見つけられた司教はいなかった。

宗教的な建造物は手を伸ばし、周囲の自然にも手を加える。日本の仏教徒は、魅惑的なサクラの木に引き寄せられて寺院に集まるし、キリスト教会の庭ではイチイの木が再生の息吹を高めている。だがこの流れは、実は逆向きのほうがずっと強い。宗教が自然に加えようとする力は、敬虔な気持ちを駆りたてる自然の力の前ではごく弱々しいものである。

ヘブライ語の「ruach」は、風と霊の両方を表わし、ヘブライ語の聖書の冒頭に登場する。

神が天と地を創造しはじめたとき——地は何もできていない空間で、深淵の表面を闇が覆っていた。そこへ神からの風（rauch）がきて、水の上を撫《な》で[8]……。

ヘブライ語の聖書では、風は世界を誕生させるものだ。またカラハリ砂漠のブッシュマン（サン人）には、はかない現世のあと、この地上から離れるわたしたちを先導してくれるのが風で、「われわれが死ぬと、風がわれわれの足跡をかき消す。それがわれわれの終焉だ」[9]とされる。誕生と死の中間で、風は多くの人々を、神に近づいたような——神とまではいかなくとも、独自の、何か禁欲的で清らかな魂に出会ったような気持ちにさせる。ヴィクトリア朝の科学者で、登山家でもあったジョン・ティンダルに「山の酸素には、確実に徳がある」[10]といわしめたのも、そんな思いだったのだろう。自然の持つこの清らかさに導かれ、多くの人が中東の砂漠やヨーロッパの森林に、贖罪《しょくざい》を求め、多忙な浮き世の誘惑から逃れようと出かけていく。そしてまた、宗教集団の企みの醜さと自然が提供する美しさを比べたくなるのも、この清らかさのゆえだ。これを誰よりも力強く要約してみせたのが、カール・ユングだった。

わたしには、高い山々、川、湖、木々、花、そして動物のほうが、滑稽ななりをして、貪欲で見栄っぱりで嘘つきで臆面もなく自己中心的な……人間よりも、はるかに神の真髄を示していると思われる。[11]

この領域では決して意見の一致をみることがないのが、人類の運命なのかもしれない。幸いにも宗教の問題を比較考察するのは探検家の使命ではなく、わたしたちはただ、宗教が各所に及ぼしている影響の痕跡に敏感でさえあればいい。とはいえ、ナチュラル・エクスプローラーが強い感情にひきずられてしまう可能性は大いにある。高いレベルで意識を覚醒しておきながら、それに伴う感情に無頓着であることは不可能だ。鈴木大拙の言葉を借りれば、「美を味ふ心の底には宗教的なものがある」[12]

神聖なるものへの関心は死を間近にするほど高まり、各地の葬送儀式をみると、その地の死生観、宗教観がよくわかる。ウェールズ南部のゴーツ・ホール洞窟では、二万七〇〇〇年前に遡る埋葬のあとが発見されている。この洞窟が何世紀ものあいだ何かの中心地で、多くの人々がはるか遠方から訪れていたことを物語る痕跡もあった。死後の旅へと惹きつけられる思いと、風景のうちで際立っている自然の景観に惹きつけられる思いとが交錯し、地元の人々が珍重する事物を、いっそう重要視させることになっていく。

ガンジス川はいろいろな意味で命を与え、命を奪う。その水は農作物を養い、人々の生命を維持してきたが、同じくらい排泄物中に含まれるバクテリアを養って、致命的な量にまで増やしている。だが、漂う糞便にもかかわらず、ガンジスの水には浄化作用があるといわれ、実際にまれなほど酸素濃度が高く、多くのバクテリオファージを含んでいて、これがバクテリアを死滅させるのだ。生と死に満ちあふれた広大な水の流れが、やがて尊崇の対象となるのは必然であり、ガンジスは人々を水葬する地としても知られている。

生活が苦しく、より良い死後の世界を信じる気持ちが強ければ、生きている人間が極端な行動に走る場合もある。ヴォルガ川中流域のヴォルガ・ブルガールを訪ねた一〇世紀のアラブの旅行家イブン・ファドラーンは、バイキング［ルース人］の首長の伝統的な埋葬儀式を目にし、貴重な記録を残している。彼の記述によると、近習の少年少女たちが首長の死出の旅に同行するよう誘われ、少女のひとりが実際に承諾した――承諾するのはほとんど場合、少女であった――という。自ら死後の世界への随行者に名乗りを上げたら若き少女は、敬虔なる儀式の間ずっと引きまわされ、儀式は少女が薬で酩酊させられ生贄《いけにえ》として繰り返し凌辱《りょうじょく》され、首の周りに縄をまわして吊るされ、刺し殺されるところで頂点に達する。男たちは、少女を犯した張本人たちも交えて生贄のテントの外に立ち、悲鳴をごまかすために互いに盾《たて》を打ち合わせて音を立てる。外に控える少女たちが、恐ろしさのあまり将来生贄になりたがらなくなると困るからだ。生贄の少女の遺骸《いがい》は、こうして首長とともに死後の世界へと旅立っていった。[13]

宗教的な考え方が移りゆくと、山を動かすことさえある――心の中に占める山の位置づけは、少なくとも動いていく。六世紀に仏教が伝来する以前の日本では、山は非常に神聖なものと考えられていて、足を踏み入れるような場所ではなかった。神社がふもとに作られこそしたが、人々はたいがい畏《おそ》れ多くて山に登ろうとは思いもしなかった。だが仏教の伝来とともに、人と山の関係は変化し、日本人も山登りを始め、やがて熱心な登山国となっていった。日本では山と親しく交わることに神聖な意味を見出している宗派もあるが、ことに熱心なのが修験道で、これはアジアの宗教の多くに見られるように、仏教や道教、神道といったさまざまな宗教の影響を受けている。修験道の目的は、自然との交感を通じて悟りを得ることで、山はその中心的な存在だ。山へ登る一歩一歩は、悟りへと近づく道になぞらえられる。

さてそうなると、ほどなく、わたしたちの宗教心が、あるいはそうした信心に欠けているということが、ある場所に対する見方に色をつけてしまうと気づくことになる——その場所に住む人に受ける影響にも負けないくらい鮮やかに。そうした信心ないし不信心は、わたしたちの行動までも規定するのだが、それはたとえばジョン・ハニング・スピークが直面したほどのとてつもないジレンマにでも遭遇しないかぎり、なかなか自覚できないかもしれない。

スピークは［一九世紀の］英国陸軍軍人で、ナイルの源流を突きとめた探検家だ。アフリカ大陸の中心近く、粗暴なムテサ王の君臨するバガンダ族の町にたどり着いたスピークは、品性が試されるような歓迎を受けた。一糸まとわぬ処女が三〇人、いずれも王に征服された敵対部族の娘たちが潤滑油をたっぷりと塗りこめられ、いつでも夜伽《よとぎ》のつとまる状態でスピークの前を歩かされた。スピークの目にとまった娘たちはよりだされて彼の囲われ者となり、選ばれなかった者は処刑される。独り者だったスピークは毒蛇の巣に放りこまれたかのような思いで自らの道義心と闘い、気詰まりを覚えながらもひとりを選んで彼女を自分の従者に与え、ほかの二九人に背を向けた。歴史家のサイモン・シャーマがこの出来事について述べている。「誰もが腹を立てたが、ひとり探検家だけは平静だった。彼はキリスト教徒として当然のことをしたまでだった」[14]——しかし現代の道徳水準からすれば、同様のジレンマに多少は良心の咎《とが》めを覚えたとしても、娘をもっと大勢とっておこうとする者が多いのではないだろうか。

ジョン・ミューアも非常に敬虔な宗教一家［長老派教会］に育った。父親は、聖書の教えからはずれることは何であれ、不真面目で取るに足らないか、罰に値するとみなし、現実に幾たびも息子を鞭打《むちう》った。だから父親はきっと、彼の息子が成長して有名なナチュラリストとなってから、活動を胡散《うさん》くさくみる人に対して宗教を盾に抗弁したという大いなる皮肉に、墓の下で苦笑したことだろう。見ず知らずの人間から、アメリカを横断して植物採集するなどという男らしからぬ行為──「いつの時代であっても、花を摘むなど一人前の男のすることとは思えません」──に耽る意義を問われたとき、聖書の教えを叩きこまれてきたミューアはここぞとばかり、旧約聖書と新約聖書の両方から例を引き、礼儀正しく言い返したのだ。異端審問官よろしく自分を問いただした相手に対し、最高の賢人であるソロモンが植物を研究していたこと、そしてキリストが、野の花がどうして育っているか、考えてみるがいいと使徒たちに告げたこと（マタイによる福音書6・28）を思い出させ、きわめつけは、「さてそれでは、わたしはどちらのご忠告に従うのがいいのでしょうか。あなたの？それともイエス・キリストの？」と、弁士顔負けに言い負かしたのだった。[15]

宗教がわたしたちの自然観を作るのか、自然が宗教を導くのか、あるいはそのどちらでもないのか。いずれにしても、わたしたちが訪ねていく土地と、そこに住む人々に、宗教的な伝統が影響を与えていることは間違いない。わたしたちが神学というゴム長靴を履いて、その深さをいちいち足探りしてみるまでもなく、宗教は土地土地をそれぞれの色で染めることができるのだ。よほどの冷血漠でなければ、東南アジアの見事な寺院をほんの数分でも眺めたら、はたまたコーンウォールの荒野にうずくまる聖堂の遺跡によじ登ってみれば、心がきっと温まるだろう。マドリッドにほど近い、サン・ロレンソ・デ・エル・エスコリアルの街を通る機会があったら、奇跡の現われるというトネリコの木をひと目見てみたいと思うはずだ――毎月第一土曜日、元清掃婦のアンパロ・クエヴアスという女性の前に、聖母マリアがこのトネリコに宿って姿を見せてくれるという噂を仕入れていたとしたら。[16]

第27章　美

美よ、汝《なんじ》、野に育つ気まぐれなるサルよ、
いずくの国でもその形を変える！[1]

――エイブラハム・カウリー

わたしの眼裏《まなうら》を離れようとしない光景は、ストーク・ヘイゼル・ウッドの森のそばの乾いた川床《かわどこ》の描く曲線の、艶《なまめ》かしかったことだ。あの線、あの曲がり具合、あの色――どことはっきりはいえないが、いつまでも心に響くものがあった。単一の要素を取り上げても、これといって美しいとは言い切れないのに、全体は力強かった。

谷は、遠い昔に凍った岩々や過ぎし日々に流れ下った水の速さ、それにも負けない緑――の記憶を語りかけてきたが、それより何より、なお脳裏に生き生きと住みつづける曲線を見せてくれた。死に絶えたものが、これほどにわたしの目をとらえ、心をつかむことはない。ただ、生に満ち、美しいものだけに惹かれるのである。

旅に乗り出すわたしたちは、何を探そうとしているのだろう。求めてやまない何かがひとつあるとして、それは美だろうか。もしそうならば、一八世紀の英国の、あの変わり者の校長先生は、それを探り出す鍵を持っていたのだろうか。

*

ウィリアム・ギルピンは一七二四年にカーライルで生まれ、五一年にいとこと結婚、その後まもなくサリー州チーム校の校長となって、七〇年、ロス・オン・ワイでボートに乗りこんだ。ワイ渓谷を伝い、チェプストウに至る彼の紀行文によって、風景というものに対する考え方は一変した。

ギルピンは、哲学的には英国の思想家エドマンド・バークの足あとをたどっていて、そのバーグの崇高と美についての著作（『崇高と美の観念の起源』）は一七五七年に刊行されている。ここでバークは、美の客観的理想を提示しようとして苦闘した。理想主義も苦闘も、これを書こうとしていたバークがまだ一〇代だった事実を考えるとうなずける。彼は、健康でも均整がとれていても完全無欠でも徳があっても、植物や動物や人間の美を説明するにはどれも足りないことに気づいた。花の美を説明しようとあがくバークを見ると、なぜかほっとさせられる。

バラは比較的大きな花をつけるが、低木である。リンゴの花はとても小さいが、大木に咲く。それでいて、バラもリンゴも、花はどちらも美しい……。

だがバークの記述がわれわれの骨格にまで近づいてくると、いささか具合が悪くなる。「ちまたに曰く、首は、ふくらはぎを物差しとするのが美しいとされ、太さは手首の二倍がいいともされる」――それでもバークの若き舌鋒《ぜっぽう》がこの説を一蹴して、われわれはたちまち胸をなでおろす。「このような比率が、様子のいい肉体に見出せることは確かであろう。同時に、醜い肉体のうちにも、苦労して探せば見出せるはずである」と。しかしバークは葉や川ではその滑らかさに、また徐々に移り変わる色合いに美しさを求めようとしており、固定した美の概念はないと言い切るには確信が足りなかった。

ギルピンも風景の審美的な美しさに思いを寄せ、「絵のような《ピクチャレスク》」と名づけて、実際的に、かつ厳格にこの話題に取り組んだ。ギルピンの『ワイ川と南ウェールズの観察、及び主として絵のような美しさについて――一七七〇年夏（*Observations on the River Wye and Several Parts of South Wales, & Relative Chiefly to Picturesque Beauty: Made in the Summer of the Year 1770*）』は、長たらしい題名は当時のお定まりだが、内容はきわめて革新的だ。ギルピンはこの著書で、風景を美しく崇高なものにしている要素を理解するための技術を指南している。ようするに彼は、野外全体を分析して要約し、美と驚異を嘆賞する一種の手引きを作り上げようしたわけだ。そんな彼が同時代の人々から笑いものにされ、風刺の的になったのも無理もないが、衝撃があるからこそ風刺されるのであって、ギルピンの研究はいまでも重要性を失っておらず、学ぶところが多々ある。

ギルピンはセヴァーン渓谷を見渡して、自らの設定した基準と格闘した。

目は、一時《いちどき》にその前に投げ出されたあふれんばかりのもののなかで焦点を失い、喜びと驚愕に促されるまま広大な広がりを忙しく動きまわるが、ようやく落ち着きを取り戻すと、筋道だった観察ができるようになる。

そして目は、いたって整然とした観察をするのだ。ギルピンにかかると、岩は苔《こけ》や地衣類の「色味」に助けられてこそ美しく、ティンタン・アベイの遺構に散らばる岩や石は、散乱していなければ大きくて目障りなだけだ。ギルピンはまた、ウェールズの人々が家を真っ白に塗るのには、はっきりと警鐘を鳴らしていて、「わずかに白い部分は往々にして美しいが、ありあまるほどの白は、あらゆる色のなかでも、とりわけ調和を乱す」とみる。自然が何もかもを白で覆いつくすことはありえないと彼は頑迷に言い張り、例外はチョークの断崖だが、これは幸いなことにサンファイアの蔓《つる》で白みが和らげられていたり、「ところどころさまざまな色合いがしみついて、どぎついほどの白のまばゆさを少なくとも部分的には取り除いている」という（正直なギルピンは、同僚から雪が真っ白なのはどうかと指摘されたことも包み隠さず述べている。ただ彼の友人は、白が風景のなかで見ると決して快い色ではないというギルピンの意見に賛成してくれたそうだ）。

ギルピンによれば小川や瀬が「絵になる」には、どうやら滝状になって「かき乱される」ことが必要だが、大きな川や湖水は「おのずから威厳を保つ」ことができる。森の中の木は「衆にまぎれて」多少のいびつさはごまかされるから必ずしも立派でなくていいけれども、孤立している樹木は、格別の特色を備えていないと見栄えがしない。耕作地もまた見逃してはもらえず、四角やひし形の畑は、上から見たら「どちらもうんざりする眺め」だという。

自然の美を客観的に見ようとするのはいささか悪趣味で、ギルピンを揶揄《やゆ》した人たちに同調しないようにするのは難しい。いかにギルピンが序列化しようとも漏れこぼれる美はあるものだ。だが、美を普遍的な檻《おり》に囲いこもうとしたギルピンの試みは魅力的であり、同時にぞっとさせられるものでもある。たぶんだからこそ、彼の方法論をいともたやすくへし折ってしまう光景が現出したとき、わたしたちはほっともするし、嬉しくもなるのだろう。

ウェールズのティンタン・アベイの修道院の廃墟で、西の窓の装飾が風景にもたらす効果をせっせと論評するいっぽうで、ギルピンはそこで目の当たりにした貧窮のありさまに唖然とした。現われた女性はとびきりむさくるしく、健康状態もひどいもので、「四肢は麻痺し、皺《しわ》だらけの小さくなった体を二本の棒切れの助けを借りて引きずるようにしてのろのろ歩いていた」。気の毒な女性はギルピンに修道士の図書室を見せると約束したが、その代わりに彼を、廃墟の中の自分の住み処へ連れていった。ギルピンは湿気だらけのあばら屋に入り、冷たい水滴がしたたり落ちてくるのを避けながら、この「悲惨なる独房」で女性が生き延びているのに心の底から驚いた。ギルピンは女性に魂を奪われたと告白している。彼は先を急ぎ、旅を続けたが、川の水は色を失い、自分の仮説には、彼女が味わっているような人間の苦しみは容易に組みこめないことを意識せざるをえなかった。生きるために闘っている女性の衝撃的なまでの醜さは、彼自身にも読者にも、自然が廃墟にほどこした彩色よりも強く訴えたのだった。

ギルピン列車が一時脱線したのを見てわたしたちがついほくそ笑んだとしても、その満足感は罪悪感を伴うものではないだろう。彼が誠実に、外側の旅と内なる旅があることを認めたのは賞賛していい。美は醜くなくしては成り立たず、どちらにも抑えがたい力があるのだ。

ギルピンは、自分のアイディアを広く目に浮かぶように伝えることに成功し、わたしたちが「想像力を楽しく暴走させ[2]」られるようにしてくれた。彼はさらに、自然の世界とつながるには、山々や川、建物、植物や動物に思いをめぐらすのはもちろんだが、それだけでは充分とはほど遠く、どこかしらで、人間という生き物と、その耳と耳の間にある迷路の果たしている役割とを必ず考えに入れなければならないと示してくれたのだった。

彼の著作が反響を呼び、ギルピンの考えに同調しない人々にさえも影響を与えたのは、おそらくわたしたちの心の奥深くにある美への憧れに届いているからだろう。憧れには常に、希望と畏《おそ》れがつきまとう。わたしたちは憧れ、ほしがり、人生の美を楽しみたいと願う——丘から眺める美しさであれ、枕を並べている人の顔の美しさであれ。人生は、なかんずく探検は、美に向かい、醜さから逃れようとあがくダンスのようなものだ。だが充分に五官をはたらかせることのできる探検家であれば、多少の不確実さには耐えねばならない。わたしたちは世界を美しいもの、あるいは醜いものと見るが、わたしたちもまた、他者から美しいと、あるいは醜いと見られているかもしれないのだから。

美は力だ。世界に対するわたしたちのまっとうな反応をはぐらかし、もっと原初的な何かと呼び合う。エドマンド・バークはそのことをよく知っていて、「美はわたしたちの理性の助けをまったく求めようとしない[3]」と記している。男性は、美しい女性を見ると瞳孔が開き、瞳孔の開いている女性をより美しく感じる。そのために女性たちがするようになったことも、いわば必然で驚くにはあたらないのかもしれない。男性と外出するとき、ルネッサンス期のイタリア女性も、ヴィクトリア朝の英国女性も、瞳を大きく見せようとして、ベラドンナを含んだ目薬をさした——ナス科のベラドンナは毒草なのだが。[4]

客観的な美という考え方を恐れるのは、だからもっともなことなのである。もし誰かが美の公式をどうにかして解明したとしたら、その人は、世界やそこに住む人々に対してわたしたちがどう反応するかをいち早く理解できることになり、それを利用してわたしたちに影響を及ぼせるようになるだろう。アメリカのナチュラリスト、ダイアン・アッカーマンは、わたしたちの可能性がいかに美しさに左右されるかという実例をたくさん集めているが、それは空恐ろしいほどだ。美しいとみなされた人々は、学校でも、仕事でも、軍隊でも、そして刑務所の中でさえも、ほかの人々よりうまくいっている。一九六八年にニューヨークで行われた調査では、身体に何らかの不満を持つ受刑者のうち、美容整形を受けた者のその後は、単にカウンセリングだけ受けた者よりうまくいき、再犯率も低かった。[5] いかにもたしなみに欠けるこうした考えの前にどうしても胸がざわつくが、それを鎮めるために唯一できるのは、少なくとも人間の美に関しては、美しさは間違いなく主観的で、流行りすたりがあると証明することだ。夏に海辺に出かける前に少しでも痩せようと四苦八苦する現代人には耳寄りな情報がある。マルコ・ポーロの報告によると、バダフシャーン（現代のアフガニスタンとタジキスタンにまたがる地域）の女性たちは当時、男性の目に魅力的に映るように、折りたたんだ綿布をズボンに山ほど詰めこみ、尻をできるだけ大きく見せようとしていたそうだ。[6]

自然の風景で、人がどんなものに惹かれるかを調査した最近の研究の結果は、いかにも当たり前で、さほど得るべきものはない。人は水辺を好み、青空が好きで、茶色より緑がいい。そして、ごみや、放置された自動車は好まない。[7] 好きと嫌いの間の広大な裾野《すその》には、細かく見ればまだ明かされていないもっと魅力的な何かがあるかもしれず、わたしたちが経験する世界の美しさも、人間の美と同じように主観的なものである可能性は大いにある。種としての人間は、わたしたちの旅に、人生に、ぜひとも多様性を必要とする。だがそれだけでなく、それぞれの体験の位置づけ方も多様であろうとする。均一性はここでは敵なのだ。大リーグのスター、ヨギ・ベラの「世界が完璧なら、そんなのは完全な世界とはいえない」[8] という言葉が真実らしく思えるのは、そのせいかもしれない。

現代の探検家は、美について思いに耽ることにあえて踏みこもうとせず、せいぜいもののついでに言及する程度で、あとは無視してしまう。美の力はもはや、多くの旅人には、色あせて感じられるのだろうか。それとも、あまりにとらえどころがなくて、壮大な語りのなかにうまく収められないのだろうか。あるいはひょっとして、哲学的に過ぎる話題と思われているのだろうか――美の掲げる鏡は、次なる目的地へと急ぐ旅人の荒い息づかいを浴びると、白く曇って使いものにならなくなってしまうのかもしれない。ひとつ考えられるのは、美があまりに極端であることだ。手に負えないほど大きくて恐ろしい問題を前にした人間がとる対抗策は、ひらりとかわす、ごまかす、身を縮めて逃げ出す、だ。ほかに選択の余地がない者、でなければ頭がおかしいか、孤独な領域に敢然と足を踏み入れる勇気のある者だけが、美について誠実に語りはじめる。

ドイツの数学者ヘルマン・ワイルは、数学と理論物理学をつなぐ橋を築こうとしていた二〇世紀の初め、それまでにない未知の世界へと踏み出そうとしてこう書いた。

　わたしの仕事は常に、真実と美とをつなごうとするものであったけれども、どちらかひとつを選ばなければならなくなると、まず美を選んだ。[9]

理論物理学者や詩人、芸術家をはじめあらゆる分野の先駆者たちは、自らの動機をさまざまに語るものだ。だがそのいずれも、つまるところは生命の本質を見極めたいという欲求の謂《い》いだ。美は、世界の隠された深奥にある意味――そうした意味があるとして――が、つかの間見せてくれる顔であるともいえるだろう。だからこそわたしたちは惹きつけられるのだし、美は、客観的な分析を跳ね返しうるのだ。

踏みこむのに勇気のいる、恐ろしい場所のもうひとつが、死に近づくことである。英国人脚本家のデニス・ポッターは癌で亡くなる前に最後のインタビューを受けたとき、あえて、世界の何もかもが非常に際立って見えることを話題にした。

　ロスの自宅の窓の外には……プラムの木があって、花はリンゴに似ているけれども白いんだ……ありえないほどに白くて、最高にふわふわしていて、満開の上にも満開に咲きほこっている。物事がいままでになかったほどつまらなく思えるのに、同時に、何もかもがいままでになかったほど重要にも思える。つまらないということと重要なこととの差が、どうでもよくなっているようなんだ。ただ、あらゆることがいま、いま、と言っているようで、それは文句なくすばらしい感覚だ。うまく言えない。自分で経験してもらうしかない。でも、こう言ってよければ、晴れがましさというか、安らぎというか、安心感というか……いや、人を勇気づけたいとかそういうのじゃない。全然そんな気はないよ。要は、もしいまを見ているなら、しっかり見ろ！　と言いたいのさ。そしていま見ているものを慈《いつく》しめるか、と。[10]

わたしたちは、美のなかに不可思議を垣間見る。不可思議こそが、探し求める価値のあるものだ。目指したいのは、広大無辺な天地に、あるいはごく小さな草花に、野生の生き物に、そして人間という生き物に、不可思議を見出すことだ。

垣間見える美は、喜びを約束してはくれない。けれどもその美はわたしたちの感情を研ぎ、心底生きている感覚を与えてくれる。わたしたちが欲してやまない洞察力を得るまでに、わたしたちを高めてもくれる。何かを求めて世界を探るとき、わたしたちは絵画や文学、音楽という形で、自分たちの探究をなぞっていくのだ。

エドマンド・バークの著作は、死後二世紀を経てもなお読まれているが、そうした栄誉は、自らの見識によって、かくも力強い概念をつかむことができた者だけに与えられるものだろう。これほどに力強い文章を書くことができた者だけに――「オレンジの木が豊かに葉を茂らせ、花開き、実をつけたとしたら、それほどに美しいと、誰もが一致して認めるものがほかにあるだろうか」[11]

第28章　内なる時間と気分

夜を敬うことを覚え、むやみに怯《おび》える気持ちを追い払え。なぜなら人の体験するさまざまな事柄から夜を追放してしまうと、同時に宗教的感情や詩情など、人間性の探究に奥行きをもたらすものまでが消えてしまうからだ。[1]

――ヘンリー・ベストン

午後のひと時、つかの間、吸いこまれるような倦怠感に襲われたが、それはあっという間に消え去った。ヨウシュツルキンバイが微風にひらめくたびに、足をとめ、見つめずにはいられなかった。この草花が風の調べに合わせて、淡い緑と濃い緑とを交互に見せながらはたはたと踊るさまに、じんわりと酔ったような心持ちになった。わたしはふと、ついさっき空腹で食べたドライマンゴーの糖分のおかげで、この花の美しさもちょっぴりかさ上げされて見えるのかもしれないと思いついた。

＊

時間は、わたしたちを取り巻く世界を、刻々と変える。季節ごとに、一日ごとに、そして一秒ごとに。だが仮に世界が変わらず静止していたとしても、世界に対するわたしたちの見方は変わらずにいられない。わたしたちの体験はどれもすべて、感覚器官を通って脳に送りこまれる。時間はこの行程をもてあそび、世界を感じ、反応するわれわれの行為をねじ曲げるのだ。

古代ギリシャの哲学者ヘラクレイトスは、同じ川に二度入ることはできないと言ったが、きわめて当を得ていた。世界を感じる一瞬はそれぞれに特異点であり、決して繰り返せない。変数が多すぎるのだ。この一瞬をとらえたタペストリーが主観の塊である観察者に投影され、観察者自身の経験や記憶、気分や心身の健康状態が、この一瞬一瞬と絡み合って、客観的にも主観的にも独特の像を作り出していく。

わたしたちにはひとりひとり、一日のあいだで、はっきり目を覚ましているときとぼんやりしている時間のパターンがある。科学者の言う、概日リズムのタイプがあるのだ。午前中に一番頭が冴えていると感じる人もいれば、それは午後の遅い時間帯だとか、晩方だという人もいる。ヒバリ型もいればフクロウ型もいるわけだ。この覚醒と睡眠のサイクルに逆らえる人はいない。このサイクルこそがわたしたちに影響を与えるのだ。ラッセル・フォスターとレオン・クライツマンは、そうした例を幅広く集めて『生物時計はなぜリズムを刻むのか』にまとめている。それによれば校正と短距離水泳に最適な時間帯は日没前後で、歯痛は昼食後には楽になり、陣痛はたいてい夜に始まり朝出産する。難解な問題を効率的に解けるのは昼間で、身体の調整機能が最もうまくはたらくのは夕方だ。これは体温が頂点に達するのと同じ時間帯になる。

最高のレベルで活動できたときと、最低のレベルで活動した場合の出来不出来の差は、血中にアルコールが一滴も入っていないときと、法律で認められている飲酒限度量のときとの違いと同じくらいだ。

大きな事故も、心配なほどにこのサイクルの一定の幅に集中している。タイタニック号沈没、スリーマイル島の原発事故、ユニオンカーバイド化学インド工場のガス漏出、チェルノブイリ、エクソン・ヴァルディーズ号の原油流出、そしてエストニア号の沈没と、どれも真夜中を中心とする前後二時間程度の間に大惨事が起こっているのだ。概日リズムがわたしたちの知的活動に影響するのは、ひとつには、このリズムによって注意力、つまり知覚が低下するためだ。覚醒リズムの底にいる人が、頂点にいる人と同じくらいに神経を研ぎすましていることは難しい。わたしたちの目に映る世界は、もしもそれ自体不変であったとしても、やはり一日の間に姿を変えるのである。[2]

一日よりはるかに長い体内サイクルもある。昼と夜の長さは植物に季節の移り変わりを教えるきっかけになるが、これはわたしたち人間にも作用している。季節性感情障害に悩む人は、英国では三パーセントに上り、また診断がつくほどではないにしても、薄ら寒くて暗い朝と、晴れ晴れした暖かい朝とではとても同じ気分ではいられないと認める人は多いだろう。人間は雷鳴には呪詛《じゅそ》を吐き、人工照明などで精一杯季節をねじ曲げようとするが、日光は通常、室内灯より一〇〇倍から二〇〇〇倍明るい。時間と光の関係については考えれば考えるほど、いっそう複雑かつ面白くなる。最近の調査によると、見えている色で、時間に対する感覚も変わるのだそうだ。たとえば青い色に囲まれていると、赤い色に囲まれているときより一分が短く感じられるという。

時間感覚は、わたしたちの体内の変化とも連動し、特に体温の変化と関連が深い。これもまた調査によれば、高い熱があるときには三〇秒が一分ほどに感じられるのだそうだ。ガリレオは、ピサの大聖堂で、説教のあいだ自分の脈拍を数えて、天井から吊るされた照明具が揺れる時間を測ったといわれているが、もし実際に測ったのだとしたら、それこそわたしたちの肉体と感情と認知力がどれだけ互いに関係しあっているかを物語る、この上ない例だといえよう。

想像してみてほしい。説教が始まって間もないころ、司祭の話はまだ前段の小手調べで、ガリレオが数えていると、心臓が六〇回――彼にすると最も一分に近い数――打つあいだに照明具は三〇回揺れた（吊り照明も含め、どんな形状の振り子も、全体のエネルギーが減少して振幅が小さくなったとしても、一方から反対側に振れるのに要する時間は変わらない。だから振り子時計が一定の時を刻むことができるのだ）。説教が始まって一〇分経過すると、司祭は調子が上がってきて、罪を犯した者がいかに業火に焙《あぶ》られるかと会衆に向かって、脅し文句をわめき散らすようになる。ガリレオがまた測ってみると、振動は少しばかりゆっくりになっていて、一分間で二八回だった。これを、照明具が揺れるのが遅くなったとみるか、それともガリレオの鼓動が、地獄の火に焼かれる恐怖に速くなったとみるか――

一日単位、あるいは季節ごとに気分が変調するせいで引き起こされることのなかには予測しやすいものもある。性交は一日でみれば午後一〇時前後にするのが多いというが、北半球では男性ホルモンが最も活発になるのが一〇月の昼下がりなので、夏産まれの赤ん坊が多くなるのかもしれない。[3]

避けようのない生体リズムを体内時計に支配されているうえに、わたしたちには自分でも事態を悪化させる方向で行動してしまう悪癖がある。ブリティッシュ・エアウェイズは乗客に、時差ぼけによって判断力は五〇パーセント、コミュニケーション力は三〇パーセント、記憶力は二〇パーセント、注意力にいたっては七五パーセントも低下すると注意書きを出している。神経学教授で大変な野球ファンのビル・シュウォーツは大リーグの試合結果を分析し、西海岸のチームは東海岸のチームより遠征時の成績が悪いことを発見した。これは東に向かって、つまり太陽とは逆向きに移動するほうが、人間にはマイナスに作用するためだ。したがって、ある土地に到着して得られる感覚も、西から飛んできたのか、東から飛んできたのかで異なることになる。

つまり時間には、そして時間とわたしたちの感情との関係には、概日リズムや季節ごとの年周リズム、そして時差ぼけなどのように一筋縄でいかない側面があるのだ。フランスの生物物理学者で哲学者でもあるピエール・ルコント・デュ・ヌーイは、男性と女性でも時間の感じ方に差があるとみている。デュ・ヌーイによれば、男性がいかに正確に時間を測るかに腐心するいっぽう、女性は出来事に重きをおく。女性の人生は、男性よりもずっとはっきり、生き物としてのライフイベントに区切られていて、思春期のみならず、月経周期があり、妊娠があり、出産があり、更年期がある。この理屈からデュ・ヌーイは、家庭におけるある大きな謎を解く説にたどり着いた。

これから家族そろって劇場に行こうと、じりじりしながら妻の支度を待っている夫に、「いま行くわ、あなた、すぐだから」と妻が応えたとしても、文字通りの意味ではない。妻が言っているのは、単に、いまこの瞬間の彼女は、夫に合流するという行為を次なる段階として念頭においているというだけのことだ。一方、そう言われた夫は妻の返答を真に受けて、寝室から玄関まで来るのに、妻に四五秒の猶予を与える。とどのつまり、一〇分経ってもなお玄関ホールでうろうろと待ちつづける夫は、いっそう苛立ちを募らせるというわけだ。……夫も妻も、互いの時間感覚を受け入れがたいように、なおかつ、子どももまた、大人との間に同種の問題を抱えている。[4]

大人と子どもも時間の感じ方が異なり、時間は、年をとるにつれて速く進むように思える。これは多くの点でいたって理にかなっている。一年は、四歳の子どもにとっては人生の四分の一だが、五〇歳にはたったの二パーセントだ。だがわたしたちは年をとるほど時間のはらむ矛盾を理解できるようになり、そのおかげで時間との関係を育むことができる。アメリカの作曲家にして哲学者であるジョン・ケージの言葉、「何かに二分で飽きたなら、四分待ってみるといい。それでもまだ退屈に感じられるなら、八分我慢してみる。それでもだめなら一六分、そして三二分。いつのまにか、まったく退屈していないことに気づくはずだ[5]」を理解できるのは大人だけだろう。

年齢によって、状況に対する判断基準も変わる。子を持つ親の多くが、一〇代の脳みそは大人とは違った配線になっているとこぞって証言してくれることだろう。一〇代は、何らかのリスクに挑むたびに脳が快の感覚で報いようとする時期なのだ。だが二〇歳になるころには脳はもう、果敢な挑戦に報酬を与えない。一説によれば、人生において、挑戦に報酬がある時期というのは、試行を奨励し、われわれの行動が成年期に入っていくらかでも落ち着いてしまう前に、さまざまな発見をさせるためのものなのだという。

年を重ねるほど、いまという時を慈《いつく》しむようになるのにも、この上ない理由がある。記憶しつづけるのが難しくなるのだ。人生の最初の五〇年、わたしたちは物事の細部までよく記憶する。しかし六〇の声が聞こえるころには、一般的傾向として、気配や感情は覚えていられても、詳細は記憶しづらくなるというわけだ。

オーストラリア北海岸のポート・エシントン、すなわち壮大な陸路の旅の終点に近づこうとしていたとき、ルートヴィッヒ・ライヒハートはしかし、探検隊のうちに危険な敵が育っていくのに気づいた。それは、「一刻も早く終わりにしたいという、抑えがたい焦り」[6]だった。ひと足飛びに旅を終結させようと焦る気持ちは、おそらくはどんな不都合に遭遇するよりも確実に、旅で得られる満足を損なうことになる。たとえば列車の旅で、到着間際《まぎわ》に遅れが生じると、出発のころの遅れよりはるかにいらいらさせられるものだ。列車が、発車して間もなく突然急停止すると、わたしたちはたいてい思慮ぶかく窓から外の様子をうかがってみたり、同乗している人たちの表情を探ってみたりする。ところが目的地が近づいたあたりで急停車されたときには、周囲への好奇心などきれいに消え失せ、突然奪われた目的地に、ただもう到着したい思いでいっぱいになる。そんな時には、世にも珍しい鳥が、たとえ窓のすぐ外で求愛行動をしても誰からも盗み見される心配はない。列車の乗客たちは、まだ二マイル（約三・二キロ）も先の改札口に早く切符を通したくてうずうずしているからだ。「時間」その人が線路の脇を歩み、窓から覗きこんで黒いフェルトの帽子に軽く指を添えて微笑みながら会釈して、またしても人間を出し抜いてやったことを、閻魔帳《えんまちょう》に記すのはこんな時だ。

時間を計測したがるのは男性特有だとしても、時間にしるしを刻むことには男女ともに熱心だ。ライヒハートの探検隊は一八四五年五月二四日、ヴィクトリア英女王の誕生日に、小麦粉と獣脂《スエット》でこしらえたケーキを口に詰めこみ、砂糖入りの紅茶で飲み下している。数ヵ月ぶりに糖分を味わったあとで、ライヒハートは「記念日で単調な日々を区切ることを」せずにいられない人間の性分についてこう書いた。「日付の区切りのなかで、わたしたちは過去の思い出に耽り、未来を夢想する」[7]と。人間以外に、時間の糸に祝祭日の結び目を作り、区切りをつけようとする生き物はいない。ましてその糸を過去へとたどたどしく手繰ったり、どきどきしながら未来へと探っていくなどは、ほかの動物にはとうてい考えられない。

わたしたちは誕生日を呼び水に周りの世界を思い起こす——自分の誕生日や身近な人たちの誕生日、あるいは有名人、たとえばキリストの誕生日をもとに。熱波の最中に迎えた誕生日や、厚く降り積もった雪の中の誕生日は記憶に残るだろうし、そうした時間が場所と結びつくこともあって、明ければ新しい世紀が始まるという夜にどこにいたかは、ほとんど誰もが記憶しているはずだ。もちろん、その夜の出来事を逐一覚えてはいられないにしても。

一八六六年は春の訪れが少なくとも二週間は遅かったと考えることにしたのが英詩人のジェラード・マンリ・ホプキンスだ。というのも、前の年には、シェークスピアの誕生日［四月二三日または二六日とされる］を祝って四月二一日にこの劇作家の胸像をブルーベルの花輪で飾ったと記憶していたのだが、この年は五月の四日になっても、まだブルーベルが咲きそろわなかったからだ。[8]わたしたちが周囲の事象をより多く関連づけられるようになればなるだけ、時間もその時の気候も、射していた光も出来事も気分も、ひとつながりの渦となり、同じ時期のこととして記憶のなかにぶら下がるようになる。英国の作家で、オープンウォーターの泳者としても草分けのロジャー・ディーキンにとっては、一九六三年の冬はどこまでも鬱々《うつうつ》と灰色で、米詩人のシルヴィア・プラスが死んだ年として記憶に残っているという。[9]

自然は時に、共謀して物事を陰鬱に見せたがっているようなところもある。加齢とともに、そんなふうにとらえる機会が増えてくるとみる人もいる。あらゆるものが——植物も動物も、土の中の昆虫も、そして岩石でさえ——最後は塵《ちり》となって滅びることに、わたしたちは気づきはじめるからだ。長生きをすると、イタロ・カルヴィーノも言っているように、故人となった知人の数が、まだ存命の知人の数を上回るときがやってくる。できることならその年齢に達する前に、充分な分別を身につけて、時間に脅かされずにすむようになっていたいものだ。年をとるのがどうしても心配でならない人は、ブラジル・アマゾンのアモンダワ族を知れば、いくらか気持ちが軽くなるかもしれない。アモンダワ族は一九八六年まで外の世界と接触がなかった人々で、時間を示す語や、月や年、年齢を意味するような語彙《ごい》をまったく持たず、その代わりに、人生の節目を迎えると、それまでとは別の名前を名乗ったという。[10]

体内時計があるのだから、絶え間なく変わりつづける世界の見え方も時間によって変化せざるをえないと了解できたなら、時間を友とすることができるだろう。結局のところ、それが一番理にかなったやり方だ。わたしたちは時間を測れこそすれ、支配することは決してできない。そのように了解できたその時こそ、屈託のなかった日々の喜びをいくらかでも取り戻せるはずだ。出会った場所が、どれもまるで、初めて見る浜辺、初めて見る森、初めて見る川、そして初めて見る街に、若き日々、愛した場所に思えてくる。ただ大きくひとつ息を吸ってみれば、それが叶うこともある。

ヤシの茂るフロリダの森にいて、ジョン・ミューアには岩のごろごろするダンバーの海岸がよみがえってきた。スコットランドで過ごした少年時代は「すっかり消え失せて[11]」しまったと思っていたが、大きく吸いこんだ海の潮風のなかに、記憶は蓄えられていたのだ。

時間は、体内時計でわたしたちの感覚を、研ぎすましもすれば鈍らせもする。そのうえわたしたちの気分をこれとはまた別の時計の上で踊らせて、きりきり舞いさせもする。たとえばスペイン・グラナダのアルハンブラ宮殿の、水を随所にたたえたきらびやかな庭園も、隅から隅まで見てまわったら、体内のホルモンや血糖値、疲労などなど、気分を左右する生理現象の津波に押し流され、細かいところは記憶に残らないかもしれない。女性であれば月経の形で月に一度、そして更年期として生涯に一度見舞われるホルモンの攻撃は荒れ狂う嵐で、時に、風景の美しさなどかすませてしまうほど猛威をふるうのだ。

とはいえ、悪いことばかりではない。わたしたちの心と体は、ほんのささやかな刺激からも活力を得ることができる。香辛料を効かせたリンゴのにおいで血圧が下がり、気分がほぐれることもあれば、ラベンダーの香りに代謝を促されて元気が出ることもある[12]。ある実験では、ムスクを嗅いだ女性が妊娠しやすくなったという[13]。

色も、気分を左右する。赤は脳を興奮させるが、実験によると、さまざまな色を見せながら物を握ってもらったところ、赤が現われたとき、握力は一三・五パーセント増加した[14]。知能検査の直前に赤い色を見せられると成績が悪くなり、赤いユニフォームを着たサッカー選手は、青いユニフォームの選手より反則をとられた際のストレスが少ないという結果も出た。ピンクと緑には気持ちを落ち着かせる効果があるので、テレビカメラの前に出るまでの控え室を「グリーンルーム」という。レストランでは、内装を茶色や赤にするのがならいだが、これは茶色や赤が空腹を感じさせるとされているからだ。だが最近の実験では、わたしたちの覚醒の度合いは目の細胞に影響されていて、ここは青い光しか感じないという。あるレストランがこの実験結果を知り、客席に青い照明を当てた。すると通常人の活力が落ちてくる午後一〇時になっても、誰もがはつらつとしていたという。

気分によって、目に映る世界も違ってくる。みんなが同じ世界を、同じように、同じ視力で見ていたとしても、全員が同じものを見るとは限らないということだ。知覚はそれぞれの経験と心理に影響され、色のとらえ方も年齢や性別、社会的地位によって変わる。概して女性のほうが男性より色の違いに敏感だが、男性にしろ女性にしろ、元気なときほど色の差に気づきやすくなる。

色は、わたしたちの判断をも左右する。二〇〇四年のアテネオリンピックで格闘技のテコンドーの試合結果を調べてみたところ、驚くべきことが判明した。テコンドーでは、競技者は赤か青の道着を身につけねばならないが、どちらになるかは無作為に振り分けられる。ところが、全試合のほぼ三分の二近くで、赤の道着の選手が勝利をおさめていた。ここで疑問が生じてくる――赤い色に影響されたのは選手なのか、審判のほうなのか。工夫を凝らして追加調査が行われ、疑問が氷解した。オリンピックの試合の映像を加工し、選手の道着の色を逆転させて、赤の道着が青に、青の道着が赤に見えるように編集したものを審判に見せ、勝敗をつけてもらう。するとここでも多くの場合、赤の道着のほうが勝ちとされた。実際には青だったのだが。赤の道着は、公平であるべきはずの審判たちの目をものの見事に欺いたのだ。これをもっと一般的な場面にもってくると、旅人の意識にも作用すると考えるべきだろう。この結果を知ったいま、初対面の人が青い服を着ている場合と赤い服を着ている場合とで、同じ気持ちで対面できるとはとうてい思えない。それが何かしら緊張を強いられる場面であればなおさらだ。

音が、わたしたちの意気をくじくこともある。尋問者の好む「白色雑音」［すべての周波数をほぼ均等に持つノイズ］がいい例だが、これとは逆にもっと耳に優しい音だって、たくさんある。瞑想《めいそう》の背景音専用に自然の音を収録したものがあるくらいだ。ただ、流れる水の音でも、聴いて気持ちがゆるやかになる音と、膀胱《ぼうこう》がゆるんでくる音の違いはほんの紙一重だ。

開いた窓から聞こえてくる小鳥のさえずりで目を覚ますこともあれば、道路工事のドリル音で起こされることもあるように、わたしたちの気分は一日中、大なり小なり音に突つかれて緊張へと傾いたりリラックスのほうへと逃げこんだりしている。音楽を選ぶときには、そうした効果をあえて作り出そうとしているのだ。一般に長調の曲やポップミュージックを聴けば元気が出るし、ヘヴィメタルを聴くと興奮する。クラシックでは気持ちが静まり、短調の曲やレナード・コーエンを聴けば暗い気分になるだろう。

音のない状態もわたしたちの気分に影響し、静寂は神経を脅かすこともありうる。完全なる無音は異様だ。無響室――あらゆる音を排除し、振動を減らして、できるかぎり無音に近い状態を実現しようとした部屋――に入ったことのある人は、自分の血流の音が聞こえたと報告している。自ら望んで入室しても、完全な無音状態があまりに恐ろしく、わずか一分で出してほしいと懇願した人もいるという。

さらに健康状態も――悪化したときにも改善したときにも――わたしたちの気分にはっとするほどの影響を及ぼし、未知の場所への印象もがらりと変わる。ひどい風邪が治りかけ、すべてのものの色やにおい、音などが、生まれ変わったようなエネルギーを帯びて躍動するかに思われるとき、誰しもきっと、陶然として幸福感に浸ることだろう。

自然に全身で浸ったときにも、気分が穏やかになったり、あるいは活力がわいてきたりするはずだ。調和した自然が精神のバランスを回復してくれるというのはロマン派のいわば教義で、フンボルトは兄のヴィルヘルムに、自然が「痛めつけられた精神の癒しとなることもあります」と書き、さらに、自然こそが「わたしたちの感情と思考に翼を貸してくれます」と付け加えた。フンボルトはのちの旅路でも、樹木についてじっくりと考えることに効用があると記している。

逆に街は、昔から、不自然で健康的でない精神状態を生み出しているのではないかと名指しされてきた。アスファルトやコンクリートが多すぎるのが、暴力を含めた都会の病理の原因だと折に触れささやかれる。いまや各種処方薬が漠大な利益を上げているが、その前に、自然のなかを歩く療法を処方すればいいと考える人も少なくない。時には、幸せでない人が自然を求めているように思えることもある――必ずしもわかりやすい形で表出されるとは限らないのだが。ある時、スウェーデンで一五年にわたり精神病院の患者を調査したところ、患者が、壁に掛けられた絵画に文句をつけて、傷つけてしまうことさえあることがわかった。ところが患者たちが傷つけた絵画はいずれも抽象画で、自然の風物や風景を描いた絵はただの一枚も損なわれていなかったという。

また別の研究では、二〇人の被験者にランニングマシンを使ってもらい、運動中別々の映像を見せた。映像を見せる前と後に血圧を測定すると、心地よさそうな田園風景を見せられた群は血圧が下がり、都会の風景を見せられた群は上がったのだった[15]。

気分と感情は、差し迫った危険にさらされたときには急激に乱高下をはじめ、登山の醍醐味はこの乱高下が大きな部分を占める。日本のフグ好きさながら、登山家は危険と隣り合わせの登攀《とうはん》に、ぴりっと小気味よい刺激を見出すのだ。一七世紀後半に活躍した英国の批評家ジョン・デニスは、山の上の細い道で、感情があふれそうなほど高まるのを覚えたという。

この感覚は余のうちにさまざまに異なる感情を生み出した。すなわち、痛快なる恐怖、身の毛もよだつ快感、同時に余は、愉快のあまり、途方もなく打ち震えた[16]。

だがわたしたちの求めてやまない最も大きな危険は、山道ではなく互いのなかにある。わたしたちの気分を一番劇的に翻弄するのは、ホルモンでもなく、食べ物でもなく、においでも、色でも、音でも、運動でも映像でも、はたまた崖っぷちの細道でもなく、人と人との関わりをきっかけに生じる想念なのだ。

ジェイムズ・ホルマンは、不眠と頭痛に苦しんでおり、それが視力を完全に失うかもしれないという不安を倍加していた。日々を生きるなかで彼は健康になるべく、体にいいものを食べ、たくさん運動しようと決心した。どちらも今日では誰もがうなずく理にかなったやり方と思えるが、一九世紀の初頭には健康法としてはつむじ曲がりといわれかねないほど、風変わりなものだった。ホルマンは、朝食には同時代人が好むパンとブランデーでなく新鮮な果物をとり、馬車の後ろに長い紐《ひも》をつなぎ、紐を持ってどしどし歩いた。養生法は効果てきめんで、頭痛は和らぎ、よく眠れるようになった。

彼が馬車の後ろについて歩いているときだった。いままでは「靴屋の奥さん」としかわかっていないひとりの女性が、ホルマンに手を貸そうと意を決した。ハンサムで魅力的な盲目の青年と戯れるのに興を覚えたであろうこのご婦人は、紐を放させ、ホルマンの手をとった。ふたりで並んで歩いている間に、ご婦人は自分の結婚が期待していたものとまったく違っていると漏らした。ふたりは足をとめ、ご婦人ができたての友人に景色の美しさを語って聞かせた。この時のことをホルマンは次のように伝えている。

その場所の空気がとても暖かで芳《かんば》しく、気持ちを浮き立たせてくれたので、自分が南フランスまで来てしまったに違いないと感じた。[17]

気分が高揚したのは、ほんとうに芳しい空気のためだけだったのだろうか。養生法では時代に先んじていたホルマンも、感情を抑制することにかけてはいたって保守的だった。だが、ロマンスの芽生えそうなわくわくする衝動を知っている人ならば、彼が用心深く選んだ言葉の端々に、目のくらむような瞬間の思いを読み取れるだろう。その思いこそ、ありきたりの風景を天国の色に染め上げてくれるものなのだ。

第29章　想像と驚嘆

人の想像力がどこへでも持ち運べるのは、なんと不思議なことか！　それはどこまでも、人の喜びの、そして苦痛の源泉だ。[1]

――アレクサンダー・フォン・フンボルト

旅の途中のさまざまな場面で、別の時代の人たちが隣にやってきた。石切り場の工夫たち、最初期の農夫たち、一〇〇〇年近くも前のノース・ストーク村の教区民たち。みんなしばらくの道のりをわたしと歩いた。

そちこちの建物に入り、クリーム・ティーをいただき、アルン川をカヤックで渡ってみた。ある時は、自分が遠く青い帯のように見える海に浮かんで、かろうじて見えるあの白い帆のヨットに乗っている気分になってみた。すれ違ったハイカーの日焼けローションのにおいに、三つ数えるほどの間、ギリシャの浜辺にいる気分も味わった。

だから散歩が終わるまでに、せっせと活動していたのは、足よりもむしろ心だった。精神の疲れを感じた瞬間も少しはあった。だがそういう瞬間はすぐ過ぎ去り、ほんの小さな波とか雲とか葉などを見つけると、わたしは決まって好奇心に我を忘れた。そんな時わたしのエネルギーゲージは、目の前に立ち現われた並々ならぬ豊かさに、うなぎのぼりに上昇するのだった。

＊

フンボルトは海岸線と雲とを見比べ、どちらもがわたしたちひとりひとりの想像力のうちで新しい形をとることを見て取った。そのフンボルトがベネズエラで星を見上げていた夜、彼は自分が南天の星々から、そしてあたりを飛びかう輝く虫たちからも引き離されていくのを感じた。つかの間、ふるさとのドイツに彼を連れ戻したのは、放牧されたウシが首につけている鈴の音だったという。

大地と空のありように、周囲の色や音やにおいや手触りやその相互の関係に敏感になれば、奥行きの豊かな世界像を築き上げることができる。ただし、その世界像はしょせん、自分だけの感覚から作られ、自分の気分や先入観にゆがめられているかもしれないし、それを考えに入れたとしても、わたしたちの創るイメージは完成にはほど遠い。というのも、まさにこの時点からわたしたちの想像力がキャンバスをとらえ、無邪気な幼子のように、絵の具をなすりつけはじめるからだ。

わたしたちの想像力は、周囲の世界をせっせと彫り進み、自然の形に新たな形状をほどこしてしまう。けれども想像力はまた、ほんのわずかの間に、わたしたちを世界の反対側にまで連れていってもくれる。欲望が一番強烈に膨らむ場面を思い浮かべてみれば、想像力のすごさを目の当たりにすることができるだろう。空きっ腹でいれば、ほんのかすかでも食べ物のにおいを嗅ぎつけただけで、たちどころに貴族の館の大宴会が浮かんでくる。互いに惹かれ合っているとにおわせる何かがあれば、ハリウッドばりのロマンスを想像することもできる。浜辺を手をつないで歩くだけで、まるでベッドをともにした気分にしてくれるし、パスポートなどなくとも、イタリアの湖畔のヴィラで、すばらしい眺めを満喫している雰囲気を味わえる。想像力は、いかなる薬草にも、薬局で手に入る錠剤にも負けない強力な惚れ薬だ。同時に、そういう想念を抑えつけるのにも動員できるので、情熱の炎をかきたてることも、それに水をかけることもできるというわけだ。祖父母が素っ裸で、灰皿に落ちたポーク・サンドイッチのかけらを拾って頬張っている姿を想像したら、食欲も性欲も萎《な》えるだろう。

大きく口を開けた文化間の溝を越えるにも、想像力が役立つ。想像が、共感という天性の才を与えてくれているからだ。フンボルトは、南米のある部族がサルの手足を焼いて食べると聞いたとき、人肉食への嫌悪が少しばかり拭《ぬぐ》われたという。このとき彼の頭は、文化をつなぐ橋を渡ったのだ。

音もわたしたちの想像力を新たな世界へと連れていく——その世界は時として危険であり、そして常に創造に満ちている。風に鳴るユーカリの音は、いまにも割れそうな船体を思わせるし、突風にあおられるマツは、運転中にいきなり近づいてくる後続車を思わせる。スコットランドのハイランドで、メアリ・アン・ハサウェイは想像力が膨らんでいくのを感じたという。水の流れる音、「滝のリズム」に、詩を書きたいという衝動に駆られたのだった。[2]

わたしたちの内なる憧れが、想像の赴く方向を指図するには違いないが、その過程は謎めいていて驚きにあふれている。多くの人が想像に導かれて弱々しい日常から荒々しい僻《へき》地《ち》へと惹きつけられるのとは逆に、イタリアはヴェスヴィオ火山の溶岩を見たヴォーン・コーニッシュは、英ミドルズバラの溶鉱炉の溶けた鉄を思い出したという。ソローも野生とはわたしたちの外にあるものではなく、自らの内に見出すものであり、時に応じてわたしたちが場に投影するものであると固く信じていた。

［カナダの］ラブラドールの大自然のなかであっても、マサチューセッツ州のコンコードの片隅に見出す自然、すなわちわたし自身がそこにもたらした自然よりも豊かな野生は見出しえないだろう。[3]

古いタイプの探検家は想像の喜びとは一線を画して活動するものと考える人は少なくない。そう考える人たちは、地図上に新しい土地を書き加えていく行為は、どこか、気ままに心をさまよわせるのを妨げるように思うらしい。英詩人フランシス・ウィリアム・ボーディロンはその恐れを、こんなふうに記している。

もはやわたしたちの想像力を養うのははるかに困難だ。ヘロドトスやオデュッセウスが、まだ誰にも知られず、ロマンにあふれた世界をさまよっていたころよりも。あるいは、偉大なるエリザベス一世のもと、世界がまだ広大だった時代に比べてさえも。[4]

ボーディロンは、古いタイプの探検家と新しいタイプの探検家とをつなぎ、同時に隔てている一本の糸に触れたのだ。探検はある意味でたしかに昔より困難になっている。だが、考えてみれば探検はいつの時代も、以前の時代より困難さを増していく。古いタイプの探検家は、遠征が困難を増すばかりのベクトルに慣れていた。物理的な意味での探検の目的はこれまでずっと、比較的容易に到達できるものから困難なもの、ほとんど不可能なものへと進んでいる。だがボーディロンがここで言っているのは少し違うことだ。地図の空白が埋められていくにつれ、想像力をはたらかせる余地が狭まってきたことを指摘しているのだ。想像力は、曖昧なもの、確かでないものが大好きだ。だから地図の空白部分が細かい情報で混み合ってくると想像力も動きづらくなる。仕事といえば、新しくて困難でもある環境で、想像の種を探すことに尽きる、という人たちがいる。文筆家や芸術家、思想家といった人々だ。想像力を駆使するのが難しく感じられるとき、わたしたちはいわば創造を生業《なりわい》とする人間たちを惹きつける手強い壁を見上げているのだ。

わたしたちはどうやら、ナチュラル・エクスプローラーの使命に迫りつつあるようだ。探検家の務めはこれからも、知られざる場所を探り、発見したものを知らせ、それを分かち合うことだ。ただもしかしたら、その務めを果たすための道具として、昔ながらの犬ぞりやラクダよりも、ペンや絵筆の助けを借りた想像の力に重きがおかれる地点に、いまわたしたちはきているのかもしれない。

氷河や砂漠の涸《か》れ川にひとつ残らず名前がついてしまったら、まだ知られないままでいる場所を見つけるのは、想像力を糧《かて》に仕事をする者の役目だ。そのためには長い距離を行かなければならないかもしれないし、ほんの数歩歩くだけですむかもしれない。先人が頂上を目にすることは愚か、ふもとに触れさえもしていない山々があるかもしれない。その山を見つけられるかどうかは、ひとえに想像の力にかかっているのだ。英国の作家のロバート・マクファーレーン曰く、「頑是《がんぜ》ない子どもには、自分の家の庭だって知られざる国になる」。年季の入ったナチュラル・エクスプローラーであっても、庭の片隅を未知の国にすることはできる。

誰も踏みこんだことのない場所に近づけば、わたしたちにはそれとわかるものだ。なぜならかつて存在したすべての探検家たちと、同じ感情を共有するからだ――目的地に迫りつつある興奮、不安、そして畏怖。ただ、古き探検家たちを偉業に駆りたてた、たとえば「ナイル川の源流はどこか」といった類いの疑問はいま、かなり異質なもの――「都会にいるのと田舎にいるのでは、人はどちらが早く恋に落ちるか、それはなぜか」などといったものに代わりつつあるとしても。

畏怖という感情は重要だ。多くの場合、畏怖がまずあって、驚き感嘆する気持ちがくる。そして驚嘆の思いこそ、新旧を問わず探検家にとってこれ以上の目的地はないのだから。ゲーテがかつて言ったように、驚嘆こそわたしたちが手にできる反応として至高のものだ。美と畏怖は、わたしたちを驚嘆へと誘う芳香となる。わたしたちのなかに畏怖の念を呼び起こせないものが、ましてわたしたちを驚嘆させるのは難しい。そんな時わたしたちは、見当違いの場所を探しているのかもしれないし、見る方向を間違っているのかもしれない。

ローレンス・ヴァン・デル・ポストはカラハリ砂漠の探検にカメラマンが必要だった。ユージーン・スポードなる男が雇われたものの、この取り決めはうまくいきそうになかった。ヴァン・デル・ポストが、しょっぱなからスポードを胡散《うさん》くさく感じてしまったのだ。スポードには明らかに世をすねたふうがあったが、ヴァン・デル・ポストはそこは大目にみて、陰気なのは「北欧出身の彼がそれまで」ナチスや共産党、ファシストたちと渡り合うなかで、数々の苦難に耐えねばならなかったせいだと考えることにした。それよりは、スポードがかつてレジスタンスのヒーローだったこと、そしてアフリカを愛しているという評判のほうに目を向けようと努めた。だが探検が始まって間もないころから、関係はぎこちないものになり、ヴァン・デル・ポストは先行きを危ぶんだ。スポードにはたしかに闇があり、それは彼の心にわだかまって、アフリカへの愛情さえも曇らせているようだった。

ある夜、みんなで野営をしている最中に、スポードがふと明るい顔をみせた。彼は自分のヴァイオリンをとってくると、野営地の中心を囲む輪から離れて、仲間たちに背を向けた。スポードは楽器を奏ではじめたが、ずっと外を向いたままで草むらに顔を向けていた。たき火を囲んでいた面々は話すのをやめ、半時間ばかり、スポードのひたむきな演奏に聴き入った。やがて彼は手を止め、振り向くとおぼつかない足取りで野営地に戻ってきた。そしてヴァン・デル・ポストに腕をまわして抱きついた。スポードは泣いていた。彼は我を忘れ、ただもう、森に向かって弾くことしか考えられなかったのだと説明した。ヴァン・デル・ポストは喜んで、いまの気持ちをいつも、物事に取り組む姿勢の真ん中においてはどうかと勧めた。そこが核心なのだ、と。

スポードは、驚嘆のひと時を体感した。精神的に、息のつまる場所からたっぷりと酸素のある環境へと浮上する陶酔のときだった。彼の場合は、過去の迫害やうしろ向きな考えから解放されたことがそのきっかけだったようだが、多くの場合は、無知という分厚い毛布を振り落としたときに、そのようなひと時が訪れる。

ナチュラル・エクスプローラーにも進歩の方向がある。まずは自然の美に打ちのめされるところから出発し、ありきたりなひと時にも最大限の魅力を見抜くことができるようになるまでだ。生まれてはじめてモンブランを見た英詩人パーシー・ビッシュ・シェリーは、自分が「我を忘れて驚嘆し、狂気と同列の感情を抱いた」[5]と語っている。シェリーでなくても、わたしたちはモンブランを目の当たりにしたら賛嘆せずにはいられないだろう。けれどもこれは、わたしたちが旅にあって感じる驚異の力の、入門編でしかない。ありえないような絶景をふんだんに見れば、驚嘆とは何かを感じ取ることはできるようになる。だがひとつの風景にずっと身を浸しつづけるという訓練を積むと、そのうちにもっと平凡な眺めのなかにも畏怖と賛嘆を感じられるようになっていくだろう。山ではなく丘に驚嘆の種を見つけるのは難しく、モグラ塚に目をみはるところまでいけば、大きな進歩だ。

有無をいわせない傑作を見なければ良さがわからないレベルから、一見してはわかりにくいものにすばらしさを味わえるようになるのは、芸術全般の鑑賞にも通じる特徴だ。音楽や絵画や文学を味わうためにも、ある種の成熟を身につけている必要がある。すばらしい作品の美点が、芸術に触れはじめて間もない者の目には映らない場合もある。とらえがたく繊細な美は、駆け出しの鑑賞者の前をすり抜けてしまうのだ。だがそんな彼らでも、わかりやすい作品であれば充分堪能できる。

芸術の真価を見て取ることと、成熟していることとの関係は、驚異を受け取る感受性と年齢との関係よりも、少しばかり単純だ。驚異を受け取る力は、年をとるにつれて耕されていく面もあるが、鈍っていく部分もある。子どもは、大人が楽しむような旅を退屈に感じることが多い。しかし子どもたちには、大人が神経をすり減らす日常のなかで見過ごしているほんのささいなことに、驚異を見出すという侮《あなど》りがたい才能がある。子どもは、廃墟になった教会の跡地を散策してもさして喜びはしないだろう。けれども子どもがそよ風になぶられる羽毛をつかもうと夢中になる姿を見ると、大人は自分たちが置き捨ててきてしまった何かを思い出させられる。ナチュラル・エクルプローラーには、そのどちらにも、驚異を見出すことが課されているのだ。

驚き賛嘆する感情はうちからとどめようもなく沸き起こるものであり、それはある種悟りを得る喜びにも似ている。アリストテレスが寓話の形で示したのも、まさにその感覚だった。

住まいがずっと地中にあるという人々がいるとする。家は壮麗で広々とし、彫刻や絵画で飾られ、幸福に暮らしていると伝えられるかの人々は、そこからいずることのないまま持てるものをすべて備えている。ある時、神の力と威信とを知らされたとして、しばらくののち大地が開き、彼らが暗がりの住まいを捨ててわれわれのもとへやってきたとしよう。そこで彼らはたちどころに目にするであろう。陸地を、海原を、天空を。広大なる雲の広がりを見て、風の勢いを感じ、太陽の威風堂々たる美を目の当たりにし、さらには、その光が空にいきわたることで昼が作られるという創造の威力を知り、かたや夜が大地を陰らせると、星々にきらきらと彩られる夜空を眺め、月の驚くほど変幻自在なる満ち欠けを見、すべての星が昇ってはまた沈む、その道筋の何ものにも侵されることのなき規則正しさをじっくりと観察したならば、こうしたすべてのものを目にしたとき、かの人々は間違いなくある考えに行きつくことであろう。神がおわし、これらはみなその全能の御業《みわざ》のなしたることであると。[6]

驚異の念は敬虔な感情を引き起こすこともあるが、悟りそのものが宗教的である必然性はない。はなはだしい驚異の念を宗教とはかけ離れた表現で表わした白眉が、探検家で英王立地理学会の会長でもあったサー・フランシス・ヤングハズバンドの文章だろう。著書『自然の心（*The Heart of Nature*）』で、ヤングハズバンドは世界への愛情と、地球という枠を越え、全宇宙と触れ合う感覚について述べている。その思いを彼は愛国心になぞらえているのだが、愛国といっても一国家にとどまらず、この宇宙全体を愛する気持ちだという。

悟りの感覚同様、驚異の念も宗教とは無関係に表現することができるものだ。つまり、完璧な覚醒の感覚として。覚醒といっても、宗教的な意味とは別個に存在しうる知的な状態だ。もちろん、多くの人にとって全知とはすなわち神とほぼ同義なので、こうした覚醒が何か神聖なるものや霊的なるものの理解と結びつけて受け取られてしまうことはある。とはいえ、たとえば仏教は悟りの思想に満ちているが、この悟りは特定の神と結びついているわけではない。さらに禅における悟りとは、究極の境地に向けて、あるとき卒然と踏み出す重要な一歩のことである。悟りを促すのはたいていささやかでありふれた何かで、たとえば水溜まりにしたたる雨音であったりする。それは覚醒と自己実現とがあいまった、きわめて奥深い一瞬だ。[7]

悟りに至った幸福感は、それが口にされるとき、哲学者から発せられるものであれ、宗教家であれ、あるいは葉を観察している生物学者からであれ、どこかきらきらと似通ったところがある。近ごろ一見したところ関係ありそうもないふたつの領域――自然界と瞑想《めいそう》とをふたたび結びつけようという風潮が出ているのも、このあたりに要因があるのかもしれない。瞑想の臨床コンサルタントをしているアンディ・パディコムが、実に当を得た問いを発している――「コップ一杯の水をじっくりと味わったのはいつのことだ？」[8]と。こういう意識をもって旅に出たら、その都度どれだけのものが得られるか、想像してみてほしい。

わたしたちは誰もが「落ち着かざる心」[9]を抱えていると述べた聖アウグスティヌスは、わたしたちが誰しも探し求める人であることを見抜いていた。体も、頭も、そして心も、人類という種は常に「よりよきもの」を追求してきた。長きにわたって探し求めた答えが必ずしも宗教や教義の形であるとは限らず、自然の助けで見つかることも少なくない。周囲の事物との絆を感じることで得られる喜びに浮き立つとき、ふだん頭蓋骨の周りを騒がせている事物からは得られない、もっとずっと奥深い経験をさせてもらえる。とりわけ、それまで自己満足を得るためにひたすら奮闘するという角度からしか世界を見てこなかったならば。

ドイツの哲学者ショーペンハウアーは、こうした奮闘が導くのは苦痛か退屈でしかないと確信していた。この問題から逃れる方法として、彼はふたつだけやり方を提示した。ひとつは聖人並みの禁欲生活を送ること、もうひとつは「芸術を通し、純粋に、無心に美を見つめることで」[10]逃れる方法だ。ショーペンハウアーが正しいとして、そして自然を最も偉大な芸術作品と考えるならば、これをじっくりと見つめることから、わたしたちはとてつもなくすばらしい、価値ある何かを得ることができるだろう。

第30章 体験を共有する——ナチュラル・エクスプローラーのすすめ

自然の美は精神において再生されるが、単に不毛な想念をもてあそぶためではなく、新たな創造のためである……。美を創造するのが芸術だ。芸術作品の創造は、人間性という未知なるものに光を当てる。[1]

——ラルフ・ウォルドー・エマソン

アル＝マスーディは時代を先取りしていた人で、「最も世故《せこ》に長けた、最高の頭脳ですら広大なる領域を打ち捨ててきた。ひとりひとりが特定の分野に特化してきた所以《ゆえん》である」[2]と喝破《かっぱ》している。いまや偉大なる博覧強記の時代は去り、学問の最前線をひたすら推し進めるべく、年を追うごとに専門分化の必要性はいや増していく。かつては「地理学」だった分野に、今日では、一部だけ挙げてみても、生物地理学、測地学、雪氷学《せっぴょうがく》、文化地理学、経済地理学、都市地理学、政治地理学があり、さらにはそこから派生した支流がある。人類の知を築き上げるためにこうした専門領域を発展させてきたことに異を唱える者はないだろうが、専門領域が細かくなるあまり、全体像の美しさからわたしたちの意識が離れてしまうところまできているように思われる。

ルートヴィッヒ・ライヒハートはクイーンズランドで見知らぬ化石を発見して専門家に委ね、

長々とした解説を受け取った。件の化石は見たところ、「中が空洞で円筒形をしており、枝分かれはしていない……わずかでも分枝傾向が見られるのは側面のみである。美しい星型のサンゴ骨格で……ラメラが放射し……横方向の軸線は……中高で、斜めに隔壁があり……表面に入った縦方向の筋は……薄板が重なって形成されたものである……ところどころに小突起も見られ……横断面の隔壁は割れている」[3]。この解説から、化石を見たり触ったりしたときの感覚を想像するのはかなり難しそうだが、もちろんライヒハートにはこれで充分だった。化石は発見の労を讃えて「シアトフィルム・ライヒハルディ（C・Leichhardti）」と命名されている。

わたしたちは太陽も空も陸地も、気象学や熱力学も、光の屈折や回折も理解していながら、それでも日没のなんたるかをわかっていないことはあるかもしれない。[4]ヴォーン・コーニッシュにいわせれば、わたしたち人間は天空に見られるさまざまな現象を愛するがため、その科学はよく解明してきたが、「それらの現象がわたしたちの感情を揺さぶる源そのものは、いまだ充分には探究されていない[5]」のである。

動物王国のなかで人類をほかと異なるものとしているのが、ひとつには複雑な概念を互いに伝え合う能力である。ミツバチやクジラ、鳥など、単純な情報を動きや音で伝えることに成功している動物もたくさんいるが、抽象概念を伝えている証拠は挙がっていない。単に知覚する存在から意識する存在に人が浮上する助けとなったこの能力が、おそらくはさらなる進歩の鍵であり、探索することはその一助となるはずだ。

新しい世代の探検家たちが現われてこそ、希望が持てるに違いない。わたしたちに必要なのは、人類という種が抱えている物理的な限界に、新鮮な感覚で取り組むことのできるタイプの探検家なのだ。地図には決して載らないような発見を新たにすることは、奮い立つような挑戦であり、大きな可能性を秘めている。そしてその発見を多くの人に伝えるための方法にも、狂おしいほどの可能性が広がっている。

新しく見つけたものを全体的な像へと落としこむのに使える回路をひとつ、わたしたちはすでに知っている。それが芸術の果たしている役割だ。芸術作品を通じた表現は、新たな真実をつかみとろうと熱っぽく挑んでいると見ることもできるし、同時にその真実を伝えようと努力していると見ることもできる。

見通した真実を形にしようとする創造に傾注できる力こそが、芸術や文学に価値をおく人々と、探検に惹きつけられる者たちとをひとつにする。ヴァン・ゴッホはいつだってわたしたちを南仏アルルへと誘ってくれるし、ドストエフスキーは、わたしたちが望みさえすれば一緒にサンクトペテルブルクをそぞろ歩いてくれる。力強い芸術はそこに場を封じこめ、場の一部となり、境界線は消失する。

これは最もすばらしい芸術の場合で、それよりは力の劣る作品はごまんとあるが、いずれにしてもそれら芸術作品の前には厳しい難関が立ちはだかる。スイスの登山家で、自然科学者でもあったオラス＝ベネディクト・ド・ソシュールはそこをわかっていてこう書いている。「だが、いかなる言葉もこの情動を再現しえず、眼前の威容によって哲学者の魂に満ちあふれてくる思いを描ききれない」[6]と。ド・ソシュールが言っているのは一八世紀末の山々についてだが、どの時代の、どの情景にも当てはまる言葉だろう。絵画もまた、文学と同じ重い荷を負っている。アメリカの探検家で大麻常習者《ハシシュイーター》のフィッツ・ヒュー・ラドローの言葉を借りれば、「特大の木を描くだろう、それがいじけた棺おけに入ったありきたりな木にしか見えないんだ」[7]

偉大な芸術家のなかには、制作の背景になにやら超自然的な体験があったことをほのめかす者もいる。セザンヌは絵画という表現方法を使って伝えることに精魂を傾け——彼が感じた光や影、対象の手触りばかりでなく、においさえも表わそうとした。眺めるためだけの対象でなく、全体の感触を、わたしたちがとらえうるすべての融合を提供しようと、苦闘したのだ。そのためにセザンヌは、風景と自分自身との境界すら溶け合わせてしまったのだった。友人への手紙にこう綴っている——「風景はわたしのなかで勝手に考えはじめ……わたしは風景の意識になる」[8]

フランスの哲学者モーリス・メルロ＝ポンティはセザンヌの手法を分析して、ほぼ同様のことを考えた。メルロ＝ポンティは、観る技法とは、対象と主体によって決まるのではなく、両者を統合しようとする過程によって定まるとみたのだ。

空の青さを思うとき、わたしはそのなかに自分を委ね、この謎に身を投じた。そして空は、わたしのなかで思考する。[9]

難しさの一端は、自然への意識が高まると、観察できるもの、感じ取れるものが膨らんでしまうという現実にある。これは必ずしも目にした光景や体験を表現する仕事を楽にしてくれるわけではない。芸術においては、よけいな不信感を持たせないために細部の描写は不可欠だけれども、やりすぎはいただけない。物語や芸術作品を心地よく楽しもうというのに、やけに克明に描かれたダイシャクシギの嘴《くちばし》ばかり目につくのでは興醒めだからだ。

わたしたち自身の経験もそれ自体が障害になりうる。わたしたちの視点は、これまでに知った芸術の総体とみることもできるからだ。時代により、手法により、同様の限界はある。ルネッサンスの風景画は様式として牧歌風になっていったが、様式はあまり厳密になぞられると斬新さを摘んでしまう。英国のリチャード・ロングをはじめとするランド・アート〔自然の素材を用いて砂漠や海辺などに作品を構築するジャンル〕の芸術家たちは、芸術を画廊の縛りから完全に解放しようと試みて、作品を――「展示」という言葉がふさわしいかどうかはともかく――丘の上や川岸に展示する。

わたしたちの性質もまた問題だ。世界中をぶらつくのを好む輩《やから》と、大脳周辺だけで活動するのをよしとする者たちの間には、どうやらごく弱いつながりしかないらしい。レベッカ・ソルニットの言葉は、両雄並び立たぬこの状況を述べて実に的を射ている。「銀の舌と鋼《はがね》の足の組み合わせは稀少のようだ」[10]と。たいていの人間は、秀でた分野はどこかひとつだけあればせいぜいだろう。偉大なる作家で運動能力がないとか、頑強な英雄だが短慮だとか、そうした欠点ならやすやすと見つかる。どちらも、完全に五官を開くには物足りない。ただ幸せなことに、実をいえばだからこそ、常に新たな探検の余地が残されているともいえるのだ。ポール・ボウルズは旅行記を書かせたら右に出る者のほとんどいない作家で、場面を想起させる筆力はすばらしいが、彼もまた人間で、五官のはたらきは完璧とはいえなかった。インド最南端のコモリン岬の寝室で、窓からそそぐ星の光が影を落とす様子を、彼は、星が自分の頭と差し出した手の指の輪郭とを奥の壁に描きだした、と描写した[11]。けれども彼は、自分が見ていたのが金星であることにはまったく気づいていなかったようだ。そんな影を作れる星は金星しか考えられない。

さらなる難題は、わたしたちが何かを制作しようとするときには、何らかの目的があるという点にある。特定の考えをみんなに知らせたい——それはものの見方だったり、経験だったり、沸き起こった感情だったりするだろう。そういうものを分かち合いたい欲求に駆られて、わたしたちは創作をする。だがある目的に没頭しすぎると、それが創ろうとする作品そのものを損なう恐れが出てくる。芸術は広告ではないのだ。

課題を克服するために理解するのは、単なる一旅行者からナチュラル・エクスプローラーへと脱皮する一過程で、そこから逃れることはできない。サミュエル・ジョンソンが書いた「表現しえないものを体験したとき、その者には体験を表現する義務はございません[12]」というのは、旅行者には当てはまるが、探検家はそこでとどまっていてはいけない。探検家は何かしらの発見をしたなら、少なくともそれを伝えようと努力する責任がある。でなければその人は探検家ではなくなってしまうし、人生をもう一度、旅行者として送っていくしかない。どんなに困難であろうと、それが道だ。

盲目のジェイムズ・ホルマンは、視力に問題のない旅行者がもしかしたら見過ごしてしまうかもしれないようなさまざまな感覚を豊かにとらえ、発表して足跡を残したが、彼は自分が言葉にできる以上のものを感じ取っていることを自覚していた。ホルマンはほんとうに立ち向かうべきものが何か、わかっていたのだ。

絶壁のてっぺんに、緑陰《りょくいん》の下に……すぐれた知がある。丘を渡る風にも、足元にうずまった木の葉の厳かな静けさにも。決して見逃しようがない。それはわたしの心に直接入ってきて、わたしは泣けてくる。見えないからではない。感じたことのすべてをそのままに描写できないからだ。[13]

課題を克服すれば報いは大きい。それには精いっぱい誠実に取り組むしかない。わたしたちは誰しも、この世になんの足跡もしるせずに死んでしまうことへの恐れを、わずかにせよ抱いているものだ。多くの人はわたしたちの欲求のなかでもとりわけて感動的なもの、遺伝子を残せという声に応えて子どもを作る。生殖とは一線を画した欲求もある。地上に何かしら大革命が起きたとしても、わたしたちという存在が世界から完全には一掃されないでほしいという願いだ。だからこそ日記というものがあるのだろう。わたしたちの生命の軌道はひたすらにガスと塵《ちり》へと向かっていくのだという暗黙の恐怖に抗うために。紀元前一五〇〇年に遡るエジプトのピラミッドにも落書きが残っている。わたしたちはみんな、生きた証しを残したいのだ。

スコットランドの探検家デイヴィッド・リヴィングストンは、［アフリカ大陸横断の途上］木の肌に自分のイニシャルと年号の1855を刻んだという。ちゃんと生還して、旅行記に自分のちっぽけな見栄を告白してしまっていることは皮肉としかいいようがないが、彼自身はそうは感じていなかったかもしれない。見栄や虚栄心はもちろん、芸術の歴史に古くから綿々と流れつづけている。ローマの詩人たちは権力者の後ろ盾を得ようとして、偉人の業績も詠いつがれなければ忘れられてしまうと売りこんだ。誰にだってうぬぼれはあるのだ。虚栄心のかけらもないと自負しても、それはそれで、ある意味自分の特別さを際立たせようとしているともいえる。探検家は見栄っぱりな旅行者だ。旅に費やした自分の時間が無意味なものになったり、完全に消えてなくなったりするなんて絶対ごめんだ、となんのてらいもなく言える輩だ。だがわたしたちの奥深い感覚を表現しようという欲求をもって恥じないことと、自分がほかの誰よりも偉いと証明したいと願うこととは同じではない。できうるならば、ある程度の見栄をはってしまう自分を認めつつ、虚栄を満足させることを目的にしないでいたいものだ。認められたいと願う気持ちは、いうならばバックパックに潜ませておく石ころであって、征服すべき山の頂《いただき》ではないのだ。

パーシー・ビッシュ・シェリーのソネット「オジマンディアス」では、昔日の偉大な王［古代エジプト王ラムセス二世］の彫像の崩れるさまが、権力や帝国が否が応でも衰退していく比喩に用いられている。銅像や建物と違って、この詩は、英語という言語があるかぎり生きつづけるだろう。それがすばらしい芸術の当然の報いであり、探検家でも手にできるものだ——洞察をもって表現することに重きをおきさえすれば。

あるひと時、川べりに寝そべって味わう思いのすべてを、ほかの人々に丸ごと伝えるには、芸術は唯一の方法だ。刻々と過ぎゆく時間の足音の不気味さに対抗して、旅人が使える唯一の武器でもある。ほんの短い散策も、人々に伝え、分かち合えば、この地上を歩むわたしたちの長い長い旅路がついに終焉を迎えたあとも、はるかに生きながらえるはずだ。

探検家を芸術の世界と結びつける、さらなる力もある。両者は似通った場所、身の置きどころのなさから生まれてくる。探検家も芸術家も、どちらも因習に背を向け、「普通の生活」は耐えがたいほど息苦しいと感じる者たちだ。世間への抵抗ゆえの苦難は、時とともに熱情にあふれる両者を、いっそう近しく引き寄せあうだろう。だが抵抗の代償はどちらにとっても同じで、石持て追われるはめになる。

世界のいたるところ、公園に置かれたピンク色の御影石にその名を刻まれた探検家がいるいっぽうで、大勢の探検家がその存在を友人や家族から否定され、淋しく一生を終えて忘れ去られていった。作家や芸術家も多くが同じ宿命にある。シェリーのごとく名を残す者のかげに、幾百万もが潔く、あるいは見苦しく散っていった。探検と芸術と、ふたつの世界が、自ら選ばざるをえなかった危うい生き方を互いに慰めるために、もっと頻繁に接触しないのは、むしろ不思議なほどだ。そこに問題があり、盟約がある。つまりそれは、選ばれた人生ではないのだ。

正真正銘の探検家や作家や芸術家は、たいていの人には満足のいく人生に、自分たちはどうも拒否反応があるようだと感じてしまう。中流の市民階級からはじき出されるような気がするのだ。人間の遺伝子と経験を浮かべた巨大なスープには、どの世代にも何人か、人並みでない人生――たとえそれがどんなに不自由な逆境となろうとも――へと駆りたてられる人間を生み出してしまう要素が含まれているのだろう。探検家も作家も芸術家も、自分たちは宿命を授けられてしまったと感じているもので、それが自ら選んだ人生だと思う者はまれだ。

前世代より前の人々がこれほど悲痛な義務感を覚えることになった要因は、ひとつに、表現に障壁があったためだろう。検閲というような政治的な障壁はもちろんだが、流通の制約もあった。人類の歴史の、そのほとんどの時代で、自らの思想や体験談を広く頒布するのはまず不可能に近く、費用にしろ、許可を得るにしろ、あるいは手段の点でも、梃子《てこ》でも動かないような障害物を動かさなければならないのが実情だった。近年ではこれに、出版社や画商の無慈悲で冷たい、狭き門という難関も加わった。

ところがいまや、インターネットのおかげで公表を妨げる関門はほぼ霧散したといっていい。狭き門の、門扉は破られていないが、その下に抜け穴が掘られたのだ。インターネットでは、作家も芸術家も、一日の稼ぎ程度の費用で何百万という人々に自分の作品を見てもらうことができる。もちろん、こうした事態が創作物の市場に与える経済的な打撃は議論の俎上《そじょう》にのせねばならないことだろうけれども、思想や体験談を広く分かち合えるようになったという点では、争う余地はほとんどない。

コミュニケーションの速さ、さらにはこの分野の変化の速さは、いまのところわたしたちがひとつひとつ丁寧に理解するにはいささか急すぎる。理解の一助となる視点を得るために、ひとつの事実を考えてみよう。これだけ大量の情報流通が可能になってからの時間は、現生人類の歴史のうちわずか〇・〇一パーセントに満たないのである。仮にホモ・サピエンスのこれまでの歴史を一日としてみると、グーテンベルクの印刷機が動きはじめたのはおよそ四分前、インターネットが普及しだしたのは四秒前だ。

いま、何かしらの発見をした旅人は、それがどんなにささいなものであっても、やすやすと大勢の人に知らせることができる。ちっぽけな発見を深い洞察につなげようとする人も、その考えを自由に広められる。そこに何らかの困難があるとしても、少なくとも公表のための手段に近づけない、という点で邪魔が入ることはなく、その瞬間から、旅人は探検家になる。

探検の世界と芸術の世界とが合体することで、旅人の意識はいやがうえにも高まり、そこから新たな探検の黄金時代が生まれつつある。この新しい時代には、肉体の極限に挑むことも虚飾も必要ない。ただ意識を開いて、誠実に表現することだけが求められる。

この新しい時代には、南極への旅を選ぶ人のライバルは、イングランド南東部ボグナー・リージスの浜辺にテントを張るバックパッカーだ。彼らがなぜその地に赴いたのか、それは旅のあと、何を生み出すかで明らかになるだろう。旅人たちがどれほど勇気をもち、決意を秘めていたかは、目的地によってではなく、その旅で得られたものをどんな形にして誰に伝えたかで評価されることになるのだ。

フンボルトは、人間の知識の法典に新たな何かを書き加えられた旅人は幸運だと考えていた。ただ彼は、無味乾燥な事実を積み上げることに情熱を傾けたわけではない。「現代の文明は、この文明がどれだけわたしたちの思考の幅を広げ、物質世界と知的世界の関連を感得させてくれるかによって特徴づけられている」[14]と主張したのだ。感情はその関連の間にどうあるか、フンボルトは言及しなかったが、いまがわたしたちを目覚めさせる契機であることに、彼はきっと賛成してくれるだろう。

エピローグ

旅の終わり

探検を終わりにはすまい、
探検の終わりはいつも
始まりに着くこと
そしてその場所を、初めてよく知ること。

――T・S・エリオット[1]

歩きはじめてから四時間と少しで、わたしはとめておいた車に戻り、車体に体を預けて一息ついた。目の前には、もろい石灰質を川が深く削っていったあとが見える。丘の起伏に応じて、濃く、または淡くなる作物の色を眺め、浅い斜面の石灰のもろさを、ほとんど手にとるように感じた。思いはアランデル城の石材に飛び、遠景の浜辺に飛び、それからまた、その日手にした石へと戻った。雲は形を変えたものの、空はそのままで、それになぜかほっとする。頭上には巻雲《けんうん》の尻尾が見えていて、空模様が変わりつつあるのを先触れしていたが、車にたどり着くわたしの先を越すには間に合わなかった。

何色もの色が踊っているのを見て笑いがこぼれるが、わざわざ数えるまではしない。たくさんの色がある、それだけで充分だ。わたしは風を感じるのと同じくらいにたやすく色を感じ取ることができた。ただ風のほうは少し弱まってきた。太陽もぬくもりを失いはじめていて、北西に向かって下っている。その下の陸地を覆う影も、太陽の動きにつれて移っていく。サウス・ストークの村は影が差して先ほどとは違って見えるが、名前は南《サウス》のままだ。あたりはいっそうひっそりとしてきた。

わたしは、その日ふたつめのブラックベリーを口に放りこみ、車のドアを開けた。果肉を思いきりよく舌でつぶすと、果汁があふれた。車に乗りこみ、グローブボックスから紙片を取り出して、手書きの文字を見つめた。読む前に目を上げて、路傍の煙突を見る。ハトはいなかった。どこかへ飛んでいったのだろう。書かれていることを読み上げながら、わたしは家を思った。この散策には四時間かかった。この散策までに三七年を要した。わたしは唇を噛み、キーを回した。

謝辞

探検も本の執筆も、どちらも気が重くて孤独な、心身のすり減る作業になる恐れを秘めており、必ずしも理屈が通るとはかぎらない。しかもどちらの活動も、やりたがるのはえてして自分ひとりで何ごとかをなしえると思いこんでしまう人間だが、現実には熟練の人々からなるチーム作業だ。この本も、多くの人々が懸命に働き、その能力を発揮してくれなければ形になっていなかった。ほんとうに感謝している。だから、口の周りの髭《ひげ》に氷——といってもこの場合はカプチーノのミルクの泡だけれども——を張りつけたまま、次にあげる方々に衷心からの敬意を表したい。

まずは、この本のことを初めて話し合った打ち合わせの場に居合わせた方々にお礼申し上げる——ソフィー・ヒックス、ルパート・ランカスター、そしてキャロル・ウェルチの三人だ。この席でわたしはお三方に、これはものになると信じてもらえる根拠をろくに提示できなかった——マンゴー・パークの逸話（これは「植物」の章に生きることになった）と、ありあまるほどのやる気だけ。経験豊富で自分たちの仕事に確信をお持ちの三人だったからこそ、ゴーサインを出してもらえたのだろう。

ホダー&ストートン社の担当チームにもお礼を言いたい。全員と、終始楽しく仕事をさせてもらった。次の方々は、要所要所であふれんばかりの熱意と経験で、わたしを支えてくれた――ケイト・マイルズ、リンゼイ・ヌグ、サラ・クリスティー、アマンダ・ジョーンズ、そしてジュリエット・ブライトモア。

本の執筆は、すでにこの世にない人々の経験にも与かっている。特に多くを得た人たちについては「本書に登場する探検家たち」に記しておいたが、そのほかにも現代の作家たち、フィリップ・ボール、パトリック・ホワイトフィールド、レベッカ・ソルニット、ダイアン・アッカーマン、ローランド・ハントフォード、ジェイソン・ロバーツ、デイヴィッド・エイブラム、ロビン・ハンベリー・テニソン、コリン・タッジ、デズモンド・モリス、サイモン・シャーマ、ロバート・マクファーレン、ラッセル・フォスター、レオン・クライツマンの諸氏に示唆を得た。また特に、コリン・サブロン、ロード・ブラッグ、サー・ラナルフ・フィネスの三人には、個人的な問い合わせに答えていただき、ロード・ブラッグとフェリックス・デニスのお二人には、資料を写すお許しをいただいたことに感謝する。

ニール・ガウアーは、この本（原書）に素晴らしいイラストを提供してくれた。厳しい要請にもかかわらずの見事な仕事には感謝の言葉もない。ヘレン・コイルもまた、並はずれた手際で原稿を整理してくれた。ほんとうにありがとう。

「グーリーの旅」の部分は層を積み重ねるようにして書かれており、多くの記述を参考にさせてもらっているが、実際に手助けしてくださった方々も少なくない。去年の夏、長靴を履いてウェスト・サセックスのごく狭いエリアを一緒に探検してくれた人たちには感謝を禁じえない。出発前、わたしは同行してくれる人を募って、探検の内容を説明した。冒険はしない、報酬もない、暗闇もない、危ないところはあるかもしれない、まず安全に帰ってこられる、成功したとして有名になれるかははなはだ疑問……。だが少なくともここには名前をあげさせていただこう。リチャードとオリー・ウェッバー、デイヴィッドとアン・ボーン、トレイシー・ヤングハズバンド、アナ・リチャードソン、そしてジョン・パールのみなさん、付き合ってくださって、ありがとう。

一度感謝したくらいでは足りないのが、担当編集者のルパート・ランカスターとエージェントのソフィー・ヒックスだ。ふたりはわたしに策を授け、導き、これと言語化するのは難しいけれどもいかにも英国的な精神でもって、この本が形をなすのに力をそそいでくれた。この英国的精神こそ、文学上の偉業、探検という偉業、どちらを成し遂げるのにも欠かせないものだ。カバーが七校まで決まらなくても笑顔を絶やさず、ビーチであろうと野っ原であろうと路上であろうと編集してやるんだという強い意志に満ち、見出しを次々に没にして決済ずみ箱を山盛りにしていく決断力という彼らのたぐいまれなる才能。すべてに感謝。

二〇一二年一月　　トリスタン・グーリー

訳者あとがき

本書〝*The Natural Explorer: Understanding Your Landscape*〟は、『ナチュラル・ナビゲーション——道具を使わずに旅をする方法』で、計器を使わず、五官が受け取る情報を頼りに旅をする方法を網羅したトリスタン・グーリーの第二作だ。ただ、そのつもりで手にとった方は、少しばかり意表を突かれるかもしれない。

もちろん前作も単なる方法論の羅列ではなくて、ナビゲーションの博物誌といった趣はあった。今回はそれがいっそう鮮明で、「探検の博物誌」と呼ぶにふさわしい内容になっているからだ。

私の住む札幌は、人口でいえば横浜や大阪、名古屋に次ぐ大きな都市だが、中心部から車で小一時間も走れば、持ち主がいるのかどうかもよくわからない広大な原野や森林が広がる。休耕地かもしれないし、耕作放棄地かもしれない。もしかしたら、開発途中で放置された造成地なのかもしれない。場合によっては牧草地で、牛が放牧されていたりする。

「私有地につき立ち入りお断り」と断っていないかぎり、誰のものともしれない原野についた轍《わだち》や踏み分け道をたどり、時折集落のような人の生活の気配と交差しながら、時には下って川べりに出たり、いつの間にか登って四方を見晴るかす高台に立ったり、とりたてて「フットパス」と整備されていなくても、波打つ丘陵地《きゅうりょうち》を歩くことができる。

各章の初めでグーリーがたどるウェスト・サセックスの道も、ちょうどそうした、ゆるゆると登り下りを繰り返すサウス・ダウンズ丘陵の一角にあって、訳者は厳密にその場所を訪れたことはないが、情景は目に浮かぶような気がする。

特に春先、雪が融けて間がなく、それでいてまだクマザサやフキ、イタドリといった丈《たけ》の高くなる草が伸びる前は、よく目を見開けば、道端の土手にカタクリやエゾエンゴサク、スミレといった可憐な花々が短い命を咲かせているのがわかる。そうしたささやかな発見は、ささやかだけれど必ず誰かと分かち合いたくなって、つい携帯で撮影して親しい人にメールを送ったりしてしまう。まして、咲く前に葉だけを見てエンレイソウだとわかったら……とても得をした気分になれる。

もちろんグーリーは、実際に大西洋を横断するような「冒険」もしている人だから、路傍の草花やアニマルトラックを「発見」し、得られた「成果」を持ち帰るだけで探検と認めてもらえるのかどうか、まだどこか恐る恐るのようにもみえる。それでも、探検を、極限までわが身を苛《いじ》め抜ける人だけのものにしたくない、という思いは切々と伝わってくる。地上から、探検の名にふさわしい目的地がなくなったから身近なところに題材を探そうというのではない。グーリーが「探検家のなかの探検家」と絶賛するギルバート・ホワイトのように、生涯、生まれ育った土地からほとんど出たことがなくとも、その目でたしかに見た喜びを伝え、それが他者を揺るがすならば、彼／彼女はれっきとした探検家だ。

本書を訳している間に、ちょうど、北海道大学で行われている科学技術コミュニケーション教育の集中演習で、翻訳について話す機会を得た。ある科学的事実や出来事を的確に、かつわかりやすく伝えるサイエンスライティングと、母語でない言語で書かれたオリジナルのテキストを母語にして提供する翻訳とには一脈通じるものがある。わずか三日間ではあったけれども、演習に参加された受講生の皆さんとの「翻訳とは何か」というやりとりは、あらためて自分の仕事を振り返る契機となり、本書の訳出にも素敵な刺激となった。二〇一五年度北海道大学CoSTEP選科Bのみなさんと、講義の機会をくださった特任教授葛西奈津子さんに、この場を借りてお礼申し上げたい。

また、告白するけれども、今回の翻訳作業はとりわけて難産だった。訳文の隅々まで目を通し、少しの疑問もゆるがせにせずに投げかけてくださった編集の大井由紀子さんに、前作に続いて、大変お世話をかけてしまった。ご指摘のおかげで、訳文の質は五割がたは増したように思う。

本書には古今の探検の名著が数多く引用されている。なかにはもちろん日本語で読めるものもある。訳出にあたっては、平凡社刊、愛宕松男訳注のマルコ・ポーロ『東方見聞録』と、河出書房新社刊、ダイアン・アッカーマン『「感覚」の博物誌』（岩崎徹・原田大介訳）を参考にさせていただいた。また、引用部分と既存の日本語訳とに若干の異同が見られる場合もあるが、原則としてはグーリーの原文にできるだけ忠実に訳していることをお断りしておく。また、いくつかの引用原典を確認するのに、プロジェクト・グーテンベルクがことのほか頼りになった。とても読めないだろうとあきらめていた文献が目の前に開いたとき、パンドラの箱を開けてしまったような気がしないでもなかったが。

二〇一六年五月九日　　屋代通子

かわった．ミューアが，米中西部からメキシコ湾まで踏破した旅を記録した『1000マイルウォーク 緑へ――アメリカを南下する』は，死後出版され，旅を豊かにしてくれる自然の力が素晴らしい筆運びで記されている．
【p.157, pp.166-167, p.193, pp.203-204, p.227, p.287, p.322, p.345, p.366】

ライヒハート，ルートヴィッヒ
（1813 - 48）

プロイセンの探検家でナチュラリストのライヒハートは，オーストラリアの探検で名声を得た．オーストラリア東部から北海岸のポート・エシントンまで踏破した旅は，彼自身の判断も，また一行が耐え忍んだ苦難も，並々ならぬものだった．探検家としてのライヒハートの素晴らしさは，何より，人の士気をくじくような逆境にあっても周囲の自然環境への関心を絶やさず，敏感に感じ取ったところにある．次にライヒハートは，東海岸から西海岸に向かってオーストラリアを横断するべく，1848年，遠征を開始した．一行が最後に目撃されたのはダーリング・ダウンズで，同年4月3日のことだった．彼はオーストラリア内陸の砂漠のどこかで倒れたものとみられているが，数次にわたる調査にも関わらず，彼の終焉の地は今日にいたるも判明していない．

【p.8, pp.15-16, pp.29-30, p.38, p.52, p69, pp.97-99, pp.101-102, pp.112-113, p.132, pp.134-135, p.162, p.169, p.175, p.182, p.208, pp.219-220, p.249, p.299, pp.313-314, p.334, pp.363-364, pp.383-384】

ラボック，ジョン
（1834 - 1913）

英国の銀行家・政治家でありながらナチュラリストという稀有な存在のラボックは，昆虫学から考古学まで幅広い関心をもっていた．自然の世界への深い造詣を生かし，1892年に発表した『自然美と其驚異』では，自然環境を正しく認めることによって最大の喜びを引き出すための，一般向けの方法を述べている．

【p.60, pp.117-118, p.180, p.258】

ワーズワース，ドロシー
（1771 - 1855）

ドロシーは高名な兄ウィリアムと大変仲がよく，また本人もすぐれた作家だったが，功名心はまったくといっていいほど持ち合わせていなかった．現に，1803年，旅行記『スコットランドの旅の思い出（*Recollections of a Tour Made in Scotland*）』を刊行してくれる出版社が見つからなかったとき，むしろほっとした気配さえある．この作品が世に出たのは，書かれてから71年後，彼女の死後20年も経っていた．ドロシーは両親を早くに亡くし，少女時代は貧困を経験しているが，後半生は多くの点で恵まれていたといえる．生涯のほとんどを英国の湖水地方の美しい風景に囲まれて過ごし，当時の文学界の錚々たる面々と交友があった．兄のほか，詩人サミュエル・テイラー・コールリッジ，散文家のトマス・ド・クィンシー，詩人ロバート・サウジーなどだ．ドロシーが自然の風景を観賞する趣味のよさを，コールリッジは「まるで精妙な静電電位計のようだ」と評している．

【p.72, pp.215-217, p.319】

＊の人名は邦訳版で新たに加えた．

p.300, p.320, p.323, pp.331-333, p.336, pp.338-339, p.353】

ホワイト, ギルバート

(1720 - 93)

ホワイトは英国国教会の聖職者でナチュラリストでもあり,『セルボーンの博物誌』で,自身の住むイースト・ハンプシャーについて書き表わした. 1789年に出版された同書は,タイトルからはごくつましい印象を受けるが,その実豊かな内容を含んでいる. この本は書簡という形で,わたしたちがじかに目に見る周囲の世界を――それがどれほどちっぽけに見えようと――よく知るために全力をつくすことで,望外の喜びを得られると実証し,ゆるぎない名作となった. ホワイトこそ,探検家のなかの探検家といえるだろう.

【p.90, p.99, p.107, p.176, p.204, p.284】

ホワイトフィールド, パトリック *

(1949 - 2015)

大学で農学を専攻後しばらくは中東やアフリカで過ごし,英国に帰国後はサマセット州に土地を求め,持続可能な農業を指向した. ヨーロッパにおける「パーマカルチャー」の先駆者とされる.

【p.50, p.177, p.285, p.311】

ボンド・ヘッド, フランシス

(1793 - 1875)

ボンド・ヘッドはワーテルローの戦いに従軍した英国の軍人であり,事業家,植民地の執政官,旅行家,そして作家でもあった. 南米を馬で踏破したことから「ギャロップするヘッド」と呼ばれ,自らいきいきと描きだした文章で,彼の偉業はつとに知れわたるところとなった. 直情径行で自然を愛し,先住民の文化への関心が深かったことでも知られる. 本文中のボンド・ヘッドの引用はすべて,1826年にジョン・マレーにより刊行された『パンパとアンデスの急ぎ足の旅からの覚書(*Rough Notes Taken During Some Rapid Journeys Across the Pampas and Among the Andes*)』の意趣に富む記述による.

【p.68, pp.147-148, pp.172-173, p.191, p.247, pp.254-255, p.320】

マロリー, ジョージ *

(1886 - 1924)

英国の登山家. 1921年英国のエヴェレスト第1次遠征隊員となる. 第3次遠征の1924年6月,頂上付近で行方不明となった. なぜ山に登るのかと問われ,「そこにそれがあるから」と答えたエピソードはあまりに有名.

【p.66, p.139】

ミューア, ジョン

(1838 - 1914)

スコットランドのダンバーに生まれたミューアは,1849年に一家で米ウィスコンシン州に移住した. 機械装置の発明家として成功したが,事故によって一時的に失明し,人生を考えなおすことになった. 彼は自然を神の発明と見ており,自分や同業者の発明よりも神の発明に惹かれていくようになる. 視力は片目が回復し,ミューアはやがて伝説のナチュラリストとなり,ヨセミテ国立公園の完成にも大きくか

して参加．さらにインドに植物学探究に出かけるなどして，多くの植物誌を著わした．
【 p.49, p.285】

プリニウス
(23 - 79)

プリニウスは古代ローマの学者で，『博物誌』という途方もない作品の著者である．これは，「事物の性質」と「生命」を記述しようという壮大な意図をもって書かれている．37巻におよぶ膨大な著作には，宇宙論，植物学，人間，動物，薬物，農業，鉱物，鉱業，そのほか，多彩な話題が取り上げられている．全体の量はいささかうんざりするほどではあるが，現代の編集による抜粋版は読みやすく，楽しめる．

【 p.24, pp.53-54, p.116, p.120, p.123, p.200, p.209, p.211, p.233, p.293】

フンボルト，アレクサンダー・フォン
(1769 - 1859)

フンボルトはドイツのナチュラリスト，探検家で，その著作は野心と美に満ち満ちている．フンボルトに傾倒していたダーウィン同様，彼も訪れた場所を短視眼的に見ることを自重し，科学的に観察すると同時に進んで全体的な視点も取り入れた．フンボルトは特に「自然の統一」に関心を寄せ，1845年，長大な著作『コスモス(*Kosmos*)』の第1巻を発表したが，この作品は科学のさまざまな分野を統合しようとする試みだった．南米の旅についての記述はこの著作の論点を例証するのに成果をあげ，また現在でもためになり，面白く，読みごたえのある文章である．科学者としての姿勢，哲学者の向上心，詩人の情熱を兼ねそなえたフンボルトは，未知を愛するすべての旅人から尊敬の的となっている．

【 p.6, pp.21-22, p.38, p.41, p.49, p.52, pp.63-65, pp.73-74, p.83, p.115, p.139, pp.146-147, p.152, p.155, p.170, p.206, p.219, pp.230-233, p.248, p.259, pp.281-282, pp.291-292, p.310, pp.312-313, p.316, p.331, pp.336-338, p.369, pp.372-374, p.393】

ホルマン，ジェイムズ
(1786 - 1857)

ホルマンは「盲目の旅人」として知られ，いたって野心的かつ繊細な英国の紀行家である．ホルマンは視力を失ってもひるむことなく山にも登り，視覚以外の感覚を鋭く駆使して周囲の状況を感じ取るようになった．2006年に出されたジェイソン・ロバーツによる伝記『世界を感じる(*A Sense of the World*)』が，ホルマンを知るのに最良の資料である．

【 pp.35-36, p.39, p.41, p.248, p.283, p.329, pp.370-371, p.388】

ポーロ，マルコ
(1254 - 1324)

ヴェネツィアの商人にして探検家のマルコ・ポーロは，スケールの大きな旅，特に中央アジアと中国の探訪でよく知られているが，ささいな事柄，細部の多様なありようにまで目をとめるところが，彼をとりわけ貴重な存在にしている．その旅行記『東方見聞録』は現在も読み継がれる旅行記の古典である．

【 p.65, p.67, p.110, p.164, p.205, p.241, p.244, pp.251-252, p.266, p.272, p.280,

ーグル号での航海について記したダーウィンのとびきり美しい文章は見過ごされがちだ.『ビーグル号航海記』からは，ダーウィンが，自分が訪れた土地に驚くほどの好奇心を寄せ，惹きつけられていることが見て取れる．彼は地質学から人類学におよぶ幅広い教養と，その間をつなぐ自然科学というきらめくプリズムを通して訪問地を理解した．どんなにちっぽけに思える発見も，決して無価値ではないという姿勢が，世界を変える大きな着想につながることがよくわかる.
【 p.7, p.22, p.35, pp.60-61, p.64, p.76, pp.93-94, p.114, p.117, p.119, p.122, p.155, pp.161-162, p.168, p.170, p.205, p.213, pp.223-224, p.236, p.248, p.256, p.283, p.285, p.307, p.321】

トウェイン，マーク＊
(1835 - 1910)
米国の作家．少年期をミシシッピ川のほとりで過ごし，長じて以降は新聞記者などの職業につき各地を渡り歩くうち，30歳の時に書いたショートストーリーが認められる．小説のほか『ハワイ通信』『地中海遊覧記』『赤道に沿って』などの旅行記も数多い.
【 p.238, p.262, p.327】

トムソン，デイヴィッド＊
(1770 - 1857)
英国生まれのカナダの探検家，地理学者．1797年以降，北アメリカ北西部の探検と測量を開始．1811年にヨーロッパ人として初めてコロンビア川を河口まで下ったことで知られる.
【 p.257-258, p.298】

バートン，リチャード＊
(1821 - 90)
英国の探検家，文筆家．若き日からインド，中東，アフリカ，南北アメリカなどを探検し，多くの著作を著わす．また30を超える言語の使い手としても知られ，晩年は『千夜一夜物語』のアラビア語原典からの英訳をして過ごした.
【 p.35, p.245, p.330】

バットゥータ，イブン
(1304 - 68)
バットゥータは中世イスラーム世界で最も偉大な旅人である．旅した距離は7万5000マイル(約12万700キロ)以上におよび，最も有名な著作『旅行記(*Rihla*)』は，現代も読み継がれる古典となっている.
【 p.236, p.239, p.272, p.278, p.325, p.339】

バンクス，ジョーゼフ＊
(1743 - 1820)
英国の植物学者．少年期より植物研究を志し，1768年にはキャプテン・クックの第1回航海に，学者や画家などを連れ参加．オーストラリアなどから,英国人にとって未知の動植物を多数採集して帰国した.
【 pp.13-15, p.45, p.131, p.136】

フッカー，ジョセフ・ダルトン＊
(1817 - 1911)
英国の植物学者．元キューガーデン園長．医学の学位を取得後，1839年よりジェームズ・クラーク・ロスの南極探検に外科医兼博物学者とス火山初登頂に成功する．その後，南極の横断を試み失敗．1922年，ふたたび南極に向かう途中に心臓発作により死去した．
【pp.16-20, p.323】

スピーク，ジョン・ハニング＊
（1827－64）

英国の探検家．ナイル川水源の発見者として有名．17歳でインドのベンガル軍に入隊．除隊後はリチャード・バートンに誘われ，ソマリア探検などに同行する．1858年7月にはナイル川の源泉と思われる湖を発見，ヴィクトリア湖と名づけた．

【p.263, p.344】

セシジャー，ウィルフレッド
（1910－2003）

英国出身のこの人が昔ながらの探検家の最後のひとりであることは，衆目の一致するところだ．並はずれたタフさと繊細な目をあわせもっている彼の観察力は，飾り気がなく，それでいて高潔な文章と写真によく表われている．セシジャーの最もよく知られた作品で，彼自身最良の出来と認めているのは1959年の『アラビアの砂（*Arabian Sands*）』で，「からっぽの空間」と称されるルブアルハリ砂漠でベドウィンと過ごした日々を記録している．

【pp.29-30, p.103, p.165, p.246, pp.324-325】

ソシュール，オラス＝ベネディクト・ド＊
（1740－99）

スイスの貴族．アルプスの山々を歩き，地質や気象などの調査・観測を行った自然科学者として知られる．

【pp.146-147, p.385】

ソロー，ヘンリー・デイヴィッド
（1817－62）

アメリカの作家でナチュラリストのソローは，一般に野外の哲学者として知られる．彼は超越論的哲学の考えの多くに共感を示しているが，彼の思想は不当にも，自然は善で文明は悪という単純な二項対立で理解されることが多い．徹底した反骨の人で，自らの思想を生き，規範に従わせようとする社会による試みのほとんどすべてに抵抗するのを楽しんだ――納税を拒んで投獄されもしたし，ウォールデン湖のほとりに自ら建てた家でおよそ2年間，ほとんど世捨て人のように暮らした．最もよく知られている作品は，その名も『ウォールデン 森の生活』だが，ソローの野外の哲学を知る格好の入門書は，1861年に出版された『ウォーキング』だろう．ソローの意見のすべてにもろ手をあげて賛同せずとも，エネルギーと独創性に満ちた彼の作品から多くを得ることができるのは幸せなことだ．

【p.69, p.194, p278, p.281, p.322, p.374】

ダーウィン，チャールズ
（1809－82）

自然淘汰の学説を提唱したことでよく知られるが，ダーウィンの功績はそれにとどまらない．ダーウィンはビーグル号での航海から帰ったあと，自分の理論を内々に発表していたが，やがて1859年，『種の起源』として刊行し，世界を驚かせた．進化論の影響力がすさまじく，ビ通訳としてオマイという現地の若者を乗船させた．1774年にオマイは英国を訪れ，76年の第3回航海で帰国するまで2年間を当時の社交界のなかで過ごすことになる．
【pp.13-15, p.224】

ギルピン，ウィリアム
(1724 - 1804)
ギルピンは英国の旅行家であり，文筆家であり，学校長でもあった．彼は英国内を広く旅し，飽くことなく「絵のような」風景を探して歩いた．この分野の先駆けで，「風光明媚な旅」の草分けでもある．1782年に刊行された『ワイ川と南ウェールズの観察』(*Observations on the River Wye, and Several Parts of South Wales*)』は，ギルピンの思考に触れるには恰好の入門書である．
【p.139, p.141, p.239, p.323, p.349-352】

クック，ジェームズ *
(1728 - 79)
キャプテン・クックの愛称で知られるクックは1768 - 71年，英国海軍の金星観測のため，世界一周の航海を達成．1772年からは，当時存在が信じられていた南方大陸発見のため2度目の航海へ，また76年からは北太平洋調査を目的に3度目の航海を行った．
【pp.13-15, p.52, p.130, p.255】

コーニッシュ，ヴォーン
(1862 - 1948)
コーニッシュは地理学者として成功した英国人で，「風景の巡礼者」を自任した．自然の風景への熱い思いは，1943年の著作『風景の見方(*The Beauties of Scenery*)』に要約されている．
【p.58, p.374, p.384】

サブロン，コリン *
(1939 -)
現代の英国の旅行作家．中東やロシアなど世界各地を旅して，旅行記，小説などを多く著わしている．邦訳に『シベリアの旅』がある．
【p.237, p.255, p.317, p.322】

シェパード，ナン
(1893 - 1981)
アナ・'ナン'・シェパードは，スコットランドの作家で教師であり，小説や詩作でも成功をおさめた．彼女の作品すべてに生気を吹きこんでいるのは，丘や，ハイランドの山々の逍遥を愛する心だ．だが，多くの探検家たちが，自分たちの旅を豊かにしてくれるヒントをあふれるほどにもらえるのは，彼女のノンフィクション作品『生きている山(*The Living Mountain*)』だろう．『生きている山』は1940年代に書かれたが，この美しい作品は当時は版元を得られず，77年まで引き出しにしまわれたままだったと知ると，読んだことのある者ならだれもが開いた口がふさがらなくなるはずだ．
【p.69, p.140, p.268, p.299, p.319】

シャックルトン，アーネスト *
(1874/75 - 1922)
アイルランド生まれの探検家．1901年，ロバート・スコット指揮下の南極探検隊にはじめて参加，1907年には自ら探検隊を組織し，エレバ

本書に登場する探検家たち

アガシ, ルイ *
(1807 - 73)
スイス生まれの博物学者. ハーヴァード大学で教鞭をとり, 同大学で比較動物学博物館を設立するなど, 19世紀におけるアメリカ自然史研究の始祖として知られる.
【→本文 p.83, pp.85-86】

アムンセン, ロアール *
(1872 - 1928)
ノルウェーの探検家. 1911年, 南極点最初の到着者として知られる. その最期は, 北極海で遭難した飛行船の捜索に名乗りを上げたときのこと. 数時間後, アムンセンの乗った水上機からの消息が途絶えたという.
【pp.16-17, pp.317-318】

アル = マスーディ
(9世紀末 - 957)
アブ・アル = ハッサン・アリ・イブン・アル = フサイン・イブン・アリ・アル = マスーディ, 略してアル = マスーディは[バグダッド生まれの]歴史家にして旅行家で, その長大な著作のゆえに, 西洋社会で「アラブのヘロドトス」の名を奉られている. アル = マスーディは旅程と記録のスケールが大きいだけでなく, その取り組み方もすぐれて独創的だ. 同時代の多くの旅行家たちからは目もくれられなかったであろう土地に着目し, 訪れた先の文化に深く鋭い関心を抱くとともに, その社会的・経済的・宗教的特質にも注目した. 彼の著作『黄金の牧場と宝石の鉱山(*The Meadows of Gold and Mines of Gems*)』は大部だが, 近年の編集による縮約版で手軽に読むこともできる.
【p.106, p.122, p.149, p.171, p.219, pp.225-226, p.329, p.383】

イシ *
(1860/62 - 1916)
「北米最後の野生のインディアン」といわれたヤヒ族のイシは1911年に"発見"され, 当時の米国で大きな話題となった. 以後カリフォルニア大学の文化人類学者に迎えられ, その暮らしや思想について, 多くを語り残した.
【pp.26-29, p.296】

ヴァン・デル・ポスト, ローレンス
(1906 - 96)
ヴァン・デル・ポストは南アフリカ生まれの探検家・作家であり, 環境保護論者でもある. 彼の生涯は時に批判も出るほどに波乱万丈で, 第二次世界大戦中は従軍して日本の捕虜収容所に捕らわれたこともあるが, そこで彼は, 捕虜のための大学を設立した. 心理学者カール・ユングとの親交は, ユングの死まで続いた. その著書『カラハリの失われた世界』は, 独自の視点でカラハリの部族民と彼らの暮らす環境とを描きだし, また, 他者と旅することの困難にも, 鋭い見識を示している. 英国皇太子チャールズの友人として強く感化を与える存在となり, 1981年にはナイトに叙されている.
【p.31, p.112, p.158, p.167, p.305, pp.377-378】

オマイ *
(1751 - 80)
ジェームズ・クックは第2回航海の際, タヒチで

8 Cezanne, Wylie, J., p.2 に引用.
9 Merleau-Ponty, Wylie, J., p.150 に引用.
10 Solnit, R., *Wanderlust*, p.129.
11 [ポール・ボウルズ『孤独の洗礼 無の近傍』杉浦悦子・高橋雄一郎訳, 白水社].
12 Johnson, S., Halpern, D. & Frank, D., p.226 に引用.
13 Roberts, J., p.355.
14 Humboldt, A., p.10[フンボルト『新大陸赤道地方紀行』].

エピローグ —— 旅の終わり

1 Eliot, T. S., *Four Quartets*, http://en.wikiquote.org/wiki/T._S._Eliot[T·S·エリオット『四つの四重奏』岩崎宗治訳, 岩波文庫].

8 Van Swaaij, L. & Klare, J., p.80［スヴァーイ&クレア『あなたを見つけるこころの世界地図』］.
9 Weyl, H., http://www.weylmann.com/
10 Potter, D., http://www.guardian.co.uk/theguardian/2007/sep/12/greatinterviews および Lord Bragg との個人的な通信.
11 Burke, E., p.86［バーク『崇高と美の観念の起原』］.

第28章　内なる時間と気分

1 Beston, H., p.173.
2 この章における事実に関しては, Russell Foster と Leon Kreitzman による素晴らしい一冊 *Rhythms of Life* を大いに参照した.
3 Ackerman, D., p.250［アッカーマン『「感覚」の博物誌』］.
4 Lecompte du Nuoy, Pierre, Foster, R. & Kreitzman, L., p.9 に引用.
5 Cage, J., Smith, K., p.49 に引用.
6 Leichhardt, L., p.224.
7 Leichhardt, L., p.119.
8 Deakin, R., p.39.
9 Barrett, J., Turner, R. & Walsh, A., p.90.
10 *When Time is not Space: The Social and Linguistic Construction of Time Intervals and Temporal Event Relations in an Amazonian Culture*, Sinha, C., da Silva Sinha, V., Zinken, J. & Sampaio, W., *Language and Cognition*, 3 (1): 137-169, 2011.
11 Muir, J., p.123［ミューア『1000マイルウォーク緑へ』］.
12 Ackerman, D., p.57［アッカーマン『「感覚」の博物誌』］.
13 Ackerman, D., p.12［アッカーマン『「感覚」の博物誌』］.
14 Ackerman, D., p.254［アッカーマン『「感覚」の博物誌』］.
15 Pretty, J., p.31.
16 Dennis, J., Macfarlane, R., p.73 に引用.
17 Roberts, J., p.118.

第29章　想像と驚嘆

1 Humboldt, A., p.95［フンボルト『新大陸赤道地方紀行』］.
2 Bohls, E. A. & Duncan, I., p.166.
3 Thoreau, H. D., *Journal*, 1856年8月30日, Schama, S., p.vii［シャーマ『風景と記憶』］に引用.
4 Bourdillon, F. W., Macfarlane, R., p.193 に引用.
5 Shelley, P., Schama, S., p.475［シャーマ『風景と記憶』］に引用.
6 Aristotle, Lubbock, J., p.9［ラバック『自然美と其驚異』］の Cicero の引用.
7 Watts, A., p.94.
8 Puddicombe, A., *Guardian Podcast*, 2011年1月24日.
9 St Augustine, *Confessions*, http://www.ccel.org/ccel/augustine/confessions.iv.html［聖アウグスティヌス『告白』上下巻, 服部英次郎訳, 岩波文庫ほか］.
10 Kenny, A., p.766.

第30章　体験を共有する——ナチュラル・エクスプローラーのすすめ

1 Emerson, R. W., p.47.
2 Mas'Udi, p.4.
3 Clarke, W. B., Leichhardt, L., p.104 に引用.
4 これは Watts, A., p.83 に引用されている A. N. Whitehead の表現の言い換えである.
5 Cornish, V., p.21.
6 de Saussure, Horace-Benedict, http://www.archive.org/stream/lifeofhoracebene00fresuoft/lifeofhoracebene00fresuoft_djvu.txt
7 Fitz Hugh, Ludlow, 'Seven Weeks in the Great Yo-Semite', *Atlantic Monthly*, 13 June 1864, p.745, Shama, S., p.194 に引用.

2 Austen, Jane, Solnit, R., *Wanderlust*, p.100 に引用.
3 Calvino, I., p.44.
4 Polo, M., p.263[ポーロ『東方見聞録』].
5 Thoreau, H. D., *Walden*[ヘンリー·D·ソロー『ウォールデン 森の生活』上下巻, 飯田実訳, 岩波文庫], Perrin, J., p.58に引用.
6 Thubron, Colin, '旅と作家', 王立地理学会での講演, 2011年3月1日.
7 Gilpin, W., pp.40-42.
8 [ポーロ『東方見聞録』].
9 Eberhardt, I., Kershaw, E., p.23 に引用.
10 Lubbock, J., p.6[ラバック『自然美と其驚異』].
11 Abram, D., p.69.
12 Battutah, Ibn, Mackintosh-Smith, T., p.3 に引用.
13 "Words by the Water' Literary Festival での講演, ケズィック, 2011年3月8日.
14 Paton, Andrew Archibald, *Servia, the Youngest Member of the European Family: Or, a Residence in Belgrade*, 1845, Roberts, J., pp.311-312 に引用.

第**25**章　慣習と習癖

1 Twain, M., http://www.gutenberg.org/files/102/old/puddn10.txt[「まぬけのウィルソン」『マーク·トウェインコレクション』1に所収, 村川武彦訳, 彩流社ほか].
2 Van Swaaij, L. & Klare, J., p.22[ルイス·ファン·スヴァーイ&ジーン·クレア『あなたを見つけるこころの世界地図』鹿田昌美訳, ソニー·マガジンズ].
3 Burton, R., pp.1-2.
4 Equiano, O., p.51.
5 Polo, M., pp.82-83, 88, 91-92, 98, 105, 172-175 [ポーロ『東方見聞録』].
6 Humboldt, A., p.292[フンボルト『新大陸赤道地方紀行』].
7 Leichhardt, L., p.112.

第**26**章　宗教

1 Suzuki, D. T., p.335[鈴木大拙『禅と日本文化』].
2 Humboldt, A., p.105[フンボルト『新大陸赤道地方紀行』].
3 [フンボルト『新大陸赤道地方紀行』].
4 Polo, M., pp.53-54[ポーロ『東方見聞録』].
5 Polo, M., p.57[ポーロ『東方見聞録』].
6 Solnit, R, *Wanderlust*, p.49.
7 Turner, Victor & Edith, Solnit, R., *Wanderlust*, p.49 に引用.
8 *Tanakh: The Holy Scriptures*, Abram, D., p.239 に引用.
9 Minshull, D., *Vintage Book of Walking* に引用.
10 Tyndall, J., Macfarlane, R., p.160 に引用.
11 Jung, C. G., p.28.
12 Suzuki, D. T., p.363[鈴木大拙『禅と日本文化』].
13 [イブン・ファラドーン『ヴォルカ・ブルガール旅行記』家島彦一訳, 平凡社].
14 Schama, S., p.375[シャーマ『風景と記憶』].
15 Muir, J., p.25[ミューア『1000マイルウォーク 緑へ』].
16 *New York Times*, 1994年3月15日.

第**27**章　美

1 Cowley, Abraham, 'Beauty', *The Works of the English Poets, from Chaucer to Cowper*, Samuel Johnson ed., 1656, vol.7, p.115.
2 Gilpin, W., pp.20 et al.
3 Burke, E., p.86[エドマンド·バーク『崇高と美の観念の起原』中野好之訳, みすず書房].
4 Ackerman, D., p.270[アッカーマン『「感覚」の博物誌』].
5 Ackerman, D., p.272[アッカーマン『「感覚」の博物誌』].
6 Polo, M., p.78[ポーロ『東方見聞録』].
7 Pretty, J., p.33.

21 Whitefield, P., p.309.
22 Whitefield, P., p.309.
23 Standing Bear, Luther, *My People the Sioux*, 1928, Google Books, p.131, 2011年11月21日にアクセスした.

第22章　時間

1 O'Keeffe, Georgia, Ackerman, D., p.xvi［アッカーマン『「感覚」の博物誌』］に引用.
2 Augustine, http://en.wikipedia.org/wiki/Time
3 Pliny, p.229［『プリニウスの博物誌』］.
4 Pliny, p.149［『プリニウスの博物誌』］.
5 Hesiod, http://omacl.org/Hesiod/works.html［ヘシオドス『仕事と日』松平千秋訳, 岩波文庫］.
6 Kroeber, T., p.176［クローバー『イシ』］.
7 Bakeless, J., p.113.
8 Pittendrigh, Colin, Foster, R. & Kreitzman, L., p.10 に引用.
9 Brian G. Gardiner, 'Linnaeus' Floral Clock', http://www.linnean.org/fileadmin/images/The_Linnean_-_Tercentenary/4-Floral_Clock.pdf
10 Tudge, C., p.274［タッジ『樹木と文明』］.
11 Foster, R. & Kreitzman, L., p.132.
12 Foster, R. & Kreitzman, L., p.131.
13 Hoge, Warren, *New York Times*, 2001年3月26日.
14 Thompson, D., Bohls, E. A. & Duncan, I., pp.379-380 より.
15 Leichhardt, L., p.107.
16 Shepherd, N., p.50.
17 Foster, R. & Kreitzman, L., p.51.
18 Polo, M., p.97［ポーロ『東方見聞録』］.
19 Aveni, A., p.193.
20 Plautus, http://en.wikipedia.org/wiki/Time_discipline, 2011年11月20日にアクセスした.
21 Zalasiewicz, J., p.40［ヤン・ザラシーヴィッチ『小石, 地球の来歴を語る』江口あとか訳, みすず書房］.
22 Homer, *Iliad*［ホメロス『イリアス』上下巻, 松平千秋訳, 岩波文庫ほか］. Stewart, Michael, 'Hypnos' *Greek Mythology: From the Iliad to the Fall of the Last Tyrant*, http://messagenetcommresearch.com/myths/bios/hypnos.html
23 Pryor, F., p.27.
24 Bakeless, J., p.228.
25 Van der Post, L., p.110［ヴァン・デル・ポスト『カラハリの失われた世界』］.
26 Easton, Charlotte Anne, *Narrative of a Residence in Belgium during the Campaign of 1815*, 1817, Bohls, E. A. & Duncan, I., p.63 より.
27 Watts, A., pp.25-26.

第23章　言葉

1 ［フンボルト『新大陸赤道地方紀行』］.
2 Ball, P., *H_2O*, p.38.
3 Barrett, J., Turner, R. & Walsh, A., p.9.
4 Pryor, F., pp.240-241.
5 Whitefield, P., p.7.
6 http://www.bbc.co.uk, 2011年5月12日にアクセスした.
7 Ackerman, D., p.253［アッカーマン『「感覚」の博物誌』］.
8 Kobboyakka, Nobungop, Kanbinycx, Manguradja, Apirk, Yaganyin, Kolar, Kadgupa, Gnanga Gnanga. Leichhardt, L., p.223.
9 Solnit, R., *Wanderlust*, p.176.
10 Johnson, Samuel, *A Journey to the Western Islands of Scotland*, 1775［ジョンソン『スコットランド西方諸島の旅』］, Bohls, E. A. & Duncan, I., p.161 に引用.
11 ［フンボルト『新大陸赤道地方紀行』］.
12 Kroeber, T., p.5［クローバー『イシ』］.

第24章　道連れ

1 Amundsen, Hanbury-Tenison, R., p.102 に引用.

5 Darwin, C., pp.5-6[ダーウィン『ビーグル号航海記』].
6 Pallasmaa, J., p.47.
7 Bohls, E. A. & Duncan, I., p.387.
8 Lubbock, J., p.195[ラバック『自然美と其驚異』].
9 Whitefield, P., p.29.
10 [フンボルト『新大陸赤道地方紀行』].
11 Solnit, R., *Wanderlust*, p.18.
12 de Poncins, G., *Kabloona, Among the Inuit*, Davidson, R., pp.159-160 に引用.

第20章　川

1 Twain, M., *Life on the Mississippi*, http://en.wikiquote.org/wiki/Life_on_the_Mississippi [「ミシシッピの生活」『マーク・トウェインコレクション』2A, 2B, 吉田映子訳, 彩流社], 2011年11月21日にアクセスした.
2 Connors, Catherine, *Lucan's Nile: A Geography of the Unknown; Politics, Violence and the Republican Imagination: Lucan and His Legacy*, Princeton University, 3-5 October 2003.
3 Schama, S., p.264[シャーマ『風景と記憶』].
4 Whiston Spirn, A., p.144.
5 [ポーロ『東方見聞録』].
6 Hibbs, Vivian A., *The Mendes Maze: A Libation Table for the Inundation of the Nile*, London, 1985, Schama, S., p.260[シャーマ『風景と記憶』]を参照.
7 Przhevalsky, Nikolai, *Mongolia, The Tangut Country and the Solitudes of Northern Tibet*, 1873, Hanbury-Tenison, R., p.63 に引用.
8 Reader's Digest, *Joy of Nature*, p.192.
9 Reader's Digest, *Joy of Nature*, p.192.
10 Shepherd, N., p.21.
11 Schama, S., p.264[シャーマ『風景と記憶』].
12 Schama, S., p.265[シャーマ『風景と記憶』].
13 Carpenter, R., pp.9-10.
14 Lewis, M. & Clark, W., p.47.
15 Mackintosh-Smith, T., p.61.
16 author unknown, Mackintosh-Smith, T., p.62 の Ibn Juzayyの引用.
17 Ibn Battutah, Mackintosh-Smith, T., p.75 より.
18 Ball, P., *Flow*, p.27.
19 Ball, P., *Branches*, p.116.
20 Ball, P., *Flow*, p.20 および http://www.susanderges.com
21 Milne, A. A., *Winnie the Pooh*[A·A·ミルン『プー横町にたった家』石井桃子訳, 岩波書店ほか].

第21章　地上の線

1 Stevenson, R. L., *Travel*, p.236, Google Books, 2011年11月21日にアクセスした.
2 Minshull, D, pp.103-135.
3 Minshull, D, pp.103-135.
4 Moran, J., p.1.
5 Watts, A., p.84.
6 Christina Rossetti, 'Up-Hill', 1858, http://www.poetryfoundation.org/poem/174268, 2011年11月21日にアクセスした.
7 [ポーロ『東方見聞録』].
8 Schama, S., pp.554-560[シャーマ『風景と記憶』].
9 Thoreau, H. D., *Walking*, pp.7-8[ソロー『ウォーキング』].
10 Humboldt, A., pp.136-137[フンボルト『新大陸赤道地方紀行』].
11 Whitefield, P., p.303.
12 Whiston Spirn, A., p.224.
13 Darwin, C., p.27[ダーウィン『ビーグル号航海記』].
14 Gibbon, Edward, Moran, J., p.9 に引用.
15 Roberts, J., pp.118, 189.
16 Tsang, Hsuan, Hanbury-Tenison, R., p.6 に引用.
17 [ホワイト『セルボーンの博物誌』].
18 Whitefield, P., p.311.
19 Whitefield, P., p.305.
20 Hanbury-Tenison, R., p.45.

12 Darwin, C., p.197[ダーウィン『ビーグル号航海記』].
13 Mas'Udi, pp.19-80.
14 Benjamin, Walter, *Marseilles*, from Denkbilder Gesamelte Schriften Vol IV I pp.359-364, © Suhrkamp Verlag Frankfurt am Main 1972 and Harvard University Press, Davidson, R., p.32 に引用.
15 Disney, Walt, Whiston Spirn, A., p.146 に引用.
16 Muir, J., p.122[ミューア『1000マイルウォーク緑へ』].
17 Jamie, K., p.17.
18 Francis Bacon, http://www.library.utoronto.ca/utel/criticism/baconf_ess/ess_ch46.html

第17章 浮き世の財

1 Humboldt, A., p.71[フンボルト『新大陸赤道地方紀行』].
2 Humboldt, A., p.93[フンボルト『新大陸赤道地方紀行』].
3 Humboldt, A., p.169[フンボルト『新大陸赤道地方紀行』].
4 Pliny, p.287[『プリニウスの博物誌』].
5 Lewis, M. & Clark, W., p.xxix.
6 le Hooke, Robert B., Goudie, A. & Viles, H., p.70 を参照.
7 http://www.wired.com/wiredscience/2009/10/gallery_mines/3/, 2011年4月4日にアクセスした.
8 Schama, S., p.46[シャーマ『風景と記憶』].
9 Tudge, C., p.198[タッジ『樹木と文明』].
10 Darwin, C., p.204[ダーウィン『ビーグル号航海記』].
11 Battutah, Ibn, Mackintosh-Smith, T. pp.79-80 に引用.
12 Colin Thubron との個人的なやりとり.
13 Seneca, Schama, S., p.87[シャーマ『風景と記憶』]に引用.
14 Twain, M., p.192[マーク・トウェイン『ヨーロッパ放浪記』全2巻, 飯塚英一訳, 彩流社].
15 Roberts, J., p.178.
16 Globescan survey, *The Economist*, 2011年4月9日, p.68 に引用.
17 [ポーロ『東方見聞録』].
18 Pretty, J., p.164.

第18章 食べ物と飲み物

1 Homer, *The Odyssey*, http://books.google.co.uk/books?id=zDkRAAAAIAAJ&pg, p.43[ホメロス『オデュッセイア』上下巻, 松平千秋訳, 岩波文庫ほか].
2 Polo, M., p.68[ポーロ『東方見聞録』].
3 Ackerman, D., p.127[アッカーマン『「感覚」の博物誌』].
4 *Oxford Dictionary of Natural Biography* および Archer, J., p.200 に引用.
5 Burton, T., p.23.
6 Ackerman, D., p.140[アッカーマン『「感覚」の博物誌』].
7 Bond Head, F., p.57.
8 [ポーロ『東方見聞録』].
9 Humboldt, A., p.238[フンボルト『新大陸赤道地方紀行』].
10 [ポーロ『東方見聞録』].

第19章 対比を分ける線

1 Hugo, Victor, Guerlac, Suzanne, *The Impersonal Sublime: Hugo, Baudelaire, Lautreamont*, http://books.google.co.uk/books?id=Arod5ESDUlcC に引用, 2011年11月1日にアクセスした.
2 Bond Head, F., p.75-76.
3 Thubron, Colin, '旅と作家', 王立地理学会での講演, 2011年3月1日.
4 Mouhot, Henri, *Travels in the Central Parts of Indo-China*, 1864, *The Faber Book of Exploration* に引用.

2 Bond Head, F., p.59.
3 Jamie, K., p.151.
4 Muir, J., p.155［ミューア『1000マイルウォーク緑へ』］.
5 Thoreau, H., *Walking*, p.26［ソロー『ウォーキング』］.
6 Jones, Sian, Pretty, J., p.37 に引用.
7 Baudelaire, Charles, Nicholson, G., p.26 に引用.
8 Benjamin, Walter, *Charles Baudelaire: A Lyric Poet in the Era of High Capitalism*, translated by Zohn, Harry, London: Verso, 1973, Solnit, R., *Wanderlust*, p.199 に引用.
9 Pallasmaa, J., p.51.
10 Pallasmaa, J., p.59.
11 Bain, James Leith Macbeth, *The Barefoot League*, 1914, http://www.barefooters.org/key-works/barefoot_league.html
12 Dickens, Charles, *Hard Times*［チャールズ・ディケンズ『ハード・タイムズ』田辺洋子訳，あぽろん社ほか］, Willams, R., p.153 に引用.
13 Benjamin, W., *Walter Benjamin, Selected Writings 1931-34*, http://books.google.co.uk/books?id=7M0x5svvwyEC&dq
14 Williams, R., p.215［レイモンド・ウィリアムズ『田舎と都会』山本和平・増田秀男・小川雅魚訳，晶文社］.
15 Plato, Abram, D., p.102 に引用.

第15章　樹木

1 Pliny, p.164［『プリニウスの博物誌』］.
2 Weld, Isaac, *Travels through the States of North America, and the Provinces of Upper and Lower Canada, During the Years 1795, 1796, and 1797*, Bohls, E. A. & Duncan, I., p.390 より.
3 Tudge, C., p.118［タッジ『樹木と文明』］.
4 Muir, J., p.92［ミューア『1000マイルウォーク 緑へ』］.
5 White, G., p.11［ホワイト『セルボーンの博物誌』］.
6 ［ポーロ『東方見聞録』］.
7 Darwin, C., p.67［ダーウィン『ビーグル号航海記』］.
8 Humboldt, A., p.146［フンボルト『新大陸赤道地方紀行』］.
9 Whitefield, P., p.305.
10 Bates, Henry Walter, on Burmeister, Hermann, Hanbury-Tenison, R., p.362 に引用.
11 Schama, S., p.46［シャーマ『風景と記憶』］.
12 Dennis, F., 'Sylva Anathema', p.67.
13 Rackham, O., *Woodlands*, p.250.
14 Pliny, p.174［『プリニウスの博物誌』］.
15 Tudge, C., p.278［タッジ『樹木と文明』］.
16 Whitefield, P., p.165.
17 Tudge, C., p.278［タッジ『樹木と文明』］.
18 Tudge, C., p.89［タッジ『樹木と文明』］.

第16章　人間という動物

1 Darwin, C., p.384［ダーウィン『ビーグル号航海記』］.
2 Wordsworth, Dorothy, Bohls, E. A. & Duncan, I., p.167 に引用.
3 Wordsworth, Dorothy, Bohls, E. A. & Duncan, I., p.168 に引用.
4 Guest, Edgar, *The Other Fellow*, http://books.google.co.uk/books?id=86KngJwy4PAC&pg
5 Ackerman, D., p.22［アッカーマン『「感覚」の博物誌』］.
6 Ackerman, D., p.22［アッカーマン『「感覚」の博物誌』］.
7 Hurd, Richard, Bohls, E. A. & Duncan, I., p.18 より.
8 Humboldt, A., p.86［フンボルト『新大陸赤道地方紀行』］.
9 Leichhardt, L., p.220.
10 Barbot, John, Bohls, E. A. & Duncan, I., p.184 に引用.
11 この章を書くにあたっては，Prof. Desmond Morris の素晴らしい一冊，*Manwatching*［デズモンド・モリス『マンウォッチング』藤田統訳，小学館文庫ほか］に大いに助けられた.

『カラハリの失われた世界』佐藤佐智子訳，ちくま文庫ほか］.

16 Aveni, A., pp.129-157.

第11章　天気

1 Wainwright, A., *A Pennine Journey*, 1986, Minshull, D., p.88 に引用.

2 ［ダーウィン『ビーグル号航海記』］.

3 ［ダーウィン『ビーグル号航海記』］.

4 Polo, M., p.174［ポーロ『東方見聞録』］.

5 Keller, H., Herrman, D., *Helen Keller: A Life*, http://books.google.co.uk/books?id=VUp4uh87_eUC&pg=PA156&source=gbs_toc_r&cad=3#v=onepage&q&f=false, p.159 に引用, 2011年9月26日にアクセスした.

6 Muir, J., p.176［ミューア『1000マイルウォーク緑へ』］.

7 http://greenearthfacts.com/weather/how-much-does-a-cloud-weigh/, 2011年11月17日にアクセスした.

8 Meredith, G., http://books.google.co.uk/books?id=kYrUIMicHaUC［ジョージ・メレディス『エゴイスト』上下巻，朱牟田夏雄訳，岩波文庫ほか］.

9 Van der Post, L., p.243［ヴァン・デル・ポスト『カラハリの失われた世界』］.

10 Hull, John, Whiston Spirn, A., p.36 に引用.

11 Darwin, C., p.59［ダーウィン『ビーグル号航海記』］.

12 Leichhardt, L., p.45.

13 Byrd, William, *History of the Dividing Line betwixt Virginia and North Carolina Run in the Year of Our Lord 1728*, 1841, Bohls, E. A. & Duncan, I., p.347 より.

14 Mas'Udi, p.44.

15 Roden frcs, T. C., 'Topography and Climate of Llandudno, North Wales', *British Medical Journal*, 1958年5月8日.

16 Bond Head, F., p.194.

第12章　静水

1 Jung, C. G., p.26.

2 Leichhardt, L., p.85.

3 White, G., p.27［ホワイト『セルボーンの博物誌』］.

4 Whitefield, P., p.259.

5 Ball, P., *Branches*, p.90.

6 Ruskin, John, Lubbock, J., p.248［ラバック『自然美と其驚異』］に引用.

第13章　色

1 Jefferies, Richard, *The Open Air*, http://books.google.co.uk/books?id=keD8A5ZWjE4C&printsec=frontcover&source=gbs_ge_summary_r&cad=0#v=onepage&q&f=false, 2011年11月20日にアクセスした.

2 Gilbert Hamerton, Philip, *Landscape*, Lubbock, J., p.26［ラバック『自然美と其驚異』］に引用.

3 Wainwright, A., *The Pennine Way*, 1986, Minshull, D., p.124 に引用.

4 Lee, Raymond L. & Fraser, Alistair B., *The Rainbow Bridge: Rainbows in Art, Myth, and Science*, http://books.google.co.uk/books?id=kZcCtT1ZeaEC&printsec=frontcover&source=gbs_ge_summary_r&cad=0#v=onepage&q&f=false, p. 91.

5 Ball, P., *Bright Earth*, p.30.

6 Maguire, H., *Earth and Ocean: The Terrestrial World in Early Byzantine Art*, 1987, p.30, Ball, P., *Bright Earth*, p.31 に引用.

7 Cummings, E. E., Ackerman, D., p.276［ダイアン・アッカーマン『「感覚」の博物誌』岩崎徹・原田大介訳，河出書房新社］に引用.

8 Whiston Spirn, A., p.98.

第14章　都市

1 Plato, passim.

11 Darwin, C., p.6[ダーウィン『ビーグル号航海記』].
12 http://en.wikipedia.org/wiki/John_Lubbock,1st_Baron_Avebury
13 Lubbock, J., p.74[ジョン・ラバック『自然美と其驚異』板倉勝忠訳, 岩波文庫].
14 [ダーウィン『ビーグル号航海記』].
15 Binney, R., p.106.
16 Binney, R., p.108.
17 Virgil, Binney, R., p.133 に引用.
18 Mas'Udi, p.49.

第8章 自然の形

1 [ダーシー・トムソン『生物のかたち』柳田友道ほか訳, UP選書].
2 Banks, J., Ball, P., *Branches*, p.71 に引用.
3 Galileo Galilei, Jones, E., *Reading the Book of Nature*, Athens: Ohio University Press, 1989, p.22, Abram, D., p.32 に引用.
4 Leichhardt, L., p. 134.

第9章 光

1 Lummis, C. F., p.48.
2 Gilpin, W., p.45.
3 Heine, H., London, *Poetry of Heinrich Heine*, London: Citadel, 1969, Davidson, R., p.23 に引用.
4 Macfarlane, R., p.214.
5 [フルボルト『新大陸赤道地方紀行』].
6 Jamie, K., p.3.
7 Tanizaki, J., p.47[谷崎潤一郎『陰翳礼讃』中公文庫ほか].
8 Shepherd, N., p.2.
9 Conrad, J., p.6[ジョゼフ・コンラッド『闇の奥』中野好夫訳, 岩波文庫ほか].
10 Gilpin, W., p.50.
11 Pallasmaa, J., p.46.
12 Pallasmaa, J., p.46.
13 *New York Times*, 2004年2月8日.
14 Abram, D., p.63.

第10章 空

1 Bryant, William C., *The Tides*, http://www.gutenberg.org/files/29700/29700-h/29700-h.htm, 2011年11月17日にアクセスした.
2 Byron's *Don Juan*, http://www.gutenberg.org/files/21700/21700-h/21700-h.html
3 Bond Head, F., Thoreau, H. D., *Walking*, p.23[ヘンリー・D・ソロー『ウォーキング』大西直樹訳, 春風社ほか]に引用.
4 Whitehead, P., p.69.
5 Professor Colvin, Lubbock, J., p.31[ラバック『自然美と其驚異』]に引用.
6 Campbell, Thomas, *To the Rainbow*, http://books.google.co.uk/books?id=JcAsAAAAYAAJ&printsec=frontcover&dq=inauthor:%22Thomas+Campbell%22&hl=en&sa=X&ei=FS_vTonWKIqc-waot8WJAg&ved=0CDKQ6AEwAA#v=onepage&q=inauthor%3A%22Thomas%20Campbell%22&f=false
7 Wylie, J., p.1.
8 Humboldt, A., p.42[フンボルト『新大陸赤道地方紀行』].
9 Hoskins, W. G., Wylie, J., p.31 に引用.
10 Humboldt, A., p.36[フンボルト『新大陸赤道地方紀行』].
11 Darwin, C., p.319[ダーウィン『ビーグル号航海記』].
12 Betjeman, J., 'Slough', passim, http://www.bbc.co.uk/berkshire/bigread/bigread_betjeman.shtml/
13 Muir, J., pp.188-189[ジョン・ミューア『1000マイルウォーク 緑へ——アメリカを南下する』熊谷鉱司訳, 立風書房].
14 Abram, D., p.237.
15 Van der Post, L., p.108[L・ヴァン・デル・ポスト

引用.
19 Solnit, R., *Wanderlust*, p.113.

第4章 海岸

1 Wordsworth, Dorothy, http://www.guardian.co.uk/news/2011/jul/29/weatherwatch-summer-wordsworth-calais に引用, 2011年9月1日にアクセスした.
2 Humboldt, A., p.74［フンボルト『新大陸赤道地方紀行』］.
3 Humboldt, A., p.74［フンボルト『新大陸赤道地方紀行』］.

第5章 氷の谷

1 Ruskin, J., p.178.
2 *Oxford National Dictionary of Biography*, http://www.oxforddnb.com, 2011年3月18日にアクセスした.
3 *Encyclopedia Britannica 2009 Ultimate Reference Suite*.
4 Reader's Digest, *Joy of Nature*, p.74.
5 Fortey, R., p.55.
6 http://www.ajbhope.net/listed-buildings-in-tweedsmuir/

第6章 土

1 White, G., p.29［ギルバート・ホワイト『セルボーンの博物誌』山内義雄訳, 講談社学術文庫ほか］.
2 Borrow, G., pp.345-346.
3 Darwin, C., p.9［ダーウィン『ビーグル号航海記』］.
4 Fortey, R., pp.14-17.
5 Johnson, Samuel, *Journey to the Western Isles of Scotland*, http://www.readprint.com/chapter-33191/Journey-to-the-Western-Isles-of-Scotland-Samuel-Johnson［サミュエル・ジョンソン『スコットランド西方諸島の旅』諏訪部仁・市川泰男・江藤秀一・芝垣茂訳, 中央大学出版部］.
6 Leichhardt, L., p.65.
7 Leichhardt, L., p.38.
8 http://www.nts.org.uk
9 White, G., p.9［ホワイト『セルボーンの博物誌』］.
10 Tudge, C., p.90［コリン・タッジ『樹木と文明――樹木の進化・生態・分類, 人類との関係, そして未来』大場秀章監訳, 渡会圭子訳, アスペクト］.
11 Leichhardt, L., p.100.
12 Leichhardt, L., p.73.
13 Thesiger, W., p.77.
14 Whitefield, P., p.2.
15 Whitefield, P., p.27.
16 Tudge, C., p.114［タッジ『樹木と文明』］.
17 Whitefield, P., p.29.
18 Mas'Udi, p.47.
19 Blake, William, 'Auguries of Innocence', http://en.wikiquote.org/wiki/William_Blake
20 White, G., p.9［ホワイト『セルボーンの博物誌』］.

第7章 動物

1 Henry Mayhew, http://www.uoguelph.ca/englit/victorian/HTML/taxonomy.html, 2011年11月13日にアクセスした.
2 Polo, M., p.307［ポーロ『東方見聞録』］.
3 Tudge, C., p.4［タッジ『樹木と文明』］.
4 UNEP, 1995, Foster, R. & Kreitzman, L., p.121 を参照.
5 Mabey, R., p.49.
6 Emerson, R. W., p.49.
7 Pascoe, J., ed., *Mr Explorer Douglas*, Wellington, 1957, Hanbury-Tenison, R., p.462 に引用.
8 ［ダーウィン『ビーグル号航海記』］.
9 http://www.bbc.co.uk/news/world-south-asia-13194864, 2011年5月1日にアクセスした.
10 Pliny, p.108［『プリニウスの博物誌』］.

原注

プロローグ —— 失われた探検家《エクスプローラー》

1 Byrd, R., 'The Flight Over the South Pole 1929', Hanbury-Tenison, R., p.520 より.
2 Leichhardt, L., p.6.
3 *New York Times*, 1912年3月11日.
4 *Daily Mail*, 1911年3月11日.
5 Huntford, R., pp.365-366.
6 Von Humboldt, A., Introduction by Jason Wilson, p.xxxvii［アレクサンダー・フォン・フンボルト『新大陸赤道地方紀行』上中下巻, 大野英二郎・荒木善太訳, 岩波書店(抄訳)］.

第1章　五感

1 Pliny, p.30［『プリニウスの博物誌』全6巻, 中野定雄・中野里美・中野美代訳, 雄山閣出版ほか］.
2 Kroeber, T., p.111 et al［シオドーラ・クローバー『イシ——北米最後の野生インディアン』行方昭夫訳, 岩波同時代ライブラリー］.
3 Leichhardt, L., p.126.
4 Thesiger, W., p.42.
5 Thesiger, W., p.78.
6 Leichhardt, L., p.59.
7 Heidegger, Martin, Pallasmaa, J., p.21 に引用.
8 Roberts, J., p.224.
9 Roberts, J., p.76.
10 ［マーガレット・アトウッド『浮かびあがる』大島かおり訳, 新水社］.
11 Roberts, J., p.2.
12 Thomas, D., 'Quite Early One Morning', Perrin, J., p.31 に引用.

第2章　植物

1 http://en.wikisource.org/wiki/Flower_in_the_Crannied_Wall, 2011年10月22日にアクセスした.
2 Park, M., p.223.
3 Park, M., p.225.
4 Humboldt, A., p.139［フンボルト『新大陸赤道地方紀行』］.
5 Humboldt, A., p.139［フンボルト『新大陸赤道地方紀行』］.
6 Whitefield, P., p.84.
7 Pliny, pp.230, 235［『プリニウスの博物誌』］.

第3章　変化する山

1 Shelley, P., http://www.gutenberg.org/cache/epub/4800/pg4800.html
2 Cornish, V., p.43.
3 ［チャールズ・R・ダーウィン『新訳 ビーグル号航海記』上下巻, 荒俣宏訳, 平凡社ほか］.
4 Darwin, C., p.326［ダーウィン『ビーグル号航海記』］.
5 Macfarlane, R., p.64.
6 Humboldt, A., p.25［フンボルト『新大陸赤道地方紀行』］.
7 Humboldt, A., p.31［フンボルト『新大陸赤道地方紀行』］.
8 Humboldt, A., p.31［フンボルト『新大陸赤道地方紀行』］.
9 Humboldt, A., p.139［フンボルト『新大陸赤道地方紀行』］.
10 ［マルコ・ポーロ『完訳 東方見聞録』全2巻, 愛宕松男訳, 平凡社ライブラリーほか］.
11 Schama, S., p.411［サイモン・シャーマ『風景と記憶』高山宏・栂正行訳, 河出書房新社］.
12 Schama, S., p.412［シャーマ『風景と記憶』］.
13 Suzuki, D. T., p.334［鈴木大拙『禅と日本文化』北川桃雄訳, 岩波新書ほか］.
14 Bond Head, F., p.221.
15 Shepherd, N., p.11.
16 Masamune, Suzuki, D. T., p.332［鈴木大拙『禅と日本文化』］に引用.
17 Wordsworth, W., http://www.bartleby.com/145/ww288.html, 2011年6月20日にアクセスした.
18 Keats, John, Solnit, R., *Wanderlust*, p.117 に

•Twain, Mark, *A Tramp Abroad*, New York: Penguin, 1997［マーク·トウェイン『ヨーロッパ放浪記』全2巻, 飯塚英一訳, 彩流社］.
•Van der Post, Laurens, *The Lost World of the Kalahari*, London: Penguin, 1962［L·ヴァン·デル·ポスト『カラハリの失われた世界』佐藤佐智子訳, ちくま文庫ほか］.
•Van Swaaij, Louise & Klare, Jean, *The Atlas of Experience*, London: Bloomsbury Publishing plc, 2000［ルイス·ファン·スヴァーイ&ジーン·クレア『あなたを見つけるこころの世界地図』鹿田昌美訳, ソニー·マガジンズ］.
•Vince, Ian, *The Lie of the Land: An Under-the-Field Guide to the British Isles*, London: Boxtree, 2010.
•Von Humboldt, Alexander, *Personal Narrative of a Journey to the Equinoctial Regions of the New Continent*, London: Penguin Group, 1995［アレクサンダー·フォン·フンボルト『新大陸赤道地方紀行』上中下巻, 大野英二郎·荒木善太訳, 岩波書店(抄訳)］.
•Wallece, Alfred Russell, *The Malay Archipelago*, Tennessee: General Books, 2009［A·R·ウォーレス『マレー諸島——オランウータンと極楽鳥の土地』上下巻, 新妻昭夫訳, ちくま学芸文庫ほか］.
•Watts, Alan, *Nature, Man and Woman*, New York: Vintage Books, 1991.
•Wheeler, Sara, *Tips about Icebergs*, London: Slightly Foxed Ltd, 2010.
•Whiston Spirn, Anne, *The Language of Landscape*, New Haven: Yale University Press, 1998.
•White, Gilbert, *The Natural History of Selbourne*, London: Penguin Group, 1987［ギルバート·ホワイト『セルボーンの博物誌』山内義雄訳, 講談社学術文庫ほか］.
•Whitefield, Patrick, *The Living Landscape: How to Read it and Understand it*, Hampshire: Permanent Publications, 2009.
•Williams, Raymond, *The Country and the City*, New York: Oxford University Press, 1973［レイモンド·ウィリアムズ『田舎と都会』山本和平·増田秀男·小川雅魚訳, 晶文社］.
•Wylie, John, *Landscape*, London: Routledge, 2007.
•Yarham, Robert, *How to Read the Landscape*, Lewes: Ivy Press, 2010［ロバート·ヤーハム『自然景観の謎——風土を読み解く鍵. 地形·地質の持つランドスケープの新たな発見』武田裕子訳, 産調出版］.
•Zalasiewicz, Jan, *The Planet in a Pebble: A Journey into Earth's Deep History*, Oxford: Oxford University Press, 2010［ヤン·ザラシーヴィッチ『小石, 地球の来歴を語る』江口あとか訳, みすず書房］.

誌』全6巻，中野定雄・中野里美・中野美代訳，雄山閣出版ほか]．
•Polo, Marco, *The Travels*, London: Penguin Group, 1958[マルコ・ポーロ『完訳 東方見聞録』全2巻，愛宕松男訳，平凡社ライブラリーほか]．
•Pretty, Jules, *The Earth Only Endures: On Reconnecting with Nature and Our Place in it*, London: Earthscan, 2009.
•Pryor, Francis, *The Making of the British Landscape: How We Have Transformed the Land, from Prehistory to Today*, London: Penguin Group, 2010.
•Rackham, Oliver, *The History of the Countryside: The Full Fascinating Story of Britain's Landscape*, London: JM Dent & Sons, 1987.
•Rackham, Oliver, *Woodlands*, London: Collins, 2010.
•Readers' Digest Assocation Ltd, *Secrets of the Seashore: The Living Countryside*, London: Readers' Digest Association Ltd, 1984.
•Readers' Digest, *Joy of Nature: How to Explore and Enjoy the Fascinating World Around You*, London: Readers Digest Association Ltd, 1978.
•Roberts, Jason, *A Sense of the World: How a Blind Man Became History's Greatest Traveller*, London: Simon & Schuster UK Ltd, 2006.
•Robinson, JC, *The Walk: Notes on a Romantic Image*, Oklahoma: University of Oklahoma Press, 1989.
•Ruskin, John, *Modern Painters, Volume IV*, London: George Allen, 1906.
•Schama, Simon, *Landscape and Memory*, London: Harper Perennial, 2004[サイモン・シャーマ『風景と記憶』高山宏・栂正行訳，河出書房新社]．
•Shaw, Philip, *The Sublime*, London: Routledge, 2010.
•Shepherd, Nan, *The Living Mountain*, Edinburgh: Canongate Books Ltd, 2008.
•Smith, Keri, *How to be an Explorer of the World: Portable Art/Life Museum*, New York: Penguin Group, 2008.
•Solnit, Rebecca, *A Field Guide to Getting Lost*, Edinburgh: Canongate Books Ltd, 2006.
•Solnit, Rebecca, *Wanderlust: A History of Walking*, London: Verso, 2002.
•Spufford, Francis, *The Antarctic: An Anthology*, London: Granta Publications, 2008.
•Stewart, Ian, *Why Beauty is Truth: A History of Symmetry*, New York: Basic Books, 2008[イアン・スチュアート『もっとも美しい対称性』水谷淳訳，日経BP社]．
•Suzuki, Daisetz T., *Zen and Japanese Culture*, New York: Bollingen Foundation, 1959[鈴木大拙『禅と日本文化』北川桃雄訳，岩波新書ほか]．
•Tanizaki, Junichiro, *In Praise of Shadows*, London: Vintage 2001[谷崎潤一郎『陰翳礼讃』中公文庫ほか]．
•Thesiger, Wilfred, *Across the Empty Quarter*, London: Penguin Group, 2007.
•Thomas, Lowell, *The Untold Story of Exploration*, London: George G. Harrap & Co Ltd.
•Thompson, D'Arcy, *On Growth and Form*, Cambridge: Cambridge University Press, 2000[ダーシー・トムソン『生物のかたち』柳田友道・遠藤勲・古沢健彦・松山久義・高木隆司訳，東京大学出版会]．
•Thoreau, Henry David, *Walking*, Rockville: Arc Manor, 2007[ヘンリー・D・ソロー『ウォーキング』大西直樹訳，春風社ほか]．
•Thoreau, Henry David, *Walden or, Life in the Woods*, New York: Dover Publications Inc, 1995[ヘンリー・D・ソロー『ウォールデン　森の生活』上下巻，飯田実訳，岩波文庫]．
•Tidmarsh, Celia, *Geography First - Mountains*, Lewes: White-Thomas Publishing Ltd, 2004.
•Towle, David W., *Molecular Approaches to Understanding Salinity Adaptation of Estuarine Animals*, American Zoology, 1997.
•Tudge, Colin, *The Secret Lives of Trees: How They Live and Why They Matter*, London: Penguin Group, 2006[コリン・タッジ『樹木と文明――樹木の進化・生態・分類，人類との関係，そして未来』大場秀章監訳，渡会圭子訳，アスペクト]．

Press, 2002[シオドーラ·クローバー『イシ——北米最後の野生インディアン』行方昭夫訳, 岩波同時代ライブラリー].
•Lamb, F Bruce, *Wizard of the Upper Amazon: The Story of Manuel Cordova-Rios*, California: North Atlantic Books, 1986[F·ブルース·ラム『アマゾンの魔術師——マニュエル·コルドバ=リオスの物語』磯端裕康訳, プリミティヴプランプレス].
•Laws, Bill, *Fifty Plants that Changes the Course of History*, Cincinnati: Quid Publishing, 2010[ビル·ローズ『図説 世界史を変えた50の植物』柴田譲治訳, 原書房].
•Leask, Nigel, *Curiosity and the Aesthetics of Travel Writing 1770-1840*, Oxford: Oxford University Press, 2008.
•Leichhardt, Ludwig, *Journal of an Overland Expedition in Australia: from Moreton Bay to Port Essington, a distance of upwards of 3000 miles, during the years 1844-1845*.
•Levi-Strauss, Claude, *Structural Anthropology*, New York: Basic Books, 1963[クロード·レヴィ=ストロース『構造人類学』荒川幾男·生松敬三·川田順造·佐々木明·田島節夫訳, みすず書房].
•Lewis, Meriwether & Clark, William, *The Journals of Lewis and Clark, Washington, National Geographic Society*, 2002.
•Lubbock, John, *The Beauties of Nature and the Wonders of the World We Live in*, London: Macmillan & Co, 1892[ジョン·ラバック『自然美と其驚異』板倉勝忠訳, 岩波文庫].
•Lummis, Charles F. *A Tramp Across the Continent*, New York: Charles Scribner's Sons, 1892.
•Mabey, Richard, *A Brush with Nature*, BBC Books, 2010.
•Macfarlane, Robert, *Mountains of the Mind: A History of a Fascination*, London: Granta Publications, 2003.
•Mackintosh-Smith, Tim (ed.), *The Travels of Ibn Battutah*, London: Pan Macmillan, 2002.
•Mas'Udi, *The Meadows of Gold and Mines of Gems*, London: Penguin Group, 2007.
•McKee, Alexander, *A World Too Vast: The Four Voyages of Columbus*, London: Souvenir Press Ltd, 1990[アレクサンダー·マッキー『コロンブス四大航海記』早川麻百合訳, 心交社].
•Meredith, George, *The Egoist*, 1879, Google Books[ジョージ·メレディス『エゴイスト』上下巻, 朱牟田夏雄訳, 岩波文庫ほか].
•Merleau-Ponty, Maurice, *Sense and Non-sense*, US: Northwestern University Press, 1964[モーリス·メルロ=ポンティ『意味と無意味』滝浦静雄·木田元·粟津則雄·海老坂武訳, みすず書房].
•Minshull, Duncan (ed.), *The Vintage Book of Walking: An Anthology*, London: Vintage, 2000.
•Minshull, Duncan (ed.), *The Burning Leg*, London: Hesperus Press, 2010.
•Moran, Joe, *On Roads*, London: Profile Books, 2010.
•Morris, Desmond, *Manwatching: A Field Guide to Human Behaviour*, London: Collins Publishing Group, 1987[デズモンド·モリス『マンウォッチング』藤田統訳, 小学館文庫ほか].
•Muir, John, *A Thousand-Mile Walk to the Gulf*, Boston: Mariner Books, 1998[ジョン·ミューア『1000マイルウォーク 緑へ——アメリカを南下する』熊谷鉱司訳, 立風書房].
•Nicholson, Geoff, *The Lost Art of Walking: The History, Science, Philosophy, Literate, Theory and Practice of Pedestrianism*, Chelmsford: Harbour Books Ltd, 2010.
•*Oxford Dictionary of National Biography*.
•Pallasmaa, Juhani, *The Eyes of Skin: Architecture and the Senses*, Chichester: John Wiley & Sons Ltd, 2010.
•Park, Mungo, *Travels in the Interior Districts of Africa*, Hertfordshire: Wordsworth Editions Ltd, 2002.
•Perrin, Jim, *River Map*, Ceredigion: Gomer Press, 2002.
•Pliny the Elder, *Natural History: A Selection*, London: Penguin Group, 2004[『プリニウスの博物

•Cornish, Vaughan, *The Beauties of Scenery: A Geographical Survey*, London: Frederick Muller, 1944.

•Darwin, Charles, *The Voyage of the Beagle: Journal of Researches into the Natural History and Geology of the Countries Visited during the Voyage of HMS Beagle round the World, Under the Command of Captain Fitz Roy, RN*, Hertfordshire: Wordsworth Editions Ltd, 1997[チャールズ・R・ダーウィン『新訳 ビーグル号航海記』上下巻, 荒俣宏訳, 平凡社ほか].

•Davidson, Robert (ed.), *Journeys: An Anthology*, London: Pan Macmillan Ltd, 2002.

•Deakin, Roger, *Wildwood: A Journey Through Trees*, London: Penguin Group, 2007.

•Dennis, Felix, *Tales from the Woods*, London: Ebury Press, 2010.

•Ellis, William, *Polynesian Researchers: Hawaii*, Rutland: Charles E. Tuttle Co, 1969.

•Emerson, Ralph Waldo, *Nature and Selected Essays*, London: Penguin, 2003.

•Equiano, Olaudah, *Sold as a Slave*, London: Penguin Group, 2007.

•Fortey, Richard, *The Hidden Landscape: A Journey into the Geological Past*, London: The Bodley Head, 2010.

•Foster, Russell & Kreitzman, Leon, *Rhythms of Life: The Biological Clocks that Control the Daily Lives of Every Living Thing*, London: Profile Books Ltd, 2005.

•Frazer, Sir James, *The Golden Bough*, Ware: Wordsworth Editions, 1993[ジェイムズ・ジョージ・フレイザー『金枝篇』永橋卓介訳, 岩波文庫ほか].

•Gilpin, William, *Observations on the River Wye, and Several Parts of South Wales,* London: Pallas Athene, 2005.

•Gooley, Tristan, *The Natural Navigator*, London: Virgin Books, 2010[トリスタン・グーリー『ナチュラル・ナビゲーション——道具を使わずに旅をする方法』屋代通子訳, 紀伊國屋書店].

•Goudie, Andrew & Viles, Heather, *Landscapes and Geomorphology: A Very Short Introduction*, Oxford: Oxford University Press, 2010.

•Griffiths, Jay, *Wild*, London: Penguin, 2008.

•Halpern, Daniel & Frank, Dan (ed.), *The Nature Reader*, New Jersey: The Echo Press, 1996.

•Hanbury-Tenison, Robin, (selected by) *The Oxford Book of Exploration*, Oxford: Oxford University Press, 1994.

•Harberd, Nicholas, *Seed to Seed: The Secret Life of Plants*, London: Bloomsbury Publishing plc, 2007[ニコラス・ハーバード『植物を考える——ハーバード教授とシロイヌナズナの365日』塚谷裕一・南澤直子訳, 八坂書房].

•Holmes, Richard, *The Age of Wonder: How the Romantic Generation Discovered the Beauty and Terror of Science*, London: HarperCollins Publishers, 2009.

•Hudson, WH, *Afoot in England*, Oxford: John Beaufoy Publishing, 2010.

•Huntford, Ronald, *Shackleton*, London: Abacus, 1996.

•Jamie, Kathleen, *Findings*, London: Sort of Books, 2005.

•Jellicoe, Geoffrey & Susan, *The Landscape of Man: Shaping the Environment from Prehistory to the Present Day*, London: Thames & Hudson, 1975.

•Jung, C. G., *The Earth Has a Soul: CG Jung on Nature, Technology & Modern Life*, California: North Atlantic Books, 2008.

•Keay, John (ed.), *History of World Exploration*, London: Reed International Books Ltd, 1991.

•Kenny, Anthony, *A New History of Western Philosophy*, Oxford: Oxford University Press, 2010.

•Kershaw, Elizabeth (ed.), *The Nomad: The Diaries of Isabelle Eberhardt*, Chichester: Summersdale Publishers Ltd, 2002.

•Kroeber, Theodora, *Ishi in Two Worlds: A biography of the Last Wild Indian in North America*, California: University of California

参考文献

•Abram, David, *The Spell of the Sensous*, New York: Vintage Books, 1997.

•Ackerman, Diane, *A Natural History of the Senses*, New York: Vintage, 1995[ダイアン・アッカーマン『「感覚」の博物誌』岩崎徹・原田大介訳, 河出書房新社].

•Adam, John A., *A Mathematical Nature Walk*, Princeton: Princeton University Press, 2009.

•Aldus Books Ltd, *A History of Discovery and Exploration: Eastern Islands, Southern Seas*, London: Aldus Books & Jupiter Books, 1973.

•Anderson, JRL, *The Ulysses Factor: The Exploring Instinct in Man*, London: Hodder & Stoughton, 1970.

•Archer, Jeremy, *Away at Christmas: Heroic Tales of Exploration from 1492 to the Present Day*, London: Elliott and Thompson Ltd, 2009.

•Aveni, Anthony, *People and the Sky: Our Ancestors and the Cosmos*, London: Thames & Hudson, 2008.

•Bakeless, John, *The Eyes of Discovery: America as Seen by the First Explorers*, New York: Dover Publications, 1961.

•Ball, Philip, *H_2O: A Biography of Water*, London: Orion Books Ltd, 2000.

•Ball, Philip, *Bright Earth: The Invention of Colour*, London: Vintage, 2008.

•Ball, Philip, *Nature's Patterns: a Tapestry in Three Parts: Branches, Flow and Shapes*, Oxford: Oxford University Press, 2009.

•Banks, Joseph, *The Endeavour - Journal of Sir Joseph Banks*, Middlesex: The Echo Library, 2006.

•Barber, Lynn, *The Heyday of Natural History, 1820-1870*, London: Jonathan Cape Ltd, 1980[リン・バーバー『博物学の黄金時代』高山宏訳, 国書刊行会].

•Barrett, Jeff, Turner, Robin & Walsh, Andrew, *Caught by the River: A Collection of Words on Water*, London: Octopus Publishing Group Ltd, 2009.

•Barth, Heinrich, *Travels and Discoveries in North and Central Africa (Volume 3); Being a Journal of an Expedition Undertaken Under the Auspices of H.B.M.'s Government*, Tennessee: General Books, 2010.

•Beston, Henry, *The Outermost House*, New York: First Owl Books, 1992.

•Binney, Ruth, *Wise Words & Country Ways: Weather Lore*, Cincinnati: David & Charles Ltd, 2010.

•Bohls, Elizabeth A. & Duncan, Ian, *Travel Writing 1700-1830: An anthology*, Oxford: Oxford University Press, 2008.

•Bond Head, Francis, *Rough Notes Taken During Some Rapid Journeys Across the Pampas and Among the Andes*, Cambridge: Cambridge University Press, 2009.

•Borrow, George, *Wild Wales*, London: Collins Clear-Type Press, 1955.

•Boysen, Sally, *The Smartest Animals on the Planet*, A & C Black, 2009.

•Bowles, Paul, *Travels: Collected Writings, 1950-1993*, London: Sort of Books, 2010.

•Burke, Edmund, *A Philosophical Enquiry*, Oxford: Oxford University Press, 2008[エドマンド・バーク『崇高と美の観念の起原』中野好之訳, みすず書房].

•Burton, Tim, *To the Holy Shrines*, London: Penguin Group, 2007.

•Calvino, Italo, *Invisible Cities*, London: Vintage, 1997.

•Carpenter, Rees, *Beyond the Pillars of Hercules: The Classical World Seen Through the Eyes of its Discoveries*, London: Universal-Tandem Publishing Co. Ltd, 1973.

•Conrad, Joseph, *Heart of Darkness*, London: Penguin, 1994[ジョゼフ・コンラッド『闇の奥』中野好夫訳, 岩波文庫ほか].

•Cook, James, *The Journals*, London: Penguin Group, 2003[ジェームズ・クック『太平洋探検』全6巻, 増田義郎訳, 岩波文庫].

トリスタン・グーリー　Tristan Gooley

作家，探検家．ナチュラル・ナビゲーションの技術を各地で教える学校を
設立するとともに，イギリス最大の旅行会社 Trailfinders の副会長でもある．
英国王立ナビゲーション学会および王立地理学会特別会員．
グーリーはまた，飛行および航海で大西洋を単独で横断した現存する
唯一の人物であり，これにより，英国王立ナビゲーション学会賞を受賞した．
前書『ナチュラル・ナビゲーション——道具を使わずに旅をする方法』
（紀伊國屋書店）は2011年の英国ナショナル・トラストの
最優秀アウトドアブックに選ばれている．最新刊は *How to Read Water*.
www.naturalnavigator.com/tristan-gooley

屋代通子　やしろ・みちこ

1962年生まれ．翻訳家．訳書に『ナチュラル・ナビゲーション』（紀伊國屋書店），
『ピダハン——「言語本能」を超える文化と世界観』
『マリア・シビラ・メーリアン——17世紀，昆虫を求めて新大陸へ渡った
ナチュラリスト』（以上、みすず書房），『馬の自然誌』
『虫と文明』『暴食の世界史』『オックスフォード・サイエンス・ガイド』
『遺伝学でわかった生き物のふしぎ』（以上、築地書館），
『ラン熱中症——愛しすぎる人たち』（NHK出版）ほかがある．

日常を探検に変える

ナチュラル・エクスプローラーのすすめ

2016年7月15日　第1刷発行
2021年4月26日　第2刷発行

著者　トリスタン・グーリー
訳者　屋代通子
発行所　株式会社 紀伊國屋書店
〒153-8504
東京都新宿区新宿3-17-7
出版部（編集）電話03（6910）0508
ホールセール部（営業）電話03（6910）0519
東京都目黒区下目黒3-7-10
組版　明昌堂
印刷・製本　シナノパブリッシング プレス

ISBN978-4-314-01138-9 C0026
Printed in Japan
定価は外装に表示してあります